Der Göttermet

Der Skaldenmet des Odin – der Wiedergeburtstrank des Tyr
Der Ritualtrank der Indogermanen – die Milch der Muttergöttin

Band 69 der Reihe „Die Götter der Germanen"

Bücher von Harry Eilenstein:

- Astrologie (496 S.)
- Photo-Astrologie (64 S.)
- Tarot (104 S.)
- Handbuch für Zauberlehrlinge (408 S.)
- Physik und Magie (184 S.)
- Der Lebenskraftkörper (230 S.)
- Die Chakren (100 S.)
- Meditation (140 S.)
- Drachenfeuer (124 S.)
- Krafttiere – Tiergöttinnen – Tiertänze (112 S.)
- Schwitzhütten (524 S.)
- Totempfähle (440 S.)
- Muttergöttin und Schamanen (168 S.)
- Göbekli Tepe (472 S.)
- Hathor und Re:
    Band 1: Götter und Mythen im Alten Ägypten (432 S.)
    Band 2: Die altägyptische Religion – Ursprünge, Kult und Magie (396 S.)
- Isis (508 S.)
- Die Entwicklung der indogermanischen Religionen (700 S.)
- Wurzeln und Zweige der indogermanischen Religion (224 S.)
- Der Kessel von Gundestrup (220 S.)
- Cernunnos (690 S.)
- Christus (60 S.)
- Odin (300 S.)
- Die Götter der Germanen (Band 1 – 80)
- Dakini (80 S.)
- Kursus der praktischen Kabbala (150 S.)
- Eltern der Erde (450 S.)
- Blüten des Lebensbaumes:
    Band 1: Die Struktur des kabbalistischen Lebensbaumes (370 S.)
    Band 2: Der kabbalistische Lebensbaum als Forschungshilfsmittel (580 S.)
    Band 3: Der kabbalistische Lebensbaum als spirituelle Landkarte (520 S.)
- Über die Freude (100 S.)
- Das Geheimnis des inneren Friedens (252 S.)
- Von innerer Fülle zu äußerem Gedeihen (52 S.)
- Das Beziehungsmandala (52 S.)
- Die Symbolik der Krankheiten (76 S.)

Kontakt: www.HarryEilenstein.de / Harry.Eilenstein@web.de
Impressum: Copyright: 2011 by Harry Eilenstein – Alle Rechte, insbesondere auch das der Übersetzung, vorbehalten. Kein Teil des Buches darf ohne schriftliche Genehmigung des Autors und des Verlages (nicht als Fotokopie, Mikrofilm, auf elektronischen Datenträgern oder im Internet) reproduziert, übersetzt, gespeichert oder verbreitet werden.
Herstellung und Verlag: BoD - Books on Demand, Norderstedt
ISBN: 9783743118140

Die Themen der einzelnen Bände der Reihe „Die Götter der Germanen"

1. Die Entwicklung der germanischen Religion
2. Lexikon der germanischen Religion
3. Der ursprüngliche Göttervater Tyr
4. Tyr in der Unterwelt: der Schmied Wieland
5. Tyr in der Unterwelt: der Riesenkönig Teil 1
6. Tyr in der Unterwelt: der Riesenkönig Teil 2
7. Tyr in der Unterwelt: der Zwergenkönig
8. Der Himmelswächter Heimdall
9. Der Sommergott: Baldur, Phol und Meili
10. Der Meeresgott: Ägir, Hler und Njörd
11. Der Eibengott Ullr
12. Die Zwillingsgötter Alcis
13. Der neue Göttervater Odin Teil 1
14. Der neue Göttervater Odin Teil 2
15. Der Fruchtbarkeitsgott Freyr
16. Der Chaos-Gott Loki
17. Der Donnergott Thor
18. Der Priestergott Hönir
19. Die Göttersöhne
20. Die unbekannteren Götter
21. Die Göttermutter Frigg
22. Die Liebesgöttin: Freya und Menglöd
23. Die Erdgöttinnen
24. Die Korngöttin Sif
25. Die Apfel-Göttin Idun
26. Die Hügelgrab-Jenseitsgöttin Hel
27. Die Meeres-Jenseitsgöttin Ran
28. Die unbekannteren Jenseitsgöttinnen
29. Die unbekannteren Göttinnen
30. Die Nornen
31. Die Walküren
32. Die Zwerge
33. Der Urriese Ymir
34. Die Riesen
35. Die Riesinnen
36. Mythologische Wesen
37. Mythologische Priester und Priesterinnen
38. Sigurd/Siegfried
39. Helden und Göttersöhne
40. Die Symbolik der Vögel und Insekten
41. Die Symbolik der Schlangen, Drachen und Ungeheuer
42. Die Symbolik der Herdentiere
43. Die Symbolik der Raubtiere
44. Die Symbolik der Wassertiere und sonstigen Tiere
45. Die Symbolik der Pflanzen
46. Die Symbolik der Farben
47. Die Symbolik der Zahlen
48. Die Symbolik von Sonne, Mond und Sternen
49. Das Jenseits
50. Seelenvogel, Utiseta und Einweihung
51. Wiederzeugung und Wiedergeburt
52. Elemente der Kosmologie
53. Der Weltenbaum
54. Die Symbolik der Himmelsrichtungen und der Jahreszeiten
55. Mythologische Motive
56. Der Tempel
57. Die Einrichtung des Tempels
58. Priesterin – Seherin – Zauberin – Hexe
59. Priester – Seher – Zauberer
60. Rituelle Kleidung und Schmuck
61. Skalden und Skaldinnen
62. Kriegerinnen und Ekstase-Krieger
63. Die Symbolik der Körperteile
64. Magie und Ritual
65. Gestaltwandlungen
66. Magische Waffen
67. Magische Werkzeuge und Gegenstände
68. Zaubersprüche
69. Göttermet
70. Zaubertränke
71. Träume, Omen und Orakel
72. Runen
73. Sozial-religiöse Rituale
74. Weisheiten und Sprichworte
75. Kenningar
76. Rätsel
77. Die vollständige Edda des Snorri Sturluson
78. Frühe Skaldenlieder
79. Mythologische Sagas
80. Hymnen an die germanischen Götter

Inhaltsverzeichnis

I Der Göttermet in der germanischen Überlieferung — **12**
I 1. Der Wortschatz zu „Göttermet" — **12**
I 2. Die Entstehung des Göttermets — **18**
   I 2. a) Skaldskaparmal — 18
   I 2. b) Havamal — 27
   I 2. c) Wieland-Lied — 30
   I 2. d) Der Honigtau — 30
   I 2. e) John Barleycorn — 31
I 3. Der Göttermet — **37**
   I 3. a) Ägirs Trinkgelage — 37
   I 3. b) Skaldskaparmal — 37
   I 3. c) Die Saga über Half und seine Helden — 38
   I 3. d) Gylfis Vision — 39
   I 3. e) Gylfis Vision — 40
   I 3. f) Odins Rabenzauber — 40
   I 3. g) Grimnir-Lied — 41
   I 3. h) Grimnir-Lied — 41
   I 3. i) Der Seherin Ausspruch — 41
   I 3. j) Gesta danorum — 42
   I 3. k) Odins Rabenzauber — 44
   I 3. l) Odins Rabenzauber — 45
   I 3. m) Haustlöng — 45
   I 3. n) Grimnir-Lied — 46
   I 3. o) Über Fornjot und seine Sippe — 47
   I 3. p) Die Saga über Halfdan Brana-Ziehsohn — 47
   I 3. q) Hyndla-Lied — 48
   I 3. r) Odins Rabenzauber — 49
   I 3. s) Grimnir-Lied — 50
   I 3. t) Englischer Brakteat — 50
I 4. Das Met-Gefäß — **52**
   I 4. a) Havamal — 52
   I 4. b) Runenkästchen von Auzon — 52
   I 4. c) Beowulf-Epos — 54
   I 4. d) Die Saga über Helgi Thorsis-Sohn — 55
   I 4. e) Die Saga über Thorstein Haus-Macht — 56
   I 4. f) Die beiden Goldhörner von Gallehus — 59
   I 4. g) Beowulf-Epos — 59
   I 4. h) Runenstein von Snodelev — 60

I 5. Der rituelle Trank bei der Bestattung — 62
- I 5. a) Völsungen-Saga — 62
- I 5. b) Die Saga über die Siedler von Eyre — 62
- I 5. c) Die Saga über Ketil Forelle — 62
- I 5. d) Ibn Fadlans Reisebericht — 62
- I 5. e) Das Grab des Mädchens von Egtved — 66
- I 5. f) Haleygjatal — 67
- I 5. g) Fridthjof der Kühne — 67
- I 5. h) Ragnars-Saga — 67
- I 5. i) Oddruns Klage — 68

I 6. Der rituelle Trank bei der Hinrichtung — 70
- I 6. a) Gesta danorum — 70

I 7. Der rituelle Trank bei der Begrüßung im Jenseits — 72
- I 7. a) Wegtam-Lied — 72
- I 7. b) Runensteine — 72
- I 7. c) Strophe des Kormak — 74
- I 7. d) Die Walküre „Aelrun" — 74
- I 7. e) Lokasenna — 74
- I 7. f) Skirnir-Lied — 75
- I 7. g) Skirnir-Lied — 75
- I 7. h) Wolfdietrich — 75
- I 7. i) Grimnir-Lied — 76
- I 7. j) Sigdrifa-Lied — 77
- I 7. k) Skaldskaparmal — 77

I 8. Der rituelle Trank bei der Begrüßung im Diesseits — 80
- I 8. a) Heimskringla — 80
- I 8. b) Heimskringla — 80
- I 8. c) Atli-Lied — 81
- I 8. d) Völsungen-Saga — 81
- I 8. e) Beowulf-Epos — 81

I 9. Der rituelle Trank als Morgenmet — 83
- I 9. a) Beowulf-Epos — 83
- I 9. b) Die Saga über Thorstein Haus-Macht — 83

I 10. Der rituelle Trank bei den Opferfesten — 85
- I 10. a) Die Saga über die Siedler von Eyre — 85
- I 10. b) Heimskringla — 85
- I 10. c) Die Saga über Hakon den Guten — 86
- I 10. d) Egil-Saga — 88

I 11. Der rituelle Trank bei Festen — 91
  I 11. a) Die Saga über Fridthjof den Kühnen — 91
  I 11. b) Die Lachstal-Saga — 91
  I 11. c) Hattatal — 92
  I 11. d) Hattatal — 92
  I 11. e) Egil-Saga — 92
  I 11. f) Strophe des Sigurdr — 93
  I 11. g) Heimskringla — 93

I 12. Der rituelle Trank bei der Krönung — 95
  I 12. a) Gisli-Saga — 95
  I 12. b) Gisli-Saga — 95
  I 12. c) Die Saga über Thorsteinn Hausmacht — 95
  I 12. d) König Olaf der Ruhmreiche — 96
  I 12. e) Ynglinga-Saga — 97
  I 12. f) Die Saga über König Olaf Tryggvas-Sohn — 97

I 13. Der rituelle Trank, der den Göttern geweiht ist — 100
  I 13. a) Heimskringla — 100
  I 13. b) Gesta danorum — 101
  I 13. c) Die Saga über Thorstein Haus-Macht — 102
  I 13. d) Vita Columbani — 102
  I 13. e) Die Saga über Thorstein Haus-Macht — 103
  I 13. f) Fagrskinna — 103
  I 13. g) Bosa-Saga — 103
  I 13. h) Allra postula minnisvisur — 104

I 14. Mimir — 111
  I 14. a) Odins Rabenzauber — 111
  I 14. b) Sigdrifa-Lied — 111
  I 14. c) Sonnenlied — 113
  I 14. d) Hyndla-Lied — 113

I 15. Der rituelle Trank, der alles vergessen läßt — 115
  I 15. a) Das erste Sigurd-Lied — 115
  I 15. b) Völsungen-Saga — 116
  I 15. c) Regin der Schmied — 116
  I 15. d) Brünhild-Lied — 117
  I 15. e) Der Mord der Nibelungen — 118
  I 15. f) Das andere Gudrun-Lied — 118
  I 15. g) Högni-Lied — 122
  I 15. h) Die Saga über Hedin und Högni — 123
  I 15. i) Die Saga über Thorstein Viking-Sohn — 123
  I 15. j) Sörli-Saga — 125

I 16. Der Eid-Met — 129
- I 16. a) Hervor-Saga — 129
- I 16. b) Die Saga von Eilifir dem Weitfahrenden — 129
- I 16. c) Das Lied von Helgi Hiörvard-Sohn — 130

I 17. Trinksitten — 133
- I 17. a) Heimskringla — 133
- I 17. b) Heimskringla — 133
- I 17. c) Egil-Saga — 133
- I 17. d) Egil-Saga — 134
- I 17. e) Die Saga über Thorstein Haus-Macht — 134
- I 17. f) Heimskringla — 134
- I 17. g) Heimskringla — 135
- I 17. h) Heimskringla — 135
- I 17. i) Heimskringla — 136

I 18. Skaldenmet — 138
- I 18. a) Skaldskaparmal — 138
- I 18. b) Alwis-Lied — 143
- I 18. c) Saga über Egil Skallagrimson — 144
- I 18. d) Saga über Egil Skallagrimson — 144
- I 18. e) Saga über Egil Skallagrimson — 144
- I 18. f) Saga über Egil Skallagrimson — 145
- I 18. g) Saga über Egil Skallagrimson — 145
- I 18. h) Ragnarsdrapa — 146
- I 18. i) Strophe des Omr — 147
- I 18. j) Sigurdardrapa — 147
- I 18. k) Heimskringla — 148
- I 18. l) Strophe des Eysteinn — 148
- I 18. m) Haleygjatal — 148
- I 18. n) Strophe des Hofgarda-Ref Gest-Sohn — 149
- I 18. o) Strophe des Refr — 150
- I 18. p) Strophe des Steinthor — 150
- I 18. q) Strophe des Thordr Kolbein-Sohn — 150
- I 18. r) Strophe des Ulfr Ugga-Sohn — 150
- I 18. s) Cormac-Saga — 151
- I 18. t) Strophe des Thorarinn Kurzmantel — 151
- I 18. u) Strophe des Kormak — 151
- I 18. v) Egil-Saga — 152
- I 18. w) Harmsol — 152
- I 18. x) Leidarvisan — 153
- I 18. y) Leidarvisan — 154
- I 18. z) Leidarvisan — 154
- I 18. aa) Leidarvisan — 155
- I 18. ab) Leidarvisan — 155

I 18. ac)	Gedicht über König Magnus Gesetzesverbesserer	156
I 18. ad)	Liknarbraut	156
I 18. ae)	Liknarbraut	157
I 18. af)	Katrinardrapa	157
I 18. ag)	Drapa af Mariugrat	158
I 18. ah)	Drapa af Mariugrat	158
I 18. ai)	Brudkaupsvisur	159
I 18. aj)	Mariuvisur 1	159
I 18. ak)	Mariuvisur 3	160
I 18. al)	Heilagra manna drapa	160
I 18. am)	Heilagra meya drapa	161
I 18. an)	Heilagra meya drapa	161
I 18. ao)	Petrsdrapa	161
I 18. ap)	Gydingsvisur	161
I 18. aq)	Lilja	162
I 18. ar)	Lilja	162
I 18. as)	Strophe des Einar Skula-Sohn	163
I 18. at)	Kenningar	163
I 19.	**Trunkenheit**	**174**
I 19. a)	Germania	174
I 19. b)	Hervarar-Saga	175
I 19. c)	27. Rätsel aus dem Exeter-Buch	175
I 19. d)	Hattatal	176
I 19. e)	Heimskringla	177
I 19. f)	Gesta danorum	177
I 19. g)	Saga über König Sverris von Norwegen	177
I 20.	**Im Met ertrinken**	**180**
I 20. a)	Grotten-Lied	180
I 20. b)	Heimskringla	180
I 20. c)	Historia norwegiae	183
I 20. d)	Isländer-Buch	183
I 20. e)	Gesta danorum	183
I 20. f)	Grimnir-Lied	184
I 20. g)	Regin-Lied	185
I 20. h)	Gylfis Vision	186
I 20. i)	Der Seherin Ausspruch	186
I 20. j)	Veraldur-Ballade	186
I 20. k)	Byggvir	187
I 20. l)	Beowa	188
I 20. m)	Waraldan Olmay	189
I 20. n)	Zusammenfassung	190

I 21.	**Anti-Trunkenheits-Zauber**	**195**
I 21. a)	Havamal	195
I 22.	**Anti-Gift-Zauber**	**197**
I 22. a)	Völsungen-Sage	197
I 22. b)	Sigrdrifumal	198
I 22. c)	Die Saga über Egil Skallagrimsson	199
I 22. d)	Sigdrifa-Lied	200
I 23.	**Kräuter-Met**	**202**
I 23. a)	Heimskringla	202
I 24.	**Frust-Trinken**	**203**
I 24. a)	Heimskringla	203
I 24. b)	Heimskringla	203
I 25.	**Sprichworte**	**205**
I 25. a)	Sorgen in Alkohol ertränken	205
I 25. b)	Trunkenheit bringt in Gefahr	205
I 25. c)	Der Trunkene zeigt sein wahres Wesen	206
I 25. d)	Alkohol verändert das Wesen des Trinkers	206
I 25. e)	Alkohol verleitet zum Streit	207
I 25. f)	Nie soviel trinken, daß die Sinne benommen werden	207
I 25. g)	Nie soviel trinken, daß der Verstand getrübt wird	208
I 25. h)	Trunkenheit befreit nicht von der Verantwortung für die eigenen Taten	208
I 25. i)	Alkohol nur in Maßen trinken	208
I 25. j)	Sonstiges	209
I 26.	**Zusammenfassung**	**210**

II	**Der Göttermet in der indogermanischen Überlieferung**	**221**
II 1.	**Der Göttermet bei den Kelten**	**222**
II 1. a)	Taliesin	223
II 1. b)	Der Hund des Lugh	225
II 1. c)	Táin Bó Cúailgne	226
II 1. d)	Die Geschichte des irischen Königs Cormac mac Art	227
II 2.	**Der Göttermet bei den Römern**	**233**
II 3.	**Der Göttermet bei den Kelto-Romanen**	**233**
II 4.	**Der Göttermet bei den Germanen**	**234**
II 5.	**Der Göttermet bei den Germano-Romanen**	**235**
II 6.	**Der Göttermet bei den Slawen**	**235**
II 7.	**Der Göttermet bei den Balten**	**235**
II 8.	**Der Göttermet bei den Balto-Slawen**	**235**
II 9.	**Der Göttermet bei den West-Indogermanen**	**236**
II 10.	**Der Göttermet bei den Hethitern**	**236**
II 11.	**Der Göttermet bei den Süd-Indogermanen**	**236**
II 12.	**Der Göttermet bei den Persern**	**237**
II 12. a)	Zend-Avesta, Fargard 19	237

II 12. b)	Zend-Avesta, Aban Yast	237
II 12. c)	Zend-Avesta, ein Yast-Bruchstück	238
II 12. d)	Zend-Avesta, Yasna 9 (Hom Yast)	238
II 12. e)	Zend-Avesta, Yasna 10	244
II 12. f)	Die Haoma-Pflanze	248
II 13.	**Der Göttermet bei den Indern**	**252**
II 13. a)	Die Soma-Pflanze	253
II 13. b)	Die Zubereitung des Soma: a) Auspressen des Soma	258
II 13. c)	Die Zubereitung des Soma: b) Durchseihen des Preßsaftes	265
II 13. d)	Die Zubereitung des Soma: c) Vermischen des Saftes	270
II 13. e)	Die Zubereitung des Soma: d) Beimischen von Mehl	276
II 13. e)	Die Zubereitung des Soma: e) Kochen der Mischung	277
II 13. f)	Die Zubereitung des Soma: f) In ein Holzgefäß füllen	278
II 13. g)	Die Opferung des Soma	279
II 13. h)	Der Gesang beim Soma-Opfer	280
II 13. i)	Die Farbe des Soma	285
II 13. j)	Soma ist süß	293
II 13. k)	Soma ist unsterblich und macht unsterblich	296
II 13. l)	Soma ist im Zustand des „Rita"	300
II 13. m)	Soma ist voller geistiger Kraft	302
II 13. n)	Soma macht glücklich	304
II 13. o)	Soma ist eine Gottheit	305
II 13. p)	Soma ist eng mit der Sonne verbunden	307
II 13. q)	Soma ist mit der Zahl „3" verbunden	314
II 13. r)	Soma ist Licht	317
II 13. s)	Der Soma stärkt Indra	318
II 13. t)	Der Soma stärkt die Maruts	325
II 13. u)	Soma ist der Indus	326
II 13. v)	Soma für die Götter	329
II 13. w)	Soma ist wie ein Vogel	331
II 13. x)	Soma ist die Himmelssäule	334
II 13. y)	Soma reinigt	335
II 13. z)	Soma gibt Lebenskraft	335
II 13. aa)	Soma ernährt	336
II 13. ab)	Soma macht stark	336
II 13. ac)	Soma macht reich	338
II 13. ad)	Soma bringt Ruhm	340
II 13. ae)	Soma vertreibt die Feinde	341
II 13. af)	Sonstiges	342
II 13. ag)	Zusammenfassung: Soma	343
II 14.	**Der Göttermet bei den Indo-Persern**	**346**
II 15.	**Der Göttermet bei den Skythen**	**348**

II 16.	Der Göttermet bei den Narten	348
II 17.	Der Göttermet bei den Skytho-Indern	348
II 18.	Der Göttermet bei den Griechen	349
II 19.	Der Göttermet bei den Thrakern	352
II 20.	Der Göttermet bei den Gräko-Thrakern	352
II 21.	Der Göttermet bei den Ost-Indogermanen	352
II 23.	Der Göttermet bei den Indogermanen	353

III Der Göttermet bei den Nachbarn der Indogermanen — 355
   III 1. Finnen — 355

IV Der Göttermet in der Jungsteinzeit — 356
   IV 1. Sumer — 356
   IV 2. Elamiter — 356
   IV 3. Semiten — 357
   IV 4. Ägypter — 357
   IV 5. Göbekli Tepe — 358
   IV 6. Die jungsteinzeitlichen Ackerbauern — 359

V Der Göttermet in der Altsteinzeit — 361
   V 1. Mayas — 361
   V 2. Höhle von Laussel — 361

VI Das Lebenselixier — 363

VII Die Biographie des Göttermets — 364

VIII Traumreisen — 372
   VIII 1. Kwasir — 372
   VIII 2. Medigenus — 375
   VIII 3. Nektar — 377
   VIII 4. Soma — 378
   VIII 5. Haoma — 380
   VIII 6. Balché — 382
   VIII 7. Medb, Meduna und Rosmerta — 383

IX Das Brauen des Göttermets — 386

X Hymnen an den Göttermet — 391
   X 1. Reise in die Vergangenheit — 391
   X 2. Der Kelch der Göttin — 400

XI Der Göttermet heute — 402

   Themenverzeichnis — 404

I Der Göttermet in der germanischen Überlieferung

Der Met als Trank der Götter und als Ritualgetränk der Menschen ist eines der wichtigsten Symbole der Germanen und auch der anderen indogermanischen Völker.

Im Folgenden werden jedoch nicht alle Szenen, in denen Bier, Wein oder Met getrunken wird, angeführt, sondern hauptsächlich die Textstellen, die Auskunft über die mythologische Bedeutung der alkoholischen Getränke geben. ...

I 1. Der Wortschatz zu „Göttermet"

Der Wortschatz zu einem so kulturell wichtigem Element wie dem gemeinschaftlichen Trinken bei den Germanen ist naturgemäß recht differenziert.

Met und Bier

mjödr	- Met
grasadr mjöd	- „Gras-Met" = Kräuter-Met
öl	- Ale, Bier
öl-krasir	- „Bier-Leckerbissen" = ein besonders gutes Bier
veig	- „Stärke" = starkes Getränk, alkoholisches Getränk

Es gab an alkoholischen Getränken Met, Kräuter-Met, Bier („Ale") und „Premium-Bier". Wie die Häufigkeit der im folgenden aufgeführten mit „Met" und mit „Bier" kombinierten Begriffen zeigt, war Met das Edlere und Bier das allgemeinere alkoholische Getränk Dies liegt schon daran begründet, daß der Honig, der für das Met-Brauen benötigt, deutlich schwieriger zu beschaffen ist als die Gerste, die die Grundlage des Bieres bildet.

Die Braukunst

heita	- „Erhitzen" = Brauen
öl-hita	- „Bier-Hitze" = Bierbrauen
öl-görd	- „Bier-Gären, Bier-Arbeit" = Bierbrauen
öl-gördr-madr	- Bierbrauer

Beim Brauen von Bier sind die beiden auffälligsten Elemente zunächst das „Kochen" bei 75° des Malzes (gekeimte und gedarrte Gerste) sowie das anschließende Vergären dieser „Gerstenmalz-Suppe". Nach diesen beiden Vorgängen ist bei den Nordgermanen das Brauen und der Braumeister als „Erhitzen", „Vergären" und „Vergärer" benannt worden.

Die Brau-Geräte

öl-kjoll	- Bier-Kessel
öl-gögn	- Bier-Faß
öl-tol	- Bier-Faß
öl-böki	- „Bier-Buche" = Bierfaß aus Buchenholz
öl-ker	- Bier-Gefäß
öl-föng	- Bier-Vorrat

Während der Bier-Kessel eher das Braugefäß bezeichnet, sind das Faß und das Gefäß für die Aufbewahrung bestimmt.

Das Getränke-Lager

mjöd-rann	- „Met-Halle" = Langhaus, Halle
öl-stofa	- „Bier-Stube" = Trinkhalle

Der Ort, an dem man trank, war in der Regel die Halle, d.h. der große Gemeinschaftsraum im Langhaus, in dem fast alle gemeinsamen Aktivitäten stattfanden.

Das Trinkfest

sam-drykkja	- Gemeinschafts-Trinken, Versammlung
samburdar-öl	- „gemeinsam-tragen-Bier" = gemeinsames Trinken
mjöd-drekka	- Met-Trunk, Met-Trinken, Met-Trinkgelage
mjöd-drykkja	- Met-Trank, Met-Trinkgelage
öldr	- Bier, Bier-Trinkgelage
öl-mal	- „Bier-Gespräch, Bier-Gerede" = Gespräche an der Speisetafel
öl-sidr	- „Bier-Sitte" = Trinksitte

Die alkoholischen Getränke wurden fast immer in Gemeinschaft genossen, wobei bestimmten Trinksitten beachtet wurden.

Das Trinkgefäß

öl-horn	- „Bier-Horn" = Trinkhorn
öl-skal	- „Bier-Trinkschale" = Trinkgefäß

Das Trinkgefäß für Bier und Met war das Horn oder die Tonschale. In Ritualen scheinen stets Trinkhörner verwendet worden zu sein, die demnach wohl das ältere Trinkgefäß sein werden – Trinkhörner wurden bereits in den altsteinzeitlichen Höhlenmalereien dargestellt.

Das Einschenken

skenkja	- schenken, einschenken, ein Getränk ausschenken
skenking	- das Schenken, Einschenken, das Ausschenken eines Getränkes
skenkr	- „Ausgeschenktes" = Trank
öl-selja	- „Bier-Geberin" = Kelchträgerin („Getränke-Kellnerin")
skenkjari	- „Ausschenker" = Kelchträger („Getränke-Kellner")
öl-eysill	- Bier-Schöpfkelle (auch für Met und Wein)

Das Eingießen von Bier wurde schon bei den Germanen „Einschenken" genannt, was zeigt, daß der Hausherr sein Bier an die Gäste verschenkte. Bier wurde damals nicht „aus dem Faß gezapft", sondern mithilfe einer Kelle aus einem Faß in die Trinkhörner und Trinkschalen gefüllt.

Dieses Ausschenken wurde fast immer von dafür bestimmten Frauen, aber bisweilen auch von Männern durchgeführt. Während die Frauen „Einschenkerinnen" genannt wurden, was sich auf ihre Tätigkeit bezieht, scheint die entsprechende männliche Bezeichnung „Kelchträger" eher den Charakter einer Auszeichnung zu haben, die in etwa „bevorzugter Diener eines Fürsten" bedeuten könnte.

Die Walküren

val-kyrja	- Walküre = „Toten-Auswählerin" (sie wählt die Toten aus)
val-thögn	- Walküre = „Toten-Schweigen" (sie empfängt die Toten)

Auch die Toten im Jenseits erhielten ein Horn voll Met. Dabei wurde zwischen der

Walküre, die den Krieger auf dem Schlachtfeld als Gast in Odins Walhall auswählte, und der Walthögn, die diesem Toten bei seiner Ankunft in Walhall das Horn voll Met reichte, unterschieden. Diese beiden Namen werden jedoch eher eine Unterscheidung der Tätigkeit als eine Unterscheidung der Person sein.

Bier-Runen

öl-runar   - Bier-Runen

Es waren „Bier-Runen" in Gebrauch, die den Trinker zum einen vor Trunkenheit und zum anderen vor Gift, das dem Bier evtl. in heimtückischer Absicht beigemischt worden war, schützen sollte (siehe dazu den Band 72 über die „Runen").

Der Toten-Trank

full	- Trank = „Füllung (eines Trinkhorns)"; Trinkspruch
bragar-full	- Trinkspruch, insbesondere bei einer Bestattung
minnis-drykka	- „Erinnerungs-Trank" (für die Ahnen)
minnis-öl	- „Erinnerungs-Bier" (für die Ahnen)
minnis-veig	- „Erinnerungs-Trank" (für die Ahnen)
minnis-horn	- Horn, aus dem der Trank für die Ahnen getrunken wird
Mimir	- „Erinnerung" = Name eines Tyr-Riesen

Das Bier bzw. der Met waren nicht nur ein Element der Begrüßung der Toten im Jenseits, sondern auch ein Element des Toten-Gedenkens. Fast jedes Fest begann damit, daß man ein Horn voll Bier oder Met im Angedenken an die Toten trank – den „Erinnerungs-Trank".

Der Tyr-Riese Mimir scheint geradezu die Personifikation dieses „minnis-drykka" zu sein, da Odin dem Mimir eines seiner Augen geopfert hat, um Weisheit, d.h. die Kenntnis des Jenseits zu erlangen, und weil Odin zudem immer dann, wenn er Rat benötigt, mit dem abgeschlagenen und mumifizierten Schädel des Mimir spricht.

Dieser Zusammenhang zwischen Odin und Tyr-Mimir bzw. den Ahnen ist bei Odin sehr plausibel, da Odin im Wesentlichen ein Schamanengott ist und seine Hauptaufgabe daher die Herstellung des Kontaktes zu den Ahnen ist – unter denen der ehemalige Göttervater Tyr (Mimir) natürlich der wichtigste ist.

Die Ekstase

odi	- ekstatisch, rasend, wütend
odr	- ekstatisch, rasend, wütend
odr	- Ekstase, Erregtheit, Wut
Odin	- Ekstatiker, Erreger, Wütender
odrörir	- „das unsere Ekstase Erregende" = Götter-Met, Skalden-Met

Schon von den Namen her ist Odin eng mit dem rituellen Trank verbunden, der offenbar in eine Art von Ekstase versetzen konnte. Dies entspricht u.a. der Verwendung von speziellen Getränken in den damaligen Mysterien in Griechenland und in Thrakien.

Es ist gut denkbar, daß die Kräuter in dem „Kräuter-Met" („grasadr mjöd") Nieswurz („Wotans-Speise") und Schierling („Wotans-Nahrung") gewesen sind, die vermutlich, da sie sehr giftig sind, in der richtigen Dosierung ein Nahtod-Erlebnis hervorrufen konnten, was bedeutete, daß der Betreffende erlebte, wie er seinen Körper verließ (Astralreise). In der falschen Dosierung waren diese beiden Kräuter jedoch tödlich.

Allerdings könnte der „Kräuter-Met" auch eine Entsprechung zu dem heutigen Kräuter-Bier sein – wobei man geschmackliche Experimente jedoch eigentlich eher bei dem leichter verfügbaren Bier als bei dem kostbaren Met erwarten sollte.

Die Wirkung des Alkohols

öl-modr	- „in Bier-Stimmung" = angetrunken, betrunken
öl-odr	- „in Bier-Stimmung" = angetrunken, betrunken
ölr	- „im Bier-Zustand" = betrunken
öl-katr	- „Bier-froh" = trunken-fröhlich (Stammt davon der „Kater" ab?)
öl-reifr	- „Bier-fröhlich" = trunken-fröhlich
öl-teiti	- „Bier-Heiterkeit"
öl-sadr	- „Bier-satt" = trunken sein, genug getrunken haben
mjöd-drukkin	- „Met-trunken", „Met-betrunken"

Die Trunkenheit wird entweder rein technisch als „Bier-Zustand" oder von ihrem psychischen Aspekt her als „Bier-Fröhlichkeit" beschrieben. Die sieben mit „Bier" gebildeten Begriffe im Verhältnis zu dem einzelnen mit „Met" gebildeten Begriff für „Trunkenheit" zeigen noch einmal, daß deutlich mehr Bier als Met getrunken wurde.

Der Schlaftrunk

nattverdar-drykkja - „Nachtmahlzeits-Trank" = Abendtrunk, Gute-Nacht-Trunk

Solche nicht in Gemeinschaft genossene alkoholische Getränke waren eher die Ausnahme.

Die „Bier-Quelle"

öl-kelda - „Bier-Quelle" = Mineralquelle

Das Wort „kelda" bedeutet „Quelle, Bach" und ist eine Ableitung von dem Adjektiv „kaldr" für „kalt". Das altnordische Substantiv „öl" stammt über das germanische „aluth" von dem indogermanischen Wort „alud" für „bitter, herb, Bier, Alaun" ab. Die Übersetzung der Bezeichnung „öl-kelda" für eine sehr mineralhaltige Quelle sollte also eher „Bitter-Quelle" als „Bier-Quelle" lauten.

Es ist allerdings auch eine Assoziation zwischen dem Horn mit Met (oder Bier?), das die Toten bei ihrer Ankunft im Jenseits gereicht bekommen, und den Quellen als Toren in das Jenseits denkbar – allerdings ist diese Assoziation nirgendwo nachweisbar.

Zusammenfassung

Bei den Germanen wurde wesentlich mehr Bier als Met getrunken, da man für Met Honig, für Bier hingegen nur die in sehr viel größeren Mengen verfügbare Gerste als Rohstoff benötigte. Wein scheint bei den Nordgermanen weitgehend unbekannt gewesen zu sein, da man ihn aus dem Süden importieren mußte – die beiden nördlichsten Weinanbaugebiete sind die Mosel und die Ahr.

In der Regel wurde in größeren Gemeinschaften in der Halle des Langhauses getrunken. Dabei gab es bestimmte Trinksitten. Der Hausherr schenkte den Gästen sein Bier und ließ es ihnen von den Frauen aus seiner Hausgemeinschaft „einschenken".

Auch im Jenseits schenkte eine „Walthögn" genannte Walküre den Toten ein Horn voll Met ein.

Der Met wurde als Ekstase-Getränk angesehen – sowohl der Met als auch der Göttervater sind nach dieser Ekstase benannt worden: Odrörir und Odin. Vermutlich ist der sogenannte „Kräuter-Met" mit dem giftigen Nieswurz („Wotans-Speise") und dem tödlich-giftigen Schierling („Wotans-Nahrung") gebraut worden, um im Jenseitsreise-Ritual ein Nahtod-Erlebnis hervorzurufen.

Ein anderes Trink-Ritual war der „minnis-drykka", also der „Erinnerungs-Trank", mit dem man der Ahnen gedachte. Mit dieser „Erinnerung" hängt der Name des Tyr-Riesen „Mimir" zusammen, der offenbar der Archetyp des Ahnen war, da Odin ihm eines seiner Augen geopfert hat, um einmal von seinem Trank zu trinken und da Odin zudem mit dem abgeschlagenen Schädel des Mimir sprach, um von diesem Kunde aus dem Jenseits zu erhalten. Der von Odin abgesetzte Göttervater Tyr war für Odin natürlich der wichtigste aller Ahnen, da er von ihm das gesamte Wissen über die bisherigen Geschichte der Nordgermanen und alle damit verbundenen Geheimnisse erfahren konnte.

Schließlich gab es noch „Bier-Runen", die gegen Trunkenheit und gegen Gift, das möglicherweise von einem Feind dem Bier beigemischt worden war, schützte.

I 2. Die Entstehung des Göttermets

Das wichtigste aller Getränke in den Mythen der Germanen war der Göttermet, der in der Überlieferung meistens als „Skalden-Met" erscheint.

I 2. a) Skaldskaparmal

Die ausführlichste Beschreibung des Göttermets findet sich in diesem Skaldenkunst-Lehrbuch des Snorri Sturluson.

Ferner sprach Ägir: „Woher hat die Kunst ihren Ursprung, die ihr Skaldenkunst nennt?"
Bragi antwortete: „Der Anfang davon war, daß die Asen Unfrieden hatten mit dem Volk, das man Wanen nennt.

Über diesen Krieg zwischen den Asen und den Wanen wird in der Heimskringla ausführlicher berichtet.

Nun aber traten sie zusammen, Frieden zu schließen, und der kam nun so zustande, daß sie von beiden Seiten zu einem Gefäß gingen und ihren Speichel hineinspuckten.
Als sie nun schieden, wollten die Asen dieses Friedenszeichen nicht untergehen lassen. Sie nahmen es und schufen einen Mann daraus, der Kwasir heißt. Der ist so weise, daß ihn niemand um ein Ding fragen mag, worauf er nicht Bescheid zu geben weiß.
Er fuhr weit umher durch die Welt, die Menschen Weisheit zu lehren.

Kawsir ist eine Ableitung von der Bezeichnung „Kwas" für den Brottrunk, den man aus Wasser, Brot und Honig herstellt. Er wird durch Gärung gewonnen und kann daher leicht alkoholisch sein und Kohlensäure enthalten. Er hat Ähnlichkeit mit Bier. Der Speichel ist ein altes Gärungsmittel.

Die Sitte, einen Friedensschluß oder einen ähnlichen Vertrag durch das Trinken eines Getränkes, dessen Fermentierung durch den Speichel aller Beteiligter in Gang gesetzt wurde, ist recht alt. Dies ist sozusagen eine „Blutsbrüderschaft light".

Der Name „Kwas" wurde das erste mal schon im Jahre 989 n.Chr. erwähnt und leitet sich wie z.B. auch das Wort „Käse" (germanisch: „kasjus") von dem indogermanischen Verb „kuath" für „gären, sauer werden" ab.

Kwasir ist folglich nach dem Getränk Kwas benannt worden. Seine Weisheit liegt sicherlich darin begründet, daß er aus dem Speichel aller Asen und Wanen entstanden ist und dadurch deren Eigenschaften und Fähigkeiten enthält. Er ist somit in gewisser Weise die Essenz der Götter.

Außer in dieser Mythe erscheint Kwasir nur noch ein zweites mal in „Gylfis Vision" in der Beschreibung, wie die Asen Loki in Fischgestalt mit einem Netz fangen und fesseln.

Einst aber, da er zu den Zwergen Fialar und Galar kam, die ihn eingeladen hatten, riefen sie ihn zu einer Unterredung beiseite, und töteten ihn. Sein Blut ließen sie in zwei Gefäße und einen Kessel rinnen: Der Kessel heißt Odhrörir; aber die Gefäße Son und Bodn. Sie mischten Honig in das Blut, woraus ein so kräftiger Met entstand, daß ein jeder, der davon trinkt, ein Dichter oder ein Weiser wird.
Den Asen berichteten die Zwerge, Kwasir sei in der Fülle seiner Weisheit erstickt, denn keiner war klug genug, seine Weisheit all zu erfragen.

Man könnte sagen, daß die beiden Zwerge den Kwasir wieder in ein Getränk zurückverwandelten – vermutlich um selber die Eigenschaften des Kwas bzw. des Kwasir zu erlangen.

Dies ist insofern recht interessant, als das die Zwerge Totengeister im Jenseits sind und keine lebenden Menschen. Der magische Trank befindet sich somit im Jenseits im Besitz der Geister der Toten – also im Reich der Hel. Kwasir scheint im Diesseits ein Mensch und im Jenseits ein Trank zu sein.

Fialar und Galar sind Umdeutungen der beiden Söhne des ehemaligen Göttervaters Tyr – Tyr wurde im Jenseits zu einem Riesen und seine beiden Söhne zu zwei Zwergen.

„Odhrörir" bedeutet „Ekstasetrank". Dies ist ein deutlicher Hinweis darauf, daß der Met in diesem Gefäß ursprünglich ein Hilfsmittel bei der Jenseitsreise des Schamanen gewesen ist. „Bodn" bedeutet „Faß". Die Übersetzung von „Son" ist unsicher: Dieses Wort könnte sowohl „Blut" als auch „Versöhnung" bedeuten – die erste der beiden Möglichkeiten ist jedoch wahrscheinlicher, weil diese drei Gefäße auch das Blut des Kwasir enthielten.

Da die beiden letzteren Namen eher technische Bezeichnungen sind, wird „Odhrörir" der älteste dieser drei Namen sein und ursprünglich nicht das Gefäß, sondern den Trank selber bezeichnet haben. Außerdem ist stammt das Wort „Odrörir" von derselben Wortwurzel ab wie der Name „Odin", der ebenfalls „Ekstase" bedeutet – der Göttermet ist somit als der Trank des Schamanengottes Odin benannt worden.

Diese drei Gefäße sind ursprünglich die drei Met-Trinkhörner des Tyr und seiner zwei Alcis-Söhne gewesen, die u.a. in der Saga über Thorstein Hausmacht als „Grim der Gute" (=Ödrörir) und „die beiden Weißen" (=Bodn und Son) bezeichnet werden.

Danach luden diese Zwerge den Riesen, der Gilling heißt, mit seinem Weibe zu sich, und baten den Gilling, mit ihnen auf die See zu rudern. Als sie aber eine Strecke vom Lande waren, ruderten die Zwerge nach den Klippen und stürzten das Schiff um. Gilling, der nicht schwimmen konnte, ertrank, worauf die Zwerge das Schiff wieder umkehrten und zurück ruderten.

Diese Szene ist zunächst recht seltsam, da kein Grund für den Mord der Zwerge an Gilling ersichtlich ist. Sie erklärt sich jedoch dadurch, daß Gilling einer der vielen Varianten des ehemaligen Sonnengott-Göttervaters Tyr ist, der als Sonne am Abend starb und im Meer versank („ertrinkt") und der vor allem bei seiner Absetzung um 500 n.Chr. von Thor getötet wurde. Diese in der Entwicklung der germanischen Religion grundlegende Szene findet sich in vielen Mythen aus der späteren, Odin-zentrierten Mythologie der Nordgermanen.

Ursprünglich ist Tyr an jedem Abend gemeinsam mit seinen beiden Söhnen gestorben in die Unterwelt gereist – in dieser Mythe ist dadurch der Mord der beiden Zwerge an dem Riesen geworden.

Der Name „Gilling" bedeutet „Gellender, Schreiender", aber er könnte auch eine Anspielung auf den Jenseitsfluß Gjallar sein – dann hätte „Gilling" die Bedeutung „Sterbender".

Sie sagten seinem Weibe von diesem Vorgang: Da gehabte sie sich übel und weinte laut. Fialar frug sie, ob es ihr Gemüt erleichtern würde, wenn sie nach der See hinaussähe, wo er umgekommen sei. Das wollte sie tun.

Da sprach er mit seinem Bruder Galar, er solle hinaufsteigen über die Schwelle und, wenn sie hinausginge, einen Mühlstein auf ihren Kopf fallen lassen, weil er ihr Gejammer nicht ertragen könne. Und also tat er.

Auch diese Tat, die sich aus der vorigen ergab, erscheint sehr unmotiviert, doch auch sie erklärt sich aus der Absetzung des Tyr um 500 n.Chr.

In den neueren, Odin-zentrierten Mythen tötet Thor nicht nur den Tyr-Riesen, sondern zugleich auch die Jenseitsgöttin, die einst die Wiederzeugungs-Geliebte und die Wiedergeburts-Mutter des Tyr gewesen ist und die hier zu der Frau des Tyr-Riesen geworden ist.

Im Christentum wurde aus dieser Riesin dann „des Teufels Großmutter".

Als der Riese Suttung, Gillings Brudersohn, dies erfuhr, zog er hin, ergriff die Zwerge, führte sie auf die See und setzte sie da auf eine Meeresklippe. Da baten sie Suttung, ihr Leben zu schonen, und boten ihm zur Sühne und Vaterbuße den köstlichen Met, und diese Sühne ward zwischen ihnen geschlossen.

Die trotz des Weisheits-Trankes sehr unweisen Handlungen der Zwerge führen dazu, daß der magische Trank in den Besitz der Riesen gelangt.

Ursprünglich ist auch Suttung der Tyr-Riese gewesen. Er erscheint hier nicht mehr als der am Morgen wiedergeborene Sonnengott-Göttervater, sondern als der rächende Bruder. Die ursprüngliche Mythe läßt sich jedoch noch anhand der Insel erkennen, die die Jenseitsinsel Walaskialf („Toten-Schäre") sein wird, auf der einst am Abend der Sonnengott-Göttervater Tyr gestorben ist. Da Tyr am Morgen durch den Göttermet wiedergeboren wurde, gehört auch dieser Trank symbolisch auf diese Insel.

Diese Insel, auf der Suttung die Zwerge aussetzte, ist auch mit der Schäre identisch, auf der Wieland (Tyr im Jenseits) ausgesetzt worden ist.

Die Umdeutung der beiden Söhne des Tyr zu dessen Mördern ist ein geschickter (und allgemein beliebter) Trick gewesen, um eine Geschichte in ihr Gegenteil zu verkehren – auf diese Weise konnte man am effektivsten eine alte Mythe auflösen und ihre Bestandteile in eine neue Mythe einfügen. Man mußte nur aus dem Helden einen Bösewicht machen …

In den germanischen Mythen ist es stets ein Zwergenpaar, das die magischen Gegenstände der Götter herstellt: Thors Hammer, Sifs Haare, Freyrs Eber und sein magisches Schiff, Odins Ring und seinen Speer, die magischen Schwerter in den Sagas, die auf Tyrs Schwert zurückgehen, und schließlich auch den Göttermet.

Dieses Zwergenbrüderpaar ist aus den beiden „Alcis" („Elche") genannten Pferdezwillingen vor dem Streitwagen des ursprünglichen Göttervaters Tyr (= Zeus, Jupiter, Deus, Dagda u.a.) entstanden. Diese beiden Söhne des Göttervater, die die Gestalt von zwei Jünglingen und von zwei Schimmeln annehmen konnten, sind am besten aus der griechischen Mythologie als die beiden Dioskuren bekannt.

Als bei den Germanen der Reiter Odin an die Stelle des Streitwagenfahrers Tyr trat, wurde aus den beiden Pferdezwillingen Odins achtbeiniges „Doppelpferd" Sleipnir. Aus diesen beiden Tyr-Söhnen als Wolfs-Ekstasekrieger wurden Odins zwei Wölfe und aus den beiden Tyr-Söhnen als Raben-Seelenvögel wurden Odins zwei Raben.

Diese beiden Söhne des Göttervaters starben zusammen mit ihm an jedem Abend und in jedem Herbst, wodurch sie zu Totengeistern, also zu Zwergen wurden.

Der Göttervater im Jenseits wurde jedoch zu einem Riesen, denn die Germanen faßten die Ahnen der Asen als Riesen auf. Dies ist ein altes indogermanisches Motiv: so ist z.B. auch Kronos, der Vater des Zeus, ein Titan, d.h. ein Riese. Dieser „Tyr-Riese in der Unterwelt" war eine wichtige Gestalt in den Mythen und erscheint als Hymir, Thiazi, Mimir, Surtur, Hraesvelgr und noch als einige andere Riesen.

Da nun der am Abend gestorbene Göttervater im Jenseits zu einem Riesen wurde und er als die zentrale Gottheit der Besitzer des Göttermets war, wurde der Met zwar von den beiden Zwergen (die toten Pferdezwillinge) hergestellt, aber mußte im Besitz der Riesen (Hymir, Thiazi usw.) sein. Es gab auch die Auffassung des „Tyr in der Unterwelt" als Zwerg (Alberich), aber das Motiv des Tyr-Riesen war deutlich wichtiger als das des Tyr-Zwerges.

Aus dem Überreichen des Mets durch die Zwerge an den Göttervater als Riesen wurde dann schließlich der Met als Sühnegeldzahlung der Zwerge an die Riesen.

Die Bedeutung des Namens „*Suttung*" bedeutet entweder „vom Trank beschwert" oder „der sich schnell Bewegende". Da Schnelligkeit und ähnliche gute Eigenschaften nur sehr selten bei den Riesen erwähnt werden, erscheint die erste Deutung wahrscheinlicher: Suttung ist der Besitzer des Göttermets.

Suttung führte den Met mit sich nach Hause und verbarg ihn auf dem sogenannten Hnitberge; seine Tochter Gunnlöd setzte er zur Hüterin.

Der Name „Hnitberg" bedeutet „Stoßfels", „zusammenschlagender Berg", „sich verschließender Berg" oder „verschlossener Berg". Bei diesem Berg wird es sich um ein Hügelgrab handeln, daß nach der Bestattung verschlossen worden ist und in dem man sich sowohl die Totenseelen als auch die Jenseitsgöttin vorstellte. Auch der ehemalige Sonnengott-Göttervater Tyr lag nach seinem abendlichen Tod in einem solchen Hügelgrab.

Der Name „Stoßfels" könnte auch eine Anspielung auf das Gitter Thrymgiallar am Hel-Tor sein, dessen Eingang sich in einer früheren Variante dieses Motives vielleicht wie zwei zusammenstoßende Felsen verschlossen hat. Dieses Bild findet sich in einigen Märchen wie z.B. in „Die Rabe" von den Gebrüdern Grimm. Die bekannteste Zauberformel, mit der man einen solchen Berg öffnen kann ist sicherlich das arabische „Sesam öffne Dich!". Dieser „Hnitberg" wird mit dem „Hindinhügel" der Walküre Brünhild aus der Nibelungensage und mit dem „Mondhügel" aus der „Vision der Seherin" identisch sein.

Die Riesin Gunnlöd trägt einen Walkürennamen: „Einladung zum Kampf". Sie ist sowohl als Riesin als auch als Walküre eine Erscheinungsform der ursprünglichen Jenseitsgöttin. In der Sage heißt es, daß sie den Met nur bewacht, aber man wird wohl davon ausgehen können, daß dieses „Bewachen" ursprünglich ein „Besitzen" gewesen ist. Gunnlöd wird daher die Jenseitsgöttin (Hel, Freya) in der Unterwelt (Hügelgrab) sein, die die Jenseitsreisenden wiedergebiert und ihnen den Göttermet reicht.

Davon heißt die Skaldenkunst Kwasirs Blut, oder der Zwerge Trank, auch Odhrörirs-, oder Bodns- und Sons-Naß, und der Zwerge Fährgeld (weil ihnen dieser Met von der Klippe Erlösung und Heimkehr verschaffte), ferner Suttungs Met und Hnitbergs Lauge."

Da sprach Ägir: „Sonderbar dünkt mich der Gebrauch, die Dichtkunst mit diesen Namen zu nennen. Aber wie kamen die Asen an Suttungs Met?"

Bragi antwortete: "Davon wird erzählt, daß Odin auszog und an einen Ort kam, wo neun Knechte Heu mähten. Er frug sie, ob sie ihre Sensen gewetzt haben wollten. Das bejahten sie. Da zog er einen Wetzstein aus dem Gürtel und wetzte. Die Sicheln schienen ihnen jetzt viel besser zu schneiden: da feilschten sie um den Stein; er aber sprach, wer ihn kaufen wolle, solle geben, was billig sei. Sie sagten alle, das wollten sie; aber jeder bat, den Stein ihm zu verkaufen. Da warf er ihn hoch in die Luft, und da ihn alle fangen wollten, entzweiten sie sich so, daß sie einander mit den Sicheln die Hälse zerschnitten.

Sowohl die Neunzahl der Knechte, als auch deren Tod sowie die Sicheln als Erntesymbole weisen daraufhin, daß Odin sich hier auf einer Jenseitsreise befindet.

Die „9" ist in den Mythen der (Indo-)Germanen eine Art Adjektiv mit der Bedeutung „zum Jenseits gehörend" gewesen.

Da suchte Odin Nachtherberge bei dem Riesen, der Baugi hieß, dem Bruder Suttungs.

Baugi beklagte seine üble Lage und sagte, neun seiner Knechte hätten sich umgebracht; nun wisse er nicht, wo er Werkleute hernehmen solle.

Da nannte sich Odin bei ihm Bölwerk und erbot sich, die Arbeit der neun Knechte Baugis zu übernehmen; zum Lohn verlangte er einen Trunk von Suttungs Met.

Baugi sprach, er habe über den Met nicht zu gebieten. Suttung, sagte er, wolle ihn allein behalten; doch wolle er mit Bölwerk dahinfahren und versuchen, ob sie den Mets bekommen könnten.

„Bölwerk" bedeutet „üble Tat" – ein passender Name für Odin nach seiner Provokation eines neunfachen Mordes. Aber Odin war schließlich auch der Gott der Schlachten ...

Der Name des Riesen *„Baugi"* bedeutet „der Gebeugte, Krumme", womit auch Ringe bezeichnet worden sind. Vermutlich ist auch Baugi ein Tyr-Riese, da Tyr oft zusammen mit zwei Brüdern erscheint, die gemeinsam die drei Stände verkörperten – später haben Odin, Hönir und Loki diese Funktion übernommen.

Der goldene Ring ist einst ein Symbol der Sonne und somit auch der Jenseitsreise und der Wiedergeburt gewesen – in den neueren Mythen erscheint er als Odins Ring Draupnir.

Der Tyr-Riese Baugi ist offenbar nach dem Sonnen-Ring benannt worden, der einst im Besitz des ehemaligen Sonnengott-Göttervaters Tyr gewesen ist.

Die drei Brüder, die einst die drei Stände verkörpert haben, sind in dieser Mythe Gilling, Suttung und Baugi – „Sterbender", „Trank-Besitzer" und „Ring-Besitzer". Dies könnten alles drei Umschreibungen für den am Abend sterbenden ehemaligen Sonnengott-Göttervater Tyr sein: Die Sonne (goldener Ring) starb am Abend (Gilling), überquerte den Jenseitsfluß (Gilling) und erhielt dann den Begrüßungstrunk im Jenseits (Suttung).

Bölwerk verrichtete den Sommer über neun Männer Arbeit für Baugi; im Winter aber begehrte er seinen Lohn.

Da fuhren sie beide zu Suttung, und Baugi erzählte seinem Bruder, wie er den Bölwerk gedungen habe; aber Suttung verweigerte geradeheraus jeden Tropfen seines Mets.

Da sagte Bölwerk zu Baugi, sie wollten eine List versuchen, ob sie an den Met kommen möchten, und Baugi wollte das geschehen lassen.

Da zog Bölwerk einen Bohrer hervor, der Rati hieß, und sprach, Baugi sollte den Berg durchbohren, wenn der Bohrer scharf genug sei. Baugi tat das, sagte aber bald, der Berg sei durchgebohrt. Aber Bölwerk blies ins Bohrloch, da flogen die Splitter heraus, ihm entgegen. Daran erkannte er, daß Baugi mit Trug umgehe, und bat ihn, ganz durchzubohren.

Der Name des Bohrers „Rati" bedeutet sehr anschaulich „Nager". Ein Zusammenhang mit dem Eichhörnchen Ratatoskr („Nagezahn") auf dem Weltenbaum ist zwar denkbar, aber recht ungewiß.

Baugi bohrte weiter und als Bölwerk zum andernmal hineinblies, flogen die Splitter einwärts. Da wandelte sich Bölwerk in einen Wurm und kroch in das Bohrloch. Baugi stach mit dem Bohrer nach ihm, verfehlte ihn aber.

Die Verwandlung in eine Schlange („Wurm") ist ein deutliches Bild für die Jenseitsreise, da die Germanen die Vorstellung hatten, daß die Toten nach ihrer Bestattung die Gestalt von Schlangen annahmen. Aus den Schlangen in ihren Grabkammern mit den Goldschätzen, die darin lagen, wurden schließlich die Drachen auf ihrem Hort.

Odins Schlangenverwandlung bestätigt die Deutung des Hnitberges als Hügelgrab und die Auffassung der Gunnlöd als der Göttin im Jenseits.

Da fuhr Bölwerk dahin, wo Gunnlöd war, und lag bei ihr drei Nächte, und sie erlaubte ihm drei Trünke von dem Met zu trinken. Und im ersten Trunk trank er den Odhrörir ganz aus, im andern leerte er den Bodn, im dritten den Son und hatte nun all den Met. Da wandelte er sich in Adlergestalt und flog eilends davon.

Die Adlergestalt des Odin ist ein Symbol für seine Wiedergeburt, die auf seine Vereinigung mit Gunnlöd, d.h. seine Wiederzeugung im Jenseits, folgte. Der Übergang des Toten zur Vogelgestalt tritt zwar genaugenommen mit seinem Tod ein, bei dem die Seele („Astralkörper") den materiellen Leid verläßt, aber in den Mythen vieler Völker wird die Annahme der Vogelgestalt etwas ungenau mit der Wiedergeburt gleichgesetzt.

Das Trinken des Göttermets hat in dieser Mythe die Symbolik der Wiedergeburt übernommen. Das Trinken des rituellen Mets vermittelt somit die Ankunft im Jenseits, den Kontakt mit den Göttern.

Diese Symbolik des Göttermets ist fast genau dieselbe wie die des Weins in der christlichen Eucharistie.

Als aber Suttung den Adler fliegen sah, nahm er sein Adlerhemd und flog ihm nach. Und als die Asen Odin fliegen sahen, da setzten sie ihre Gefäße in den Hof. Und als Odin Asgard erreichte, spie er den Met in die Gefäße.

Als aber Suttung ihm so nahe gekommen war, daß er ihn fast erreicht hätte, ließ er von hinten einen Teil des Mets fahren. Danach verlangt niemanden: Nehme sich das, wer da wolle; wir nennen es der Dichterlinge Teil.

Der „*Dichterlinge Teil*", wie der Teil des Mets, den Odin in Adlergestalt „*hinten fahren läßt*", als ihm der ebenfalls in einen Adler verwandelte Riese Suttung zu nahe kommt, ist wieder ein Beispiel für den manchmal recht derben Humor der Germanen, da dieses „hinten fahren läßt" eine Umschreibung dafür ist, daß Odin vor Angst pinkeln muß und dabei einen Teil des von ihm verschluckten Mets ausscheidet – verständlich, daß Snorri hinzufügt, „*daß diesen nehme, wer will*" ...

Mit „Dichterlinge" sind hier diejenigen gemeint, die zu dichten versuchen, aber keine wirklichen Skalden sind – ein kleiner Seitenhieb auf diejenigen, die keine richtige Skaldenausbildung genossen haben und wohl auch ein Hinweis auf ein solides Selbstbewußtsein der Skalden ...

Aber Suttungs Met gab Odin den Asen und denen, die da schaffen können. Darum nennen wir die Skaldenkunst Odins Fang oder Fund, oder Odins Trank und Gabe, und der Asen Getränk."

Mit „schaffen" ist hier „auf die richte Weise dichten" gemeint.

Dieser Bericht über die Entstehung des Göttermets zeigt, daß er im Besitz der Jenseitsgöttin, d.h. auch im Besitz der Hel gewesen ist, und daß der Göttervater Odin die Verfügungsgewalt über diesen Met an sich gerissen hatte.

Vermutlich werden Gilling und die beiden Zwerge ursprünglich der Göttervater Tyr und seine beiden Pferde-Söhne gewesen sein. Als Riese bzw. Zwerge befinden sie sich im Jenseits. Gillings Frau wird einst die Jenseitsgöttin gewesen sein.

Bei der Übertragung des Stellung des Göttervaters von Tyr auf Odin ist Odin an die Stelle des wiedergeborenen Tyr getreten, den er als Schamanengott wohl schon vorher auf dieser Reise begleitet haben wird. Durch den Tod des Tyr und seiner beiden Söhne am Abend bzw. im Herbst ist der Met in das Jenseits gelangt – und durch die Jenseitsreise des Odin wird der Met aus der Unterwelt wieder zurück zu den Göttern und den Menschen geholt.

Diese Mythe beschreibt zwar die Entstehung des Göttermets, aber sie ist in erster Linie eine Beschreibung, wie die Macht über den Göttermet von dem ehemaligen Göttervater Tyr (Gilling) auf Odin überging. Diese Variante der Göttermet-Mythe ist demnach frühestens um 500 n.Chr. verfaßt worden.

I 2. b)   Havamal

In dem „Lied des Hohen", also der Weisheitssprüche-Sammlung des Odin, berichtet Odin selber über seine Reise zu Gunnlöd.

Odin:
„Den alten Riesen besucht ich, nun bin ich zurück:
Mit Schweigen erwarb ich da wenig.
Manch Wort sprach ich zu meinem Gewinn
In Suttungs Saal.

alter Riese = Tyr-Suttung (Vater der Gunnlöd)
Wort = vermutlich ein Rätselwettstreit

Gunnlöd schenkte mir auf goldnem Sitz
Einen Trunk des teuren Mets.
Übel vergolten hab ich gleichwohl
Ihrem heiligen Herzen,
Ihrer glühenden Gunst.

Sitz = Sitz der Göttin im Jenseits; entspricht dem Sehersitz des Odin
übel = Odin hat Gunnlöd wieder verlassen, nachdem er drei Nächte mit ihr verbracht hat.

Ratamund ließ ich den Weg mir räumen
Und den Berg durchbohren;
In der Mitte schritt ich zwischen Riesensteigen
Und hielt mein Haupt der Gefahr hin.

Riesen = Jenseitswesen; deren Steige = Jenseitsweg (Gang in das Hügelgrab; das von Baugi in das Hügelgrab gebohrte Loch)
Gefahr = der Tod auf dem Jenseitsweg (Jenseitsreise)

*Ich erlangte die Früchte einer geschickten Verwandlung
– wenig mißlingt dem Weisen –
denn Odrörir ist nun heraufgekommen
zu den Wohnstätten der Menschen.*

    Verwandlung = Odins Schlangengestalt; deren Früchte = der Raub des Mets
    Odrörir = „Ekstasetrank" = Göttermet (Hier wird der Name für den Trank und nicht wie in der Skaldskaparmal für das Gefäß für diesen Trank benutzt.)

*Zweifel heg ich, ob ich heim wär gekehrt
Aus der Riesen Reich,
Wenn mir Gunnlöd nicht half, die herzige Maid,
Die den Arm um mich schlang.*

    Riesen-Reich = Jenseits
    Gunnlöds Hilfe = ursprünglich die Wiedergeburt durch die Jenseitsgöttin

*Die Eisriesen eilten des andern Tags
Des Hohen Rat zu hören in des Hohen Halle.
Sie fragten nach Bölwerk, ob er heimgefahren sei
Oder ob er durch Suttung fiel.*

    Hoher = hier nicht Odin, sondern Tyr-Suttung; seine Halle = Grabkammer im Hügelgrab
    Bölwerk = Odin

*Den Ringeid, sagt man, hat Odin geschworen:
Wer traut noch seiner Treue?
Den Suttung beraubt er mit Ränken des Mets
Und ließ sich Gunnlöd grämen."*

    Ränke = List, Betrug

    … … …

    Später in diesem Lied berichtet Odin noch auf eine andere Weise über das Erlangen des Göttermets:

*Ich weiß, daß ich hing am windigen Baum
Neun lange Nächte,*

Vom Speer verwundet, dem Odin geweiht,
Ich selber mir selbst,
Am Ast des Baumes, dem man nicht ansehn kann
Aus welcher Wurzel er sproß.

Das Hängen am Weltenbaum entspricht der Reise in das Hügelgrab der Gunnlöd. Die „Gefahr" ist hier das Hängen. Die „neun Nächte" weisen noch einmal auf die Jenseitsreise hin.

Sie boten mir nicht Brot noch Met;
Da neigt ich mich nieder
Auf Runen sinnend, lernte sie seufzend:
Endlich fiel ich zur Erde.

  nieder = zur Unterwelt

Hauptlieder neun lernt ich von dem weisen Sohn
Bölthorns, Bestlas Vater,
Und trank einen Trunk des teuren Mets
Aus Odhrörir geschöpft.

  neun = Jenseits
  Bestlas Vater, Bölthorns Sohn = Odins Großvater müttlerlicherseits – vermutlich eine der vielen Formen des ehemaligen Göttervaters Tyr, von dem Odin historisch gesehen die Runen-Kenntnisse übernommen hat

Zu gedeihen begann ich und begann zu denken,
Wuchs und fühlte mich wohl.
Wort aus dem Wort verlieh mir das Wort,
Werk aus dem Werk verlieh mir das Werk.

Dies ist eine poetische Umschreibung der Wiedergeburt, in der jedoch schon das Wissen des Odin über die Wiedergeburt an die Stelle der eigentlichen Wiedergeburt getreten ist.

I 2. c) Wieland-Lied

In diesem Lied ist aus dem Wiedergeburts-Trank bereits ein Verführungs-Trank geworden.
„Wieland" ist der Name des Tyr als Schmied in der Unterwelt.
Die Jenseitsgöttin heißt in diesem Lied nicht Gunnlöd, sondern Bödwild.

Wölund (zu Bödwild):
„Ich beßre Dir so den Bruch am Goldring,
Deinem Vater dünkt er schöner,
Deiner Mutter merklich besser;
Aber Dich selber noch eben so gut."

Er betrog sie mit Met, der schlauere Mann;
In den Sessel sank und entschlief die Maid.
„Nun hab ich gerächt Harm und Schäden
Alle bis auf einen, den unheilvollen."

I 2. d) Der Honigtau

Der „Honigtau" wird der Nektar in den Blüten sein, der von den Bienen gesammelt wird. Da der Göttermet aus Honig hergestellt wurde, war dieser Honigtau sozusagen die Wurzel-Substanz des Göttermets. Dieser Göttermet hat (nach mythologischer Logik) nur deshalb seine Wirkung, weil er über den Honigtau letzten Endes aus dem Wasser der Nornen, also aus dem Jenseitsbrunnen stammt.

Auch wird erzählt, daß die Nornen, welche an Urds Brunnen wohnen, täglich Wasser aus dem Brunnen nehmen und es zugleich mit dem Dünger, der um den Brunnen liegt, auf die Esche sprengen, damit ihre Zweige nicht dorren oder faulen. Dieses Wasser ist so heilig, daß alles, was in den Brunnen kommt, so weiß wird wie die Haut, die inwendig in der Eierschale liegt. So heißt es:

Begossen wird die Esche, die Yggdrasil heißt,
Der geweihte Baum, mit weißem Nebel.
Davon kommt der Tau, der in die Täler fällt.
Immergrün steht er über Urds Brunnen.

Den Tau, der von ihr auf die Erde fällt, nennt man Honigtau: Davon ernähren sich die Bienen. Auch nähren sich zwei Vögel in Urds Brunnen, die heißen Schwäne und von ihnen kommt das Vogelgeschlecht.

Der Göttermet entsteht durch die folgenden vier Schritte:

Brunnen der Nornen => Gießwasser für den Weltenbaum (durch die Nornen)
Gießwasser für den Weltenbaum => Nebel
Nebel => Honigtau in den Blüten
Honigtau in den Blüten => Honig (durch die Bienen)
Honig => Met (durch die Menschen oder die Götter und Zwerge)

I 2. e) John Barleycorn

Die Herstellung des Bieres aus Gerste wurde vermutlich schon früh in einer Mythe beschrieben, die bis heute in der Ballade über John Barleycorn weiterlebt, die in der Fassung des schottischen Dichters Robert Burns (1759-1796) weit bekannt geworden ist. Es gibt auch noch ältere Fassungen, die von ungefähr 1550 n.Chr. stammen.

John Barleycorn („Johannes Gerstenmann"; barley = Gerste) wird wie Kwasir getötet, damit man aus ihm Bier brauen kann.

Möglicherweise stammt das Motiv des Tötens des Kwasir aus der Ernte-Symbolik des Getreides, das ein „Töten" des Getreides ist.

*There were three men
Came from the west
Their fortunes for to tell
And the life of John Barleycorn as well.*

*They've laid him in three furrows deep,
Laid clods upon his head.
Then these three men made a solemn vow
John Barleycorn was dead,
John Barleycorn was dead.*

They let him lie for a very long time,
Till the rain from heaven did fall.
Then little Sir John sprang up his head
And he did amaze them all,
He did amaze them all.

They let him stand till the midsummer's day,
Till he looked both pale and wan.
Then little Sir John he grew a long beard
And he so became a man,
He so became a man.

Chorus
Fal la la la, it's a lovely day,
Sing fal la la, lay-o,
Fal la la, fal la la,
It's a lovely day,
Singing fal la la la, lay-o.

So they have hired men with the scythes so sharp
To cut him off at the knee,
They've rolled him and tied him around the waist,
They've served him barbarously,
They've served him barbarously.

Chorus

They have hired men with the crab-tree sticks,
To cut him skin from bone,
The miller he has served him a-worse than that,
He's ground him between two stones,
He's ground him between two stones.

And they've wheeled him here,
And they've wheeled him there,
They've wheeled him to a barn,
And then they have served him a-worse than that,
They've bunged him in a vat,
They've bunged him in a vat.

Chorus

Well they've worked their will on John Barleycorn
But he lived to tell the tale,
For they pour him out of an old brown jug
And they call him home brewed ale,
They call him home brewed ale.

3 x Chorus

Übersetzung:

Es waren drei Männer,
Die kamen aus dem Westen
Von ihrem Schicksal erzählen sie
Und auch dem Leben von John Barleycorn

Sie legten ihn in drei tiefe Ackerfurchen,
Legten Erdklumpen auf seinen Kopf.
Dann machten diese drei einen gemeinsamen Schwur
John Barleycorn war tot,
John Barleycorn war tot.

Hier wird die Aussaat des Getreides in den Ackerfurchen beschrieben.

Sie ließen ihn lange Zeit liegen,
Bis der Regen vom Himmel fiel.
Dann sprang dem kleinen John der Kopf auf
Und er erstaunte sie alle,
Er erstaunte sie alle.

Jetzt ist das Getreide gekeimt.

Sie ließen ihn stehen bis zu einem Mittsommertag,
bis er sowohl bleich als auch blass aussah.
Da trug der kleine Sir John einen langen Bart
Und wurde so zu einem Mann,
Und wurde so zu einem Mann.

Der „Bart" sind die Grannen an der Gersten-Ähre.

Refrain
Fal la la la, es ist ein wundervoller Tag,
Sing fal la la, lay-o,
Fal la la, fal la la,
Es ist ein wundervoller Tag,
Sing fal la la, lay-o.

Also heuerten sie Männer an mit scharfen Sensen,
Um ihn über dem Knie zu mähen
Sie rollten ihn und banden ihn um die Hüfte,
Sie behandelten ihn barbarisch,
Sie behandelten ihn barbarisch.

Nun ist die Gerste geerntet und zu Garben gebunden worden.

Refrain

Sie heuerten Männer an mit Stöcken,
um ihm die Haut von den Knochen zu trennen,
Der Müller behandelte ihn sogar noch schlimmer,
Er rieb ihn zwischen zwei Steinen,
Er rieb ihn zwischen zwei Steinen.

Als nächstes wird die Gerste gedroschen und gemahlen …

Und sie fuhren ihn hierhin,
Und sie fuhren ihn dorthin,
Sie fuhren ihn in eine Scheune
Und dann behandelten sie ihn noch schlimmer,
Sie warfen ihn in einen Bottich,
Sie warfen ihn in einen Bottich.

Nun wird die Gerste im Wasser gekeimt.

Refrain

Sie haben ihren Willen verrichtet an John Barleycorn,
Doch er lebte weiter, um die Geschichte zu erzählen,
Denn sie schütteten ihn aus einem alten braunen Krug
Und sie nennen ihn hausgebrautes Bier,
Sie nennen ihn hausgebrautes Bier.

3 x Refrain

In einigen angelsächsischen Mythen ist es Beowa („Gerste"), der das Schicksal des John Barleycorn erleidet. Er entspricht dem Freyr-Sklaven „Byggvir" in der Lokasenna.

Vermutlich sind Beowa und Byggvir die „Ahnen" des John Barleycorn.

Zusammenfassung

Der Ursprung des Göttermets ist der Speichel aller Asen und Wanen, aus denen sie einen Trank mischten, aus dem sie wiederum das Wesen Kwasir („Brottrunk") erschufen.

Kwasir wurde von zwei Zwergen, d.h. den beiden Pferde-Söhnen des Göttervaters im Jenseits, getötet. Auch der Göttervater selber ist im Jenseits tot (Gilling).

Der Met wurde folglich von dem ehemaligen Sonnengott-Göttervater im Jenseits erschaffen. Von dort wurde er von Odin geraubt, wobei Odin auf dieser Jenseitsreise den normalen Weg aller Toten ging:

    die Verwandlung in eine Schlange,

    die Vereinigung mit der Jenseitsgöttin (Gunnlöd) bei der Wiederzeugung,

    das Trinken des Mets als eine Variante des Wiederstillen, und

    die Wiedergeburt als Seelenvogel (Adler).

Die ursprüngliche Reihenfolge „Wiederzeugung – Wiedergeburt – Wiederstillen" ist hier schon etwas durcheinander geraten.

Odin scheint in diesem Zusammenhang auch einen Rätselwettstreit mit Tyr-Suttung geführt zu haben.

In der Mythe wird der Met zwar von allen Göttern gemeinsam erzeugt, aber er ist sehr eng mit dem Göttervater verbunden: zunächst mit Tyr-Gilling und dann mit Odin.

Die Wirkung des Tranks auf die Menschen ist das Erlangen der Dichtkunst und der Weisheit. Aus dem Trinken des Mets im Jenseits ergibt sich jedoch, daß der Met ursprünglich einmal mit der Jenseitsreise verknüpft gewesen sein muß. Da Gunnlöd, d.h. die Jenseitsgöttin den Met besitzt und ihn dem Jenseitsreisenden gibt, ist der Met eine Gabe dieser Göttin. Da der Met im Zusammenhang mit der Wiedergeburt steht, wird er vermutlich ursprünglich auch zu dem Wiedergeburts-Ritual bzw. zu dem Wiedergeburts-Vorgang gehört haben.

Der Met ist als das Wiederstillen das dritte Element neben der Wiederzeugung und der Wiedergeburt, das noch aus den jungsteinzeitlichen Vorstellungen über das Schicksal der Toten im Jenseits stammt.

Odin brachte den Met aus der Unterwelt zu den Menschen, um diesen Weisheit zu verleihen.

Kwasir („Brottrunk") ist eng mit dem Freyr-Diener Byggvir („Gersten-Mann") und der angelsächsischen Mythen-Gestalt Beowa („Gerste") verwandt, aus denen um spätestens 1550 n.Chr. „John Barleycorn" geworden ist, dessen Schicksal ein Gleichnis zu dem Bier-Brauen aus Gerste ist – so wie das Schicksal des Kwasir ein Gleichnis zu dem Met-Brauen aus Honig ist.

Odin berichtet über sich selber, daß er nach seiner Jenseitsreise, die er am Weltenbaum hängend unternahm, einen Schluck Met zu trinken erhielt – dies entspricht dem Met der Gunnlöd in ihrem Hügelgrab.

Der Honigtau (Nektar) in den Blüten entsteht durch den Nebel, der sich bildet, wenn die Nornen den Weltenbaum mit dem Wasser aus ihrem Brunnen gießen. Die magische Kraft des Göttermets stammt somit über den Honig, den die Bienen sammeln, letztlich aus dem Brunnen der Nornen, die über das Leben und den Tod bestimmen.

I 3. Der Göttermet

In einigen Texten wird der „besondere Charakter" des Göttermets bestätigt, der im vorigen Kapitel beschrieben worden ist.

I 3. a) Ägirs Trinkgelage

Ägir ist wie Gymir und Hler der ehemalige Göttervater Tyr als Riese in der Wasserunterwelt.

Leuchtendes Gold diente statt brennenden Lichtes. Das Ael trug sich selber auf.

Das Gold ist Tyr als Sonne bzw. sein goldener Sonnenhelm, sein goldener Sonnenschild und sein goldenes Sonnenschwert.

I 3. b) Skaldskaparmal

Dasselbe Fest bei Ägir (Tyr in der Wasserunterwelt) wird auch in Snorri Sturlusons Skaldenkunst-Lehre beschrieben:

Ein Mann heißt Ägir oder Hler; er bewohnte das Eiland, das nun Hlesey heißt, und war sehr zauberkundig. Er unternahm eine Reise nach Asgard; und als die Asen von seiner Fahrt erfuhren, wurde er wohl empfangen, jedoch mit allerlei Sinnestäuschungen.
Und am Abend, als das Trinken beginnen sollte, ließ Odin Schwerter in die Halle tragen, die waren so glänzend, daß ein Schein davon ausging und es keiner andern Beleuchtung bedurfte, während man aß und trank.
Da kamen die Asen zu ihrem Gelage und zwölf der Asen, die da zu Richtern bestellt waren, setzten sich auf ihre Hochsitze. Dies sind ihre Namen: Thor, Niörd, Freyr, Tyr, Heimdall, Bragi, Widar, Wali, Ullr, Hönir, Forseti, Loki. Desgleichen heißen die Asinnen: Frigg, Freyja, Gefion, Idun, Gerd, Sigyn, Fulla, Nanna.
Ägir dauchte alles herrlich was er sah. Alle Wände waren mit schönen Schilden bedeckt, da war auch kräftiger Met und des Trankes genug.

Die Schwerter, die Odin als Beleuchtung in die Halle tragen läßt, sind das vervielfältigte Sonnenschwert des von ihm abgesetzten Tyr.

I 3. c) Die Saga über König Half und seine Helden

Aus dem Met-Räuber Odin ist im Laufe der Zeit der Met-Brauer Odin geworden:

Einst lebte ein König, der Alrek genannt wurde und in Alrekstadir lebte. Er herrschte über Hordaland.

„Alrek" bedeutet „All-König". Dieser Name entspricht dem Tyr-Beinamen „Iwaldi" („All-Walter" = „All-Herrscher"). Alrek wird daher vermutlich eine der vielen Saga-Varianten des Tyr sein.

Er heiratete Signy, die Tochter des Königs von Voss.
Alrek hatte einen Gefolgsmann, der Koll genannt wurde. Dieser Koll zog zusammen mit dem König von Sogn nach Norden und sprach viel mit dem König über die Schönheit der Drif Geirhild-Tochter – er hatte sie Bier brauen gesehen – und er sagte dem König, daß er sie für eine gute Partie halte.

„Signy" bedeutet „Neuer Sieg".
„Koll" bedeutet „Schädel, Glatzkopf".

Als sich Geirhild ankleidete, kam Hood (der in Wirklichkeit Odin war) zu ihr. Er verabredete mit ihr, daß sie König Alrek heiraten werde, aber daß sie stets ihn in allen Dingen um Rat fragen werde.

„Hood" bedeutet „Kappe, Mütze" und ist vermutlich eine Variante von „Grimnir" („Maskenhelm") – der Namen „Hood" könnte sich jedoch auch darauf beziehen, daß sich Odin unter der Kapuze verbarg bzw. inkognito bei Geirhild erschienen ist.

Der König sah sie auf seinem Heimweg und sie heirateten in demselben Herbst.
Der König belohnte Koll für seine Treue und machte ihn zu einem Jarl und gab ihm einen Wohnsitz in Kollsey südlich der Harten See, das ein dicht bewohnter Bezirk ist.
Aufgrund ihrer Streitereien konnte König Alrek nicht beide Frauen (Signy und Geirhild) behalten und sagte ihnen, daß die bei ihm bleiben solle, die das bessere Bier gebraut habe, wenn er von seinen Raubzügen in diesem Sommer heimgekehrt sei.
Beide strebten danach, das bessere Bier zu brauen. Signy betete zu Freya und Geirhild zu Hood. Er spuckte auf die Hefe und sagte, daß er wegen dem, was zwischen

dem Faß und ihr sei, zurückkommen werde – und das erwies sich als gutes Bier.
  Da sprach Alrek:

„Geirhild, Maid,
gut ist Dein Bier,
ich könnte mich nicht beklagen,
wenn diese Sache keinen Haken hätte:
Ich sehe
Deinen Sohn, Frau
am hohen Galgen hängen –
an Odin verkauft."

  Innerhalb eines Jahres wurde Vikar geboren, der Sohn des Alrek und der Geirhild.

  Diese Vorhersage erwies sich als wahr – Geirhilds Sohn Vikar wurde später bei einem vorgetäuschten Menschenopfer getötet ... durch Odins Eingreifen.

I 3. d) Gylfis Vision

  Da sprach Gangleri: „Eine gewaltige Menge ist in Walhall und ich muß wohl glauben, daß Odin ein gewaltiger Häuptling ist, wenn er so großem Heere gebietet. Aber was ist der Einherjer Kurzweil, wenn sie nicht zechen?"
  Har antwortete: „Jeden Morgen, wenn sie angekleidet sind, wappnen sie sich und gehen in den Hof und kämpfen und fällen einander. Das ist ihr Zeitvertreib. Und wenn es Zeit ist zum Mittagsmahl, reiten sie heim gen Walhall und setzen sich an den Trinktisch, wie hier gesagt ist:

Die Einherjer alle in Odins Saal
Streiten Tag für Tag;
Sie kiesen den Wal und reiten vom Kampf heim
Mit Asen Ael zu trinken;
Dann sitzen sie friedlich beisammen."

  Kampf und Trinken als Lebensinhalt – falls man das von den Toten in Walhall so sagen darf ...
  Möglicherweise hat der Trank in Walhalla einst die aus dem Diesseits ankommenden Toten zu neuem Leben erweckt – und später dann die Toten, die sich zu ihrem Zeitvertreib gegenseitig „fällten".

I 3. e) Gylfis Vision

Es gibt noch andere, die in Walhall dienen, das Trinken bringen, das Tischzeug und die Älschalen verwahren sollen.
In Grimnismal wird ihrer so gedacht:

Hrist und Mist sollen das Horn mir reichen;
Skeggiöld und Skögul,
Hlöck und Herfiötur, Hild und Thrud,
Göll und Geirahöd,
Randgrid und Radgrid und Reginleif
Schenken den Einherjern Ael.

Diese heißen Walküren.

I 3. f) Odins Rabenzauber

Auch hier wird berichtet, daß die Walküren in Walhall den Met einschenken:

Nach Bölwerks Gebot auf die Bänke verteilt,
Von Sährimnir speisend saß die Göttersippe.
Skögul schenkte an den Tafeln aus Hnikars Schalen
Den Met des Mimir in Trinkhörner ein.

„*Bölwerk*" und „*Hnikar*" sind Beinamen des Odin.
„*Sährimnir*" („Meeres-Ruß(-tier)") ist ein Eber, den die Asen immer wieder schlachten und der sie ernährt und der immer wieder neu entsteht – wie auch Thors zwei Ziegenböcke.
„*Skögul*" ist eine der Walküren, die u.a. in Walhalla die Asen bedient.
„*Mimir*" ist der Tyr-Riese am Fuße der Weltesche. Er scheint hier derjenige zu sein, von dem der Met stammt.
In der Strophe wird beschrieben, wie Odin die heimkehrenden Asen Heimdall und Loki zu einem (rituellen) Essen einlädt, bei dem sie Fleisch von dem immer aufs neue wiedergeborenen Eber essen und Met aus Mimirs Horn trinken.
Dies könnte eine nach Asgard übertragene Szene aus dem germanischen Bestattungsritual sein.

I 3. g) Grimnir-Lied

In dem Original der folgenden Strophe steht tatsächlich „Wein". Vermutlich ist damit hier in etwa „das kostbarste und (bei den Nordgermanen) seltenste alkoholische Getränk" gemeint.

Geri und Freki füttert der krieggewohnte
Herrliche Heervater,
Da nur von Wein der waffenhehre
Odin ewig lebt.

I 3. h) Grimnir-Lied

Die Milch der Ziege Heidrun entspricht in symbolischer Hinsicht offenbar dem Met des Odin, da von beiden gesagt wird, das sie das einzige Getränk der Toten in Walhall sind.

Heidrun heißt die Ziege vor Heervaters Saal,
Die an Lärads Laube zehrt.
Die Schale soll sie füllen mit schäumendem Met;
Der Milch ermangelt sie nie.

I 3. i) Der Seherin Ausspruch

Der Strom, der aus Mimirs Quelle zwischen den Wurzeln der Weltesche quillt, ist vermutlich ebenfalls mit dem Göttermet identisch (siehe auch das noch folgende Kapitel über „Mimir"):

Ich weiß Heimdalls Horn verborgen
Unter dem himmelhohen heiligen Baum.
Einen Strom seh ich stürzen mit starkem Fall
Aus Walvaters Pfand: wißt ihr, was das bedeutet?

Dieser „Strom" ist der von dem ehemaligen Sonnengott-Göttervater Tyr als Riese in der Unterwelt aus seinem Horn ausgeschenkte Met.

I 3. j) Gesta danorum

Hadding, der solchermaßen seiner Amme beraubt worden war, traf einen Mann mit Namen Lysir, der in einem feierlichen Schwur sein Verbündeter wurde – durch das Betreiben eines Mannes von hohem Alter, der nur ein Auge hatte und der Erbarmen mit der Einsamkeit des Hadding hatte.

Lysir („Glänzender, Leuchtender") ist offensichtlich der einäugige Odin. Dieser Name klingt, als ob er sich auf Odins Goldhelm und somit letztlich auf Tyr beziehen würde, dessen Goldhelm ihn als Sonnengott charakterisiert.
Hadding („Langhaariger") ist ein Sagenkönig, der wahrscheinlich auf die beiden „langmähnigen" Pferdesöhne des Tyr zurückgeht.

Nun war es bei den Alten, wenn sie ein Bündnis eingehen wollten, der Brauch, die Fußspuren des jeweils anderen mit ihren Blut zu besprenkeln und auf diese Weise ihr Freundschafts-Versprechen durch einen Austausch ihres Blutes zu bestätigen.
Lysir und Hadding, die auf diese Weise durch das festeste Band aneinander gebunden waren, erklärten daraufhin Loker, dem Unterdrücker der Kurländer, den Krieg.
Sie wurden jedoch besiegt und der alte, zuvor erwähnte Mann nahm Hadding, als dieser auf dem Rücken seines Rosses floh, mit in sein Haus und erfrischte ihn dort mit einem gewissen angenehmen Trank und erzählte ihm, daß er sich schon bald wieder frisch und kräftig in seinem Leib fühlen werde.

Odins Haus ist Walhall, d.h. das Jenseits. Der „erfrischende Trank" ist das Horn voll Met, das auch auf den Runensteinen die Walküre, d.h. die Jenseitsgöttin dem Toten reicht.
„Loker" ist vermutlich Loki, der einst als als Wintergott einen endlosen, zyklischen Kampf mit dem Sommergott Tyr (und seinen Söhnen) geführt hat.

Diesen prophetischen Rat bestärkte er mit einem Lied, das wie folgt lautete:

„Während Du hierher geflohen bist,
hat Dich ein Feind,
der Dich für einen Deserteur hielt, verfolgt
– er will Dich fesseln und Dich
von den kauenden Kiefern
von Raubtieren zerreißen lassen.

*Doch Du sollst die Ohren der Wächter
mit allerlei Geschichten füllen
und wenn sie das Fest gefeiert haben
und ein tiefer Schlaf sie gefangen hält,
dann löse Deine Fesseln
und die verhaßten Ketten.*

*Wende Deine Schritte dann hierher
und wenn eine Weile verstrichen ist,
dann richte all Deine Kraft
gegen den geschwinden Löwen,
der die Leichen der Gefangenen zu zerreißen pflegt,
und presse mit Deinen starken Armen
gegen seine wilden Schultern
und suche mit dem nackten Schwert
nach seinen Herzmuskeln.*

*Richte sofort Deinen Kehle zu ihm
und trinke sein dampfendes Blut
und verschlinge mit gierigen Kiefern
das Festmahl seines Leibes.
Dann wird erneute Stärke in Deine Glieder kommen
und eine nie erträumte Kraft in Deine Sehnen eintreten
und eine Anballung von großer Kraft
wird Deine ganze Gestalt erfüllen und durchströmen.*

*Ich selber werde den Pfad
der Erfüllung Deiner Gebete ebnen
und werde die Gefolgsleute in ihrem Schlaf
meinem Willen unterwerfen
und werde sie die ganze Nacht hindurch
schnarchen lassen."*

    Und nachdem er gesprochen hatte, hob er den jungen Mann wieder auf sein Pferd und brachte ihn dorthin zurück, wo er ihn gefunden hatte.

    Hadding zitterte unter seinem Mantel, aber seine Verwunderung über das, was geschehen war, war so groß, daß er durch die Löcher (seines Mantels) spähte. Und er sah, daß vor den Schritten des Rosses das Meer lag – doch ihm wurde gesagt, daß er nicht versuchen solle, einem Blick des Verbotenen zu erhaschen. Daher wandte er seinen Blick von den erschreckenden Dingen auf dem Weg, auf dem sie reisten, fort.

Dann wurde er von Locker gefunden und erkannte durch sein eigenes Erleben, daß jeder Teil der Prophezeiung an ihm erfüllt worden war.

Odins Roß Sleipnir kann auch über das Meer laufen.

I 3. k) Odins Rabenzauber

Die Asen ahnten übles Verhängnis:
Geister verwirrten mit Runen das Wetter.
Urda sollte Odhrörir beschützen,
vor dem mächtigsten Winter.

Ungewöhnliche Vorgänge im Wetter und allgemein in der Natur wurden früher bei fast allen Völkern als böses Omen angesehen, die meistens durch böse Geister verursacht wurden. Der „böse Geist" schlechthin ist in der germanischen Mythologie Loki, der auch den Tod des Baldur herbeiführte, der zu dem Ragnarök führte.

„Urd(-a)" ist eine der drei Nornen, die unter den Wurzeln der Weltesche der Unterwelt sitzen und das Schicksal bestimmen. Sie scheint die „ursprüngliche Norne" zu sein, die später durch Skuld und Verdandi zu einer Dreiheit ergänzt wurde. Da sie das Schicksal kennt, kann sie entweder selber als Seherin aufgefaßt werden oder als diejenige, an die sich die Seherinnen innerlich wenden, um die Zukunft zu erkennen.

„Ödrörir" ist der Göttermet, der die Götter unsterblich macht. Da Urd ihn bewacht, muß er sich in der Unterwelt befinden. „Ödrörir" bedeutet „der die Ekstase anregt".

Der Hinweis, daß dadurch, daß der Met von Urd bewacht wird, großer Schaden vermieden werden kann, zeigt zumindestens, daß der Met mit dem Tod assoziiert wurde. Der Anfang dieses Liedes zeigt, daß der befürchtete Schaden der Tod des Baldur ist. Es hat geradezu den Anschein, als ob Baldurs Tod mit dem Raub des Mets identisch sein könnte – was dann dem Raub der Idun und ihrer Äpfel entsprechen würde.

Der *„mächtigste Winter"* ist identisch mit dem „Fimbulwinter" („riesiger Winter"), der den Ragnarök, also den Untergang der Götter ankündet. Hier zeigt sich bereits, daß Baldurs schwere Träume berechtigt sind, da sie auf seine bevorstehende Ermordung hinweisen, die dann zu dem Untergang der Götter führt.

Baldurs Tod ist offenbar identisch mit dem Winter.

I 3. l) Odins Rabenzauber

Der Weise frug die Wächterin des Tranks,
Es frugen der Nachkomme der Asen und seine Weggefährten,
Ob sie den Ursprung, die Dauer und das Ende
des Himmels, der Hel und der Erde wisse.

Die *„Wächterin des Tranks"*, die der „Weise" (Heimdall) hier befragt, ist die Norne Urd, die in diesem Lied offenbar mit Idun identisch ist.

Die Frage nach dem „Ursprung, der Dauer und dem Ende des Himmels, der Hel und der Erde" ist die umfassendste Frage, die einer Seherin gestellt werden kann. Ihre Antwort ist in der „Seherin Vision", dem ersten Lied der Lieder-Edda niedergeschrieben worden.

I 3. m) Haustlöng

Hier wird noch einmal Idun indirekt als Wächterin des Göttermets bezeichnet:

Die Bewohner der Rand-Berge
waren nicht unglücklich darüber,
daß Idun von Süden her
zu den Riesen gekommen war.
Alle Sippen des Yngvi-Freyr,
nun alt und grau,
versammelten sich zum Thing:
die Regin waren häßlich anzusehen,

bis sie den Hund der strömenden Leichen-See
der Ale-Geberin fanden
und den Dieb banden, diesen Baum des Verrats,
der die Ale-Geberin fortgeführt hatte.
„Das wirst Du büßen, Loki",
sprachen die Wütenden,
„bis Du die wundervolle Maid zurückbringst,
die Freude der Haltgebenden."

Die *„Rand-Berge"* sind Utgard, das aus einer Bergkette rings um das Weltmeer bestand. Die *„Bewohner der Rand-Berge"* sind die Riesen.

Der Norden war das kalte Niflheim, das oft auch als Jenseits angesehen wird. Der „*Süden*" war das warme Muspelheim, das entsprechend auch als Diesseits betrachtet wurde. Es gab auch die Vorstellung, das das nördliche Niflheim die „böse kalte Erd-Unterwelt" („Hel/Höhle/Hölle") und das südliche Muspelheim das „gute warme Himmels-Jenseits" (Paradies) war. Die von den Asen im Diesseits/Himmelsjenseits zu den Riesen im Höhlen-Jenseits reisende Idun bewegt sich daher von Süden nach Nor-den.

Die „*Sippen des Yngvi-Freyr*" und auch die „*Regin*" („Herrscher") sind die Asen. Freyr muß damals eine wichtige Rolle gespielt haben, sonst hätte Thjodolfr die Asen nicht mit einer solcher Kenning bezeichnen können.

Die „*strömende Leichen-See*" ist eine Kenning für Blut. Der „*Hund des Blutes*" ist eine Kenning für „*Wolf*" und „Wolf" ist schließlich eine Heiti für „*Riese*", womit in diesem Fall Thiazi (Tyr) gemeint ist.

„*Ale*" („Bier") ist hier eine „zweistufige Heiti": Zunächst ist „Ale" eine Heiti für „Met" und in einem zweiten Schritt ist der Met eine Heiti für Iduns Äpfel. Diese „zweifache Heiti" zeigt, daß der Met mit Iduns Äpfeln in symbolischer Hinsicht gleichbedeutend gewesen sein muß. Die „*Ale-Geberin*" ist Idun.

Die Kombination der Kenning „*Hund der strömenden Leichen-See*" für „Wolf" mit der Heiti „*Ale*" für „Idun" ergibt „*Wolf der Idun*", was wiederum eine Umschreibung für „Entführer der Idun" ist. Dieser Entführer ist Loki.

Ein „*Baum des ...*" ist eine beliebte Form, eine Kenning für einen Menschen und manchmal auch für einen Gott zu bilden, da der erste Mann und die erste Frau von den Göttern aus zwei Bäumen erschaffen wurden. Der „*Baum des Verrats*" ist Loki.

Die „*Wütenden*" sind die Asen.

Die „*Haltgebenden*" sind ebenfalls die Asen – im Original steht das Wort „bönd" für „Fessel, Band, Verbund, Verbindung, Verwandtschaft".

Die „*wundervolle Maid*" und auch die „*Freude der Haltgebenden*", d.h. die „Freude der Götter" ist Idun.

„Kenning-freie Übersetzung" der Strophe: „*Die Riesen waren glücklich darüber, daß Idun von Asgard her zu ihnen gekommen war. Die Asen wurden nun alt und grau und versammelten sich zum Thing. Sie waren häßlich anzusehen, bis sie den Dieb Loki fanden und banden. 'Das wirst Du büßen, Loki', sprachen die Asen, 'bis Du Idun zurückbringst.'"*

I 3. n) Grimnir-Lied

In diesem Lied wird berichtet, daß Odin und die Göttin Saga zusammen in der Wasserunterwelt sitzen und Met trinken. Dies ist eine Variante zu der bereits betrachteten Gunnlöd-Mythe.

Sökkwabeck heißt die vierte Asin,
kühle Flut überrauscht sie immer;
Odin und Saga trinken alle Tage
da selig aus goldnen Schalen.

Der Saal Sökkvabek („versenkte Bank") der Saga scheint sich unter Wasser, also in der Unterwelt zu befinden. Der einzige weitere Saal der Götter, der sich dort befindet, ist Friggs Halle Fensalir („Sumpf-Halle" oder „See-Halle". Auch die Mutter des Tyr-Riesen Grendel im Beowulf-Epos lebt in einer solchen Unterwasser-Halle.

Man könnte daher vermuten, daß Saga die Göttin Frigg in ihrer Funktion als Seherin ist. Diese Fähigkeit der Frigg wird z.B. in der Lokasenna erwähnt.

Die Ergänzen eines Substantivs durch das Wort „Sökk-" scheint dieses Substantiv generell als im Jenseits befindlich zu kennzeichnen. Neben der Halle Sökkvabek der Saga gibt es auch das Sökkdalir, also das „Versunkene Tal" oder „Unterwasser-Tal", das die Heimat des Tyr-Riese Surt im Jenseits ist. Der Riese Mimir kann auch „Sökkmimir", also „versunkener Mimir" genannt werden – er ist der Sonnengott-Göttervater Tyr in der Wasserunterwelt, wenn er abends als Sonne im Meer versunken ist.

Zu dieser Deutung paßt auch, daß Odin und Saga dort beisammen sitzen – schließlich ist Frigg Odins Frau. Ursprünglich werden vermutlich Tyr und Saga dort beisammen gesessen haben. Der Met, den die beiden dort trinken, könnte der Göttermet sein, der auch bei Jenseitsreise-Ritualen getrunken wurde.

I 3. o)   Über Fornjot und seine Sippe

In dem folgenden Text ist die Bedeutung des Göttermets noch sehr deutlich zu sehen: Er gibt den Menschen ein langes Leben, was eine Umdeutung des Wiedergeburts-Trankes der Jenseitsgöttin sein wird – was im Jenseits das „Leben" fördert, wird das Leben auch im Diesseits fördern können … Der Göttermet im Diesseits entspricht somit auch den Äpfeln der Idun im Jenseits.

Und An der Alte, den wir Aun nennen, trank, bevor er starb, neun Jahre lang das Horn, um alt zu werden.

I 3. p)   Die Saga über Halfdan Brana-Ziehsohn

In dieser Saga hat der Wein eine ähnliche wiederbelebende Wirkung wie der

Göttermet:

Halfdan befreite Hilda. Dann verließen sie die Höhle. Die Brüder hatten sich weitgehend erhohlt. Sie waren so dünn, daß sich ihre Haut über ihren Knochen in Falten gelegt hatte. Sie richtete Sigurd an seinen Schultern auf und Halfdan hielt Sigmund an seinen Schultern aufrecht. Dann ließ er Wein zwischen ihre Lippen tropfen und sie hielten ihre Köpfe nah beisammen, damit sie miteinander sprechen konnten.

I 3. q) Hyndla-Lied

In diesem Lied ist Hel-Hyndla die Wächterin des Göttermets:

Freya:
*„Die Riesin werde ich in Flammen aufsteigen lassen,
sodaß Du fortan nicht unverbrannt reisen wirst."*

Diese Flammen werden die Waberlohe sein, die das Diesseits vom Jenseits trennt. Dieses Motiv wird durch den Brandbestattungen entstanden sein. Aufgrund dieses Brauches heißt Hel-Hyndla auch „Hyrrokkin", d.h. „die Rußgeschwärzte". Auch die Göttin Nanna ist bei der Bestattung ihres Mannes Baldur zusammen mit diesem verbrannt worden.

Hyndla:
*„Ich sehe Flammen lodern, die Erde steht in Flammen,
und jeder muß um seines Lebens willen geben, was verlangt wird,
also bring dem Ottar den Bier-Trank –
voller Gift für ein böses Schicksal!"*

Freya:
*„Deine bösen Worte sollen nichts Schlimmes bewirken,
auch wenn Deine schlimmen Drohungen bitter sind;
einen vollen guten Trunk soll Ottar finden,
wenn ich die Hilfe aller Götter erlange."*

Diese Stelle klingt ein wenig wie Hels Forderung an Hermodr, daß sie Baldur nur dann ins Diesseits zurückkehren läßt, wenn alle Wesen um ihn weinen – was Loki zu verhindern weiß.
Hier ist die Jenseitsgöttin schon in Hel, die gefürchtete Herrin der Toten, deren

Trank Unheil bringt, und in Freya, die ersehnte Wiederzeugungs-Geliebte, deren Trank die Wiedergeburt bringt, aufgespalten worden.

I 3. r) Odins Rabenzauber

Heimdall und Loki:
"Heil Dir, Hangatyr, glücklichster Ase,
Mögest Du auf dem Hochsitz des Mets walten!"

Odin:
"Setzt euch in Freuden, ihr Götter, zum Trink-Fest,
Mögt ihr zusammen mit Yggjungur ewigen Segen genießen."

„Hangatyr" bedeutet „Hängender Tyr", d.h. „Hängender Gott". Dies ist ein Beiname des Odin, der sich darauf bezieht, daß Odin einst am Weltenbaum gehangen hat, als er nach Weisheit gesucht hat. Dieses Motiv stammt aus der Schamaneneinweihung, bei der der Einzuweihende vermutlich an einem Baum hing und in einen wassergefüllten Schacht hinuntergelassen wurde, der die Unterwelt symbolisierte – zumindestens war dies das Verfahren bei den Druiden-Einweihungen der Kelten, die die Nachbarn und nahen Verwandten der Germanen gewesen sind.

„*Yggjungur*", also „Junge des Ygg" im Sinne von „Nachkomme des (Gottes) Ygg" ist einer der vielen Beinamen des Gottes Odin. „Yggr" bedeutet „Schrecken", vielleicht aber auch „Pflock". Im ersten Fall wäre der Weltenbaum „Ygg-Drasil" das „Pferd des Schreckens", womit dann wohl Odins achtbeiniges Roß Sleipnir als derjenige, der die Toten ins Jenseits bringt, gemeint wäre, während im zweiten Fall der Weltenbaum der Pflock wäre, an den Odin sein Pferd anbindet, wenn er ins Jenseits reist.

Eigentlich ist es ein Widerspruch, wenn Odin zugleich „Ygg" und „Nachkomme des Ygg" genannt werden kann – es sei denn, man geht von dem Motiv der Wiederzeugung und der Wiedergeburt aus, durch die ein Toter oder ein Schamane im Jenseits zu seinem eigenen Sohn wird. Dieses Motiv hat Odin sehr wahrscheinlich von Tyr übernommen, der als der einstige Sonnengott-Göttervater jeden Tag gestorben und wiedergeboren worden ist.

I 3. s) Grimnir-Lied

Auch der ehemalige Göttervater Heimdall trinkt den Met in seiner Halle, die den Namen „Himmelsberg" trägt:

Himinbiörg, ist die achte, wo Heimdall soll
Der Weihestatt walten.
Der Wächter der Götter trinkt in wonnigem Hause
Da selig den süßen Met.

I 3. t) Englischer Brakteat

Auf diesem Goldblech-Amulett findet sich die folgende Runen-Inschrift:

gaegogae gaedae medu

Das letzte Wort bedeutet „Met". Das mittlere Wort bedeutet „Gruppe von Gefährten". Das erste Worte ist mit drei Binderunen geschrieben worden, d.h. es wurden mehrere Runen zu einem Symbol vereint. Das ist dann üblich gewesen, wenn die Runen nicht als Buchstaben, sondern als Wortzeichen gemeint gewesen sind. Die Runen sind daher wie folgt zu lesen:

g-ae g-o g-ae   gaedae medu

Daraus ergibt sich die folgende wörtliche Übersetzung:

geben-Esche geben-Mund geben-Esche   Gefährten-Gruppe   Met

Die Esche könnte die Weltesche und somit ein Hinwies auf den magisch-religiösen Charakter dessen, was dort gegeben wird, sein. „Geben Mund" wird wohl eine Umschreibung für „Trank", „einschenken" o.ä. sein.
Somit wird nun eine verständlichere inhaltliche Übersetzung sichtbar:

Met-Trank-Geschenk des Weltenbaumes für die Gemeinschaft.

Es hat somit den Anschein, als ob dieses Brakteat-Amulett an eine Ritual-Gemeinschaft erinnern soll und vermutlich auch den Segen, der Götter, den man in dieser Gemeinschaft durch das Met-Trinken erlangt hat, wieder wachrufen.

Zusammenfassung

Die Götter versammeln sich bei Tyr-Ägir, um dort am Abend den starken Met zu trinken, der sich selber den Gästen aufträgt. Auch der ehemalige Göttervater Heimdall trinkt in seiner Halle Met. Doch am bekanntesten ist der Göttermet, der sich im Besitz des Odin befindet. Odin ist zudem der beste Bier-Brauer. Odin selber lebt nur von Wein – bzw. von Met.

Zusammen mit Odin trinken die Einherjer in Walhall jeden Abend den Met, der ihnen von den Walküren eingeschenkt wird.

Die Milch der Ziege Heidrun und das Wasser aus der Quelle des Mimir scheinen in symbolischer Hinsicht mit dem Göttermet identisch zu sein.

Die Göttin Saga und Odin trinken in der Wasserunterwelt den Met. Dieses Motiv entspricht dem Fest bei dem Tyr-Riesen Ägir in Wasserunterwelt. Vermutlich stammt dies Motiv ursprünglich aus den Tyr-Mythen, da Ägir Tyr ist und die Wasserunterwelt im Zusammenhang mit dem Sonnengott-Göttervater am meisten Sinn ergibt: Die Sonne versinkt abends im Meer.

Der Göttermet befindet sich somit bei der Göttin Saga. Er wird zudem von der Norne Urd bewacht und ebenso von der Göttin Idun behütet. Auch Hel-Hyndla besitzt den Göttermet. Der Met ist also auch im Besitz der Jenseitsgöttin – was die Deutung dieses Trankes als der „Milch der Göttin" nahelegt, auf die die Symbolik der Wiedergeburt durch diese Göttin erweitert worden ist, sodaß nun dieser Trank selber die Wiedergeburt verursacht. Innerhalb einer solchen Symbolik entsprechen auch die Äpfel der Idun dem Göttermet – beide geben die „ewige Jugend". Zudem ist auch Idun eine „Ale-Geberin".

Die belebende bzw. wiederbelebende Wirkung des Mets des Odin wird auch in drei Sagas beschrieben.

Vermutlich wurde der Göttermet auch als „Geschenk des Weltenbaumes" umschrieben.

I 4. Das Met-Gefäß

In der Skaldskaparmal werden in der Geschichte über Kwasir und Gunnlöd die drei Gefäße, in der der Göttermet bzw. der Skaldenmet aufbewahrt wird, „Odhrörir" („Ekstasetrank"), „Bodn" („Faß") und „Son" („Blut" oder „Versöhnung") genannt.

Dies ist die wichtigste Textstelle, die das Gefäß für den Göttermet beschreibt, aber es gibt noch einige weitere Erwähnungen dieses Gefäßes.

I 4. a) Havamal

Das Gefäß für den Göttermet wird auch im Havamal „Odrörir" genannt:

Odin:
„*Neun mächtige Lieder lernte ich von dem berühmten Sohn*
des Bölthorn, Bestlas Vater,
und erlangte einen Trunk von dem kostbaren Met
– getrunken aus Odrörir."

Die neun Lieder beziehen sich auf die Weisheit, die Odin auf seiner ersten Jenseitsreise, d.h. bei seiner Schamanen-Einweihung erlangte, bei der er am Weltenbaum hing. Die Zahl „9" ist bei den (Indo-)Germanen eine Art Adjektiv mit der Bedeutung „zum Jenseits gehörend".

Auch in dieser Strophe ist der Met somit mit dem Jenseits assoziiert, denn Odin weilte im Jenseits, als er die Galdr-Lieder erlernte und den Met trank.

Aus der Verbindung des Mets mit der Schamanen-Einweihung des Odin kann man schließen, daß der Met auch im Zusammenhang mit den Jenseitsreisen der Schamanen und Priester getrunken wurde – insbesondere bei deren erster Jenseitsreise, die innerhalb des Einweihungs-Rituales stattgefunden hat.

I 4. b) Runenkästchen von Auzon

Auf dem 22,8cm langen, 18,5cm breiten und 10,5 cm hohen Kästchen von Auzon, das um ca. 750 n.Chr. von den Angelsachsen aus Walfischbein hergestellt wurde, ist unter anderem ein Mann mit einem Kelch zu sehen. Da dieser Mann keine Waffen und keinen Helm, aber einen Stab trägt, wird er ein Priester sein.

Der Priester mit dem Kelch auf dem Runenkästchen von Auzon

Diese Szenerie stellt von rechts nach links folgende Motive dar:

- die drei Nornen, die das Schicksal, d.h. den Tod des Mannes, der ganz links abgebildet ist, festlegen;
- ein Priester mit Stab und Kelch bei der Bestattung des Mannes;
- das Hügelgrab, in dem der Tote liegt (unten);
- das bei der Bestattung des Toten für diesen geopferte Pferd;
- der Weltenbaum (?) unter dem Hals des Pferdes;
- ein Hrungnir-Herzen (unter den Beinen des Pferdes);
- der Seelenvogel des Toten (unter den Hinterbeinen des Pferdes);
- der Sohn (?) des Toten, der bei seinem Vater (?) Rat sucht;
- der Tote auf seinem Hügelgrab, der aufgrund seiner Identifizierung mit dem für ihn geopferten Pferdes (Wiederzeugung) einen Pferdekopf hat.

Detail: Priester mit Stab und Kelch vor dem Hügelgrab mit dem Toten

Der Priester hat auf dieser Darstellung anscheinend dieselbe Funktion wie die Walküren auf den Runensteinen: Bei der Bestattung erhalten die Ritualteilnehmer den Met von einem Priester und der Tote erhält den Met von einer Walküre.

I 4. c) Beowulf-Epos

Wenn die Toten in das Jenseits reisten, nahmen sie wie Odin bei seiner Reise zu Gunnlöd die Gestalt von Schlangen oder Drachen („Riesenschlangen") an, da die Schlangen sozusagen die Tiere der Erde waren und die Toten in der Erde lagen.

Aus dieser Gestalt der Toten und der Wichtigkeit des Mets im Bestattungsritual hat sich das Motiv des Drachens mit dem Kelch o.ä. gebildet. Aus diesem Grund werden Drachen auch besonders wütend, wenn man ihnen einen Kelch raubt (so wie Bilbo dem Drachen Smaug in Tolkiens Novelle „Der Hobbit").

So hielt der Drache / dreimal hundert
Winter den Hort / in der Höhle verwahrt,
Dem gewaltigen Schatzhaus, / bis wilden Zorn
Ihm erregte der Mann, / der den Metkrug raubte,
Den kostbaren Kelch, / zu erkaufen den Frieden,
Die Gnade des Brotherrn.

I 4. d) Die Saga über Helgi Thoris-Sohn

Die Zeit vergeht bis Weihnachten im Jahr darauf; König Olaf hält sich da während des Winters auf Alreksstatt auf. Am achten Tag der Weihnachtszeit kommen am Abend drei Männer in die Halle und treten vor König Olaf, als der gerade am Tisch saß. Sie grüßen ihn höflich. Der König erwidert ihren Gruß.

Einer von den dreien war Helgi, aber die anderen beiden kannte niemand. Der König fragte sie nach ihrem Namen und beide sagten, sie hießen Grim.

„Wir wurden von Gudmund auf Gläsisvellir zu Euch geschickt. Er läßt Euch seine Grüße überbringen und außerdem diese beiden Hörner."

„Gudmund" ist ein Beiname des ehemaligen Sonnengott-Göttervaters Tyr. Er bedeutet „Gotteshand" oder „Gute Hand" und bezieht sich auf die rechte Hand des Tyr, die ihm bei seinem abendlichen Tod abgeschlagen wird, aber die in der Unterwelt wieder nachwächst.

Der Name des Ortes „Gläsisvellir" bedeutet „Glanz-Ebene" und ist das Jenseits, in dem sich der Sonnengott-Göttervater Tyr während der Nacht befindet und die daher durch die Sonne erleuchtet wird. Vermutlich steht dort auch der Weltenbaum „Glasir".

„Grim" bedeutet „Maskenhelm". Solch einen Helm trug auch Tyr und offenbar auch seine beiden Söhne, die hier „Grim" heißen und als seine Boten erscheinen. Jedem der beiden Tyr-Söhne scheint ein Horn zu gehören – sie entsprechen den beiden Goldhörnern von Gallehus.

In der Saga über Thorstein Haus-Macht gibt es ein großen Grim-Horn und zwei kleine „Weißling"-Hörner – sie entsprechen Tyr und seinen beiden Söhnen, die die Gestalt von zwei Schimmeln („Weißlinge") annehmen können und dann den Streitwagen des Tyr ziehen.

Der Ort „Alreksstatt" ist nach dem bereits erwähnten König Alrek benannt worden, der seinerseits auf den Beinamen „Alrek", d.h. „All-König" des ehemaligen Göttervaters Tyr zurückgeht. König Olaf befindet sich daher vermutlich an einem alten Kultort des Tyr – was dazu paßt, daß das Thema dieser Saga die Auseinandersetzung zwischen dem alten Tyr-Kult und dem neuen Christentum ist.

Der König nahm sie an und sie waren mit Gold verziert. Das waren prächtige Kostbarkeiten.
König Olaf besaß bereits zwei Hörner, die „die Gehörnten" genannt wurden, aber obwohl diese sehr gut waren, waren doch diejenigen besser, die Gudmund ihm geschickt hatte.

Die beiden Hörner des Königs entsprechen den beiden Hörnern der Godmund-Boten. Die Zweizahl dieser Hörner entspricht der frühen Tradition der Germanen, zwei

Anführer zu bestimmen, die den Alcis entsprachen (siehe „Alcis" in Band 12).

I 4. e)   Die Saga über Thorstein Haus-Macht

In dieser Saga gehören die drei Trinkhörner dem Tyr-Geirröd. Das größere von diesen drei Hörner ist das Horn des Tyr, die beiden kleineren gehören zu seinen beiden Alcis-Söhnen.

Thorsteinn frug, wann das Fest zu Ende sein würde.
„Meine Männer müssen am Morgen losreiten," sagte Godmund, „und ich weiß, daß der König immer alles für sich haben will. Morgen werden alle Schätze gezeigt. Der König wird sein großes Trinkhorn hereinbringen lassen. Es wird 'Grimm der Gute' genannt und ist ein großer Schatz. Es ist voller Magie und mit Gold eingelegt. An seiner Spitze ist der Kopf eines Mannes mit einem Mund aus Fleisch, der zu den Menschen spricht und ihnen die Dinge verkündet, die kommen werden und der ihnen Schwierigkeiten vorhersagt."

„Grim" bedeutet „Maske" oder „Maskenhelm". Dieses Horn scheint somit mit dem Tragen einer Maske oder eines Maskenhelmes assoziiert worden zu sein. Damit kann eigentlich nur der Schreckenshelm, also ursprünglich der Schädel an dem Fell des (meist gehörnten) Herdentieres gemeint sein, das für den Toten geopfert wurde. Das Horn des Geirröd wäre somit das Gefäß, aus dem man bei Bestattungen trank bzw. aus dem der Tote bei seiner Ankunft im Jenseits trank.
Der Kopf an der Spitze des Hornes könnte mit der „Maske" sein, nach der das Horn benannt worden ist. Die Magie in diesem Horn und seine Fähigkeit, die Zukunft vorherzusagen, bestätigen seine Deutung als „magisches" Ritualhorn.

„Es wird unser Tod sein, wenn der König erfährt, daß ein Christ bei uns ist. Wir dürfen ihm gegenüber nicht geizig sein."

Der „Geiz" bezieht sich wohl auf die Größe der Abschiedsgeschenke. Wieso dies jedoch vor dem König verbergen soll, daß ein (unsichtbarer) Christ (Thorsteinn) bei Godmunds Männer ist, ist unklar.

Thorsteinn sagte, daß Grim nicht mehr sagen werde als König Olaf wissen wolle, „aber ich habe beschlossen, daß Geirröd dem Tode bestimmt ist. Es ist ratsam, daß ihr von nun an meinen Anweisungen folgt. Ich werde mich am Morgen allen zeigen."
Sie sagten, daß dies gefährlich sei.

Thorsteinn sagte, daß Geirröd wolle, daß sie sterben, „und was gibt es, was ihr mir sonst noch mehr über Grim erzählen könnt?"

„Es wird darüber erzählt, daß ein normalgroßer Mann in seinem Bogen stehen kann und daß es an seiner Öffnung einen Yard breit ist und daß der größte Trinker von ihnen zu Beginn trinkt, aber das nur der König es leeren kann. Jeder Mann muß dem Grim irgendeinen Schatz geben und die größte Ehre ist es für jedermann, dieses Horn in einem Zug zu leeren. Ich weiß, daß von mir erwartet wird, als erster daraus zu trinken, aber es gibt keinen Menschen, der es in einem Zug leeren könnte."

Dieses ca. 2 Yard lange und an der Öffnung einen Yard weite Horn ist noch riesiger als die beiden vorigen Hörner und faßt ca. 385 Liter Bier (45cm·45cm·3,14·1,82m:3). Das gefüllte Horn wiegt somit ca. 8 Zentner – ein wirklich sagenhaftes Trinkhorn!

Thorsteinn sagte: „Du solltest mein Hemd anziehen, denn dann kann Dich nichts verletzen, selbst wenn Gift in dem Trank sein sollte. Nimm die Krone von Deinem Haupt und gibt sie Grim dem Guten und flüstere in sein Ohr, daß Du ihm viel mehr Ehre geben wirst als Geirröd und dann mußt Du so tun, als Du trinken würdest. Wenn in dem Horn Gift sein sollte, daß laß es neben Dich laufen, sodaß es Dir nicht schaden kann. Wenn das Trinken jedoch vorüber ist, mußt Du Deine Männer fortreiten lassen."

Sein magisches Hemd hat Thorsteinn zusammen mit seinem Unsichtbarkeits-Stein von dem Zwerg in Jamtaland erhalten, dessen Sohn er gerettet hat.
Dieser geplante Raub des Hornes ist eine Variante des Kessel-Raubes des Tyr-Riesen Hymir durch Thor. Das Motiv des Horn-Raubes ist auch das zentrale Thema der Saga über Sturlaug den Mühen-Beladenen. Dieses Motiv stammt vermutlich aus der Zeit um 500 n.Chr. als Thor und Odin den ehemaligen Göttervater Tyr abgesetzt haben und dabei dessen Besitz zerstört oder geraubt und unter sich aufgeteilt haben.

Godmund sagte, daß er seinen Willen haben solle, „und wenn Geirröd stirbt, wird mir ganz Jötunheim gehören, aber wenn er weiterlebt, wird das den Tod von uns allen bedeuten."
Danach schliefen sie die ganze Nacht hindurch.
Sie standen früh am Morgen auf und kleideten sich an. Da kam König Geirröd zu ihnen und gebot ihnen, auf seine Gesundheit zu trinken.
Sie tranken zunächst aus den Hviting-Hörnern: erst den Erinnerungs-Kelch und dann der Trank zu Ehren von Thor und Odin.

Der „Erinnerungs-Kelch" oder „Liebes-Kelch" war ein Trunk aus einem Gefäß (Kelch, Horn), den man zu Ehren der Verstorbenen oder auch zur Herstellung oder

Erneuerung der Verbindung zwischen den Lebenden (z.B. Sigurd und Sigdrifa) trank.

Dieser Trank war ein Ausdruck der Verbundenheit zwischen den beteiligten Menschen sowie denen, die tot waren oder in der Ferne weilten und die man in dieses Trinken mit einbezog.

In der Reihenfolge der Trinkrunden kommt meistens zuerst der „Gemeinschaftstrank" zwischen den Menschen und dann der Trank, der die Menschen mit den Götter verband.

Dann wurden viele Schlaginstrumente hereingebracht und zwei Männer, die etwas kleiner als Thorsteinn waren, trugen Grim den Guten herein. Alle erhoben sich und fielen vor ihm auf ihre Knie. Grim hatte keine gute Laune.

Geirröd sprach zu Godmund: „Nimm Grim den Guten und sprich Deinen Trinkspruch."

Godmund ging zu Grim und nahm seine goldene Krone und setzte sie Grim auf und flüsterte das, was Thorsteinn ihm geraten hatte, ins Ohr. Dann ließ er das Gift aus dem Horn in sein Hemd fließen. Er trank zu Ehren von König Geirröd und küßte die Hornspitze und als man ihm Grim aus der Hand nahm, lachte er.

Geirröd nahm das volle Horn und wünschte Grim gute Gesundheit und bat ihn, ihn zu warnen, wenn Gefahr drohe und sagte: „Ich habe Dich schon oft in besserer Laune gesehen."

Er nahm seinen goldenen Halsreif ab und gab ihn Grim und dann trank er Jarl Agdi zu und als der Trank seinen Kehle hinunterfloß, war es, als ob eine Woge auf eine Insel schlüge, und er trank alles aus.

Grim schüttelte sein Haupt und wurde dann an Jarl Agdi weitergereicht, der ihm zwei Goldringe gab und ihn um Gnade bat. Dann gab er Grim dem Kelchträger zurück.

Grim sagte: „Wenn man älter wird, wird das Herz zaghafter."

Dann wurde das Horn wieder gefüllt und nun sollten Jokul und Fullsterk trinken. Fullsterk trank zuerst. Dann nahm Jokul das Horn und sagte, daß Fullsterk wie ein kleiner Mann getrunken habe schlug Fullsterk mit dem Horn. Doch Fullsterk schlug Jokul auf seine Nase, sodaß das Diebes-Kinn brach und seine Zähne herausflogen.

Da gab es einen großen Aufruhr. Geirröd befahl seinen Männern, daß es nicht herumerzählt werden solle, daß sie sich auf solch üble Weise getrennt hatten.

Sie wurden besänftigt und Grim wurde fortgetragen.

I 4. f) Die beiden Goldhörner von Gallehus

Ein Paar solcher Trinkhörner ist in Dänemark gefunden worden. Sie wurden um ca. 400 n.Chr. hergestellt. Auf ihnen ist eine Jenseitsreise dargestellt worden. Ihre ausführliche Beschreibung findet sich in dem Kapitel „Die Goldhörner von Gallehus" in Band 56.

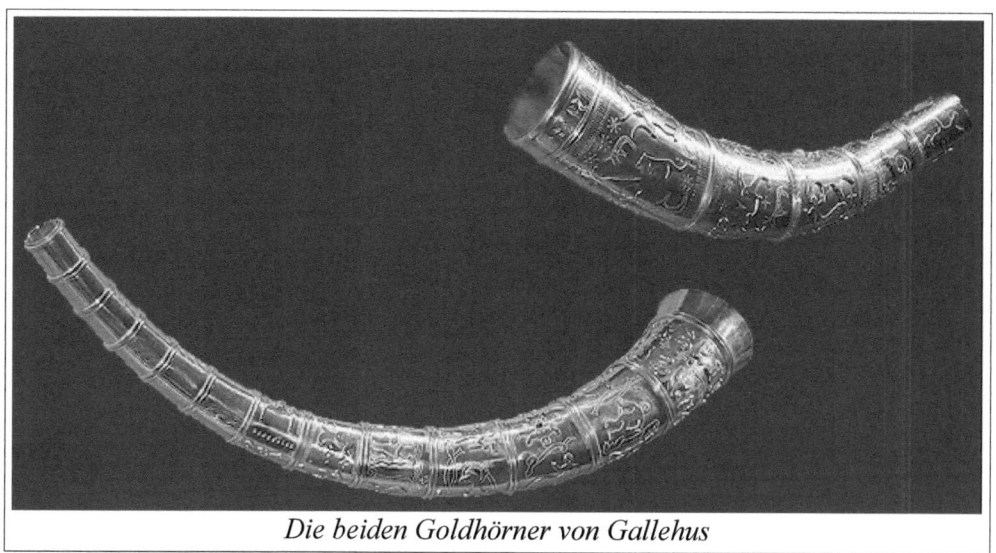

Die beiden Goldhörner von Gallehus

I 4. g) Beowulf-Epos

Ein Dienstmann wartete auf,
trug den geprägten Kelch in der Hand,
schenkte den klaren Met ein. Oft sangen Skalden
frohgemut in der Heorot.

   Dienstmann mit Kelch = „Kelchträger"
   Heorot = „Hirschhalle" (das Langhaus, in dem Beowulf zu Besuch war)

I 4. h) Runenstein von Snodelev

Runenstein von Snodelev (Detail)

Auf diesem Stein sind drei Trinkhörner zu einem Hrungnir-Herzen zusammengefügt worden, das das Herz des Tyr, die Sonne und somit die Wiedergeburt symbolisiert. Dies bestätigt noch einmal, daß der Skaldenmet ursprünglich ein Wiedergeburts-Met gewesen ist.

Die Inschrift auf diesem Stein lautet: *„Stein des Kultsängers Gunvald, Sohn des Roald auf dem Sal-Hügel"*.

Möglicherweise hat sich Gunvald selber als Kult-Sänger intensiv mit der Wiedergeburts-Symbolik beschäftigt und diese Variante des Hrungnir-Herzens entworfen.

Zusammenfassung

Im Havamal trinkt Odin den Met aus dem Gefäß Odrörir, das seinen Namen „das in Ekstase versetzende" von dem Trank selber übernommen hat.

Da das Trinken des Göttermets ursprünglich die Wiedergeburt bewirkte und die Wiedergeburt der Sonne zyklisch ist, wurden aus dem einen Gefäß drei Gefäße, da die „3" bei den Germanen den Zyklus symbolisierte: Odrörir, Bodn („Faß") und Son („Blut"). Zudem werden die drei Gefäße, aus denen Odin trinkt, auch eine Umdeutung der drei Hörnern des Tyr und seiner beiden Alcis-Söhne sein.

Die Verbindung des Göttermets mit der Wiedergeburt zeigt sich auch daran, daß auf dem Runenkästchen von Auzon ein Priester bei einer Bestattung einen Kelch hält und daß der wichtigste Teil des Grabschatzes im Beowulf-Epos ein Kelch zu sein scheint.

Tyr-Godmund besaß ein großes Trinkhorn, daß nach ihm selber als „Grim" („Maskenhelm") benannt worden ist. Seine beiden Alcis-Söhne sowie deren zwei Trinkhörner wurden ebenfalls „Grim" genannt. Dieses Trinkhorn-Paar hat sich auch archäologisch als die beiden Goldhörner von Gallehus erhalten, auf denen eine Jenseitsreise dargestellt worden ist. Diese beiden Hörner der Tyr-Söhne wurden auch „Hviting" („Weiße") genannt, da die beiden Tyr-Söhne auch in der Gestalt von zwei

Schimmeln den Streitwagen des Tyr gezogen haben.

Auf einem Runenstein ist das Hrungnir-Herz, also das Symbol der wiedergeborenen Sonne und des Herzen des Tyr-Hrungnir, durch drei Trinkhörner dargestellt worden, was noch ein weiteres mal die Wiedergeburts-Symbolik des Mets bestätigt.

Bei Festen gab es zumindestens an Fürstenhöfen zur Zeit der Angelsachsen in England einen „Kelchträger", der den Met einschenkte.

Siehe auch das Kapitel über das Trinkhorn in Band 56. Dort wird bestätigt, daß das einzelne Trinkhorn ursprünglich im Besitz des ehemaligen Sonnengott-Göttervaters Tyr gewesen ist und daß das Trinkhorn-Paar den beiden Alcis-Söhnen des Tyr gehört hat.

I 5. Der rituelle Trank bei der Bestattung

Der Met wurde als Ritual-Getränk auch bei Bestattungen getrunken. Da er mit der Wiedergeburt assoziiert worden ist, wird dies seine ursprüngliche Verwendung gewesen sein.

I 5. a) Völsungensaga

Da sprach Hamdir: „Siehe, das ist unser letzter Abschied, denn Du wirst Nachrichten über uns hören und das Grab-Bier für uns und für Schwanhild trinken."

I 5. b) Die Saga über die Siedler von Eyre

In einem Lied des Skalden Bjorn umschreibt dieser „traurig werden" mit *„das Grab-Bier der Freude unserer Lebenstage austrinken"*.

I 5. c) Die Saga über Ketil Forelle

Der Mann sprach, daß dort die Gäste gingen, die das Bestattungs-Bier für Ketil trinken würden, da sie nichts mehr von ihm gehört hatten.

I 5. d) Ibn Fadlans Reisebericht

Die ausführlichste Beschreibung einer germanischen Bestattung findet sich in dem Reisebericht des arabischen Forschers Ibn Fadlan aus dem Jahr 922 n.Chr. Der Häuptling, dessen Bestattung er beschreibt, gehörte zu den ostschwedischen Wikingern, die sich „Rus", d.h. „Ruderer" nannten. Dieser Name ist der Ursprung des Ländernamens „Rußland".

Es wurde mir mehrfach erzählt, daß dann, wenn einer ihrer Häuptlinge stürbe, viele Dinge geschehen würden, wovon die Leichenverbrennung die wichtigste sei. Ich war deshalb sehr daran interessiert, etwas genaueres darüber zu erfahren. Eines Tages bekam ich davon zu hören, daß ein angesehener Mann unter ihnen gestorben war. Sie legten ihn in ein Grab und deckten dieses für 10 Tage zu, bis sie mit dem Zuschneiden und Nähen der Leichenkleider fertig waren.

Die Bestattung ging auf folgende Art und Weise vonstatten. Für den Armen unter ihnen machten sie ein kleines Schiff, legten ihn hinein und verbrannten es. Aber wenn es um einen Reichen unter ihnen ging, so sammelten sie sein ganzes Vermögen und teilten dieses in drei gleichgroße Teile. Ein Drittel geht zu der Familie des Verstorbenen, für das zweite Drittel machten sie die Leichenkleider für den Toten und für das letzte Drittel brauten sie Nabid (Met oder Bier), welches getrunken wird, wenn seine Sklavin sich für ihn tötet und mit ihrem Herrn verbrannt wird.

Die Rus sind ganz dem Nabid verfallen, welchen sie Tag und Nacht trinken. Oft geschieht es, daß einer von ihnen mit dem Becher in der Hand stirbt.

Wenn ein Häuptling unter ihnen tot ist, so sagt seine Familie zu seinen Sklavinnen und Dienern: „Wer von euch möchte mit ihm sterben?" Eine von denen antwortet: „Ich." Da bekamen zwei andere Sklavinnen den Auftrag sie zu bewachen, wo immer sie auch stand und wohin sie auch ging und wuschen ihr mit ihren eigenen Händen die Füße.

So begannen sie und nahmen sich der hinterbliebenen Dinge des Toten an, um die Kleider für den Toten zu nähen und machten alles fertig, wie es sein sollte. Aber die Sklavinnen tranken und sangen jeden Tag in einer Freude, als ob sich etwas glückliches in naher Zukunft ankündige.

Als der Tag kam, an dem der Fürst und seine Sklavin verbrannt werden sollten, ging ich zum Flußufer, wo sein Schiff lag. Dies war an Land hochgezogen worden und wurde durch vier Stützen aus Birkenholz oder anderen Holzarten aufrechtgehalten.

Weiterhin war etwas aufgebaut worden, das wie ein großes Lager oder Magazin aus Holz aussah. Das Schiff wurde dorthin gezogen und an das Holzgestell angebracht. Und das Volk lief hin und her und sie sprachen eine Sprache, die ich nicht verstand, während der Tote noch in seinem Grabe lag. Sie hatten ihn noch nicht aus dem Grab herausgenommen.

Dann kamen sie mit einer Bank und setzten sie auf das Schiff und bedeckten sie mit Teppichen, mit byzantinischem Dibag (bemalter Seidenstoff) und mit Kissen aus byzantinischem Dibag. Nun kam eine alte Frau, welche der Todesengel genannt wurde und breitete die Teppiche über der Bank aus. Sie stand vor den Kleidern für den Toten und vor dem Gestell für die Leiche. Das ist auch diejenige, die das Mädchen tötet (Sklavin). Ich sah, daß sie eine alte, riesengroße Frau, dick und düster vom Aussehen her war. (Sie ist die Verkörperung der Hel/Hyrrokkin.)

Als sie zu seinem Grab kamen, nahmen sie die gesamte Erde weg vom Holz und danach entfernten sie das gesamte Holz. Und so zogen sie von ihm die Kleider, die der Tote trug. Ich möchte bemerken, das er ganz schwarz aufgrund der Kälte im Lande geworden war. In das Grab hatten sie zusammen mit ihm Bier, Früchte und eine Mandoline hineingelegt. Und all dies nahmen sie nun aus dem Grab. Der Tote roch merkwürdigerweise überhaupt nicht und nichts hatte sich verändert an ihm außer seiner Hautfarbe.

Dann kleideten sie ihn mit Hosen, Überhosen, Stiefeln, Gürtel und einen Mantel aus Dibag mit Goldknöpfen. Sie setzten ihm eine Kappe aus Dibag und Zobelfell auf seinen Kopf und trugen ihn in das Zelt, das auf dem Schiff aufgestellt worden war. Dort setzten sie ihn auf den Teppich und stützten ihn mit Kissen.

Dann kamen sie mit Nabid, Früchten und wohlriechenden Pflanzen und legten diese zu seinen Seiten nieder. Weiterhin brachten sie Brot, Fleisch und Zwiebeln und legten sie vor ihm hin. Dann kamen sie mit einem Hund und schnitten ihn in zwei Teile und warfen ihn ins Schiff. Danach kamen sie mit seinen Waffen und legten sie zu seinen Seiten nieder. Dann nahmen sie zwei Pferde und trieben sie solange bis sie schweißnaß waren. Daraufhin hieben sie diese in Stücke mit ihren Schwertern und warfen das Fleisch in das Schiff. Genauso taten sie es mit zwei Kühen, auch diese hackten sie in Stücke und warfen das Fleisch ins Schiff. (Die Pferde und Rinder sind die Opfertiere, die die Zeugungskraft des Toten magisch sichern sollen.) *Schließlich kamen sie mit einem Hahn und einem Huhn, töteten diese und warfen auch diese auf das Schiff.*

Die Sklavin, die getötet werden wollte, ging währenddessen hin und her. Sie ging in das eine oder das andere Zelt und der Herr des Zeltes hatte sexuellen Umgang mit ihr, während er sagte: „Sage dies zu Deinem Herren: Das habe ich getan aus Liebe zu Dir." (Dies ist die rituelle Wiederzeugung.)

Als es Freitag Nachmittag geworden war, nahmen sie die Sklavin mit zu einer Art Türrahmen („Jenseitstor"). Sie setzte ihre Beine auf die Handflächen der Männer, wodurch sie so hoch kam, daß sie über diesen Rahmen hinausragte, woraufhin sie etwas in deren Sprache sagte. Anschließend ließen sie sie herunter. Aber kurz darauf hoben die Männer sie wieder hoch und sie machte dasselbe wie beim ersten mal. Schließlich ließen die Männer sie wieder herunter um sie ein drittes mal hochzuheben und sie tat dasselbe, wie beim ersten und beim zweiten mal zuvor. Da reichten sie ihr eine Henne und sie schnitt dem Huhn den Kopf ab und warf es weg. Die Männer hoben die tote Henne auf und warfen sie in das Schiff. Da fragte ich den Übersetzer was sie gemacht hatte.

Er antwortete: „Das erste mal, als sie hoch gehoben wurde sagte sie: 'Seht dort, ich sehe meinen Vater und meine Mutter dort (im Jenseits) *sitzen!' Das zweite mal sagte sie: 'Seht dort, ich sehe alle meine toten Verwandten dort sitzen!' Und beim dritten mal sagte sie: 'Seht dort, ich sehe meinen Herrn im Paradies sitzen und das Paradies ist farbig und grün und zusammen mit meinem Herrn sind Männer und junge Diener. Er ruft nach mir. Laßt mich zu ihm gehen!'" Und so gingen sie mit ihr zum Schiff.*

Sie nahm zwei Armreifen von ihrem Arm und gab sie der alten Frau, welche der Todesengel genannt wurde und sie töten sollte. Dann nahm sie von sich zwei Achselringe und gab sie den Töchtern der Frau, welche der Todesengel genannt wurde („Draupnir-Ringe").

Dann führten sie sie hinauf zum Schiff, aber ließen sie nicht ins Zelt. Dann kamen Männer mit Schildern (Symbol der Sonnenscheibe?) *und Holzstäben* (die „Zauberstäbe", die auch auf dem Goldhorn von Gallehus und auf den Runensteinen abgebildet sind).

Dann reichten sie ihr einen Becher mit Nabid. Sie sang darüber und trank den Becher aus. (rituelles Trinken des „Göttermets")

Der Übersetzer sagte zu mir: „Nun nimmt sie Abschied von ihren Freunden." Und so wurde ihr ein neuer Becher gereicht. Sie nahm ihn und trank diesen sehr langsam aus. Aber die alte Frau drängte sie, schnell auszutrinken, damit sie ins Zelt zu ihrem Herrn gehen konnte. Da sah ich zu ihr und sie sah ganz verstört aus. Sie wollte in das Zelt hineingehen und steckte den Kopf ins Zelt, so daß sie zwischen dem Zelt und dem Schiff war. Aber da nahm die Frau ihren Kopf und zog ihn in das Zelt und die Frau ging ihr in das Zelt nach.

Die Männer begannen da mit den Holzstäben gegen die Schilde zu schlagen, so das der Lärm die Schreie der Sklavin überdeckte, damit die anderen Mädchen nicht verängstigt würden und nicht mehr den Tod zusammen mit ihren Herrn suchen würden wollen, wenn die Zeit dafür kommt. (Dies ist wahrscheinlich eine Deutung von Ibn Fadlan und nicht unbedingt die rituelle Bedeutung des „Trommelns".)

Da gingen sechs Männer in das Zelt und sie nahmen sie nacheinander (rituelle Wiederzeugung).

Da lag sie nun neben ihrem toten Herrn. Zwei hielten ihre Beine und zwei die Hände. Die Frau, die der Todesengel hieß, legte einen Strick um ihren Hals und knüpfte die Enden in die entgegengesetzte Richtung, sodaß zwei Männer daran ziehen konnten. So ging die Frau mit einem kleinen Dolch mit breitem Blatt und stach diesen zwischen die Rippen des Mädchens und zog ihn wieder heraus und die zwei Männer würgten sie mit dem Strick. So starb sie.

Dann kamen die vom Volk, die mit dem Toten am nächsten verwandt waren zum Platz. Der Häuptlingssohn nahm ein Holzstück und zündete es an. Er ging rückwärts mit dem Rücken zum Schiff und das Gesicht zum Volk und hielt in der einen Hand das Holzstück während er die andere Hand hinter dem Rücken auf seinem Gesäß ruhte. Er war nackt (wie die Gestalten auf dem Goldhorn; d.h. er war im Jenseits).

Auf diese Weise wurde überall Feuer unter dem Gestell, das das Schiff stützte, gelegt, nachdem sie die getötete Sklavin an die Seite ihres Herrn gelegt hatten.

Nun kam das Volk zu dem Platz mit Holz und jeder hatte ein Holzstückchen mit Feuer an der Spitze. Sie warfen das Holz so unter das Schiff, das das Feuer nur so um sich griff. Erst brannte das Schiff und dann das Zelt mit dem Mann und der Skla-

vin darin sowie alles, was in dem Schiff war. Da kam ein starker und fürchterlicher Wind, sodaß die Flammen kräftiger wurden und das Feuer sehr weit in den Himmel emporloderte.

Zu meiner Seite stand ein Mann von den Rus und ich hörte ihn, wie er sich mit dem Übersetzer unterhielt. Ich fragte ihn dann, was er zu ihm gesagt hatte.

Er antwortete: „Ihr Araber seit dumm."

Ich fragte: „Wieso das?"

Er sagte: „Den den ihr am meisten unter euch Menschen liebt und ehrt, werft ihr in die Erde, wenn er tot ist, sodaß die Erde, Kriechtier und Gewürm ihn verzehren kann. Wir dagegen brennen ihn hinauf in einem Augenblick, sodaß er dann am selben Ort zur selben Stund ins Paradies geht."

Und da begann er laut zu lachen.

Als ich ihn genauer darüber befragte, sagte er: „Sein Herr (Tyr/Odin) *hat in seiner Liebe den Wind gesendet, so daß er in einer Stunde hinweggetragen wird." Und dies geschah wirklich. Es dauerte nicht mehr als eine Stunde, bis das Schiff und das gesamte Holz und die Sklavin und ihr Herr und alles zu Asche und Aschestaub geworden war!*

Schließlich bauten sie da, wo das Schiff, das sie vom Ufer hochgezogen hatten, stand, einen Hügel auf. Mitten auf diesem Hügel errichteten sie eine schwere Holzstütze aus Birkenholz. Auf diese schrieben sie den Namen des Mannes und den Namen Rus-König (Entsprechung zu den Runensteinen) *und gingen sie ihres Weges.*

I 5. e) Das Grab des Mädchens von Egtved

Um ca. 1385 v.Chr. ist in Egtved in Dänemark ein ca. 16-18 Jahre altes Mädchen begraben worden, zu dessen Füßen ein 4-5 Jahre altes Kind lag. An ihrem Kopf stand eine Kiste aus Birkenholz mit den verbrannten Knochen eines 5-6 Jahre alten Jungen.

Sie ist in einem Sarg in einem Hügelgrab von 30m Durchmesser und 4 m Höhe bestattet worden, was zeigt, daß sie ein „besonderes Mädchen" gewesen sein muß, da die Errichtung eines solch großen Hügelgrabes nicht allgemein üblich gewesen ist.

Am Fußende des Sarges stand ein weiteres Birkenholz-Gefäß, in dem sich noch die Reste von Met oder Honig-haltigem Bier nachweisen ließen. Bei diesem Getränk wird es sich um den Jenseitsreise- und Wiedergeburts-Met handeln.

I 5. f) Haleygjatal

Auch hier wird gesagt, daß bei einer Bestattung Met getrunken wurde:

Und dort liegt das Hügelgrab
jenes Freundes Hügel,
des großen Hallgards:
die Männer brachten Opfer

in Stafaness:
die großen und stürmische
Freundin des Lodur (Met),
eine Woge des gemischten Tranks (Met).

I 5. g) Fridthjof der Kühne

„Es scheint mir, daß es nicht eine Witwe ist,
die zu Deinem Wohle trinkt,
und auch nicht, daß die schöne Ring-Trägerin
Dich bittet, zu ihr zu kommen.
Salzig sind unsere Augen,
naß vom Meerwasser.
Unsere starken Arme werden müde,
und unsere Augenlider schwer."

Das Bitten der Ingeborg, daß Fridthjof zu ihr kommt, könnte sich auf den Witwen-Trunk beziehen. Das würde dann bedeuten, daß man beim Trinken des Erinnerungs-Trankes („Minne-Trank") die Ahnen, der man gedachte, gebeten hat, aus dem Jenseits zu kommen und bei dem Bittenden zu sein.

I 5. h) Ragnars-Saga

Es trug sich zu, daß in einem bestimmten Land ein König zwei Söhne hatte. Er wurde krank und tat seinen letzten Atemzug und seine Söhne wollten das Erbfest für ihn trinken. Sie bestimmten, daß alle Männer, die in den nächsten drei Wintern von diesem Fest hörten, dorthin kommen konnten. Dies wurde weithin vernommen in dem ganzen Land. Und in diesen drei Wintern bereiteten sie das Fest vor.

Und als der Sommer kam, in dem sie das Bestattungsfest trinken wollten und als die vorbestimmte Zeit anbrach, zeigte sich, daß das Fest derart mit Menschen überfüllt war, daß niemand jemals von einem solchen großen Fest gehört hatte, und es wurden viele große Hallen vorbereitet und viele Zelte errichtet.

I 5. i) Oddruns Klage

Oddrun ist die Frau des Burgunder-Königs Gunnar gewesen.

Groß war das Geklapper / der vergoldeten Hufe,
als Giukis Söhne / durch das Tor ritten.
Das Herz rissen sie da / dem Högni heraus,
und den anderen / warfen sie in die Schlangenhöhle.

  anderer = Gunnar
  Schlangenhöhle = die zur Tötung in einer mit Schlangen gefüllten Grube umgedeutete Grabkammer eines Hügelgrabes, in der der Totengeist in Schlangengestalt liegt

Der weise Held / zupfte da seine Harfe
... ... / ... ...
Denn der hochgeborene König / hoffte noch in seinem Herzen
daß ihm von mir / Hilfe kommen werde.

Da bin ich alleine / zu Geirmund gegangen,
um den Trank zu mischen / und zu bereiten;
plötzlich hörte ich klar / von Hlesey herüber
wie voller Klage / die Saiten der Harfe erklangen.

  Trank = Bestattungs-Trank für Gunnar
    Hlesey = „Insel des (Meeresgottes = Tyr) Hler" = die dänische Insel Läsö = Jenseitsinsel
  Harfe = bei Bestattungen wurde offenbar Harfe gespielt

Ich befahl den Mägden, / sich bereit zu machen,
denn ich sehne mich danach, / des Helden Leben zu retten.
Über den Sund segelten wir / in Booten,
bis wir das ganz Heim / des Atli sahen.

Das Heim des Atli wird hier der Halle des Hler, d.h. der Halle Walaskialf des ehemaligen Sonnengott-Göttervaters Tyr auf der Jenseitsinsel gleichgesetzt.

Da kam die üble Frau / gekrochen,
Atlis Mutter: / Möge sie ewig verrotten!
Hart biß sie / Gunnars Herz,
da konnte ich dem Helden / nicht mehr helfen ...

Hier ist Atlis Mutter der Mutter des Tyr, d.h. der Jenseitsgöttin, die ihn jede Nacht wiedergebiert, gleichgesetzt worden. Sie erscheint hier allerdings nicht mehr als Helferin im Jenseits, sondern als die Todesursache. Sie ist auch nicht mehr die Mutter der Totengeister (in deren Schlangengestalt), sondern als Schlange die Todesursache.
Diese häufige Form der Umdeutung von einer Hilfe im Jenseits zu einer Todesursache ist hier sehr gründlich vorgenommen worden.

Schlangenbett-Göttin, / ich habe mich oft gefragt,
wie ich seitdem / noch leben soll.
denn ich habe den tapferen Krieger / sehr geliebt,
den Geber der Schwerter, so wie mich selbst.

Schlange = Totengeist; Schlangenbett = Grabschatz in der Grabkammer des Hügelgrabes; Grabkammer-Göttin = Jenseitsgöttin als Wiederzeugungs-Geliebte und Wiedergeburts-Mutter = Freya/Hel
Geber der Schwerter = Fürst = Gunnar

Zusammenfassung

Bei einer Bestattung wurde für den Toten das „Grab-Bier" getrunken. Da Odin im Hügelgrab zusammen mit Gunnlöd bzw. Saga den Met trinkt, ist anzunehmen, daß das Trinken des Grab-Biers als ein gemeinsamer Trank mit dem Toten aufgefaßt worden ist – der Tote trank im Jenseits und die Lebenden im Diesseits.
Ursprünglich wurde dieser Met auch den Toten mitgegeben.

I 6. Der rituelle Trank bei der Hinrichtung

Es gibt nur eine einzige Schilderung eines „letzten Trankes" vor einer Hinrichtung, die jedoch einige mythologische Motive zu enthalten scheint.

I 6. a) Gesta danorum

Hagbard wurde gefangengenommen und vor die Versammlung gebracht und sah, daß die Stimmen der Leute über ihn uneinig waren, denn viele sagten, daß er für eine so große Beleidigung bestraft werden müsse, aber Bilwis, der Bruder von Bolwis fand zusammen mit anderen, daß es eine bessere Entscheidung wäre, seine standhaften Dienste in Anspruch zu nehmen, statt mit ihm gnadenlos zu verfahren.

Da trat Bolwis vor und erklärte, daß es ein übler Rat sei, den König zum Verzeihen zu drängen, wenn er doch Rache nehmen sollte, und seine gerechtfertigte Wut durch unangemessenes Mitgefühl zu erweichen, denn wie könne Sigar in dem Fall dieses Mannes irgendeinen Drang spüren, ihn zu schonen oder zu bemitleiden, da er ihn nicht nur der zweifachen Freude seiner Söhne beraubt habe, sondern zudem auch noch seine Tochter durch deren Entjungferung beleidigt habe?

Der größere Teil der Versammlung stimmte für seine Ansicht und Hagbard wurde verurteilt und ein Galgen aufgerichtet, der ihn empfangen sollte. So kam es, daß der, der zunächst kaum eine ablehnende Stimme gegen sich hatte, schließlich von allgemeiner Härte bestraft wurde.

Kurz danach reichte die Königin ihm einen Kelch, bat ihn, seinen Durst zu löschen, und ärgerte ihn auf diese Weise mit Drohungen: „Nun, unverschämter Hagbard, hat Dich die gesamte Versammlung zum Tode verurteilt. Lösche jetzt Deinen Durst, indem Du Deinen Lippen den Trank aus diesem Horn gibst. Lasse nun Deine Angst fahren und schmecke in dieser letzten Stunde Deines Lebens mit kühnen Lippen den tödlichen Kelch. Wenn Du ihn getrunken hast, wirst Du zu den Behausungen derer in der Tiefe gehen und in den abgesonderten Palast der strengen Dise wandern und Deinen Leib dem Galgen und Deinen Geist der Hel geben."

Da nahm der junge Mann den Kelch an und es wird gesagt, daß er wie folgt geantwortet habe: „Mit dieser Hand, mit der ich Deine beiden Zwillingssöhne getötet habe, ergreife ich mein letztes Schmecken, ja, das Trinken meines letzten Trunks."

Dieser „Todestrank" verursacht nicht den Tod, sondern er ist der Trank, der vor dem Tod getrunken wird – sonst wäre der Galgen nicht nötig.

Zusammenfassung

Auch vor einer Hinrichtung wurde dem Verurteilten ein Kelch mit Met oder Bier gereicht. Anscheinend gewährte man sogar einem Verurteilten den Wiedergeburts-Trank.

In ähnlicher Weise ist vermutlich auch das Verbot, in der Nacht zu töten, entstanden: Man scheint angenommen zu haben, daß Nachts getötete Menschen nicht nach Walhall, sondern in die Hel gelangten.

I 7. Der rituelle Trank bei der Begrüßung im Jenseits

Der Trank, der bei der Bestattung und bei der Hinrichtung getrunken wird, erscheint auch in den Jenseitsvorstellungen als ein Trank, mit dem die Toten in der Unterwelt von einer Walküre empfangen werden. Dieser Trunk entspricht in den Mythen Odins Trinken des Mets bei Gunnlöd im Hügelgrab bzw. bei Saga in der Jenseitshalle.

I 7. a) Wegtam-Lied

Im Wegtam-Lied wird berichtet, daß auch für den toten Baldur im Jenseits ein Becher voll Met bereitsteht – auch tote Götter wurden von Hel bzw. einer Walküre mit einem Horn voll Met begrüßt.

Das „hier" am Anfang des ersten Verses bezieht sich auf den Ort, an dem sich die tote Wala befindet, also auf das Totenreich („Hel").

Wala:
„Hier steht dem Baldur der Becher eingeschenkt,
Der schimmernde Trank, vom Schild bedeckt.
Die Asen alle sind ohne Hoffnung.
Genötigt sprach ich, nun will ich schweigen."

Da auf dem „Becher" ein Schild liegt, wird dieser „Becher" wohl eher ein Kessel sein, da man sonst wohl kaum einen Schild als Deckel benutzten würde.

I 7. b) Runensteine

Die Begrüßung durch eine Walküre o.ä. mit einem Kelch oder Horn voll Met ist auch die übliche Begrüßung eines Toten im Jenseits. Dieses Horn voll Met entspricht sicherlich den drei Gefäßen voll Met, die Odin bei Gunnlöd trank.

Der Begrüßungs-Met im Jenseits

Reiter mit Ring (Draupnir) und Frau mit Horn und drei Hrungnir-Herzen Taengelgerda, Schweden

Reiter auf Sleipnir und Frau mit Horn und zwei Hrungnir-Herzen Taengvide, Schweden

Reiter und Frau mit Horn und zwei Hrungnir-Herzen Stenkyrka, Schweden

Reiter und Frau mit Horn Halla-Bora, Schweden

Trinkszene mit Kessel Gotland, Schweden

I 7. c)   Strophe des Kormak

Auf dem Hochsitz der Helden hätte ich schon bald
zusammen mit Odin aus dem Horn der Götter
getrunken – Laßt es mich den Kriegern sagen! –
wenn Skrymir nicht zu Hilfe geeilt wäre.

„Zu Odin gehen und mit ihm Met trinken" war eine beliebte Umschreibung für „sterben".

I 7. d)   Die Walküre „Aelrun"

Der Name dieser Walküre bedeutet „Bier-Geheimnis" und weist darauf hin, daß die Walküren den Toten im Jenseits das Bier einschenkten.

I 7. e)   Lokasenna

In einigen überlieferten Szenen wird den Gästen zur Begrüßung Met angeboten. Wenn diese Szene jedoch wie in der Lokasenna bei den Göttern oder in einer Saga mit ausgeprägtem mythologischem Hintergrund spielt, ist es manchmal schwer zu entscheiden, ob in dem einzelnen Fall eine Diesseits-Trinksitte in das Jenseits übertragen worden ist oder ob eine Jenseits-Trinksitte zu einem Begrüßungstrunk im Diesseits verflacht ist.

Da es jedoch für beide Möglichkeiten (Trinken im Diesseits und im Jenseits) genügend eindeutige Belege gibt, ist dies jedoch kein Problem.

Im Folgenden sind diese Zweifelsfälle angeführt.

Loki:
„Durstig komm ich, Loptr,
Den langen Weg in diese Halle,
Die Asen zu bitten, mit einen Trunk
Zu schenken ihres süßen Mets."

I 7. f) Skirnir-Lied

Gerda:
"Heil sei Dir vielmehr, Held, und nimm den Eiskelch
Firnen Metes voll.
Ahnte mir doch nie, daß ich einen würde
Vom Stamm der Wanen wählen."

firn = eisgekühlt (Firn = gefrorener Berg-Schnee vom Vorjahr)

I 7. g) Skirnir-Lied

Gerda:
"Bitt ihn einzutreten in unsern Saal
Und den milden Met zu trinken."

I 7. h) Wolfdietrich

Er nahm ihn an die Seite / und hieß ihn mit sich gehn:
In einem Wurzgärtlein / eine Linde sah er stehn.
Sie saßen zueinander / nieder auf das Land;
Das Gezwerg hatt ein kleines / Schlüsselein in seiner Hand.

Auf schloss er ihm die Linde, / das wisset sicherlich:
Da gingen aus der Linde / zwölf Maide wonniglich
Je zwo beieinander / Hand gefügt in Hand;
An ihrem Leibe trugen / sie manch herrliches Gewand.

Die silbernen Kleider / waren reich genug;
Ein gülden Band jedwede / auf dem Haupte trug.
Da sprach das Gezwerge: / "Tugendreicher Held,
Ich will dich schauen lassen / alles was mein Baum enthält."

Er nahm ihn an die Seite / und bat ihn einzugehn:
Da sah er in der Linde / eine Zeder stehn.
Die Zeder in der Linde / trug allgoldnen Schein;
Daraus schenkte man den Herren / beides Morass und Wein.

Ein „Gezwerg" ist ein Zwerg, d.h. ein Totengeist. Das Tor in der Linde ist folglich der Eingang in die Unterwelt – und die Linde der Weltenbaum.

Der Baum (Zeder) in dem Baum des Zwerges (Linde) ist der Weltenbaum „Glasir" („Gleißender") auch in der Edda goldene Blätter/Nadeln trägt.

„Morass" ist ein Getränk aus Maulbeeren und Kirschen.

Der Morass und der Wein entsprechen dem Trunk aus der Quelle des Mimir zwischen den Wurzeln des Weltenbaumes.

I 7. i) Grimnir-Lied

Odin und Frigg saßen auf Hlidskialf und überschauten die Welt.

Da sprach Odin: „Siehst Du Agnar, Deinen Pflegling, wie er in der Höhle mit einem Riesenweibe Kinder zeugt; aber Geirröd, mein Pflegling, ist König und beherrscht sein Land."

Frigg sprach: „Er ist aber solch ein Neidling, daß er seine Gäste quält, weil er fürchtet, es möchten zu viele kommen."

Odin sagte, das sei eine große Lüge; da wetteten die beiden hierüber.

Frigg sandte ihr Schmuckmädchen Fulla zu Geirröd und trug ihr auf, den König zu warnen, daß er sich vor einem Zauberer hüte, der in sein Land gekommen sei, und gab zum Wahrzeichen an, daß kein Hund so böse sei, daß er ihn angreifen möge.

Es war aber eine große Unwahrheit, daß König Geirröd seine Gäste so ungern speise; doch ließ er Hand an den Mann legen, den die Hunde nicht angreifen wollten. Er trug einen blauen Mantel und nannte sich Grimnir, sagte aber nicht mehr von sich, auch wenn man ihn fragte. Der König ließ ihn zur Rede peinigen und setzte ihn zwischen zwei Feuer, und da saß er acht Nächte.

König Geirröd hatte einen Sohn, der zehn Winter alt war und Agnar hieß nach des Königs Bruder. Agnar ging zu Grimnir, gab ihm ein volles Horn zu trinken, und sagte, der König täte übel, daß er ihn schuldlos peinigen ließe. Grimnir trank es aus; da war das Feuer so weit gekommen, daß Grimnirs Mantel brannte.

Das Feuer und die acht Nächte zeigen, daß sich Odin im Jenseits befindet. „Geirröd" ist einer der vielen Namen des Tyr-Riesen. Am Ende des Grimnir-Lied stirbt Tyr-Geirröd durch sein eigenes Schwert – dies ist eine der vielen Schilderungen der Absetzung des ehemaligen Sonnengott-Göttervaters Tyr durch Odin und Tyr.

Da sich Odin im Jenseits befindet, sollte der Trank, den Agnar ihm reicht, der Wiedergeburts-Trank sein.

I 7. j) Sigdrifa-Lied

Sigdrifa ist wie Aelrun eine Walküre.

Sigurd setzte sich nieder und frug nach ihrem Namen. Da nahm sie ein Horn voll Met und gab ihm Minnetrank.

„Heil Dir Tag, Heil euch Tagessöhnen,
Heil Dir Nacht und nährende Erde:
Mit unzornigen Augen schaut auf uns
Und gebt uns Sitzenden Sieg.

Heil euch Asen, Heil euch Asinnen,
Heil Dir, fruchtbares Feld!
Wort und Weisheit gewährt uns edlen zwein
Und immer heilende Hände!"

Möglicherweise wurden diese beiden Strophen vor dem Trinken über dem Kelch gesprochen – aber das ist unsicher. Die beiden Strophen machen auf jeden Fall einen sehr rituellen Eindruck.

„Bier bring ich Dir, Du Baum in der Schlacht,
Mit Macht gemischt und Mannesruhm,
Voll der Lieder und lindernder Sprüche,
Guten Zaubers voll und Freudenrunen."

I 7. k) Skaldskaparmal

Manchmal ist der Übergang von einem rituellen Begrüßungstrunk zu einem Gelage nicht deutlich zu erkennen, wie z.B. in der Hrungnir-Mythe.

In dem folgenden Text ist auch nicht klar, ob es sich um eine Trinksitte aus dem Diesseits oder aus dem Jenseits (Asgard) handelt.

Thor war nach Osten gezogen, Unholde zu töten.

Odin ritt auf Sleipnir gen Jötunheim und kam zu dem Riesen, der Hrungnir hieß. Da fragte Hrungnir, welchen Mann er da sehe mit dem Goldhelm, der Luft und Wasser reite? Er sagte auch, er reite ein sehr gutes Roß.

Da sagte Odin, er wolle sein Haupt verwetten, daß kein so gutes Roß in Jötunheim sei. Hrungnir sagte, jenes Roß möge gut sein; aber sein eigenes Roß, das Gullfaxi heiße, mache viel weitere Sprünge.

Hrungnir wurde zornig, sprang auf sein Roß und setzte Odin nach und gedachte, ihm seine Prahlerei zu lohnen. Odin ritt so schnell, daß er eine gute Strecke voraus war; aber Hrungnir war in so großem Jotenzorn, daß er nicht merkte, als er schon innerhalb der Asenmauer war.

Als er nun an das Tor der Halle kam, luden ihn die Asen zum Trinkgelage. Er trat in die Halle und begehrte einen Trunk. Sie nahmen die beiden Schalen, aus welchen Thor zu trinken pflegte, und Hrungnir leerte sie beide. Und als er trunken wurde, ließ er das Großsprechen nicht; er sagte, er wolle Walhall nehmen und nach Jötunheim bringen, Asgard versenken und alle Götter töten außer Freyja und Sif, die wolle er mit sich heimführen.

Als Freyja ihm darauf einschenkte, drohte er, den Asen all ihr Ael auszutrinken. Als aber die Asen sein Großsprechen verdroß, nannten sie Thors Namen: alsbald kam Thor in die Halle und schwang den Hammer und fragte zornig, wer schuld sei, daß hundweise Jötune da trinken dürften, oder dem Hrungnir erlaubt habe, in Walhall zu sein und warum ihm Freyja einschenke wie bei den Gelagen der Asen?

Da antwortete Hrungnir und sagte, indem er mit unfreundlichen Augen auf Thor blickte, Odin habe ihn zum Trinkgelage gebeten und er sei in dessen Frieden.

Da sagte Thor, der Einladung solle den Hrungnir gereuen, ehe er hinauskomme.

Hrungnir entgegnete, Asathor werde wenig Ehre davon haben, wenn er ihn unbewaffnet töte; mehr Mut verrate er, wenn er es wage, an der Ländergrenze bei Griotunagardar mit ihm zu kämpfen.

Es war große Unklugheit, sagte er, daß ich Schild und Schleifstein daheim ließ. Wenn ich meine Waffen hier hätte, wollten wir gleich einen Holmgang versuchen; da dies aber nicht der Fall ist, so beschuldige ich Dich eines Neidingswerks, so Du mich wehrlos töten willst.

Thor wollte sich der Annahme des Zweikampfes keineswegs entziehen, da er dazu aufgefordert wurde, was ihm nie zuvor begegnet war.

Da der Riese Hrungnir der ehemalige Göttervater Tyr im Jenseits ist, sollte seine Ankunft bei den Göttern eigentlich seiner Ankunft im Jenseits entsprechen, bei der ihm von einer Walküre, d.h. der Jenseitsgöttin der Göttermet entgegengebracht werden sollte. Diese Szene ist offenbar schon zu einer maßlosen Sauferei umgedeutet worden, bei der Tyr-Hrungnir damit droht, den gesamten Met der Götter auszutrinken und die beiden Jenseitsgöttinnen Freya und Sif zu entführen.

Im Grund ist dieses Verhalten nicht viel anders als des des Odin, der im Jenseits drei Nächte mit Gunnlöd verbringt und all ihren Met austrinkt – nur ist das Verhalten des Hrungnir hier als völlig unakzeptabel dargestellt worden. Der Grund dafür wird vor allem die Ablösung des Tyr als Göttervater durch Odin sein, die erforderte, Tyr zu einem Riesen umzudeuten und dann zu unterwerfen bzw. im weiteren Verlauf der Geschichte zu töten.

Zusammenfassung

Die Toten werden im Jenseits von einer Walküre mit einem Horn voll Met empfangen. Baldur wird auf diese Weise von Hel, Skirnir von Gerda und Tyr-Hrungnir von Freya empfangen. Hel, Gerda und Freya entsprechen hier Gunnlöd und Saga, die Odin auf diese Weise empfangen. Da sich bei Odin die Jenseitsreise-Symbolik (Schlangen-Verwandlung) und die Wiedergeburts-Symbolik (Adler-Verwandlung) noch deutlich erhalten hat, wird man davon ausgehen können, daß alle diese Jenseits-Begrüßungs-Trünke ursprünglich eine Wiedergeburts-Symbolik gehabt haben.

Zumindest die Walküre Aelrun ist nah diesem Begrüßungstrunk, der in ihrem Fall aus Bier bestand, benannt worden.

Die Toten gelangen oft hoch zu Roß in das Jenseits, wobei dieses zumindenstens in einem Fall aufgrund seiner acht Beine als Sleipnir erkennbar ist. Der Tote scheint demnach „Odin zu folgen" bzw. dem Odin gleichgesetzt zu werden. Diese Symbolik bestätigt die Annahme, daß der Wiedergeburts-Trunk, den Odin von Gunnlöd erhält und der als Skaldenmet umgedeutet worden ist, derselbe ist, den die Toten von einer Walküre erhalten.

Für diese Auffassung spricht auch, daß sich die Walküren in Schwäne verwandeln konnten, da dieses Motiv dadurch entstanden ist, daß die Jenseitsgöttin als Wiedergeburts-Mutter auch die Gestalt ihrer Seelenvogel-Kinder (Schwäne) annehmen konnte – die Walküren sind somit eine vervielfältigte Form der Jenseitsgöttin. Diese Vervielfältigung hat ihren Ursprung darin, daß die einzelne Jenseitsgöttin schließlich nicht mit allen Toten gleichzeitig nach deren Wiederzeugung bis zu deren Wiedergeburt schwanger sein kann.

In einer Saga scheint ein Zwerg diesen Trank zu besitzen – wie Fjalar und Galar in der Kwasir-Mythe in der Skaldskaparmal.

I 8. Der rituelle Trank – Begrüßung im Diesseits

Es scheint bei den Germanen ein allgemeiner Brauch gewesen zu sein, Gäste mit einem Trank zu begrüßen.

I 8. a) Heimskringla

Das Anbieten von Met scheint generell die Aufgabe von jungen Frauen gewesen zu sein – im Jenseits, aber auch im Diesseits:

So spricht Sigvat:

„Vorwärts, König!, seine Banner wehen:
Vorwärts, König!, sie erheben die Speere!
Vorwärts, eisengekleidete Männer!, erstürmt das Deck,
Rutschig von Blut und bestreut mit Zerschlagenem.
Eine andere Arbeit habt ihr zu verrichten,
wenn ihr seine Banner im Kriegs-Sturm tragt,
als wenn eure schönen Mädchen durch die Halle kreisen
und die vollen Met-Kelche zu uns allen bringen!"

Das Bilden von Gegensätzen wie hier zwischen den Zeilen 1-4 und den Zeilen 5-8 war ein beliebtes Stilmittel der Skalden.

I 8. b) Heimskringla

König Harald wurde einst von seiner späteren Frau Snaefrid mit einem Kelch voll Met begrüßt. Es scheint üblich gewesen zu sein, daß der Gast von der Tochter des Hauses mit dem Met-Kelch begrüßt wurde.

Da stand Snaefris, die Tochter des Svase, ein über die Maßen schönes Mädchen, und sie füllte den Kelch für den König mit Met.

I 8. c) Atli-Lied

Auch in den Helden-Liedern ist die Begrüßung mit einem Met-Trunk üblich.

„Steh nun auf, Fiörnir, laß um die Sitze kreisen
Der Helden Goldhörner durch die Hände der Knechte."

I 8. d) Völsungen-Saga

„Sei hier willkommen!", sagte sie und erhob sich mit diesen Worten und zusammen mit ihr die vier Mägde. Dann brachte sie ihm den Kelch und bat ihn zu trinken. Er streckte seine Hand aus und nahm ihn entgegen.

I 8. e) Beowulf-Epos

Der älteste Bericht über diese germanische Trinksitte findet sich im Beowulf-Epos:

In der Halle nun scholl / der Helden Gelächter,
Manch heit'res Wort. / Da trat Hrodgars Gattin
Wealhtheow ein, / bewußt ihrer Pflichten.
Sie begrüßte die Männer, / die goldgeschmückte,
Die edelgeborne, / und bot zuerst
Dem Fürsten der Dänen / den vollen Becher;
Sie bat ihn, fröhlich / beim Bierfest zu sein,
Den volkbeliebten - / mit Freuden empfing er
Zur Speise den Humpen, / der Spender der Ringe.
Umher dann ging / die Helmingentochter
Und jedem reichte sie, / jungen und alten,
Blinkenden Schmuck, / bis bald sich's fügte,
Daß die hehre Frau, / die hochgesinnte,
Dem Beowulf auch / den Becher darbot.
Sie begrüßte den Fürsten, / und Gott pries sie,
Das weise Weib, / für des Wunsches Erfüllung,
Da mit festem Vertrau'n / sie der Frevel Ahndung
Von dem Helden erhoffte. / Den Humpen nahm er,

Der kampfkühne Mann, / aus der Königin Hand
Und erhob die Stimme, / der Streitbegier'ge.

Spender der Ringe = Fürst, der an sein Gefolge Gold-Armeifen als Belohnung verteilt

---

Zusammenfassung

Das Anbieten eines Trankes zur Begrüßung scheint zumindestens bei Helden u.ä. die Aufgabe einer Walküre, der Königin oder der Königstochter gewesen zu sein. Es sind generell die Frauen, die dem Gast einen Trank anbieten.

I 9. Der rituelle Trank als Morgenmet

Ein derartiger „Frühschoppen" wird nur zweimal erwähnt – was jedoch nicht bedeutet, daß dies unüblich gewesen wäre. Vielleicht erachteten die Skalden dies nur nicht für besonders erwähnenswert …

I 9. a) Beowulf-Epos

/ Kühn geht dann wieder
Zum Met, wer will, / wenn das Morgenlicht
Den Kindern der Menschen / am kommenden Tage,
Die Sonne im Glanzkleid, / von Süden scheint.

I 9. b) Die Saga über Thorstein Haus-Macht

Auch in dieser Saga wird über einen „Morgentrunk" berichtet:

Sie standen früh am Morgen auf und kleideten sich an. Da kam König Geirröd zu ihnen und gebot ihnen, auf seine Gesundheit zu trinken.
Sie tranken zunächst aus den Hviting-Hörnern: erst den Erinnerungs-Kelch und dann den Trank zu Ehren von Thor und Odin.

Der „Erinnerungs-Kelch" war ein Trunk aus einem Gefäß (Kelch, Horn), den man zu Ehren der Verstorbenen (Ahnenkult) oder auch zur Herstellung oder Erneuerung der Verbindung zwischen den Lebenden (z.B. Sigurd und Sigdrifa) trank.
Dieser Trank war ein Ausdruck der Verbundenheit zwischen den an der Trinkrunde beteiligten Menschen sowie denen, die tot waren oder in der Ferne weilten und die man in dieses Trinken mit einbezog.
Die Reihenfolge ist meistens erst der „Gemeinschaftstrank" zwischen den Menschen und dann der Trank, der die Menschen mit den Götter verband.

Zusammenfassung

Möglicherweise begannen die germanischen Krieger den Tag mit einem Horn Met oder Bier – schon Tacitus berichtet über die ausgeprägte Neigung der Germanen zum Bier-Trinken.

I 10.   Der rituelle Trank bei den Opferfesten

Der Ritual-Trunk ist auch ein wesentliches Element der Opferfeste gewesen.

I 10. a)   Die Saga über die Siedler von Eyre

Im nächsten Herbst gab Snorri der Priester in der Winternacht (Winteranfang, ca. 21. 9.) ein großes Herbstfest und lud all seine Freunde dazu ein. Dort tranken sie Bier und die Leute tranken schnell und waren sehr fröhlich.

I 10. b)   Heimskringla

Wie die hier beschriebene Szene zeigt, wurde der Met zumindestens in Ritualen vor dem Trinken geweiht.

In der nächsten Erntezeit auf den Winter zu gab es in Hlader ein Opferfest, zu dem König Olaf Tryggvason kam. Es ist stets seine Gewohnheit gewesen, daß er, wenn er bei einem Ort zugegen war, an dem ein Opferfest stattfand, seine Mahlzeiten alleine oder mit nur wenigen seiner Männer in einem kleinen Haus einzunehmen, aber seine Lehnsmänner murrten darüber, daß er sich bei diesem freudigsten aller Treffen der Leute nicht auf seinen Hochsitz setzte.

König Olaf vermied seine Teilnahme an diesen Festen, weil er zum Christentum übergetreten war.

Der Jarl (Graf) sagte, daß der Könige dies doch diesmal tun sollte und der König setzte sich auf seinen Hochsitz.
Als nun der erste Kelch gefüllt wurde, sprach Jarl Sigurd einige Worte über ihm, segnete ihn in Odins Namen und trank aus dem Horn. Dann nahm der König das Horn und machte das Zeichen des Kreuzes über ihm.
Da sagte Kar von Gryting: „Warum macht der König das? Will er nicht opfern?"
Jarl Sigurd erwiderte: „Der König macht das, was ihr alle macht, die ihr eurer Kraft und Stärke vertraut. Er segnet den gefüllten Kelch im Namen des Thor, indem er das Zeichen des Hammers über ihm macht, bevor er davon trinkt."
Über diese Begebenheit wurde bis zum Abend geschwiegen.

Jarl Sigurd ist offensichtlich bemüht, einen Konflikt zwischen dem christlichen König und seinen heidnischen Verbündeten zu vermeiden.

Anscheinend hat es den Brauch gegeben, über dem Kelch auch das Zeichen des Thor-Hammers in der Luft zu ziehen, da Kar von Gryting mit dieser Antwort anscheinend zufrieden war – das Kreuz-Zeichen der Christen konnte mit einigem guten Willen als das Hammer-Zeichen des Thor durchgehen …

Es scheint eine relativ große Gestaltungsfreiheit beim Segnen des Mets in dem Kelch und den dabei benutzten Worten und Gesten gegeben zu haben – sonst hätte Kar und Sigurd kaum in dieser Weise über die Geste des Königs Olaf reden können.

Am nächsten Tag, als sich die Leute an die Tafel setzten, drängten die Lehnsleute den König sehr, von dem Pferdefleisch zu essen und als er dies unter keinen Umständen tun wollte, drängten sie ihn, zumindestens von der Suppe zu essen. Als er auch dies verweigerte, bestanden sie darauf, daß er zumindestens von der Bratensoße nahm und daß sie anderenfalls Hand an ihn legen würden.

Jarl Sigurd kam und stellte wieder Frieden zwischen ihnen her, indem er den König bat, seinen Mund über den Griff des Kessels zu halten, auf dem sich der fette Dampf des gekochten Pferdefleisches abgesetzt hatte. Der König ließ jedoch zunächst ein frisches Leinentuch über den Griff legen und öffnete dann seinen Mund über ihm und kehrte dann auf seinen Hochsitz zurück – aber keine der beiden Parteien war damit zufrieden.

I 10. c)   Die Saga über Hakon den Guten

Das Trinken von Met ist nicht nur bei Bestattungen üblich gewesen, sondern auch bei anderen Festen.

Sigurd, der Jarl von Hlader, war einer der größten Männer, was die Opferungen angeht, und so war auch sein Vater Hakon gewesen. Und Sigurd leitete im Auftrag der Könige alle Opferfeste in der Grafschaft Throndheim.

Es war ein alter Brauch, daß dann, wenn ein Opfer anstand, alle, die zur Grafschaft gehörten, zu dem Ort kamen, an dem der Tempel stand und alles mitbrachten, was sie benötigten, solange das Opferfest dauerte.

Zu diesem Fest brachten die Männer Bier mit; und alle Arten von Vieh und auch Pferde wurden geschlachtet und das ganze Blut, das von ihnen kam, wurde „Hlaut" genannt, und die Gefäße, in denen es gesammelt wurde, nannte man „Hlaut-Bolli". Es wurden „Hlaut-Stäbe" angefertigt, wie Bürsten zum Versprenkeln, und mit ihnen wurden die Altäre und die Tempelwände sowohl innen als auch außen mit Blut besprenkelt und auch die Menschen selber wurden mit Blut besprenkelt; das Fleisch wurde jedoch zu schmackhafter Speise für die, die bei dem Fest waren, gekocht.

Das Feuer war in der Mitte des Tempels und über ihm hingen die Kessel und die vollen Kelche wurden über das Feuer hinübergereicht; und der, der ein Fest ausrichtete und der Leiter war, der segnete die gefüllte Kelche und die Opfer.

Und als erstes wurde Odins Kelch für den Sieg und die Macht des Königs geleert; danach Njörds und Freyas Kelche für Frieden und ein ertragreiches Jahr. Danach war es bei vielen üblich, den „Braga-Full" zu leeren; und dann leerten die Gäste einen Kelch im Gedenken an verstorbene Freunde – dies nannte man den Erinnerungs-Kelch.

Kormak Ogmundson singt darüber in seinem Lied über Sigurd:

„Den Gast, der den Großzügigen besuchte,
mangelte es nie an Kelch oder Teller –
Sigurd den Großzügige, der seine Ahnen
bis zu dem Geschlecht der Riesen zurückverfolgen konnte.
Denn Sigurds Hand ist reich gefüllt und freigiebig –
er ist der Wächter des Tempels.
Er liebt die Götter und seine großzügige Hand
verteilt die Ernte seines Schwertes im ganzen Land."

Das Wort „Hlaut" war die Bezeichnung für das Blut der Opfertiere. Dieses Wort stammt von germanisch „hlautaz" ab, das „Zeichen, Orakelspruch, Urteil, Schicksal" bedeutete.

Die indogermanische Wurzel „hleudh" dieses Wortes bedeutet primär „wachsen, gedeihen" und davon abgeleitet auch „Leute, Freie (Menschen), Kinder".

Ein „Hlaut" sollte daher etwas sein, was „für die Leute" ist – eben die durch das Blut auf die Menschen übertragene Lebenskraft der Opfertiere. Und ein „Hlaut" ist offenbar auch etwas, das ein Zeichen der Götter ist oder ein Zeichen der Götter übermitteln kann – am bekanntesten ist in diesem Zusammenhang das Orakel der Eingeweideschau der Opfertiere.

Bei den Indogermanen bedeutete der Begriff, der bei im Altnordischen schließlich zu „Hlaut" wurde, noch die Gemeinschaft der freien Menschen, die sich u.a. zu Ritualen trafen. Bei den Germanen wurde dieser Begriff zu einer Bezeichnung des Opferrituales, das mit Orakeln und Urteilen in Streitfällen verbunden war. Im Altnordischen wurde „Hlaut" schließlich zu einer Bezeichnung für das Opferblut. Wie das Wort „Leute" zeigt, ist die ursprüngliche indogermanische Bedeutung aber immer erhalten geblieben. Somit wird „Hlaut" auch im Altnordischen die folgende

Gesamtbedeutung gehabt haben: „Opferblut bei dem Ritual, an dem sich alle Freien treffen und mit diesem Blut geweiht werden und bei dem auch Orakel verkündet und Recht gesprochen wird".

Es gab zwei wichtige mit „Hlaut" zusammengesetzte Fachbegriffe bei den Opferungen: den „Hlaut-bolli" (Opfer-Kessel, in dem das Blut gesammelt wird) und den „Hlaut-vidr" („Pinsel"-Stab, mit dem man das Blut versprenkelte).

Der „Bragafull" ist ein Kelch mit Bier oder Met, vor dessen Trinken Eide abgelegt wurden. Das Wort „Braga" wird sicherlich mit Bragi, dem Gott der Dichtkunst assoziiert worden sein. Es leitet sich jedoch nicht von dem Dichtergott ab, sondern von dem germanischen Wort „bragna", das „Gehirn, Schädel" bedeutet.

Da es bis in das frühe Mittelalter hinein den weitverbreiteten Brauch gab, aus den Schädelschalen von Verstorbenen zu trinken, um deren Segen zu erhalten, wird der Bragaful ursprünglich das Trinken aus solchen Schädelschalen gewesen sein. Diesen Brauch, der sich bis in die Altsteinzeit zurückverfolgen läßt, gab es auch in der christlichen Kirche, in der die Schädelschalen etlicher Heiliger dazu benutzt wurden, um deren Segen zu erhalten.

Später wurde diese Sitte dann zunehmend abgelehnt und in den Sagen als Rachemotiv gedeutet – wie z.B. die beiden von Wieland dem Schmied (Tyr) angefertigten Schädelschalen aus den Köpfen der beiden Söhne des Königs Nidud (Loki). Für den König war es jedoch völlig unverdächtig und normal, von Wieland zwei in Silber gefaßte Schädelschalen zu erhalten.

Das Ablegen von Eiden beim Trinken aus dem Braga, also aus den Schädelschalen ist insofern plausibel, als das man dadurch für das, was man zu tun schwor, die Unterstützung des Ahnen erhielt, aus dessen Schädel man dabei trank.

Der „Erinnerungs-Kelch" könnte eine verflachte Variante des Kontaktes zu diesen Toten durch das Wiederholen des Met-Trinkens wie bei der Bestattung gewesen sein könnte.

I 10. d) Egil-Saga

Im Frühjahr wurde ein großes Opferfest für den Sommer in Gaular beschlossen. Dort war der bekannteste der Haupttempel. Dorthin zogen alle in Scharen von den Bergen und den Fjorden und von Sogn und fast alle großen Männer kamen. Auch König Erik zog dorthin.

Da sprach Königin Gunnhilda zu ihren Brüdern: „Ich will, daß ihr beide die Dinge so lenkt, daß ihr einen der beiden Söhne des Skallagrim oder am besten beide tötet."

Sie sagten, daß dies geschehen solle.

Herr Thorir machte sich bereit um dorthin zu gehen. Er rief Arinbjörn zu sich, um mit ihm zu sprechen. „Ich gehe nun," sagte er, „zu dem Opferfest, aber Egil soll nicht dorthin gehen. Ich kenne die Künste der Gunnhilda, den Jähzorn des Egil, die Macht des Königs – es wäre nicht leicht, sie alle gleichzeitig im Auge zu behalten. Aber Egil wird sich nicht zurückhalten lassen, wenn Du nicht auch hier bleibst. Thorolf und seine Gefährten sollen mit mir gehen und Thorolf soll für seinen Bruder genauso wie für sich selber opfern und für Glück beten."

Daraufhin ging Arinbjorn zu Egil und sagte ihm, daß er zuhause bleiben solle, „und ich werde hier bei Dir bleiben," sagte er.

Egil stimmte zu, daß es so sein solle.

Aber Thoirir und die anderen gingen zu dem Opferfest und dort waren sehr viele Leute und es wurde viel getrunken. Thorolf ging dorthin, wo auch immer Thorir hinging und sie trennten sich weder am Tage noch in der Nacht.

Eyvind sagte Gunnhilda, daß er keine Gelegenheit finden könne, an Thorolf heranzukommen. Sie befahl ihm, lieber einen von Thorolfs Männer zu töten als gar nichts zu erreichen.

Eines Abends, als der König und auch Thorir und Thorolf bereits zur Nachtruhe gegangen waren, aber Thorfid und Thorvald noch wach da saßen, sahen sie, daß die Brüder Eyvind und Alf kamen und sich zu ihnen setzten und sehr fröhlich waren. Zunächst tranken sie als eine Trinkgemeinschaft, aber dann beschlossen sie, daß jeder ein halbes Horn trinken sollte – Eyvind und Thorvald als Paar zusammen und Alf und Thorfid.

Als der Abend vorgerückt war, kam es zu ungleichem Trinken, dann folgten Wortstreite, dann beleidigende Worte. Da sprang Eyvind auf, zog sein Schwert und stieß es in Thorvald und fügte ihm eine Wunde zu, die sein Tod war. Da sprangen auf der einen Seite des Königs Männer und auf der anderen Thorirs Haus-Genossen auf. Aber alle Männer waren ohne Waffen, da es ein heiliger Ort war. Andere Männer gingen dazwischen und trennten die, die am wütendsten waren. Mehr geschah nicht an diesem Abend.

Eyvind hatte einen Mann auf heiligem Boden getötet; deshalb wurde er verbannt und mußte sofort das Land verlassen. Der König bot ein Wergeld für den Mann an, aber Thorolf und Thorfid sagten, daß sie noch nie ein Wergeld angenommen hatten und auch dies nicht nehmen würden.

Damit trennten sie sich. Thorir und seine Gefährten gingen heim.

König Erik und Gunnhilda sandten Eyvind nach Süden zu König Harald Gormson, da er nicht mehr auf norwegischer Erde bleiben durfte. Der König empfing ihn und seine Gefährten gut: Eyvind kam in einem großen Kriegsschiff nach Dänemark. Er ernannte Eyvind zu seinem Küstenwächter gegen die Seeräuber, denn Eyvind war ein sehr guter Krieger.

Zusammenfassung

Bei Opferfesten wurde Met getrunken, der zuvor geweiht wurde, was zeigt, daß dieser Met eine rituelle Funktion gehabt hat.

I 11.   Der rituelle Trank bei den Feste

Oft ist in den Texten nur von einem „Fest" die Rede und es läßt sich nicht sicher sagen, ob ein Opferfest gemeint ist oder nicht.

I 11. a)   Die Saga über Fridthjof den Kühnen

In den folgenden Versen scheint das gemeinsame Trinken keinen speziellen Anlaß zu haben:

Doch als sie nach Norwegen kamen, erfuhren sie, daß ihr Gehöft verbrannt worden war und als Fridthjof nach Framness kam, sprach er:

„Ihr standhaften Gefährten,
früher tranken wir zusammen
in Framness
zusammen mit meinem Vater.
Nun sehe ich,
daß genau dieses Gehöft verbrannt wurde;
Diese Tat muß ich
dem König vergelten!"

I 11. b)   Die Lachstal-Saga

Auch hier dient das Trinken einfach dem allgemeinen Vergnügen:

Danach erhob sich Unn und ging zu ihrer Kammer, in der sie immer schlief und bat alle, sich zu ihrem Vergnügen das zu nehmen, was sie am liebsten hätten, und daß das Bier das Vergnügen aller Leute sein solle.

I 11. c)   Hattatal

Insbesondere im dunklen Winter, wenn die Germanen im hohen Norden die meisten Zeit in ihren Höfen verbrachten, war das gemeinsame Trinken wichtig:

Die Hand läßt ihn los, den grauen
Rudergriff, denn Winter folgt auf Sommer,
und die Schiffe auf dem Meer bei Lista
nehmen eine lange Rast von ihren Fahrten.
Beim Bier vergeht die Unruhe der Leute,
sie lassen das Schiff in der aufrechten Halle:
nun ruft der Kelch, dies Geschenk aus Gold,
der Kreisende, der Gefüllte – in der Ruhezeit.

I 11. d)   Hattatal

Die Schiffsbesatzung erfreut sich des Hornes,
des Hornes See wird nur selten trocken;
der Met vertreibt das Leid der Leute,
der Fürst der Schiffe schenkt dies.
Der Volks-Lenker gibt als Erster,
der kühn-herzige, alte Baum,
der, der den Schild hält gegen die Pfeile,
der Fürst, den alten Honig.

See des Hornes = Bier, Met
Volks-Lenker = Fürst, König
Baum = Mann
alter Honig = vergorener Honig = Met

I 11. e)   Egil-Saga

Es gab auch spezielle Anlässe für das gemeinsame Trinken wie z.B. ein Abschiedsfest:

Eines Tages nach Sonnenuntergang kamen sie nach Sandness und sahen dort gegenüber dem Hof ein Langschiff mit aufgespanntem Zelt liegen, das sie als Thorolfs Schiff erkannten.

Gerade zu dieser Zeit bereitete er sich auf seine Abreise vor und hatte befohlen, das Bier für ihr Abschieds-Fest zu brauen.

Der König befahl seinen Männern, das Schiff zu verlassen und seine Standarte aufzurichten. Es war nur ein kurzer Weg bis zu den Hof-Gebäuden.

Thorolfs Wachleute saßen drinnen und tranken mit und niemand war auf seinem Posten – keine einziger Mann war draußen und alle saßen drinnen und tranken.

Der König ließ seine Männer die Halle im Kreis umstellen. Dann ließen sie ein großes Kriegsgeschrei ertönen und auf des Königs Horn wurde ein Kriegssignal geblasen.

I 11. f) Strophe des Sigurdr

Der Hausherr sorgte für das Wohlergehen seiner Gäste:

Es war eine gute Zeit in der Halle,
als wir tranken, fröhlich,
und der froh-herzige Sohn des Herrschers
zwischen den Bänken entlangging.
Es gab keinen Mangel an Lachen
bei dem fröhlichen Trinken;
Gefolgsmann erfreute Gefolgsmann
– dort und überall.

I 11. g) Heimskringla

Die Wikinger nahmen selbst auf ihren weiten Fahrten Met mit:

Danach wandte sich Thorer ab und ging an Bord seines Schiffes. Fin folgte ihm mit vielen anderen und ging durch das ganze Schiff und öffnete alle Luken.

Am Mast sahen sie zwei sehr große Fässer und Fin frug: „Was enthalten diese Fässer?"

Thorer antwortete: „Das ist mein Met."

Fin sprach: „Warum gibst Du uns nichts davon ab, wenn Du doch so viel Met hast?"

Thorer befahl seinen Männern, einen Krug voll Met aus den Fässern zu nehmen. So erhielten Fin und seine Männer Met von der feinsten Qualität.

Zusammenfassung

Es scheint keinen großen Anlaß dafür gebraucht zu haben, daß sich die Germanen zusammengesetzt und getrunken haben. Daher konnte ein solches gemeinsames Trinken z.B. auch bei Abschieden nicht fehlen.

I 12.   Der rituelle Trank bei der Krönung

Ein spezielles Trinkritual, das sich recht lange hat halten können, ist der Krönungs-Trunk, der sozusagen die königliche Variante des allgemeinen Brauches des „Trankes beim Antreten der Erbschaft des Vaters" gewesen ist.

I 12. a)   Gisli-Saga

Vesteins Erbschafts-Bier wurde gebraut und getrunken und danach kehrten alle Männer zurück auf ihre eigenen Höfe.

I 12. b)   Gisli-Saga

Zum Erbschafts-Antritt gehört neben dem Trank auch das Geben von Geschenken:

Da wurde Thorgrims Erbschafts-Bier gebraut und getrunken und Bork gab vielen seiner Freunde gute Geschenke.

I 12. c)   Die Saga über Thorsteinn Hausmacht

Der Met-Trank ist ein fester Bestandteil der Krönungs-Zeremonie:

Godmund saß auf einer Stufe vor dem Hochsitz gegenüber dem König, denn es war üblich, daß sich der Sohn des Königs nicht auf den Hochstuhl setzte bevor er den Titel seines Vaters übernommen und für ihn den Met getrunken hatte.
Es begann ein schönes Fest und die Männer tranken und waren fröhlich und gingen dann schlafen. Als jedoch Godmund zu seiner Halle kam, zeigte sich Thorstein wieder. Sie lachten über ihn und Godmund berichtete seinen Männern, wer er war und sagte ihnen, daß sie nicht über ihn lachen sollten. Dann schliefen sie die Nacht über.

„Thorsteinn zeigte sich" bedeutet, daß er wieder sichtbar wurde – er hatte sich vor der Ankunft in der Stadt des Geirröd mithilfe seines magischen Steines unsichtbar gemacht.

Als es Morgen wurde, standen sie zeitig auf. Godmud wurde zu der Halle des Königs geleitet. Der König grüßte ihn freundlich.

„Nun würden wir gerne wissen," sprach der König, „ob Du mir dieselbe Ehrerbietung zeigen willst wie Dein Vater – dann werde ich Deine Titel noch vermehren. Du wirst Reisen-Land behalten, wenn Du mir einen Eid schwörst."

Godmund antwortete: „Es ist nicht rechtens, von einem so jungen Mann wie mir einen Eid zu verlangen."

„So sei es," sagte der König.

Da nahm der König einen samtenen Kittel und streifte ihn Godmund über und gab ihm den Titel eines Königs. Dann nahm er ein großes Horn und trank für Godmund. Anschließend nahm dieser das Horn und dankte dem König. Dann erhob sich Godmund und stieg auf das Fußbrett vor dem Sitz des Königs und schwur feierlich, daß er niemals einem anderen König dienen oder ihm Gehorsam zollen würde, solange Geirröd lebte.

Dieser Eid scheint dem Wortwechsel zwischen Godmund und Geirröd direkt zuvor zu widersprechen. Dieser Eid scheint sich jedoch formal von dem üblichen Eid zu unterscheiden, wie die Antwort des Geirröd zeigt:

Der König dankte ihm und sagte, daß ihm dies mehr wert scheine als wenn er einen Eid geschworen hätte. Da trank Godmund aus dem Horn und setzte sich auf den Hochstuhl.
Die Männer waren glücklich und fröhlich.

I 12. d)   König Olaf der Ruhmreiche

Bei solchen Festen wie diesem war es üblich, daß der Hochsitz, also der Thron des Mannes, dem die Gäste später Ehre bezeugen sollten, leer bleiben sollte bis der Erinnerungs-Trank an den Verstorbenen getrunken und der Mächtigste unter den Nachkommen des Verstorbenen auserwählt worden war.

Entsprechend dieses Brauches erhob sich König Sweyn und trank das Erinnerungs-Horn für seinen Vater. Dann setzte er sich auf den Hochsitz nieder und nahm dadurch seine Erbschaft in Besitz.

Das Horn wurde gefüllt und nacheinander von jedem Mann bis zum letzten Tropfen geleert.

I 12. e) Ynglinga-Saga

Das Met-Trinken bei der „Krönung" stammt vermutlich daher, daß die Krönungen ursprünglich im Wesentlichen eine Reise in das Jenseits zu dem Göttervater gewesen sind und daher auch die Begrüßung mit einem Horn voll Met enthielten – so wie auch die Toten im Jenseits mit einem Horn voll Met begrüßt wurden.

Es war zu jener Brauch, daß derjenige unter den Königs- oder Jarls-Söhnen, der ein Erbschafts-Fest gab, auf dem Fußschemel vor dem Hochsitz saß bis der gefüllte Kelch, den man den „Bragafull" nannte, hereingebracht wurde.
Dann stand er auf, nahm den Bragafull, sprach feierliche Gelübde, die er anschließend erfüllte, und leerte daraufhin den Kelch.
Dann stieg er auf den Hochsitz, den er von seinem Vater ererbt hatte, und trat so das ganze Erbe seines Vaters an.
Auch bei dieser Gelegenheit hielt man es auf diese Weise. Als der Bragafull hereingebracht wurde, erhob sich König Ingjald, ergriff das große Horn eines Stieres und legte den Eid ab, daß er sein Reich nach allen vier Ecken der Welt um die Hälfte vergrößern oder sterben werde. Und dabei wies er mit dem Horn in alle vier Himmelsrichtungen.

I 12. f) Die Saga über König Olaf Tryggvas-Sohn

Die Sitte des Erbschafts-Trankes bei der Krönung wurde auch nach der Christianisierung noch eine Weile beibehalten.

Da König Svein die Erbschaft seines Vaters Harald antreten wollte, veranstalte er nun ein großes Bestattungs-Fest, zu dem er alle Jarle seines Königreiches einlud.
Nicht lange zuvor war Harald der Störrische von Skani gestorben und ebenso Veseti von Borgundarholm, der der Vater von Bui und Sigurd war. Daher sandte der König eine Botschaft zu den Jomsborg-Wikingern und bat Jarl Sigvald und Bui und ihre Brüder, zu kommen und ihr Erbschafts-Bier auf dem Fest des Königs, das er nun ausrichten wollte, zu trinken und ihre Erbschafts-Antritt dadurch zu besiegeln, daß sie das Grab-Bier in Erinnerung an ihre Väter tranken.
Daher zogen die Jomsborg-Wikinger mit all ihren kräftigsten Männern zu diesem Fest – vierzig Schiffe kamen von Wendtland und zwanzig von Skani.
Eine große Zahl von Männern hatte sich dort zu dem Fest versammelt.
Am ersten Tag des Festes trank König Svein den Erinnerungs-Kelch für seinen Vater, bevor er sich auf dessen Hochsitz setzte, und schwor, daß er, bevor drei Monate

vergangen seien, mit seinem Heer nach England ziehen und König Ethelred töten oder ihn aus dem Land vertreiben werde.

Nun waren alle, die auf dem Fest waren, verpflichtet, das Erinnerungs-Horn zu trinken. Für die Jomsborg-Wikinger wurden die größten Hörner mit dem stärksten Bier gefüllt.

Nachdem diese Erinnerungs-Hörner bis zur Neige leergetrunken worden waren, mußten alle Männer das Erinnerungs-Horn für Christus trinken. Und stets wurden den Jomsburg-Wikingern die am vollsten eingeschenkten Hörnern mit dem stärksten Bier gebracht.

Das dritte Horn wurde von allen für St. Michael getrunken.

Danach trank Sigvaldi in Erinnerung an seinen Vater und legte den Eid ab, daß er, bevor drei Winter vergangen waren, nach Norwegen ziehen und König Eirik töten oder aus dem Land vertreiben werde.

Danach schwor sein Bruder Thorkel der Lange, daß er mit Sigvald ziehen werde und keine Schlacht scheuen werde, solange Sigvald dort kämpfte.

Und Bui der Stämmige sagte, daß er mit ihnen nach Norwegen ziehen werde und in der Schlacht nicht vor Jarl Hakon fliehen werde.

Dann schwor Vagn Eirik-Sohn, daß er sie begleiten und nicht zurückkehren werde, bevor er nicht Thorkel Leira getötet und mit dessen Tochter Ingibiorg im Bett gelegen habe.

Viele weitere Anführer legten Eide zu den verschiedensten Dingen ab und alle Männer tranken zusammen das Erbschafts-Bier.

Als der Morgen gekommen war und die Jomsborg-Wikinger so lange geschlafen hatten wie sie wollten, fanden sie, daß sie große Worte gesagt hätten und berieten gemeinsam, wie und wann sie ihre Fahrt fortsetzen sollten und vereinbarten, ihre Schiffe und Männer so bald wie möglich aufbruchbereit zu haben.

Die Nachricht über diese Angelegenheit verbreitete sich weit und breit in den Landen.

Zusammenfassung

Wenn ein Bauer, Jarl oder König gestorben war, ließ dessen Nachfolger Bier brauen und lud seine Freunde, Bauern oder Jarle ein, also diejenigen, die dem Verstorbenen verpflichtet oder verbunden gewesen waren.

Der Nachfolger setzte sich nach dem Tod seines Vaters nicht auf dessen Hochsitz („Thron"), sondern auf den Fußschemel vor diesem Thron.

Bei dem Fest ergreift der Erbe das Horn mit dem „Erinnerungs-Bier", das auch „Bragafull", „Erbschafts-Bier" oder „Grab-Bier" genannt wurde.

Mit dem gefüllten Horn in der Hand legte der Nachfolger einen oder mehrere Eide zu dem ab, was er nun tun werde – z.B. Rache für den gewaltsamen Tod seines Vaters nehmen oder sein Reich erweitern.

Bei dem Ablegen dieses Eides führte er evtl. passende Gesten durch wie z.B. das Halten des Horns in die vier Himmelsrichtungen, wenn er das Reich in alle vier Richtungen ausdehnen wollte. Möglicherweise gehörte diese archaische Geste auch generell zu der Inbesitznahme des ererbten Landes.

Dann trank der Erbe das Bier aus dem Kelch und setzte sich auf den Hochsitz seines Vaters. Durch das Niedersetzen hatte er nun die Erbschaft angetreten.

Hinter dem Hochsitz standen zwei Säulen, die manchmal auch Teil der Rückenlehne waren. Sie heißen „Öndvegissula", d.h. „Seelenweg-Säulen". Sie waren das Jenseitstor, durch das der Segen der Ahnen zu dem, der auf diesem Hochsitz saß, kam. Der wichtigste dieser Ahnen war natürlich der Vater des Erben, der nun symbolisch hinter einem Sohn in diesem Jenseitstor stand. Der Erinnerungs-Trank verband den Erben mit seinem Vater und stellte den Sohn unter den Schutz des Vaters.

Als nächstes bezeugten dann die Anwesenden ihre Treue ihrem neuen Herrn und legten evtl. ebenfalls Eide ab. Dabei mußte jeder der Anwesenden das Horn bis zur Neige leeren.

Als nächstes wurde für die Asen (in späterer Zeit für Christus und St. Michael) getrunken. Ob dieser Trank immer dazu gehörte, ist ungewiß, da er nur einmal erwähnt wird, aber es wäre durchaus plausibel, wenn sich der Erbe auch unter den Schutz der Götter stellen würde. Zumindest bei den Königen, die ihre Stammbäume bis auf Tyr, Odin oder Yngvi-Freyr zurückgeführt haben, läge ein Trank an diese Götter in der Logik dieser Weltsicht.

Schließlich verteilte der Erbe evtl. noch Geschenke an seine Gäste.

I 13. Der rituelle Trank, der den Göttern geweiht ist

In dem letzten Text des vorigen Kapitels wird nach dem Erbschafts-Bier auch je ein Horn für Christus und für den Erzengel Michael geleert. Dies ist eine Übertragung eines germanischen Brauches in die christliche Religion gewesen, wie die folgenden Texte zeigen.

I 13. a) Heimskringla

In dem Kapitel „Über die Opferungen der Throndheim-Leute" wird berichtet, daß sie im Herbst ein Fest feierten, an dem den Asen Pferde geopfert wurden. Bei diesem Fest wurde auch ein gefülltes Trinkhorn den Asen geweiht und anschließend geleert.

Im Herbst wurde König Olaf die Nachricht zugetragen, daß die Bauern ein großes Fest am Abend des ersten Wintertages (Winteranfang, ca. 21.12.) *gefeiert hatten, zu dem viele Menschen gekommen waren und an dem viel getrunken worden war. Und es wurde dem König berichtet, daß all die Erinnerungs-Hörner an die Asen, also die alten Götter nach der alten heidnischen Weise gesegnet worden waren. Und es wurde noch hinzugefügt, daß Pferde geschlachtet und die Altäre mit ihrem Blut besprenkelt und die Opfer von den Gebeten begleitet worden waren, die man sprach, um eine gute Ernte zu erhalten.*
Es wurde außerdem berichtet, daß alle Männer der Meinung waren, daß die Götter dadurch beleidigt worden waren, daß die Halogaland-Leute zu Christen geworden waren.
Als der König diese Nachrichten hörte, sandte er Männer in das Throndheim-Land und befahl, daß mehrere Bauern, deren Namen er seinen Boten sagte, vor ihm erscheinen sollten.
Damals lebte ein Mann, der Olver von Eggja genannt wurde – er wurde so nach dem Hof, auf dem er lebte, genannt. Er hatte große Macht, stammte aus einer großen Familie und war der Anführer der Bauern, die auf das Geheiß des Königs vor diesem erscheinen mußten.
Nun, als sie vor den König traten, hielt er ihnen diese Anklagen vor, denen Olver im Namen der Bauern erwiderte, daß sie kein anderes Fest als das Herbstfest mit ihren üblichen Veranstaltungen gefeiert hätten – ein geselliges Beisammensein und freundschaftliche Trinkfeste.
„Doch was immer Dir auch über die Worte, die von uns Throndheim-Leuten gesprochen sein mögen, berichtet worden sein mag – nun, verständige Männer würden

sorgsam darauf achten, solche Dinge nicht zu sagen. Aber ich kann betrunkene Leute nicht daran hindern, närrische Dinge zu reden ..."

Olver war ein Mann mit geschickter Rede und kühn in dem, was er sagte, und er verteidigte die Bauern gegen solche Anschuldigungen.

Am Ende sagte der König, daß die Leute im Inneren von Throndheim selber bezeugen müßten, daß sie wirklich in dem richtigen Glauben waren.

Die Bauern kehrten wieder heim und brachen auf, sobald sie alles vorbereitet hatten.

I 13. b) Gesta danorum

Als Odin sich zurückgezogen hatte, wurde ein gewisser Mit-Othin, der berühmt für seine Zauberkunststücke war, dazu angetrieben, die Gelegenheit zu ergreifen, vorzugeben, ein Gott zu sein – als ob er durch eine Inspiration von hoch oben dazu angeregt worden wäre. Er hüllte den Geist der Barbaren in neue Dunkelheit und verleitete sie durch seine Zauberkunststücke dazu, seinen Namen als heilig zu verehren.

Er sagte, daß der Zorn der Götter niemals befriedigt werden könne und ihre Wut niemals durch unterschiedliche und wahllose Opferungen beendet werden könne und verbot ihnen daher alle Gebete und gebot daher jedem von denen dort oben sein besonderes Trank-Opfer.

Doch als Odin zurückkehrte, ließ er alle Zauberkunststücke fahren und zog nach Finnland, um sich dort zu verstecken. Dort wurde er von den Einwohnern angegriffen und getötet.

Doch selbst in seinem Tod manifestierten sich seine Abscheulichkeiten, denn jene, die seinem Hügelgrab zu nahe kamen, wurden von einem plötzlichen Tod ergriffen. Nach seinem Tod verbreitete er solch ein Unheil, daß er in seinem Tod eine noch schmutzigere Spur zu hinterlassen schien als in seinem Leben – es war, als ob er von den Schuldigen ein Wergeld für seine Ermordung erpressen würde.

Die Einwohner, die sich in dieser Not befanden, nahmen den Leichnam aus dem Hügelgrab, köpften ihn und stießen einen spitzen Pfahl durch seine Brust – danach hatten die Leute wieder ihre Ruhe.

Mit-Othin ist sehr wahrscheinlich mit Odin identisch.

I 13. c) Die Saga über Thorstein Haus-Macht

Die Ritual-Hörner treten manchmal paarweise auf – dann gehören sie symbolisch den beiden Söhnen des Tyr („Alcis"), die auch in der Gestalt von zwei Schimmeln auftreten können, die den Streitwagen ihres Vaters ziehen. Nach diesen beiden Schimmel sind diese beiden Trinkhörner als „Hviting", d.h. als „Weiße" benannt worden.

Die Hvitings wurden benutzt, wenn zu Trinksprüchen getrunken wurde – dabei teilten sich zwei Männer ein Horn.
Der Erinnerungs-Kelch, den Godmund dem König gesandt hatte, war so groß, daß niemand außer Thorstein Haus-Macht aus ihm trinken konnte.

I 13. d) Vita Columbani

Der Heilige Kolumban schrieb um ca. 600 n.Chr. über die Südgermanen in der Gegend von Bregenz am Bodensee den folgenden Bericht:

Schließlich kamen sie bei dem angegebenen Platz an, der Kolumban nicht ganz gefiel; sie beschlossen aber zu bleiben, um unter den Menschen, die Sueben waren, den Glauben zu verbreiten.
Einmal, als er wieder durch das Land zog, entdeckte er Einwohner, die eine heidnische Opferung vorbereiteten. Sie hatten ein großes Gefäß von ungefähr 26 Maßeinheiten in ihrer Mitte, daß sie „cupa" nannten und das mit Bier gefüllt war.

„Cupa" ist das germanische „kupa" für „Kufe, Becher, Kelch", das mit dem englischen „cup" für „Becher" verwandt ist und sich von dem germanischen Verb „kup" für „biegen, krümmen, wölben" ableitet. Es handelt sich also um ein rundes Gefäß. Es ist nicht bekannt, welche Maßeinheit Kolumban mit „modia" (lateinisch für „Maß") gemeint hat.

Als Kolumban sie frug, was sie damit vorhätten, sagten sie, daß sie ein Opfer an Vodan (ein Name des Merkur), bringen wollten.
Als er diese Ungeheuerlichkeit gehört hatte, hauchte er auf das Gefäß und das zerbrach davon in Stücke und das Bier floß hinfort.

I 13. e) Die Saga über Thorstein Haus-Macht

Sie standen früh am Morgen auf und kleideten sich an. Da kam König Geirröd zu ihnen und gebot ihnen, auf seine Gesundheit zu trinken.
Sie tranken zunächst aus den Hviting-Hörnern: erst den Erinnerungs-Kelch und dann der Trank zu Ehren von Thor und Odin.

I 13. f) Fagrskinna

Sowohl die drei Trinkrunden für die Ahnen und die Götter als auch der Bragafull bei der unter Eid abgelegten „Regierungserklärung" des neuen Königs waren der übliche Brauch bei einer „Krönung".

Eine solche Zeremonie wird auch in dem um ca. 1220 n.Chr. verfaßten Buch „Fagrskinna" berichtet, dessen Name „Helles Leder" bedeutet und nach dem hellen Pergament benannt worden ist, auf dem es geschrieben worden ist.

Zunächst gab es drei Runden eines rituellen Trankes: die erste Runde war den größten der eigenen Ahnen gewidmet, die zweite Runde dem Thor und die dritte Runde allen anderen Göttern. Dann wurde der Bragafull eingeschenkt. König Svein Gabelbart, der dieses Fest veranstaltet hatte, hatte daraufhin ein Gelübde abzulegen, das auch von allen, die bei ihm waren, ebenfalls geschworen wurde. Danach setzte er sich auf den Thron seines verstorbenen Vaters.

I 13. g) Bosa-Saga

Das Vortragen der Lieder der Skalden wurde manchmal vom Schlangen der Leier bzw. dem Spiel auf der Harfe begleitet. Dies ist ein Brauch, der sich bei so gut wie allen indogermanischen Völkern findet. Daher kann man das Harfenspiel auch zu den Kenntnissen des Gottes Bragi zählen, auch wenn dies in den Mythen und Sagen nicht ausdrücklich von ihm berichtet wird.

Dem Harfenspiel wurde bei vielen indogermanischen Völkern eine magische Wirkung zugeschrieben. Am ausgeprägtesten ist dieses Motiv bei den Griechen (Orpheus), Germanen und Kelten.

König Godmund saß auf seinem Hohen Sitz und der Bräutigam neben ihm. Hraerek bediente die Braut. Es ist nicht niedergeschrieben worden, wie die Anführer saßen, aber es ist bekannt, daß Sigurd auf der Hochzeit die Harfe spielte.

Als die Trinksprüche vorgebracht wurden, spielte Sigurd derart, daß die Leute sagten, daß sie so etwas noch nie gehört hätten. Aber er sprach, daß dies nur der Anfang sei. Der König bat ihn, nicht an Mühe zu sparen.

Als der Erinnerungs-Kelch, der dem Thor geweiht war, hereingebracht wurde, veränderte Sigurd die Melodie. Da begann alles, was lose war, sich zu bewegen: Messer und Teller und alles, was niemand festhielt, und die meisten der Leute erhoben sich von ihren Sitzen und wiegten sich auf dem Boden hin und her. Dies ging so für eine lange Zeit.

Dann kam der Trinkspruch, der sich an alle Götter wendete. Sigurd veränderte wieder die Melodie und spielte so laut, daß es ein Echo in der Halle gab.

Alle, die in der Halle waren, standen auf außer dem Bräutigam und der Braut und dem König und alle bewegten sich in der Halle umher. Dies ging so für eine lange Zeit.

Der König frug, ob er noch andere Melodien kenne, aber er sprach, daß es noch ein paar kleine gäbe und er schlug vor, daß sich alle erst einmal ausruhten. Da ließen sich die Leute nieder um zu trinken.

Er spielte die „Menschenfresserin-Melodie" und die „Traum-Werkstatt" und das „Plünderungs-Lied".

Als nächstes kam der Trinkspruch an Odin. Da öffnete Sigurd seine Harfe und sie war ganz mit Gold ausgeschlagen. Dann spielte er die Melodie, die „Halstuch-Zerrer" genannt wird und alle Halstücher der Frauen erhoben sich in die Luft und tanzten über den Querbalken des Daches. Die Frauen und die Männer sprangen auf und nichts blieb an seinem Platz.

Als die Trinksprüche beendet waren, wurden die Trinksprüche an Freya vorgebracht, die zu dem letzten Kelch, der getrunken wurde, gehörten. Da legte Sigurd seine Finger an die Saite, die quer zu allen anderen Saiten liegt, und bat den König sich für die Melodie, die „machtvoller Schlag" genannt wird, vorzubereiten. Der König war so erschrocken, daß er aufsprang und ebenso die Braut und der Bräutigam und niemand tanzte ausgelassener als sie. Dies ging so für eine lange Zeit.

Da nahm Smidur die Braut und tanzte nur um so ausgelassener.

Eine „Hard-Rock-Party mit Harfe" ...

I 13. h) **Allra postula minnisvisur**

Die Sitte des Ahnen-Erinnerungstrunkes wurde nach der Christianisierung auch auf die Apostel übertragen. Der Titel dieses Liedes lautet „Erinnerungs-Lied an alle

Apostel".

In den Sagas, in denen das Met-Horn für „alle Asen" geleert worden ist, könnte der Segensspruch, der zuvor über dem Met in dem Horn gesprochen worden ist, ähnlich wie das folgende Lied an die Apostel ausgesehen haben. Ein derart langes Lied wird allerdings wohl nur in wichtigeren Ritualen gesprochen worden sein.

Der Skalde hat an dem Ende einer jeden Strophe auf eine andere Weise die Bedeutung des Erinnerungs-Trankes beschrieben, wodurch die Auffassung der Germanen über diesen Brauch recht deutlich wird.

Das folgende Lied ist offenbar eine Anrufung, die in einer Kirche vorgetragen worden ist, wie der Bezug zu anscheinend anwesenden „Leuten" sowie das häufige Rufen eines Segens „hierher", „hier hinein" u.ä. zeigen.

Das Lied hat nicht 12, sondern 13 Strophen, da der Skalde zu der ursprünglichen Gruppe der Apostel Paulus mit hinzugenommen hat.

Petrus ist des Herrn Papst,
er wird mit Freude-Versen gepriesen;
sein gesegneter Leib,
der oberste Richter, ruht in Rom.
Wir müssen ihn den edelsten und obersten der Apostel nennen;
der mächtige Herr ist unser Beschützer im Himmel und auf Erden.
Petrus schmückt hier innen
unsere Bank mit seinem Erinnerungs-Trank!

Paulus, der reine Lehrer, übertrifft alle;
er ist vom Saulus zum Paulus geworden,
der Herrscher der Menschen auf der Erde.
Er war dem gekreuzigten Christus lieb und Petrus nahe;
mögen seine erhabenen Gebete
uns für immer beschützen.
Möge der geliebte Christus geradewegs hier herein
zu dem Erinnerungs-Trank für Paulus kommen!

Herrscher der Menschen = König = Paulus
er war Christus lieb = Paulus hat Christus nicht persönlich gekannt.

Andreas, der an einem Kreuz gehangen hat
gewähre uns Freude, sodaß wir in dieser Gemeinschaft
die Wonne des erhabensten Glanzes empfangen können!
Der allmächtige Gott hat Dich selber
für die höchste Ehre mit schöner Sanftheit ausgewählt;
Deine Macht wird für uns niemals verloren sein.
Möge Gott selber hier innen
den Erinnerungs-Trank für Andreas segnen!

Jakobus, Bruder dieses Johannes,
gewähre uns guten Frieden
und den wahren Schmuck des Glaubens,
die süße Bescheidenheit.
Die Pilger machen einen großen Aufruhr über diesen sanften Mann,
wenn es die Gelegenheit für Freude in Compostela gibt.
Möge Gott alle hier innen ohne Ausnahme
mit einem Erinnerungs-Trank für Jakobus erfreuen!

Dies ist Jakobus der Ältere, Sohn des Zebedäus.

Johannes erhielt die Liebe von dem reinen, makellosen Herrn;
auf Jesus Brust erlernte er das klare Gesetz des Ruhmes.
Er stand unter Christi Kreuz,
er war Maria der Liebste, die nahebei stand.
Er trank ohne Zögern inmitten der Menschen
in reinem Glauben das Gift.
Möge Jesus hier drinnen voller Freude
einen Erinnerungs-Trank an Johannes darbringen!

Thomas, voller Ehre, übertrifft die bekannte Freude;
er wurde im Leben fast wie der allmächtige Gott geliebt.
Sanftmütiger Apostel, schmücke uns mit Tugenden,
Du hast mit Deinen Händen
die vom Blut roten Wunden
an der Seite des Herrn untersucht.
Hier drinnen wird ein Erinnerungs-Trank
für den erhabenen Thomas geweiht.

Dies ist der „ungläubige Thomas".

Möge Phillipus, der von aller Freude erfüllt ist,
der in den Folterungen ein glücklicher Lichtstrahl war,
nun mit Gottes Erlaubnis der Gemeinschaft Freude gewähren!
Möge er, der gekreuzigt und gesegnet ist,
Mann und Frau in den höchsten Ruhm
in der höchsten Halle der Gemeinschaft Gottes einladen!
Laßt uns voller Freude hier drinnen
einen Erinnerungs-Trank für den Apostel Philip darbringen!

Der liebe Bruder des Christus
wird von allen der wahre Sohn der Schwester der Mutter Gottes,
der Höchsten im Hause Gottes, genannt.
Jakobus hat alle Taten und großen Werke vollbracht,
der Apostel des Herrn,
ein würdiger Zeuge der Wege des Ruhmes.
Lasset die Jungen hier drinnen
den ruhmreichen Erinnerungs-Trank des Jakobus trinken!

   Dies ist Jakobus der Jüngere, Sohn des Alphäus.

Bartolomäus wurde geboren,
um in erblühendem Ruhm zu strahlen.
Er ließ sein Leben in Indien, mit einem Messer geschunden,
er, der tausendfach die süße Schönheit
der Sonne vor Gottes Thron übertrifft;
– dies wird von einem geschriebenen Text bezeugt.
Möge der sanftmütige Gott hier drinnen
den Erinnerungs-Trank für Bartholomäus segnen!

Der sanftmütige Evangelist Matthäus
berichtet den Menschen das weit-hallende,
gute Schicksal, das voller Wunder ist;
er gewährte ihnen Gottes Gnade.
Er wurde inmitten der Kirche des Glaubens tödlich mit einem Schwert verletzt.
Möge er würdigen Männern Hilfe für ihre Gebete gewähren!
Der Erinnerungs-Trank für Matthäus
ist hier innen vorzüglich!

  Schicksal = Christi Biographie
  Kirche des Glaubens = christliche Kirche

Möge der wahrhaft heilige Simon,
der von Tugenden erfüllte Apostel,
der in dem Land der Perser getötet worden ist,
uns Ehre in dem Haus gewähren!
Der Wohltäter, der Behinderungen heilte, schritt in dem heidnischen Tempel
in Frieden durch die Tore des Todes – sein Ruhm wurde Gott sichtbar.
Laßt uns hier drinnen
einen Erinnerungs-Trank für Simon feiern!

  Haus = Kirche

Möge die ehrbare Gemeinschaft
Thaddäus mit ihren Zungen erfreuen;
er war voller Macht und Ehre glanzvoll in Gottes Herrschaft.
Möge der Apostel den Leuten bei unserem Fest wahre Liebe,
die mit Tugenden geschmückt ist, senden!
Er hat sich selber dem schönen Ruhm gewidmet.
Laßt uns alle hier drinnen
einen schönen Erinnerungs-Trank für Thaddäus feiern!

Matthias, der würdige Apostel, hat den Sitz der Gnade inne;
voller ruhmreicher Gnade
erhielt er diesen Anteil durch das Los.
Und in Syrien sandte er seine Seele
aus der Folter zu Gottes edler Gnade;
möge er über unser Haus und unsere Bank wachen!
Möge die ganze Gemeinschaft hier drinnen
den Erinnerungs-Trank für Matthias segnen!

  unser Haus und unsere Bank = Halle, Kirche
  Dieser Matthias erscheint hier anstelle von Judas Ischariot.

In diesem Lied werden verschiedene Aspekte des Erinnerungs-Tranks geschildert, die es in dieser Weise sehr wahrscheinlich zum größten Teil auch schon im germanischen Kult in Bezug auf die Asen gegeben haben wird:

- die Schilderung des Apostels
- den Gerufenen in die Halle einladen
- die Einladung des Gerufenen zu dem Trank
- der Weihung des Erinnerungs-Tranks

- der Gerufene segnet selber den Erinnerungs-Trank (2x)
- Gott segnet den Erinnerungs-Trank
- die Bitten an die Apostel
- die Bitte um Hilfe für die Gebete aller würdigen Männer
- die Bank mit dem Erinnerungs-Trank schmücken
- der Erinnerungs-Trank wird voller Freude dargebracht
- Jesus bringt selber den Erinnerungs-Trank dar
- der Erinnerungs-Trank wird getrunken
- der Gerufene wird mit dem Erinnerungs-Trank gefeiert
- Gott erfreut die Kult-Gemeinschaft mit dem Erinnerungs-Trank

Der Apostel wird zunächst geschildert. Dann wird der Apostel in die Kirche gerufen und der Erinnerungs-Trank sowohl von der Gemeinschaft als auch von dem Apostel selber sowie von Christus und Gott geweiht. Diese Weihung könnte eine Bitte der Gemeinschaft an den Apostel sein, die dieser Apostel dann mithilfe von Christus und Gott durchführt. Dann werden Bitten ausgesprochen (die den Eiden der Germanen entsprechen). Anschließend wird der Trank herumgereicht („dargebracht") und getrunken, wodurch alle von Freude erfüllt werden.

Wenn dieses Ritual ein einfache Übertagung der germanischen Zeremonie in das Christentum sein sollte, müßte das entsprechende germanische Ritual wie folgt ausgesehen haben:

Thor, Odin und die Asen werden kurz geschildert – sie sind ja den Germanen gut bekannt, während die Apostel den Neu-Christen weitgehend unbekannt sind. Dann ruft der Priester die Asen herbei und segnet den Trank in ihrem Namen, was bedeuten wird, daß auch die Asen selber diesen Trank weihen. Dann werden evtl. Eide gesprochen und anschließend der Met getrunken, wodurch die Trinker den Segen der Asen erhalten.

Diese Rekonstruktion stimmt mit den zuvor betrachtetem Ablauf des rituellen Met-Trinkens überein.

Zusammenfassung

Bei Festen wurden mehrere Runden getrunken, die den Ahnen und den Göttern gewidmet waren und die die Trinker offenbar mit ihren Ahnen und mit den Göttern verbinden sollten.

In der Regel wurden drei Runden getrunken. Die überlieferten Beispiele zählen die folgenden Trinkrunden auf:

Trinkrunden

Runde	Text						
	Heims-kringla	Gesta danorum	Colum-ban	Thor-stein	Fagr-skinna	Bosa-Saga	Olaf
1. Runde	Asen	Ase	Odin	Ahnen	Ahnen	Thor	Ahnen
2. Runde		Ase		Thor	Thor	alle Asen	Eid-Runde
3. Runde		Ase		Odin	Odin	Odin	Christus
4. Runde		…?			Eid-Runde	Freya	Michael

Die „Standard-Runde" scheint aus dem Trank an die Ahnen, an Thor und an Odin bestanden zu haben. Christus könnte Odin entsprechen und Michael dem Thor.

Die Eid-Runde scheint ein Bestandteil der Ahnen-Runde gewesen zu sein – man bat die Ahnen, einem bei der Erfüllung der eigenen Eide zu helfen. In der Olaf-Saga gehören daher die beiden ersten Runden zusammen und in der Fagrskinna steht die Eidrunde wohl nur in der Beschreibung, aber nicht in der Durchführung am Ende. Somit bleibt nur die recht späte Bosa-Saga mit vier Trinkrunden – die diese vier Runden für die Dramatik in der Geschichte gebraucht hat.

Man kann also von allgemein üblichen drei Trinkrunden ausgehen.

Im frühen Christentum bei den Germanen ist diese Trinksitte auf die Apostel übertragen worden.

I 14.   Mimir

Der Tyr-Riese Mimir ist in den neuen Odin-zentrierten Mythen eine der vielen Erscheinungsformen des Tyr in der Unterwelt.

Er besitzt die Quelle, deren Trank Weisheit gibt, d.h. deren Wasser das Wissen über das Jenseits vermittelt – die Mimir-Quelle ist das Tor zum Jenseits. Für einen Schluck aus dieser Quelle hat Odin eines seiner Augen geopfert – dieses blinde, d.h. „tote" Auge kann nun im Jenseits sehen …

Das abgeschlagene Haupt des Tyr-Mimir ist einer der wertvollen Besitztümer des Odin, da dies Haupt seines Vorgängers als Göttervater ihm nicht nur alles über das Jenseits (in dem Tyr als Sonnengott jede Nacht gewesen ist), sondern auch alles über die bisherige Geschichte der Asen unter der Führung des Tyr erzählen kann. Das Sprechen mit den Ahnenschädeln ist eine Tradition, die bis mindestens in die frühe Jungsteinzeit zurückreicht.

Die ausführliche Betrachtung dieses Riesen findet sich in dem Kapitel „Mimir" in Band 6.

I 14. a)   Odins Rabenzauber

In Mimirs Quelle liegt die Menschen-Weisheit:

In Mimirs klarer Quelle liegt verborgen
Die Weisheit der Männer. Wißt ihr, was das bedeutet?

Der Name „Mimir" bedeutet „Erinnerung". Der Erinnerungs-Trank für die Ahnen hieß „minnis-drykka". Beide Namen haben zwar nicht dieselbe Wurzel, aber dieselbe Bedeutung und zudem eine sehr ähnliche Stammsilbe „mem" bzw. „men".

Es ist daher anzunehmen, daß Tyr-Mimir auch das Urbild der Toten gewesen ist, derer man gedachte und von denen man Rat („Weisheit") und Hilfe erhoffte.

I 14. b)   Sigdrifa-Lied

Auch in diesem Lied ist „Mimirs Trank" der Quell der Weisheit.

Sigdrifa:
Geistrunen schneide, willst Du klüger scheinen
als ein anderer Mann.
Die ersann und sprach, die schnitt zuerst
Odin, der sie auserdacht
aus der Flut, die geflossen war
aus dem Hirn Heid-Draupnirs;
aus dem Horn Hod-Draupnirs.

Auf dem Berge stand er mit blankem Schwert,
den Helm auf dem Haupte.
Da sprach Mimirs Haupt weise das erste Wort
und sagte wahre Stäbe.

„Heid-Draupnir" bedeutet „herrlicher Tröpfler"; Hod-Draupnir bedeutet „kostbarer Tröpfler" oder „Gold-Tröpfler". Beides sind Beinamen des Mimir. Dessen „Flut" ist der Göttermet.

Mit den „Stäben" sind auf Holzstöcke geschnitzte Runen gemeint – sie bezeichnen hier im übertragenden Sinne „weise Zauberworte".

Diese Szene scheint sich direkt an die Mumifizierung des Hauptes des Mimir durch Odin anzuschließen: Das Ritual ist gelungen und Mimirs Kopf spricht zu Odin.

Bei diesem Vorgang steht Odin anscheinend auf einem Berg, womit ein Hügelgrab gemeint sein könnte – vermutlich das des Mimir. Schwert und Helm könnten auf eine „offizielle Handlung" hinweisen – zumindestens macht diese Schilderung den Eindruck eines vorgegebenen Rituals. Der Szene nach zu urteilen ist sie die Wiedergeburt, also der symbolische Sonnenaufgang des Tyr-Odin und derjenigen, die eingeweiht worden waren – zu diesem Zeitpunkt beginnt auch Mimir bzw. sein Haupt zu Odin zu sprechen.

Da das Schwert in der Hand des Odin eigentlich nicht üblich ist, weil der Speer Odins Waffe ist, wird diese Szene von dem Schwertgott und ehemaligem Sonnengott-Göttervater Tyr, der von Thor und Odin abgesetzt worden ist, übernommen worden sein: die morgendliche Wiedergeburt des Tyr.

Bei dieser Wiedergeburt trank Tyr den Göttermet, den er als Tyr-Riese Mimir auch allen anderen anderen Göttern und Menschen ausschenkt.

I 14. c) Sonnenlied

Der „Ringherr" in den folgenden Versen ist vom Namen her eigentlich der Draupnir-Besitzer Odin, aber da die Quelle ansonsten dem Tyr-Riesen Mimir gehört, der bis 500 n.Chr. der Sonnengott-Göttervater und der „Ringherr" gewesen ist (Ring = Sonne), wird wohl Mimir gemeint sein.

Auf jeden Fall ist hier deutlich, daß diese „Met-Quelle" das Tor zur Unterwelt ist, aus der die sieben Toten-Reiter kommen.

Von Norden ritten / der Unterwelt Söhne;
Ihrer sieben sah ich.
Volle Hörner hoben sie / des herrlichen Mets
Aus des Ringherrn Quelle.

I 14. d) Hyndla-Lied

In diesem Lied wird das rituelle Getränk „Erinnerungs-Bier" genannt und hat die Wirkung, daß sich derjenige, der es trinkt, alle Dinge merken kann. Es hat offenbar auch im Zusammenhang mit dem Lernen aller überlieferten Lieder durch die Skalden ein Trinkritual gegeben.

Freya zu Hyndla (Hel):
„Bring nun meinem Eber das Erinnerungs-Bier
damit alle Worte, die Du gesprochen hast,
noch am dritten Morgen von jetzt an noch in Ottars Geist haften,
wenn ihre Sippen Ottar und Angantyr berichten."

Wie das übrige Lied zeigt, ist Freyas Eber der Tote, den die Göttin nach Walhall begleitet.

Dieses „Erinnerungs-Bier" könnte der Met bzw. das Wasser des Mimir aus seiner Quelle sein, da „Mimir" „Erinnerung" bedeutet.

Der „Erinnerungs-Trank", den man für die Ahnen leerte, ist somit nicht nur ein Trank des Gedenkens an die Toten, sondern auch ein Trank, der die Erinnerung an die Ahnen wachhalten sollte.

Zusammenfassung

Es hat den Anschein, als ob Mimir, der Göttermet und der Ring Draupnir in diesen Versen einander gleichgesetzt oder zumindest eng miteinander assoziiert worden seien.

Der Tyr-Riese Mimir wird zudem das Urbild des Ahnen gewesen sein, für die man den „minnis-drykkja" („Erinnerungs-Trunk") trank und die ihren Nachkommen mit Rat und (magischer) Hilfe zur Seite standen.

I 15. Der rituelle Trank, der alles vergessen läßt

Ein Trank, der alles vergessen läßt, ist zunächst einmal das genaue Gegenteil von einem Trank, mit dessen Hilfe man sich an die Ahnen erinnert, ihrer gedenkt und sich mit ihnen verbindet.

Da der Vergessenheits-Trank nur als Zaubertrank auftritt, wird der Erinnerungs-Trank wohl auch nur in der Magie eine Rolle gespielt haben. Vielleicht hat auch ein vermutetes Vergessen aller Dinge im Tod bei dieser Umdeutung mitgewirkt – auch wenn dies kein typisches Motiv der germanischen Jenseitsvorstellungen gewesen ist.

I 15. a) Das erste Sigurd-Lied

Der bekannteste Fall eines solchen Vergessenheits-Trankes findet sich in den Sagas und Liedern, die über Sigurd berichten. Dieses Ereignis wird Sigurd bereits früh von seinem Mutter-Bruder Gripir vorhergesagt:

Gripir:
"Ihr werdet euch alle Eide leisten,
Hoch und heilig, doch wenige halten.
Warst Du Giukis Gast eine Nacht,
So hat Dein Herz Heimirs Maid vergessen."

Sigurd:
"Wie so denn, Gripir? Sage mir an.
Weißt Du Wankelmut in meinem Wesen?
Werd ich mein Wort nicht bewähren der Maid?
Ich schien sie zu lieben aus lauterm Herzen."

Gripir:
"Das wirst Du, Fürst, durch fremde Tücke;
Der Räte Grimhilds wirst Du entgelten:
Die Weißgeschleierte wird sie Dir bieten,
Die eigene Tochter: so betrügt sie Dich, König!"

I 15. b) Völsungen-Saga

Eines Nachts, als sie zusammen tranken, erhob sich die Königin und ging vor Sigurd und sprach: „Dein Verweilen bei uns bringt uns große Freude und alle guten Dinge geben wir Dir, wenn Du es wünschst. Wahrlich: Nimm dies Horn und trinke!"

Da ergriff er es und trank und dabei sprach sie: „Dein Vater soll König Giuki sein und ich Deine Mutter und Gunnar und Högni Deine Brüder und all dies soll von jedem mit Eiden geschworen werden und dann wird sicherlich Deinesgleichen nicht auf Erden noch einmal gefunden werden."

Sigurd nahm ihre Rede gut auf, denn mit dem Trinken dieses Trunkes verließ ihn jede Erinnerung an Brynhild. So blieb er weiterhin bei ihnen.

Grimhild wollte Sigurd offenbar an die Giukungen binden und löschte daher sein Gedächtnis aus. Solch ein Vergessenheitstrank wird auch von den keltischen Druiden berichtet und es wird in den irisch-keltischen Sagen erzählt, daß der Unsichtbarkeits-Umhang des Meeresgottes des Mannan mac Lir einen Menschen alle seine Erinnerungen vergessen lassen konnte. Dieses Vergessen ist wahrscheinlich von der Bewußtlosigkeit im Schlaf, der als Gleichnis zum Tod aufgefaßt wurde, abgeleitet worden. Sowohl der Unsichtbarkeits-Umhang als auch der Ritual-Met waren Teil der Symbolik der Jenseitsreise und konnten somit auch als Ursache dieses Vergessens angesehen werden.

I 15. c) Regin der Schmied

Auch in diesem Lied von den Faröer-Inseln wird über den Vergessenheitstrank berichtet, den Sigurd ohne sein Wissen eingeschenkt bekam.

„Schweig, Gudrun, Tochter mein, vieles muß der Blöde verfehlen:

Besser wärs doch selbst zu werben, als einen guten Mann zu missen."
Gudrun ging in den Keller, mischte Met und Wein,
Und so große Vergessenheit tat sie da hinein.
So allgroße Vergessenheit tat sie da hinein,

Trugs so ein vor Sjurd den Jungen und bat ihn zu trinken ihr zu.
Der ging zu trinken so teuren Trunk, trank aus dem Horne lange:
Sjurdur misste sein Gedächtnis all, und keiner konnte ihn heilen.
Der ging zu trinken so teuren Trunk, trank aus dem glänzenden Horne:

Sjurdur misste sein Gedächtnis all und die Braut aus des Königs Herzen.
Da er hatte getrunken, gab er zurück das Gefäß:
Er dachte nicht an Frau Brinhild und nicht, wo er war.

I 15. d) Brünhild-Lied

Auch in diesem Lied von den Faröern wird auch der Vergessenheitstrunk, den Gudrun in Grimhilds Auftrag dem Sigurd zu trinken gab, beschrieben:

Außen steht Grimhild mit so manchem Mann:
Mit ihren beiden Händen rannte sie ihm in den Zaum.
„Sjurdur, hemme deine Fahrt und rede nun mit mir:
Ich habe mir eine Tochter so schön, die Liebe will knüpfen mit Dir.

Schön ist Gudrun, die Tochter mein, wo sie geht einher:
Rosen und auch Lilien, die leuchten auf ihrer Wange.
Schön ist Gudrun, die Tochter mein, das ist Dir wohl besser:
Sie ist nicht mehr Brinhild gleich als Sommer gleicht dem Winter.

Geh Du nun in die Halle ein, weniges werde Dir zum Verdrusse:
Trink wiederholt aus dem teuren Krug, Dein Roß steht im Verschlusse."
Heraus kam die Frau Gudrun in einem blauen Mantel,
Ihr Haar lag auf den Schultern, durchflochten mit Seidenbändchen.

Das war Grimhild Jukis Königin, die spricht zu ihrer Tochter:
„Geh Du in den Keller und mische Met und Wein.
Geh Du in den Keller und mische Met und Wein,
Und so große Vergessenheit laß darinnen sein."

Drauf sprach Gudrun Jukis Tochter, sie führte so schnell die Zunge:
„Zu nehmen, was ein andrer hat, das wird schwerlich glücken.
Es gibt in unsern Landen manch Königssöhne und Jarle:
Zu begehren, den ein andrer hat, das wird schwerlich glücken."

Sie hob auf ihre rechte Hand, gab Gudrun einen Schlag auf die Zähne:
Das Blut floss auf den Busen nieder, das sahen manche Männer.
„Schweig, Gudrun, Tochter mein, vieles muß der Blöde verfehlen:
Besser wärs doch selbst zu werben, als einen guten Mann zu missen."

Gudrun ging in den Keller, mischte Met und Wein,
Und, so große Vergessenheit tat sie da hinein.
So allgroße Vergessenheit tat sie da hinein,
Trugs so ein vor Sjurd den jungen und bat ihn zu trinken ihr zu.

Der ging zu trinken so teuren Trunk, trank aus dem Horne lange:
Sjurdur mißte sein Gedächtnis all, und keiner konnte ihn heilen.
Der ging zu trinken so teuren Trunk, trank aus dem glänzenden Horne:
Sjurdur misste sein Gedächtnis all und die Braut aus des Königs Herzen.

I 15. e) Der Mord der Nibelungen

Griemhild benutzt den Vergessens-Trunk ein zweites Mal, damit ihre Tochter Gudrun ihr bisheriges Leben und vor allem Siegfried vergaß:

Gunnar und Högni nahmen da alles Gold, Fafnirs Erbe. Da entstand Feindschaft zwischen den Giukungen und Atli. Denn er beschuldigte die Giukungen, sie seien an Brünhilds Tod schuld. Da verglichen sie sich dahin, daß sie ihm Gudrun zur Ehe gaben.
 Dieser (Gudrun) aber gaben sie einen Vergessenheitstrank zu trinken, ehe sie einwilligte, daß sie dem Atli vermählt würde. Atlis Söhne waren Erp und Eitil; aber Gudruns Tochter von Sigurd war Swanhild.

I 15. f) Das andere Gudrun-Lied

Derselbe von der zauberkundigen Grimhild gebraute Trank wird auch in diesem Lied beschrieben. Er soll Gudrun den Mord an ihrem Mann Sigurd vergessen lassen.

Gudrun:
„*Grimhild brachte den Becher mir dar,*
Den kalten, herben, daß ich Harms vergäße;
Hinein war gemischt die magische Kraft der Jörd,
Eiskalte See und Schweine-Blut.

*In das Horn hatten sie alle Arten von Runen
Geritzt und gerötet; ich erriet sie nicht.
Einen Heide-Fisch aus der Haddinge Land,
Ungeschnittne Ähre und Eingeweide von Tieren.*

*Im Gebrauten beisammen war Bosheit viel,
Blüten von Bäumen und geröstete Eicheln,
Tau des Herdes und geweihte Eingeweide,
Schweinsleber, die den Schmerz betäubt."*

*Da vergaß ich, als sie mir den Trank reichten,
dort in meiner Halle, den Mord an meinem Gatten."*

Ein Teil der Zaubertankzutaten aus diesem Rezept läßt sich aus den germanischen Mythen heraus erklären:

1. *„Schweinsleber", „Schweineblut"*
Zunächst einmal scheint es das Opfer eines Schweines gegeben zu haben, das normalerweise bei Bestattungen stattfand. Auch in Walhalla essen die toten Krieger das Fleisch des Ebers Sährimnir, der nach jeder Schlachtung neu entsteht, was eine Umdeutung der Wiedergeburtssymbolik ist.

2. *„Tiereingeweide", „geweihte Eingeweide"*
Tiereingeweide wurden zu Orakelzwecken benutzt. Diese Eingeweide können durchaus von den geopferten Schweinen gestammt haben.
Diese Zaubertrank-Zutat stammt wie die vorige auch aus dem Kult der Germanen.

3. *„ungeschnittene Ähren", „geröstete Eicheln", „Blüten von Bäumen"*
Die „ungeschnittenen Ähren" klingen nach einem Erntezauber, bei dem die Ähren des Getreides nicht verletzt, sondern nur ausgerupft werden durften.
Die „gerösteten Eicheln" könnten ein Nahrungsmittel sein – aus ihnen wurde Brei, Kuchen und Eichelkaffee hergestellt.
Die „Blüten von Bäumen" klingen nach einer symbolischen Zutat. Sind die Blüten bei den Germanen möglicherweise wie bei anderen Völkern auch als die wiedergeborenen Seelen am Weltenbaum aufgefaßt worden?

4. *„Heide-Fisch aus dem Landes der Haddinge"*
Ein „Heide-Fisch" ist eine Schlange. Die Haddinge waren wie die Nibelungen ein mythisches Volk, das auf die Toten im Jenseits zurückgeht – die Toten sind die

„langhaarigen Nifelheim-Leute" („Haddinge" = Langhaarige; „Nibelungen" = Nebel-Leute; „Nifelheim" = Nebelheim = Unterwelt).

Der „Heide-Fisch aus dem Land der Haddinge" ist somit ein Totengeist in der Gestalt einer Schlange oder eines Drachen, der in einem Hügelgrab wohnt.

Der Trank ist also mit dem Jenseits assoziiert worden.

5. *„Tau des Herdes"* = Asche

Der „Tau des Herdes" ist die Asche. Dieser Rückstand eines Brandes könnte sich auf das Bestattungsfeuer beziehen, aber auch allgemein als Symbol des Todes („totes und zerstörtes Holz") aufgefaßt worden sein.

Die Schlange bzw. der Drache und die Asche gehören vermutlich zum Jenseits.

6. *„eiskalte See"*

Vermutlich ist hier nicht das „eiskalt", sondern das Wasser des Meeres das Wesentliche – vielleicht war die Kraft des Meeres ein Bestandteil des Zaubertrankes. Auch eine Assoziation zu der Wasserunterweltsgöttin Ran ist denkbar.

7. *„magische Kraft der Jörd"*

Zu der Kraft des Meeres kommt nun noch die Kraft der Erdgöttin bzw. der Erde hinzu. Es wäre auch Assoziation zu der Hügelgrab-Jenseitsgöttin Hel denkbar.

8. *„herb und kalt"*

Das Herbe in diesem Trank könnte von den gerösteten Eicheln stammen und das Kalte von dem Meerwasser – aber diese Geschmacks-Beschreibung könnte auch einfach von Bier inspiriert worden sein.

9. *„in das Trinkhorn geritzte und mit Blut gerötete Runen"*

Die Runen werden die Zauberkraft, die sich aus den Zutaten des Trankes ergab, verstärkt haben.

10. *„den Schmerz betäubende Zutaten", „Vergessen", „Bosheit in den Zutaten"*

Die Wirkung des Zaubertrankes wird hier recht genau als Schmerz-Betäubungsmittel angegeben, wobei das „Vergessen" zeigt, daß es sich hier eher um eine Art magisches Psychopharmaka handelt.

Die „Bosheit", die in den Zutaten liegt, ist vermutlich eine spätere Umdeutung der magischen Kraft in dem Zaubertrank.

Es ist auffällig, daß drei dieser Zutaten auch in bei der Beschreibung der Geburt des Heimdall im „Hyndla-Lied" auftreten:

Eine wurde geboren / in vergangenen Tagen,
Einer von dem Stamm der Götter, / – Groß war seine Macht! –
Neun Riesinnen / am Rand der Erde
Gebaren den Mann, / der so Waffen-mächtig war.

Dort gebar ihn Gjalp, / dort gebar ihn Greip,
Eistla gebar ihn, / und Eyrgjafa,
Ulfrun gebar ihn, / und Angeyja,
Imth und Atla, / und Jarnsaxa.

Stark wurde er / durch die Stärke der Jörd,
durch die eiskalte See / und durch das Blut der Schweine.

Einer wurde dort geboren, / der Beste von allen,
Und stark wurde er / durch die Stärke der Jörd;
Der Stolzeste wird er genannt, / dieser Verwandte der Menschen,
von allen Herrschern / in der ganzen Welt.

    Heimdall ist eine Weiterentwicklung des ehemaligen Sonnengott-Göttervaters Tyr. Er wird am Morgen aus der Erde oder aus dem Meer wiedergeboren und ihm wurden anscheinend Schweine geopfert – vermutlich Eber.
    Die neun Riesinnen sind die Jenseitsgöttin – die „9" war bei den Germanen auch ein Adjektiv mit der Bedeutung „zum Jenseits gehörend".
    Es läßt sich deutlich erkennen, daß der Vergessenstrank eine starke Wurzel in den alten Sonnenaufgangs-Ritualen gehabt hat, die sich auf Tyr (Heimdall) bezogen haben. Tyr ist auch der Schwertgott („*Waffen-mächtig*") und der Göttervater und Königsgott („*der stolzeste aller Herrscher*") gewesen.

    Die Herkunft der Zaubertrank-Zutaten des Vergessenheits-Trankes läßt sich nun zumindestens teilweise rekonstruieren:

    Die „eiskalte See" und die „magische Kraft der Jörd" beziehen sich auf die neun Mütter des Tyr-Heimdall, also auf die am Morgen wiedergeborene Sonne.
    Die Schweinsleber und das Schweineblut stammen aus dem Opferritual, das wahrscheinlich auch für den Sonnengott-Göttervater Tyr (später Heimdall) durchgeführt worden ist.
    Die „geweihten Eingeweide" stammen sehr wahrscheinlich aus den Eingeweide-Orakeln, die mit den Opferungen der Tiere in Zusammenhang gestanden haben.
    Der „Heide-Fisch der Haddinge", also der Totengeist in der Gestalt einer Schlange oder eines Drachen, ist vermutlich Tyr-Heimdall als Schlange bzw. Drache in der

Unterwelt.

Die „Asche" ist evtl. der Überrest eines Bestattungsfeuers.

Die „ungeschnittenen Ähren" könnten aus einem Korn-Ritual stammen, bei dem auch das Korn im Winter in die Unterwelt gereist ist – was durch die von Loki abgeschnittenen goldenen Haare des Göttin Sif symbolisiert wird.

Dieser Vergessens-Trank stammt somit mit recht großer Wahrscheinlichkeit aus dem Sonnenaufgangs-Ritual des Tyr-Heimdall sowie aus den Bestattungsbräuchen.

Das Vergessen entspricht daher sehr wahrscheinlich in etwa der „Bewußtlosigkeit" der Toten und evtl. auch der Schlafenden.

I 15. g) Högni-Lied

In diesem dritten Lied von den Faröer-Inseln wird der Vergessenheits-Trank noch ein drittes mal beschrieben. Nach Sigurd und Gudrun soll er diesmal von Högni getrunken werden:

Hinein kam Gudrun frühmorgens – bös ist's das Gemüt aufzureizen! –
Der Tisch stand gedeckt mit dem Seidentuch und Bier vor den tapferen Helden.
Das war Gudrun Jukis Tochter, sie nahm einen Kelch in die Hand,
Dann ging sie in den Keller, wo der Met darunter floß.

Als sie hatte gemischet ihnen Met und Wein,
Da tut sie so große Vergessenheit hier hinein.
Und so große Vergessenheit tut sie hier hinein:
Trägts so hinein vor Högni und bittet ihn zu trinken.

Vorsichtig schaut da Högni aufs gute Fingergold:
Zu schwitzen begann sein Fingergold, es ward schnell rot wie Blut.
Das ist Högni Jukis Sohn, er erkannte da die Truglist.
Bittet nun Gudrun die Schwester sein, zu trinken aus der Schale zuerst.

Gudrun steht auf dem Hallengolf, sie wird schnell rot wie Blut,
Und stieß um den Silberkelch, der stand auf dem breiten Tisch.

Die übliche Methode, der Situation zu entkommen, durch eigenes Trinken beweisen zu müssen, daß ein Trank harmlos ist, ist ihn „versehentlich" umzustoßen ...

I 15. h)   Die Saga über Hedin und Högni

Da Hedin eine Saga-Variante des Tyr ist und Högni (Hagen) eine Saga-Variante des Loki, ist dieser Bericht über den Vergessenheitstrank vermutlich die älteste erhaltene Version dieses Zaubertranks.

Es wird gesagt, daß Hogni nach eine Weile zu Raubüberfällen aufbrach, aber Hedin zurückblieb und über das Königreich wachte. Eines Tages ritt Hedin zu seinem Vergnügen in den Wald. Es war schönes Wetter. Wieder wurde er von seinen Männern getrennt.

Er kam zu einer Lichtung. Dort sah er dieselbe Frau wie vorher in Serkland auf einem Sitz und sie erschien ihm noch schöner als zuvor. Wieder ergriff sie als erste das Wort und sprach freundlich zu ihm. Sie hielt ihm ein Horn mit einem Deckel entgegen. Das Herz des Königs wurde von Sehnsucht nach ihr erfüllt. Sie lud ihn zu einem Trunk ein und der König war durstig, da ihm heiß geworden war und so nahm er das Horn und trank.

Aber nachdem er getrunken hatte, veränderte er sich auf seltsame Weise, der er konnte sich an nichts mehr erinnern, was zuvor gewesen war. Er setzte sich nieder und sie sprachen zusammen. Sie frug ihn, ob er die Stärke und das Geschick bei Högni gefunden hatte, von der sie ihm berichtet hatte.

Der Vergessens-Trank ist ein Symbol für den Tod und ist in den Mythen der Indogermanen stets im Besitz einer Unterwelts-Gottheit. Dies bestätigt die Auffassung der Freya als Göttin der Toten.

Die zauberkundige Königin Grimhild ist anscheinend die Saga-Variante der Jenseitsgöttin Freya.

I 15. i)   Die Saga über Thorstein Viking-Sohn

In dieser Saga wird über einen kombinierten „Vergessenheits-Trank" und „Anti-Vergessenheitstrank" berichtet, also über einen Trank, der die Erinnerung nehmen und wieder wiederherstellen kann.

Es hat den Anschein, als ob der Verfasser dieser Saga hier einfach die beiden ihm bekannten Aspekte dieses Trankes, also den Erinnerungstrank aus dem Kult und den von ihm abgeleiteten Vergessenheits-Trank aus der Magie, miteinander kombiniert hätte.

Kol wurde „der Bucklige" genannt. Er hatte drei rare Schätze; diese waren:

ein Schwert, das so mächtig war, daß zu dieser Zeit niemand ein besseres schwang, und der Name dieses Schwertes war Angervadil;

ein weiterer dieser Schätze war ein goldener Ring, der Gleser genannt wurde;

der dritte war ein Horn, das mit einem Trank von solch einer Beschaffenheit gefüllt war, daß jeder, der von seinem unteren Teil trank, sofort von der Krankheit, die man Lepra nennt, befallen und so vergeßlich wird, daß er sich an nichts aus der Vergangenheit erinnern kann; aber wenn man von dem oberen Teil dieses Hornes trinkt, wird die Gesundheit und die Erinnerung sofort wiederhergestellt.

Dieser Trank ist offensichtlich eng mit dem Tod und der Wiedergeburt assoziiert worden – die Wurzel dieses Sagen-Motivs ist der Bestattungstrank bzw. das Horn voll Met, das die Toten bei ihrer Ankunft im Jenseits von einer Walküre gereicht bekamen.

… … …

Die nächste Szene ist dieselbe wie die in dem vorigen Beispiel angeführte Freya-Szene in der Mythe über Hedin und Högni:

An demselben Tag landete Viking auf der Insel und er ging an Land, um es sich gutgehen zu lassen. Er wandte seine Schritte zu einem Wald und ihm wurde sehr heiß.

Als er zu einer Lichtung in dem Wald gekommen war, ließ er sich nieder und sah eine Frau von auserlesener Schönheit dahergehen.

Sie kam zu ihm, grüßte ihn sehr sehr höflich und er empfing sie sehr freundlich.

Sie sprachen lange Zeit zusammen und ihre Unterhaltung wurde sehr freundschaftlich. Er frug sie nach ihrem Namen und sie nannte sich Solbiart („Sonnenlicht"). Sie frug, ob er nicht durstig sei, da er so weit gewandert sei, aber Viking sagte, daß er das nicht sei. Da nahm sie ein Horn, das sie unter ihrem Umhang bei sich trug, und bot ihm einen Trunk an, den er annahm.

Als er davon getrunken hatte, wurde er schläfrig und beugte seinen Leib in den Schoß der Solbiart und schlief ein.

Doch als er wieder erwachte, war sie fort. Er fühlte sich durch den Trunk etwas seltsam und sein ganzer Körper zitterte. Das Wetter war windig und kalt geworden und hatte fast alles aus seiner Vergangenheit vergessen – und am wenigsten konnte er sich an Hunvor erinnern.

Da ging er zu seinem Schiff und fuhr von diesem Ort fort und mußte auf seinem Lager liegen, da er die Krankheit, die man Lepra nennt, bekommen hatte.

… … …

Sieben Nächte waren vergangen, seitdem Lit Halfdan getroffen und ihm das Horn gebracht hatte. Dies machte Halfdan sehr glücklich und er ging zu Viking, von dem fast alle dachten, daß er dem Tod nicht mehr fern sei.

Halfdan flößte einen Tropfen von der Flüssigkeit von dem oberen Teil des Horns zwischen Vikings Lippen. Dies brachte Viking wieder zu Bewußtsein. Er wurde wieder stärker und war wie ein Mensch, der aus einem Schlummer erwacht ist, und die Unreinheit fiel von ihm wie Schuppen von einem Fisch. So ging es ihm Tag für Tag besser und er wurde wieder ganz gesund.

I 15. j) Sörli-Saga

Als der Königssohn Sorli von einer sommerlichen Raubfahrt zurückkehrte, gerieten er und seinen Männer in einen dichten Nebel und gelangten schließlich in ein unbekanntes Land. Dort traf Sorli auf blaue Riesen (Totengeister) und tötete sie.
Danach fährt die Saga wie folgt fort:

Als nächstes hörte Sorli ganz in der Nähe ein lautes Hufgeklapper und wollte unbedingt wissen, wer dort ritt. Er ging ein Stückchen weiter an dem Berghang entlang in den Wald hinein bis er zu einer großen Höhle kam. Er blickte durch ein Höhlenfenster hinein und schaute sich überall um.
Er sah einen schrecklich großen Riesen in seinem Bett liegen. Der Königssohn hatte noch nie einen so großen Mann gesehen. Er reichte von der einen Höhlenwand bis zu der anderen und war von solch einer häßlichen und unförmigen Gestalt, daß der Königssohn sehr erstaunt war.
Er sah dort auch eine recht große alte Frau. Sie stand am oberen Ende der Halle und hackte menschliches Fleisch und Pferdefleisch klein und war damit emsig beschäftigt.
Da hörte der Königssohn die alte Frau mit ihrem Mann – der Skrimnir genannt wurde – in dieser Weise sprechen: „Nun haben wir," sagte sie, „keine Vorräte mehr in unserer Höhle, wenn ich unser Mahl bereitet habe."
Skrimnir sagte, daß das vorauszusehen war, aber daß die Dinge sich zum Guten gewendet hätten, „und auch wenn jetzt alles völlig leer ist, werden wir doch wieder etwas haben, wenn unserer Junge heute Abend heimkommen, denn an der Küste hat ein Schiff angelegt mit nicht weniger als acht Mann Besatzung, so wie es mein Wunsch war, denn ich habe ihnen einen starken Wind und Nebel gesandt, damit sie sich hierhin verirrten – und sie werden alle in der Hel sein, bevor der Tag endet."
Darüber war die alte Frau sehr glücklich und ging in eine Seitenhöhle. Da sprang der Königssohn von dem Fenster auf und ging in die Höhle hinein. Er trug in seiner rechten Hand seinen Speer und in seiner linken sein Schwert und stieß seinen Speer mit beiden Händen in den Bauch des Riesen sodaß die Speerspitze wieder zum Rücken herauskam. Danach stieß der Königssohn das Schwert mit beiden Händen in

den Schlund des Riesen, woraufhin der Riese, als den Stoß erhielt, mit einem schrecklichen und wilden Geschrei zu um sich zu schlagen begann bis das Bett unter ihm zusammenbrach und der Riese mit einem großen und heftigen Zucken zu Boden stürzte.

In dem Augenblick kam die alte Frau zurück in die Höhle und sah, was geschehen war. Da ergriff sei ein kurzes, scharfes Schwert und schlug so nach dem Königssohn, daß sie seinen ganzen Schild von einem bis zum anderen Ende spaltete und die Spitze ihres Schwertes in seiner Brust steckenblieb und in seinem Knochen festsaß.

Sie schlug ein ums andere mal, sodaß der Königssohn sich zurückziehen und sich in alle möglichen Richtungen ausweichen mußte, um zu vermeiden, daß er getötet wurde. Sie eilte ihm erstaunlich rasch hinterher und wurde immer heftiger, je länger sie ihn angriff. Sie bellte und gab hohe, schrille Töne von sich und aus ihren Augen und aus ihrem Maul schien Feuer zu flammen.

Der Königssohn war wegen ihrer Wut in solch einer Angst, daß er es nicht wagte, auf ihren feurigen Atem zu blicken, der aus ihren Kiefern hervorloderte, und er konnte die schrecklichen Töne, die sie von sich gab, kaum ertragen.

Da sah der Königssohn in dem Boden der Höhle eine Spalte, die so tief war, daß er glaubte, daß ein jeder, der in sie stürzte, sterben müsse. Er stand an der Kante der Spalte und glaubte, daß die Riesin ihn dort hinabstürzen wolle. Er erhob sein Schwert und stürzte sich auf die Troll-Frau, aber sie drängte ihn gar heftig zurück und schlug ihre Krallen bis auf seine Knochen. Da gab es einen fürchterlichen Kampf zwischen ihnen und der Königssohn jagte sie in der Höhle umher. Doch obwohl sie stark wie ein Troll war, konnte sie doch nicht entkommen.

Dem Königssohn gelang es, seine Arme um ihren Nacken zu schlingen und nichts schien mehr gewiß zu sein, als daß sie beide in den Abgrund hinabstürzen würden. Die Trollfrau erhob sich auf dem Höhlenboden wieder auf ihre Knie und zog den Königssohn wieder zu sich heran und beide schienen auf der Schwelle des Todes zu stehen. Ihre Fersen erreichten die Kante des Abgrundes und Sörli stürzte so heftig in ihrem Griff, daß sie beide in die Kluft hinabstürzten.

Sie fielen tief hinab und schlugen beide auf einem Vorsprung auf, der in dem Abgrund war. Sorli war nun auf ihr. Die alte Frau hatte nun eine Hand in dem Haar des Königssohnes und die andere an seiner Brust, doch da sie sich durch den heftigen Sturz nicht mehr bewegen konnte, ließ sie die Hand los, mit der sie seine Haare gepackt hatte. Da griff Sörli mit beiden Händen um ihre Kehle und ließ nicht wieder los und stieß sein Knie in ihren Bauch.

Da verließ sie ihre ganze Kraft, sodaß sie um Gnade zu bitten begann und sagte: „Gebt mir Gnade, Königssohn, und ich werde alles für euch tun, was ihr wollt, wenn ich damit mein Leben retten kann!"

Der Königssohn sagte, daß er auf keinen Fall ihr Leben schonen werde, und er sagte ihr, daß sie nun ohne Verzug so schnell wie möglich in diesem Abgrund sterben *werde.*

Doch sie bat auf jede erdenkliche Weise um ihr Leben.

Nach einer Weile sagte Sörli: „Ich werde es wagen, daß Du Dein Leben behälst, aber nur unter der Bedingung, daß Du für mich ein Kampf-Gewand findest, daß kein Schwert beißen kann, und dazu ein Schwert, daß sowohl Stahl als auch Stein schneidet. Dies mußt Du innerhalb eines Monats vollbringen. Weiterhin mußt Du jederzeit helfen, wenn ich es brauche und will!"

Die alte Frau sagte:
„Alles, was Du gesagt hast, soll geschehen
und all dies soll in jeder Hinsicht erfüllt werden."

Diese Antwort klingt wie eine in Eid-Ritualen übliche Formulierung.

Da erlaubte der Königssohn ihr aufzustehen und sie gingen beide aus der Höhle hinaus. Sie bat ihn, den toten Mann in die Kluft zu legen und er gewährte ihr dies. Als dies vollbracht worden war, befestigte die alte Frau eine Falltür über dem Abgrund.

Dieser Abgrund ist offenbar sowohl das Jenseitstor als auch ein umgedeuteter Eingang zu der Grabkammer eines Hügelgrabes.

Der Riese wird eine der vielen Varianten des Tyr-Riesen sein und die Riesin die Jenseitsgöttin.

Dann geleitete sie den Königssohn zu dem Bett und er fand, daß dies Bett so gut bereitet war, daß es einem Königssohn wohl anstand, in ihm zu schlafen.

Da nahm die alte Frau ein Horn und bat ihn, daraus zu trinken, was er tat. Er fand, daß es nicht übel schmeckte und fiel schon nach kurzem in Schlaf.

Dieser Schlaftrunk ist sozusagen eine „light-Variante" des Vergessenheits-Trankes.

Zusammenfassung

Es sind fünf Fälle von Vergessenheitstrank bekannt.

In allen fünf Fällen wird er von einer Göttin bzw. Frau gereicht – ohne das Wissens des Opfers.

In vier dieser Fälle ist das Opfer ein Mann; in einem Fall ist es die eigene Tochter der Frau.

In vier Fällen soll der Mann seine frühere Geliebte bzw. die Frau ihren früheren

Geliebten vergessen.

Es handelt sich also nicht um ein generelles Vergessen, sondern um eine „partielle Amnesie".

Sigurd Drachen-Töter, der durch Grimhild den Trank erhalten hat, hat zuvor eine Jenseitsreise unternommen (Waberlohe, Drachen-Tötung, Walküre usw.).

Högni, der durch Freya den Trank erhalten hat, ist eine Sagen-Variante des Loki, der einst einen endlosen Kampf gegen Tyr geführt hat, durch den die Jahreszeiten entstanden sind. Auch in der Saga kämpft Högni gegen Tyr-Hedin. Sigurd ist ein Sagen-Nachfolger des Tyr und des Odin und sein Mörder Hagen ist der Sagen-Nachfolger des Loki-Högni. Es handelt sich hier nicht nur also um dasselbe Motiv, sondern auch um dieselbe Mythe bzw. Sage.

Thorstein Viking-Sohn, der durch Solbiart den Trank erhalten hat, vergaß dadurch seine Geliebte Hunvor. Dies wird eine Variante desselben Themas in diese recht spät entstandenen Saga sein.

Der Trank, den Gudrun von Grimhild erhalten ist, ist vermutlich eine Variation des Motivs des Trankes, den Grimhild dem Sigurd gereicht hat – dies Motiv war an einer anderen Stelle derselben Saga hilfreich, um den Handlungsfluß zu plausibel zu machen.

Es ist somit die Jenseitsgöttin, die dem Helden/Tyr bzw. dessen Gegenspieler/Loki diesen Vergessenheitstrank reicht. Eigentlich sollte man in dieser Szene den Wiedergeburtstrank erwarten.

Vermutlich ist der Vergessenheitstrank aus dem Wiedergeburtstrank auf dieselbe Weise entstanden, wie der todbringende „Apfel der Hel" aus dem lebengebenden „Apfel der Idun": Die ursprünglich im Jenseits hilfreichen Dinge wurden durch ihre Assoziation mit Tod im Laufe der Zeit zu Ursachen des Todes umgedeutet …

I 16.   Der Eid-Met

Bei der Betrachtung des Krönungs-Mets und bei dem „Trinken für die Götter" ist bereits über Eide, die dabei manchmal abgelegt worden sind, berichtet worden.

Derartige Eide sind insbesondere aus der Julnacht bekannt. Da der Sonnengott-Göttervater Tyr in der Julnacht wiedergeboren wurde, stand in dieser Nacht das Tor zum Jenseits weit offen, weshalb zu Jul der Kontakt zu den Ahnen und den Göttern besonders einfach war und man von ihnen besonders leicht Hilfe erhalten konnte. Zudem wurde die Sonne bzw. Tyr ab dieser Nacht wieder stärker (die Tage wurden wieder länger), sodaß die Eide, die zugleich mit der Geburt der Sonne/Tyr abgelegt worden waren, wie die Sonne bzw. Tyr immer stärker, d.h. erfolgreicher wurden.

Somit war die Julnacht die günstigste Nacht, um Eide abzulegen (siehe „Julnacht" in Band 54).

I 16. a)   Hervor-Saga

Es war in der Julnacht, in der Zeit, zu der die Männer in der Zeremonie des Bragafull oder „Kelch des Anführers" feierliche Schwüre ablegen. Da legten Arngrims Söhne Eide ab. Hjorvard schwor, daß er die Tochter des Schwedenkönigs Ingjald, das Mädchen, das überall im ganzen Land für ihre Schönheit und ihr Geschick berühmt war, zur Frau haben werde – oder keine.

I 16. b)   Die Saga über Eilifir dem Weitfahrenden

Ein anderer berühmter Julnacht-Schwur ist z.B. der des Wikingers Eilifir, der den Eid ablegte, das „todlose Feld", also das Jenseits zu finden. Er hat es schließlich auch erreicht.

Thrand ist der Name des ersten Königs, der über Thrandheim herrschte. Er hatte einen Sohn, der Eirek genannt wurde, ein allseits beliebter Mann schon von seiner Jugend an. Er war von starkem Körper, mutig und vorzüglich in allen Dingen und er wurde zu einem hochgewachsenen Mann.

Es wird berichtet, daß Eirik in einer Jul-Nacht den feierlichen Eid ablegte, daß er um die gesamte Welt fahren würde, um den Ort zu finden, den die Heiden den „todlosen Acker" und die Christen das „Land des lebenden Volkes" oder „Paradies"

nannten.
Dieser Eid wurde in ganz Norwegen berühmt.

Die Wintersonnenwende wurde als der Tag der (Wieder-)Geburt der Sonne angesehen, da ab diesem Tag, also ab dem 21.12. die Tage wieder länger wurden. Mit diesem Fest war daher die Hoffnung auf die eigene Wiedergeburt verbunden.

Dieses fest war bei den Indogermanen so fest verwurzelt, daß die christlichen Mönche es nicht ausrotten konnten und es daher stattdessen zu dem Geburtsfest Christi (Heiligabend) umdeuteten. Auch Christus verkörpert die Hoffnung auf eine Wiedergeburt, d.h. die Auferstehung am Letzten Tag. Christus wurde von den Nordgermanen der Sonne gleichgesetzt.

Durch immer neue Verbesserungen am Kalendersystem ist dieses Fest im Laufe der Jahrhunderte in drei verschiedene Feste zerfallen:

- das Jul-Fest am 21.12., das den „richtigen Termin" bewahrt hat und das vor allem in Skandinavien noch mit einigen Bräuchen gefeiert wird;
- das Weihnachtsfest am 24.12. - 26.12., in dem sich die (Wieder-)Geburtssymbolik erhalten hat; und
- die Sylvester-Feier, in der sich das Met-Trinken und das Ablegen von Eiden zu dem Trinken von Sekt und den guten Vorsätzen für das neue Jahr verflacht haben.

I 16. c)   Das Lied über Helgi Hiörvard-Sohn

Auch in dieser Saga wird ein Eid auf einen Braga-Kelch beschrieben:

König Helgi war ein allgewaltiger Kriegsmann. Er kam zu König Eilimi und bat um Swawa, dessen Tochter. Helgi und Swawa verlobten sich und liebten sich wundersehr. Swawa war daheim bei ihrem Vater, aber Helgi im Heerzug. Swawa war nach wie vor eine Walküre.

Hedin war daheim bei seinem Vater Hiörward, König in Noreg. Da fuhr Hedin auf Julabend einsam heim aus dem Wald und fand ein Zauberweib. Sie ritt einen Wolf und hatte Schlangen zu Zäumen und bot dem Hedin ihre Folge.

„Nein", sprach er.

Da sprach sie: „Das sollst Du mir entgelten bei Bragis Becher."

Abends wurden Gelübde verheißen und der Sühne-Eber vorgeführt, auf den die Männer die Hände legten und bei Bragis Becher Gelübde taten. Hedin vermaß sich eines Gelübdes auf Swawa, Eilimis Tochter, seines Bruders Geliebte. Danach gereute

es ihn so sehr, daß er fortging auf wilden Stegen südlich ins Land, wo er seinen Bruder Helgi traf.
   Helgi sprach:

„Heil Dir, Hedin! Was hast Du zu sagen
Neuer Mären aus Noreg?
Was führte Dich, Fürst, fort aus dem Lande,
Daß Du allein mich aufsuchst?"

Hedin:
„Ein allzugroßes Unheil betraf mich:
Ich hab erkoren die Königstochter
Bei Bragis Becher: Deine Braut!"

Das Zauberweib, das auf einem Wolf ritt und Schlangen als Zaumzeug benutzte, ist Hel mit ihren Geschwistern, dem Fenris-Wolf und der Midgardschlange. Sie erscheint auch bei Baldurs Bestattung und wird dort „Hyrrokkin" („Rußgeschwärzte") genannt.
   „Bragis Becher" ist der „Bragafull", bei dem man vor allem am Julabend Eide ablegte.
   Offenbar hat Hel aus Ärger darüber, daß Hedin ihre Begleitung (also wohl seinen Tod) ablehnte, ihn dazu veranlaßt, den Eid zu schwören, die Geliebte seines Bruders zu heiraten. In der Saga von Hedin und Högni ist diese Geliebte die Göttin Freya selber, die wie eine Walküre in Odins Auftrag einen endlosen Krieg zwischen den beiden Brüdern verursachen soll.
   „Helgi" und „Hedin" sind beides Beinamen des ehemaligen Sonnengott-Göttervaters Tyr. Der Sommergott Tyr und der Wintergott Loki, die sich endlos gegenseitig töten und dadurch die Jahreszeiten verursachen, können nur wiedergeboren werden, wenn sie sich zuvor mit der Jenseitsgöttin vereinen. Daraus entstand das Motiv des Streites um die „schönste aller Frauen", von dem alle indogermanischen Nationalepen geprägt sind – die Jenseitsgöttin wurde von der Wiederzeugungs-Geliebten und Wiedergeburts-Mutter (Swawa) über die Todesbringerin (Zauberweib/Hel) zu der Ursache des „Großen Krieges", der ursprünglich zwischen Tyr (Helgi) und Loki (Hedin) stattfand.

Zusammenfassung

Es scheint zwei Arten von Trink-Eiden der Könige und der Wikinger-Anführer gegeben zu haben. Bei der einen Form mußten sich alle Anwesenden dem Eid des Fürsten anschließen und bei der anderen Form stand es den Anwesenden frei, wozu sie sich entschlossen. Dies hing wahrscheinlich von dem Verhältnis zwischen den Beteiligten ab – ob es direkte Untergebene oder Verbündete waren. Vielleicht ist die erste Variante auch erst mit der Einführung des Königtums bei den Nordgermanen entstanden.

Der Bragafull gehörte vor allem zu dem Fest der Wintersonnenwende (Jul), bei der einst wohl die Wiedergeburt des Sonnengott-Göttervaters gefeiert worden ist. Die beim Bragafull abgelegten Eide entsprechend somit dem Beginn eines „neuen Lebens" – so wie auch die Sonne an dem Morgen nach der Julnacht ein neues Leben begann, das ein Jahr lang dauerte.

Der Eid gewann zum einen dadurch Kraft, daß er durch seinen „Geburtsaugenblick" in Analogie zu dem Erstarken der Sonne bzw. des Tyr stand und zum anderen dadurch, daß in der Julnacht die Tore zum Jenseits weit offenstanden (sie Sonne/Tyr kehrte aus dem Jenseits zurück) und die Ahnen ihre Nachkommen daher in dieser Nacht am besten unterstützen konnten.

Der passendste Schwur im Zusammenhang mit dem Jul-Bragafull war die eigene Suche nach dem Jenseits, aus dem die Sonne bei diesem Fest wiederkehrte, denn ursprünglich wird das Trinken des Bragafull als ein Teil des Wiedergeburtsvorganges der Sonne aufgefaßt worden sein.

Eine eigene Jenseitsreise ist die beste Entsprechung zu der Jenseitsreise des Sonnengott-Göttervaters – und vermutlich ist dies auch die ursprüngliche Wirkung gewesen, die man diesem Trank zugeschrieben hat: die Verursachung oder zumindestens Erleichterung der rituellen Jenseitsreise.

Es hat den Anschein, als ob Hel, die Herrin der Unterwelt, einen Einfluß auf die Eide, die die Menschen ablegten, gehabt hätte.

Da der Bragafull in engem Zusammenhang mit der Reise in das Jenseits zu der Göttin der Wiederzeugung und der Wiedergeburt (Frigg, Freya, Sif, Hel) stand und die Toten von ihr mit einem Met-Trunk begrüßt wurden, ist das Motiv des Einflusses der Hel auf die Eide der Menschen eine naheliegende Erweiterung der ursprünglichen Symbolik gewesen.

Dieser Vorgang wird noch dadurch erleichtert, daß der Tod, die Nornen als Schicksalsbestimmerinnen, die Walküren als Schicksalsverkünderinnen und Hel als die Herrin des Jenseits eng miteinander assoziiert gewesen sind und letztlich dieselbe Göttin waren.

I 17. Trinksitten

An verschiedenen Stellen wird über die Trinksitten der Germanen berichtet, die zumindestens z.T. einen Ursprung in religiösen Ritualen gehabt haben werden.

I 17. a) Heimskringla

Es scheint zumindestens bei manchen Gelegenheiten üblich gewesen zu sein, den Met relativ frisch zu trinken, d.h. ihn nicht lange gären zu lassen.

König Harald ging auf dem Boden auf und ab und blickte die Bänke entlang, denn er hatte ein Fest in dem Haus und der Met war gerade gemischt worden.

I 17. b) Heimskringla

Die Trinkgelage der Germanen waren ein so prägender Teil zumindestens ihrer Krieger-Kultur, daß sie fest zu den Vorstellungen über die Hallen ihrer Fürsten gehörten.

So sprach Eyolf Dada-Skalde:

„Südwärts durch des Meeres Gischt
flog sein Drache dahin
zu Gromsons berühmter Halle,
in der die Kelche tapfer kreisen,
und wo der Dänen-König
den Jüngling von edlem Geschlecht einsetzte,
der mit Schild und Schwert in seinen Händen
sein Land wohl verteidigte."

I 17. c) Egil-Saga

In einem Herbst gab es ein großes Fest, zu dem sich viele Männer versammelt hatten; Bjorgolf und sein Sohn waren die vornehmsten Gäste. Am Abend wurde, so wie es der Brauch war, durch das Los ausgewählt, welche Paare zusammen tranken.

I 17. d) Egil-Saga

Sie waren in diesem Winter ein Teil seiner Gefolgschaft und saßen neben den beiden Brüdern. Thorolf saß auf dem Hochsitz gegenüber von Thorir und trank mit ihm. Egil saß als Kelch-Genosse gegenüber von Arinbjorn. Bei allen Trinksprüchen mußte der Kelch hinübergereicht werden.

I 17. e) Die Saga über Thorstein Haus-Macht

Die Hvitungs wurden benutzt, wenn zu Trinksprüchen getrunken wurde – dabei teilten sich zwei Männer ein Horn.
Der Erinnerungs-Kelch, den Godmund dem König gesandt hatte, war so groß, daß niemand außer Thorstein Haus-Macht aus ihm trinken konnte.

I 17. f) Heimskringla

In demselben Sommer kam König Hjorvard, der Ylfing genannt wurde, mit seiner Flotte nach Schweden und fuhr in den Fjord, der „Fjord der düsteren Gefahr" genannt wurde.
Als König Granmar davon hörte, sandte er einen Boten aus und lud ihn und alle seine Männer zu einem Fest.
König Hjorvard nahm dies gerne an, denn er hatte in König Granmars Reich noch nie Raubzüge unternommen. Als er zu dem Fest kam, wurde er freudig willkommen geheißen.
Am Abend, als die Kelche kreisten wie es der Brauch bei den Königen war, wenn sie daheim waren oder wenn sie ein Fest angeordnet hatten, saßen und tranken sie zusammen, je ein Mann und eine Frau in Paaren, und auch der Rest der Mannschaft saß und trank zusammen. Aber es war das Gesetzt unter den Wikingern, daß alle, die auf einem Fest zugegen waren, alle in der Runde gemeinsam tranken.
König Hjorvards Hochsitz war genau gegenüber von König Granmars Hochsitz

und ihre Männer saßen alle gemeinsam auf denselben Bänken.

König Granmar sagte seiner Tochter Hildigum, die ein bemerkenswert schönes Mädchen war, daß sie sich bereit machen solle, den Wikingern Ale zu bringen.

Daraufhin nahm sie einen silbernen Kelch, füllte ihn, verbeugte sich vor dem König Hjorvard und sprach: „Erfolg für alle Ylfinger: diesen Kelch in Erinnerung an König Hrolf Krähe!"

Sie trank die Hälfte aus und reichte den Kelch König Hjorvard. Er nahm den Kelch und ergriff ihre Hand und sie mußte neben ihm sitzen. Sie sagte, daß es nicht Wikinger-Art ist, zu zweit mit Frauen zu trinken.

Hjorvard entgegnete, daß für ihn besser sei, dies zu ändern und die Wikinger-Weise sein zu lassen und in ihrer Gesellschaft zu trinken. Da setzte sich Hildigum neben ihm nieder und beide tranken zusammen und sprachen viel miteinander während dieses Abends.

Am nächsten Tag, als sich König Granmar und König Hjorvard trafen, sprach Hjorvard von seiner Werbung und bat darum, Hildigum zur Ehe zu erhalten.

König Granmar legte diese Absicht seiner Frau Hilda und den wichtigen Männern vor und sagte, daß er große Hilfe von Hjorvard erhalten würde und daß er ihm vertraue, und alle stimmten dem völlig zu und fanden dies sehr vernünftig. Das Ende war, daß Hildigum dem Hjorvard versprochen wurde und die Hochzeit kurze Zeit später stattfand. König Hjorvard blieb bei König Granmar, der keine Söhne hatte, um sein Reich zu verteidigen.

I 17. g)   Heimskringla

Das Trinken von Met gehörte offenbar fest zu der Kultur der Germanen:

Wenn König Olaf in seine Kammer ging, hat er oft bevor er zu Bett ging, noch einige Krüge mit Met hereinbringen lassen, die er allen Männern, die im Haus waren, zu trinken gab. Daher war er sehr beliebt.

I 17. h)   Heimskringla

Manchmal nahm der König diesen „Schlaftrunk" jedoch auch alleine oder zusammen mit seiner Frau ein.

In der Nacht, als sich der König zur Ruhe begab, wurde für ihn ein Bett mit

Behängen aus feinem Leinen aufgestellt. In dem Schlafraum waren nur wenige Männer.

Als sich der König ausgezogen hatte und zu Bett gegangen war, kam die Königin zu ihm, füllte einen Kelch für ihn zum Trinken und war sehr fröhlich und drängte ihn zu trinken. Der König hatte schon viel zu viel getrunken – alle beide hatten schon zuviel gehabt.

I 17. i) Heimskringla

Das Trinken in der Halle des Königs ist ein derart selbstverständlicher und häufiger Vorgang, daß er für andere Ereignisse als Bezugsrahmen benutzt werden konnte.

Es geschah einst, als König Sigurd von der Trink-Tafel zur Vesper ging, daß seine Männer sehr betrunken und fröhlich waren und viele von ihnen außerhalb der Kirche saßen und das Abendlied sangen – aber ihr Gesang war sehr schief.
    Da sprach der König: „Wer ist dieser Mann bei der Kirche, der eine Felljacke trägt?"
Sie antworteten ihm, daß sie es nicht wüßten.
Da sprach der König:

„Dieser Fell-gekleidete Mann ist in seiner großen Not
und ist in seiner Weisheit hierhin geflohen."

Da trat der Mann vor und sprach:

„Ich glaubte, daß ich hier bekannt sei,
auch wenn mein Gewand dürftig ist.
Es ist ärmlich, aber ich muß zufrieden sein,
außer wenn Ihr, Großer König, die Absicht habt,
mir Besseres zu geben, denn ich habe Zeiten gesehen,
in denen ich und Lumpen einander Fremde gewesen sind."

Offensichtlich ist der Fremde ein Skalde.

Der König antwortete: „Komme morgen zu mir, wenn ich an der Trink-Tafel sitze."
    Die Nacht verging und am nächsten Morgen ging der Isländer, der später Thorarin Strutfeld genannt wurde, in den Trink-Saal des Königs. Außerhalb der Türe des Raumes stand ein Mann mit einem Horn in der Hand und sprach:

„Isländer! Der König sagt, daß Du, wenn Du irgendein Geschenk von ihm erhalten willst, ein Lied verfassen sollst, bevor Du eintrittst, und daß Du es über einen Mann mit dem Namen Hakon Serkson verfassen sollst, der „kleiner Dicker" genannt wird, und daß Du in Deinem Lied über diesen Beinamen sprechen sollst."

Zusammenfassung

Es wurde paarweise getrunken – in manchen Fällen je zwei Männer und nie Mann und Frau, in anderen Fällen stets Mann und Frau. Zumindestens in einigen Fällen wurde ausgelost, wer mit wem trank. Die beiden zusammengehörigen Trinker saßen sich an der Tafel gegenüber. Wenn ein Trinkspruch gesagt wurde, trank der eine von den beiden die Hälfte des Horns und reichte es dann seinem Gegenüber, der dann die andere Hälfte trank.

In der Halle trank man stets als Gemeinschaft und nie alleine.

Es wird berichtet, daß eine Königstochter einem vornehmen Gast naht, über dem Kelch sagt, zu wessen Gedenken er geleert werden soll, ihn halb trinkt und ihn dann dem Gast reicht. Da dieses Vorgehen nur ein einziges mal so beschrieben wird, könnte es sich dabei um einen Einzelfall handeln, aber es wäre auch denkbar, daß dies öfter in dieser Weise geschah – was bedeuten würde, das die Kelchträgerin eine hervorgehobene Stellung gehabt hätte.

Bisweilen spendete der Herr der Halle abends noch einige Krüge mit Bier oder Met für seine Männer.

Manchmal brachte auch die Königin dem König noch einen Trunk vor dem Schlafen – das sieht jedoch beides eher nach individuellen Szenen aus.

I 18. Skaldenmet

Der Skaldenmet ist das am weitesten verbreitete Motiv im Zusammenhang mit Bier und Met – was sicherlich auch daran liegt, daß die überlieferten Texte zum allergrößten Teil von Skalden verfaßt worden sind …
Die angeführten Beispiel-Texte sind nur eine sehr kleine Auswahl.

I 18. a) Skaldskaparmal

Der Göttermet ist mit vielen verschiedenen Kenningarn umschrieben worden:

Nun sollt ihr hören, wie die Skalden die Dichtkunst in den metaphorischen Wortzusammensetzungen bezeichnet haben, die bereits aufgezeichnet worden sind. So kann man sie z.B. wie folgt umschreiben:

Im Folgenden sind die Kenningar, die an dieser und an anderen Stellen in der Skaldskaparmal angeführt worden sind, der Übersichtlichkeit halber nicht in der ursprünglichen Reihenfolge, sondern thematisch geordnet aufgeführt.
Diese Umschreibungen ergeben sich alle aus den bereits angeführten Mythen.

Entstehung des Mets:
Kwasirs Blut,

Besitz der Zwerge:
Zwergen-Met,
Trank des Dwalin (ein wichtiger Zwerg),
Gedanken-Trank (Met gibt Weisheit) *des Felsen-Volkes* (Zwerge = Totengeister in den Hügelgräbern),

Lösegeld für den Tod der beiden Riesen:
Gillings Lösegeld,
Vater-Lösegeld der Riesen,
Schiff der Zwerge (das Zahlen des Met-Lösegeldes brachte die Zwerge wieder an Land),
ewigwährendes Schiff der Zwerge,
Brandungswoge des Zwergen-Felsens,
die Gesang-Welle des Zwergen-Felsens (Gesang = Dichtkunst),

Besitz der Gunnlöd:
> *Gunnlöds Trank,*
> *Getränk aus dem Hnitbjörg,*

Met-Gefäße der Gunnlöd:
> *das Getränk oder die Fülle aus Odrörir und aus Bodn und aus Son,*
> *Odrörirs Meer,*
> *Bodns Woge,*

Besitz des Odin:
> *Beute und Fund und Geschenk des Odin,*
> *Trank des Götter-Königs,*
> *Trank des Hohen,*
> *Woge des Odin,*
> *Kessel-Gebräu des Galgen-Herrn,*
> *Herzströme des Odin,*
> *Fischschwarm* (= „Worte") *des Herzens-Fjords* (das Innerste) *des Odin,*

Besitz der Asen:
> *Met der Asen,*
> *Beute der Götter.*

So steht dies in diesen Versen des Einarr Klingel-Waage geschrieben:

„Ich bitte den großherzigen Wächter
der Erde, das Meer der Zwergen-Klippen,
meine Verse, anzuhören –
Höre, Jarl, Kwasirs Blut!

Und so hat auch Einarr Klingel-Waage gesungen:

„Die Woge des Zwergen-Felsens brandet
über die makellose Schild-Schar
dessen, der die Wut des stechenden Schwert-Verhängnisses
des Schild-Walles anfeuert."

Schild-Wall = Reihe oder Kreis von Kriegern; Schwert-Verhängnis der Krieger = Töten der Krieger = Kampf; der, der den Kampf anfeuert = Fürst (für den dies Lied gedichtet wurde)

Und Ormr Steinthor-Sohn sang so:

„*Der Leib der Dame
und meine eigene Leiche sollen
in die Halle getragen werden;
ihr Freibauern, hört Dwalins Trank!*"

Dwalins Trank = Göttermet = Skaldenmet = Dichtkunst

Und so sang Refr:

„*Ich zeige dem Thorstein
den Gedanken-Trank des Felsen-Volkes;
die Brandung des Zwergen-Felsens rauscht:
Ich bitte euch Männer, höret!*"

„Felsen-Volk" = Zwerge (in den steinernen Grabkammern in den Hügelgräbern)
    Viele Loblieder der Skalden begannen mit einer solchen Aufforderung zu schweigen an die Menschen in der Halle, da es bei den Trink-Feiern, bei denen diese Lieder vorgetragen wurden, nicht gerade leise zugegangen sein wird.

Auch Egill hat darüber gesungen:

„*Der Fürst wünscht meine Kenntnisse
und will sein Lob ausschütten:
Ich habe Odins Met
an die englische Küste getragen.*"

Und so sang Glumr Geira-Sohn:

„*Möge der fürstliche Belohner lauschen:
Ich halte des Götterkönigs Trank!
Gewährt mir daher Stille,
während wir über den Tod der Krieger singen!*"

Und so sang Eyvindr:

„*Ich bitte um Gehör
für den Trank des Hohen,
während ich*

*Gillings Wergeld vortrage,
während ich in dem Kessel-Gebräu
des Galgen-Herrn
seine Vorfahren
bis zu den Göttern zurückverfolge!"*

   Galgen-Herr = Odin
   Gillings Wergeld =Skaldenmet
   Kessel-Gebräu = Skaldenmet
   „seine Vorfahren" = die Vorfahren des Fürsten, an dieses Lied gerichtet ist

   Und so hat Einarr Klingel-Waage gesungen:

*„Odins Woge brandet,
eine Welle aus Odrörirs See
schlägt gegen die Zungen-Lichtung:
Ja, unseres Königs Werke sind gut!"*

   Zungen-Lichtung = Mund

   Und er sang außerdem:

*„Nun wird das, was Bodns Woge ankündigt,
geradeheraus ausgesprochen werden:
Möge das Heer des Kriegs-Königs in der Halle schweigen
und dem Schiff der Zwerge lauschen!"*

   „Bodn" = „Faß" = eines der drei Met-Gefäße der Gunnlöd

   Und so sang Eilifir Godrunar-Sohn:

*„Ihr sollt das Geschenk der Freundschaft gewähren,
da ein Keim des Son
auf unserer Zunge fruchtbarem Schilf-Ufer wächst:
Wahres Lob für unseren hohen Herrn!"*

   Geschenk = als Lohn für das Loblied (dies ist an den Fürsten gerichtet)
   „Son" = eines der Met-Gefäße der Gunnlöd; „Keim des Son" = Dichter-Vers
  der Mund: Schilf = Zähne; Ufer = Kieferknochen, auf dem die Zähne wie Schilf stehen; Schilf statt z.B. Gras, weil es im Mund wie am Ufer feucht ist; fruchtbar =

Hier spricht ein guter Skalde! Es gehörte zum guten Ton, sich selber zu loben ...

Weiterhin sang Stab-Steinn:

"Egill, höre den Herz-Fluß
des Odin rhythmisch
gegen meine Gaumen-Inseln branden:
Mir ist des Gottes Beute gegeben worden!"

das Herz wurde als die Quelle der Gedanken und somit auch der Lyrik angesehen
rhythmisch = mit Versmaß (auch die Wogen am Strand sind rhythmisch)
"Gaumen-Inseln" = Zähne

So sang Ormr Steinthor-Sohn:

"Kein Mann braucht meine Verse zu fürchten,
Ich flechte keinen Spott
in Odins Beute; Ich bin sicher und geschickt
im Schmieden von Lobliedern."

Odins Beute = Skaldenmet = Dichtkunst
    Das öffentliche Vortragen von Spott-Versen über eine Person, an der nach dem Wikinger-Ethos etwas auszusetzen war, war nicht besonders beliebt – zumindestens nicht bei den Betroffenen ...

So sang Ulfr Ugga-Sohn:

"Ich zeige dem Heer-frohen Olaf
den Fischschwarm des Herz-Fjordes des Odin:
mein Lied. Ihn bitte ich nun,
dem Geschenk des Grimnir zu lauschen!"

    Der Fischschwarm sind die Dichtkunst-Worte, die aus Odins Herzen kommen, d.h. die von Odin inspiriert worden sind.
    Grimnir = Odin

Die Dichtkunst wird 'Meer oder Flüssigkeit der Zwerge' genannt, weil Kwasirs Blut in Ödrörir ein Flüssigkeit gewesen ist, bevor daraus Met gemacht wurde, der dann in den Kessel geschüttet wurde. Deshalb wird er 'Odins Kessel-Flüssigkeit' genannt, so wie Eyvindr gesungen hat und so wie wir schon zuvor geschrieben haben:

„Während ich in dem Kessel-Gebräu
des Galgen-Herrn
seine Vorfahren
bis zu den Göttern zurückverfolge!"

Weiterhin wird die Dichtkunst 'Schiff oder Bier der Zwerge' genannt: Das Bier heißt auch 'lid' und 'lid' bedeutet ebenso auch 'Schiff' – aus diesem Grund, glaubt man, wird die Dichtkunst nun ebenfalls 'Schiff der Zwerge' genannt, so wie in diesem Vers gesagt wird:

„Ich besitze den Geist aus Gunnlöds Trank
in Fülle, die wie ein anschwellender Wind ist,
und ich werde das ewig-währende Schiff der Zwerge
auf seinen Weg senden."

Zwerge: Eine andere Erklärung wäre, daß der Met, den die Zwerge als Wergeld gaben, ihnen die Rückkehr ans Festland ermöglichte und der Met daher ihr „Schiff" gewesen ist. Zudem sind die Schiffe wie viele Krüge sozusagen auch „Holz-Gefäße".
Wind: Dies ist evtl. eine Anspielung auf eine dramatische Steigerung in dem betreffenden Lied – aber diese Interpretation ist unsicher.
senden: Die beiden letzten Zeilen bedeuten, daß der Skalde sein Lied vorträgt.

I 18. b)   Alwis-Lied

Thor:
„Sage mir, Alwis, da alle Wesen,
Kluger Zwerg, Du erkennst,
Wie heißt das Ael, das alle trinken,
In all' den Welten?"

Alwis (Tyr):
„Bei Menschen Ael, bei Asen Bier,
Wanen sagen Saft,
Bei Hel heißt es Met, bei Riesen helle Flut,
Geschlürf bei Suttungs Söhnen."

I 18. c)   Saga über Egil Skallagrimson

*Ich segelte über das Wehr
in den Westen:
Ich trage Odins Herz-Flut.
So ist es mit mir bestellt.*

  Wehr = Meer
  Odins Herz-Flut = Göttermet (die Inspiration quillt aus dem Herzen empor)

I 18. d)   Saga über Egil Skallagrimson

*Herrscher, urteile nun nach Deinem Willen
über meine Skaldenkunst:
Nun Stille zu finden,
wäre süß für meinen Geist.
Mein Mund bewegt sich mit Worten,
die von meinem Herzensgrund aufsteigen:
die Woge des Trankes des Odin,
die einem Krieger wohl ansteht.*

I 18. e)   Saga über Egil Skallagrimson

Eine der beliebtesten Kenningar für den Dichter-Met war „Odins Beute". Diese Umschreibung findet sich u.a. in der „Klage über den (Tod des) Sohnes" des Skalden Egil Skallagrimson.

Dieses Klagelied beginnt mit den Worten:

*„Es fällt mir sehr schwer,
mit meiner Zunge ein hehres Gedicht
in Bewegung zu setzen.
Es gibt nun nichts mehr zu erhoffen
von Odins Beute.
Es ist nicht leicht,
sie aus dem Rückzugsort
meiner Seele hervorzuholen."*

I 18. f)   Saga über Egil Skallagrimson

Der Skalde, Wikinger und Politiker Egil Skallagrimson ist um ca. 960 n.Chr. an der Küste seines Feindes Eirikr von Northumberland gestrandet und von ihm zum Tode verurteilt worden. Er konnte sich jedoch dadurch, daß er in der Nacht vor seiner Hinrichtung ein Loblied auf Eirikr verfaßte, sein Leben retten – selbst Eirikr mußte sich an diesen Brauch der Wikinger halten.

In diesem Lied, das wegen seiner Entstehung „Hauptes-Lösegeld" genannt wird, wird die Dichtkunst mithilfe von Odins Met umschrieben:

Westwärts segelte ich auf den Wogen
und Odin gab mir in meinem Inneren
das Meer der Lieder, die ich in mir trage –
es war mein Wunsch in die Ferne zu ziehen:
Ich brach mit meiner schwimmenden Eiche auf,
als sich Eisschollen von den Gletschern lösten –
mein Geist war wie ein Schiff gefüllt
mit einer Ladung von Sänger-Gedanken.

Ein Fürst hat mich zum Gast:
Lobpreis sei ihm gebührend dargebracht:
Laßt uns nun von Odins Met
in England zechen!
Lob bringe ich dem König dar,
Laut singe ich von seinem Ruhm,
Stille heische ich ringsum,
denn ich habe mein Loblied gefunden!

I 18. g)   Saga über Egil Skallagrimson

Egil benutzt die Kenning „Odins Met" für Dichtkunst noch in einem weiteren Lied. Egil Skallagrimson war der erste germanische Dichter, der in seinen Liedern auch persönliche Gefühle ausdrückte. Er konnte in seinen Versen auch durchaus bissig werden, wie bei dieser Gelegenheit, bei der er mit dem Lohn des Fürsten für seine Lieder unzufrieden war.

*Nicht schön scheint
mein Skalden-Lohn
den Reihen der Helden
in des Königs Halle:
Als ich von dem Herrscher
meinen Umhang-Hügel,
von wolfsgrauer Farbe
für Odins Met erhielt.*

*Falsch zu meinem Freund
würde ich mit Recht genannt werden,
und ein untreuer Mundschenk
von Odins Kelch,
und des Lobes unwürdig,
ein gemeiner Eidbrecher,
wenn ich für solch Gutes
nichts zurückgeben würde.*

I 18. h) Ragnarsdrapa

Der Göttermet war so eng mit Odin verknüpft, daß sich daraus sogar ein Personenname bzw. ein Titel gebildet hat: *„Hrafnaketil"*. Diesen Namen trägt z.B. der Freyr-Priester in der nach ihm benannten Hrafnkell-Saga

„Hrafna" ist der Rabe und bezieht sich auf die beiden Raben Hugin und Munin des Odin. Ein „Ketil" ist ein Kessel (englisch: „kettle"). „Hrafnaketil" ist folglich der „Kessel des Odin", in dem sich der Met befindet.

In der Ragnarsdrapa wird der Jarl (Graf) Ragna Lodbröck von dem Skalden Bragi Boddason mit „Raben-Kessel" angesprochen. In diesem Zusammenhang muß dieser Name eine Umschreibung für den Jarl sein. Der Jarl könnte somit entweder selber ein Skalde gewesen sein (wovon ansonsten nichts bekannt ist) oder der Jarls wird hier einfach als derjenige bezeichnet, der in seiner Halle den Met ausschenkt.

*Willst Du hören, Raben-Kessel,
wie ich die Flecken-bedeckte Sohlen-Klinge
des Diebes der Thrudr
und meinen Fürsten mit Geschick preise?*

Die *„Sohlen-Klinge"* ist ein Schild: Die *„Klinge"* ist eine Waffe; und die Waffe, die sich unter der „*Sohle*" befindet, ist der Schild des Tyr-Riesen Hrungnir, auf die er sich stellte, als er von Thor angegriffen wurde. Daß Thors Tochter „*Thrudr*" entführt worden ist, ist ansonsten nicht bekannt. Lediglich der Tyr-Zwerg Alwis hat einmal um sie geworben – aber hat das aufgrund einer List des Thor nicht überlebt. Anscheinend spielte auch in dieser Thrudr-Mythe ein Schild eine wichtige Rolle. Da der Tyr-Riese Hrungnir Thrudrs Mutter Sif und die Asin Freya entführen wollte, scheint es einen Zusammenhang zwischen diesen beiden Mythen zu geben. Vermutlich ist Thrudr einfach eine der vielen Varianten der Jenseitsgöttin, die auch die Wiederzeugungs-Geliebte und die Wiedergeburts-Mutter des ehemaligen Sonnengott-Göttervaters Tyr und der Toten ist.

Die Beschreibung des Schildes als „Flecken-bedeckt" bezieht sich wohl auf die Bilder auf ihm.

I 18. i) Strophe des Omr

Für eine Mark der Birke
des hellen, hohlen Ringes,
des Hand-Feuers, verfaßte ich
das Zwergen-Gefäß, mein Lied.

  Birke = Frau; Ring = Armreif; Armreif-Frau = reiche Frau
  Hand-Feuer = Gold = Armreif
  Zwergengefäß = Gefäß, das den Skaldenmet enthält (Eigentlich müßte es an dieser Stelle „Inhalt des Zwergen-Gefäßes" heißen.)

I 18. j) Sigurdardrapa

Möge der Sohn von Haralds treuem Freund
mir sein Ohr leihen und mir lauschen:
Ich erhebe mein Lied, den Hefe-Strom
der schneebedeckten Ungeheuer des Syr.

  Hefe: Bier wird mit Hefe gebraut.
  Ungeheuer = Riesen (ehemals die Besitzer des Skaldenmets); hier die Berge von Norwegen (Syr) – die Hügelgräber der Riesen (Toten) sind hier den Bergen gleichgesetzt worden

I 18. k)   Heimskringla

Von den Skaldenmet-Kenningarn leiteten sich auch Umschreibungen wie „Überfließen des Met-Kelches" für das Dichten selber ab:

So sang Einar Waagen-Klang:

„Der Helm-gekrönte Hakon, mutig und standfest,
hat wieder seine Feinde niedergeworfen.
Der Kelch fließt über mit Odins Met,
der die Skalden anfeuert, wenn mächtige Taten
besungen werden. Jarl Hakons Schwert
hat im Zweikampf, so habe ich es gehört,
drei Jarls-Söhne, die nun bei Odin wohnen,
von dieser Schlacht fortgetrieben."

I 18. l)   Strophe des Eysteinn

„Sifs Gatte brachte schnell
sein Angelgerät heraus
zusammen mit dem Alten
Wir verstehen Hrimnirs Horn-Flut zu rühren."

„Sifs Gatte" ist Thor. Der „Alte" ist der Riese Hymir, des Vater des Tyr.
  Die „Horn-Flut" ist das Getränk im Trinkhorn, d.h. der Skaldenmet. Eysteinn lobt sich in dieser Zeile selber.
  „Hrimnir" ist der Besitzer des Skaldenmets und muß folglich entweder Odin sein, dem der Skaldenmet in den Darstellungen der Edda gehört, oder der ehemalige Göttervater Tyr, der der Vorgänger des Odin ist.

I 18. m)   Haleygjatal

Die Umschreibungen für „Skaldenmet" sind zum Teil recht kunstvoll gewesen:

*Ich wünsche Schweigen
für Hars Volk
während ich Gillings
Schatz erhebe,
während ich seine Ahnenreihe
in der Flüssigkeit
der Galgen-Last
bis zurück zu den Göttern aufzähle:
das, was der Schnelle
aus Surts
tiefem Tal
fliegend forttrug.*

  Har = Odin; sein Volk = seine Worte = Dichtkunst
  Gillings Schatz = Skaldenmet
  Galgen-Last = Odin, dessen Flüssigkeit = Skaldenmet
  Surt = Tyr; dessen tiefes Tal = Unterwelt; der Schnelle = Odin als Adler; was der Odin-Adler aus der Unterwelt forttrug = Skaldenmet (Met der Gunnlöd)

I 18. n)   Strophe des Hofgarda-Ref Gest-Sohn

*Glücklich ist der Steuermann
des hohen Wogen-Tieres,
der mit seinem Los
zufrieden ist.
Ich bin wohl-geübt
in dem Keltern
des Weines
der Wolfs-Gefahr.*

  Wogen-Tier = Schiff; dessen Steuermann = Krieger, Fürst
  Wolf = Fenrir; dessen Gefahr = dessen Feind = Odin; dessen Wein = Skaldenmet/ Dichtkunst; deren Keltern = Dichten

I 18. o)   Strophe des Refr

Der Gnadenvolle kam oft zu mir
mit dem heiligen Kelch des Rabengottes.

   Gnadenvoller = Odin
   Rabengott = Odin; dessen Kelch = Skaldenmet = Dichtkunst

I 18. p)   Strophe des Steinthor

Viel kann ich
den in uralter Zeit erschaffenen,
aber raren Trank der kühnen Last
in Gunnlöds Umarmung loben.

   Last in Gunnlöds Umarmung = Odin; dessen Trank = Skaldenmet/Dichtkunst

I 18. q)   Strophe des Thordr Kolbein-Sohn

Der Schild-Ahorn ließ viele schnelle Langschiffe
und Handels-Schiffe und geschwinde
Drachenschiffe sich über die See ergießen;
Des Skalden Loblied wuchs rasch an.

I 18. r)   Strophe des Ulfr Ugga-Sohn

Nun gelangt der Fluß in die See,
doch zuvor habe ich das Lob gesungen
für den Bote des Schwert-Regens:
So habe ich das Lob der Krieger erhoben.

   1. Zeile: Nun komme ich zum Ende
   Schwert-Regen = Blut; Blut-Bote = Krieger, Fürst

I 18. s)   Cormac-Saga

In diesem Lied findet sich eine weitere Kenning für den Skalden-Met, die *„süßer, verborgener Trank der Götter"* lautet. Der Met an sich ist „süß" und er ist verborgen, weil er sich in der Unterwelt bei Gunnlöd befindet – und weil das Verfassen von guter Dichtung nicht einfach ist …

I 18. t)   Strophe des Thorarinn Kurzmantel

Die Skalden konnten in Spottliedern ziemlich bissig werden:

Weit und breit hat der Küsten-Schiefe schadenfroh
seine Dichtungen unter den Leuten verbreitet
und in seinem Eifer zu lästern,
die Pisse des alten Adlers versprüht.
Und Wort-müde konntest Du
nicht einmal eine Krähe
in dem Land der Sarazenen füttern;
Schiefer, Du trugst Högnis Kappe voller Angst!

alter Adler = Odin (beim Raub des Mets); dessen Urin = Dichtermet für die schlechten Dichter
eine Krähe (mit Aas) füttern = Feinde töten
Högnis Kappe = Helm

I 18. u)   Strophe des Kormak

Ich werde noch viele Loblieder mehr
über Hakons großen Sohn verfassen:
Ich zahle ihm das Lied-Wergeld der Götter.

Falls diese Kenning nicht sehr frei entworfen worden ist, müßte es eine ansonsten unbekannte Mythe gegeben haben, in der die Götter Met als Lösegeld gezahlt haben. Es wäre noch denkbar, daß hier die beiden Zwerge Fjalar und Galar zu den Göttern gezählt werden, was zwar in der früheren Tyr-zentrierten Mythologie zugetroffen hätte, aber ab 500 n.Chr. in den neueren Odin-zentrierten Mythen ausgesprochen ungewöhnlich wäre.

I 18. v) Egil-Saga

Dann gab Athelstan weiterhin dem Egil zwei Goldringe als Dichtermet, die jeder mehr als eine Mark wogen, und dazu noch einen Umhang, den der König selber zuvor getragen hatte.

Die Bezeichnung des Skaldenlohnes als „Dichter-Met" ist recht ungewöhnlich. Vielleicht gab es hier irgendwann im Laufe der Überlieferung einen Übersetzungsfehler und es hat ursprünglich „zwei Goldringe für den Dichtermet" gelautet.

I 18. w) Harmsol

Die Skalden haben auch nach ihrem Übertritt zum Christentum weitergedichtet – mit christlichem Inhalt und in germanischem Stil, wobei sie viele alte Motive beibehalten haben. An die Stelle Odin als dem Schutzgott der Skalden ist dabei Gott Vater bzw. Christus getreten, der sehr oft um Hilfe beim Dichten gebeten wurde – der heilige Geist trat in diesem Zusammenhang bisweilen an die Stelle des Göttermets.

Hoher Herrscher des Sturm-Zeltes,
Du, der alle Menschen erschaffen hat,
öffne für mich die Tore der Festung der Dichtkunst
durch Deine gütige Gnade,
damit ich meine sanften Worte verbessern kann,
die das Heilmittel für Verfehlungen sind,
für die Bäume des Schwert-Lärms
– durch Deine vorzügliche Hilfe.

Sturm-Zelt = Himmel; dessen Herrscher = Gott
Festung der Dichtkunst = Herz, Brust; deren Tor = Mund
Schwert-Lärm = Kampf; Kampf-Baum = Krieger, Männer

*Kein Schwinger der Feuer der Mist
kann passende Lob-Worte
für Dich finden, mein Herr
– das ist vollkommen wahr –
denn Du, reiner König der Sturm-Halle,
bist kostbarer als all das,
was sich die Büsche des heftigen Sturmes
der Schlacht-Schlangen vorstellen können!*

   Mist = eine der Walküren; deren Feuer = Schwert; dessen Schwinger = Krieger, Mann
   Sturm-Halle = Himmel; deren Herr = Gott
   Schlacht-Schlange = Schwert oder Speer; deren Sturm = Kampf; dessen Busch = Krieger, Mann

*Sende Deinen reinen Geist zu mir,
alleiniger Erschaffer der Länder;
Du bist der einzige,
der die Sorge meines Geistes fortnehmen kann.
Die Bäume der Planken-Rosse
können dies auf keine Weise ohne Dich erreichen,
denn große Verbesserung
kann aus Dir für die Menschen kommen.*

   reiner Geist = heiliger Geist (er entspricht hier genau dem Skaldenmet)
   Planken-Roß = Drachenschiff; deren Baum = Wikinger, Mann
   Dich, Dir (in den letzten vier Zeilen) = Heiliger Geist

I 18 x)   Leidarvisan

*Ich füge innerlich das Gedicht zusammen
und mein Mund und meine Lippen
preisen sehr eilig, sehr schnell
den Herrn der Halle der Berge.
Möge der König des Richterstuhls
und der Sonne mir kostbare,
wahre Wort-Fülle verleihen,
damit ich noch einmal den Herrn preisen kann!*

Halle der Berge = Himmel; dessen Herr = Gott
König des Richterstuhls und der Sonne = Gott

I 18 y) Leidarvisan

Ich rufe den berühmten König
des schönen Juwels des hohen Sturm-Hauses,
den einen, der über den Himmel herrscht,
höre dieses Loblied vor der Sippe der Menschen!
Ich bitte den allermächtigsten Herrn
um Wort-Fülle für mich;
meine Sprach-Organe sollen das Lob bewegen
und die Leute sollen schweigen.

Sturm-Haus = Himmel; dessen Juwel = Sonne; dessen König = Gott

I 18. z) Leidarvisan

Dann bitte ich den Vater und den Sohn,
eine glatte Gedicht-Form auszubreiten;
möge der Heilige Geist
mein unbeholfene Verse stärken!
Meine Worte werden
dem Steuermann der Menschen mißfallen,
wenn der Herr mir nicht Sprach-Fülle
für dieses Loblied gibt.

Steuermann der Menschen = Gott

I 18. aa)   Leidarvisan

Wahrlich, ich bin begierig,
meine Wort-Weisheit vor den aufgerichteten Pfosten
des Schlangen-Landes zu erproben.
Ich kann das strahlende Gedicht preisen.
Der rein-gesonnene Fürst der Sturm-Einfriedung
hat mir nur zu einem Zweck
die Wort-Fülle gegeben:
damit ich sie für dieses Gedicht nutzen kann.

   Schlange = Totengeist; deren Land/Lager = Goldschatz im Hügelgrab = Armreif; deren Pfosten = Krieger/Männer
   Sturm-Einfriedung = Himmel; dessen Fürst = Gott

I 18. ab)   Leidarvisan

Ich werde damit beginnen,
aus einem Zustand der Verzweiflung heraus
eine Vollendung zu finden,
wenn Gott mir gewährt,
daß mir Redegewandtheit bereitet wird;
die Refrains sind fertig.
Herr der Fülle des Ruhmes, hilf mir mit diesem Gedicht;
mir wird kein einziges Wort gelingen, wenn Gott mir nicht hilft.

   Herr = Gott

I 18. ac)   Gedicht über König Magnus Gesetzesverbesserer

Ich rufe zuerst den obersten Herrn
des Engel-Reiches zu dem Vortrag;
nun wird das Gedicht machtvoll; ruhmreicher Fürst
der berühmten Sonne, leite meine redegewandte Zunge.
Ich bin verpflichtet, das Lob dieses Führers der Fürsten,
der der erste der Menschen gewesen ist,
mit der größten Ehre zu loben; möge der machtvolle Herr
meine Worte über den Sicherer des Ruhmes stärken!

  Engel-Reich = Himmel; dessen Herr = Gott
  Fürst der Sonne = Gott
  Führer der Fürsten = König
  Erster der Menschen = König
  machtvoller Herr = Gott
  Sicherer des Ruhmes = König

I 18. ad)   Liknarbraut

Ich muß nun zweifellos darum flehen,
daß der vollkommen edle,
Ruhm-frohe Fürst des höchsten, klaren Himmels
mir den wertvollen Mund-Inhalt gewährt,
denn ich kann, weil ich noch jung bin,
nur selten mein Wort-Ruder
von den großen Verfehlungen
einer leichtfertigen Zunge fernhalten.

  Himmels-Fürst = Gott
  Mund-Inhalt = Worte, Sprache
  Wort-Ruder = Zunge

I 18. ae)   Liknarbraut

Sorgen-Bekämpfer der Menschheit,
ich würde mich noch immer freuen,
später Lob und Belohnung
für mein Dichten zu erhalten.
Zuvor habe ich andere
und größere Segnungen von Dir erhalten,
als ich Dir jemals entgelten könnte,
gnädiger Herr – das macht mir Angst.

   Sorgen-Bekämpfer = König

I 18. af)   Katrinardrapa

Leite meine Worte, Du, der den König des Wolken-Zeltes getauft hat
und auch all ihr Seher, ihr Propheten Christi
und ihr großen Apostel,
ihr Leute, die mit Feuer und Leid gefoltert worden seid!
Ich bitte die berühmte Maid, mir eine Fülle von Beredsamkeit zu gewähren,
die der Herr stärken möge;
möge das ganze Heer der Engel des Herrn
den Verfasser der Gedichte darin unterstützen, diese Drapa zu vollenden!

   Wolken-Zelt = Himmel; dessen König = Gott
   Maid = Maria
   Drapa = eine Gedichtform

I 18. ag)   Drapa af Mariugrat

Es verlangt mich danach,
Lob für die Mutter des Herrn der Sonne und des Mondes zu finden;
ich hoffe voller Sorgen, daß der geschmückte Sitz des Heiligen Geistes
dieses Gedicht annehmen wird.
Umfasser aller Schöpfung,
gib mir die Worte, die ich brauche, eines oder zwei,
sodaß ich wieder wie schon zuvor
zu ihrem Ruhm dichten kann!

   Herr der Sonne und des Mondes = Christus (die Germanen unterschieden kaum zwischen Christus und Gott Vater); dessen Mutter = Maria
  Sitz des heiligen Geistes = Christus (er ist von ihm erfüllt)
  Umfasser aller Schöpfung = Gott (oder Christus)

I 18. ah)   Drapa af Mariugrat

Ich bitte Dich, Christus, und Dich,
gesegnete Mutter, euch beide,
daß ihr mich für dieses Lied belohnt,
wenn ich mein Leben lasse; Lehrer, stehe mir dann bei!
Glanzvoller Herr Jesus, leite mich
von der üblen Begegnung mit den Teufeln fort;
leite meine Seele in Dein Gut-sein;
dann werde ich den Lohn für mein Lob-Lied wählen.

  Lehrer = Christus

I 18. ai)   Brudkaupsvísur

Möge der Fürst der Menschen,
der die Leute erschaffen hat,
mir den Anfang des Liedes gewähren,
da es sonst an Worten fehlen wird; seine Macht ist fest.
Ich möchte Dich, Christus,
um wahre Worte bitten;
reiner König der Sonnen-Halle,
leite Du alleine das, was ich dichte!

  Fürst der Menschen = Christus, Gott
  Sonnen-Halle = Himmel; deren König = Gott, Christus

Möge die glanzvolle, freigiebige Königin der Menschen,
die in allem überragend ist,
mir mehr Hilfe als die,
um die ich bitten kann, gewähren,
denn ich will so gut ich kann
sorgsam das Lob-Werk der Dichtkunst für
das strahlende Land der Leuchtfeuer der Fischgründe fertigen;
das ist meine Pflicht.

  Königin der Menschen = Maria
  Fischgründe = Meer; Leuchtfeuer = Sonne; Sonne des Meeres = Gold; Die ungewöhnliche Kenning „Gold-Land" scheint hier „Paradies" im Sinne von „Land der Sonne" zu bedeuten, was sehr an das Jenseits des ehemaligen Sonnengott-Göttervater Týr erinnert.

I 18. aj)   Mariuvísur 1

Möge der Schatz-Teiler,
der mein Herz durch alle Zeiten hindurch hört,
mir Stimme
und strahlende, reine Beredsamkeit geben!
Ich möchte den ruhmreichen Gott
darum anflehen,
daß er sich der Gnade für seine Schöpfung erinnert;
das ist Gottes großzügigster Wunsch.

Schatz-Teiler = Gott (Gott wird hier wie ein freigiebiger König angesehen)
Der letzte Satz ist keine sehr christliche Ansicht ...

Edelster Busenfreund Gottes,
der Andreas genannt wird,
ich bitte darum, daß Dein Name
stets mit Worten der Fülle zu mir steht,
so daß ich in süßer Tugendhaftigkeit
den Leuten
über ein wahres Wunder berichten kann,
während die gesegnete Jungfrau lauscht.

   Gottes Busenfreund = Apostel
   Jungfrau = Maria

I 18. ak)   Mariuvisur 3

Machtvoller Herr, gib mir die Kraft,
eine Lied-Form, sodaß ich schöne Worte
an den einen Ort bringen kann:
zu unserem Vater.
Gott, Herrscher der Liebe in Ewigkeit,
lenke durch Deine Macht
eine furchtlose Fülle von Worten
in meine offene Brust!

I 18. al)   Heilagra manna drapa

Am höchsten Ehrwürdige unter den Frauen,
süße Mutter und meine freundlichste Gnade,
laß die allerschönsten Worte in dem Gefüge des Refrains reifen
zur Ehre von Gottes liebsten Freunden und von Dir!

   Ehrwürdige = Maria
   Gottes Freunde = Heilige, Engel

I 18. am)   Heilagra meya drapa

Reiner Herr, laß nun das Versmaß und die Form
sich zur Ehre Deiner Mutter erheben!

  Mutter = Maria

I 18. an)   Heilagra meya drapa

Gib mir, mein Jesus, der die Menschen geheilt hat,
glückvolles Geschick für den Wechsel der Refrains,
sodaß die Folge der Worte
für die ruhmreichen Frauen ausreicht!

  Frauen = Heilige

I 18. ao)   Petrsdrapa

Möge der heilige Sternen-Herr
meine Seele mit der Hand der Hilfe beruhigen
und das Glaubens-starke Gedicht
mit gefeierten Taten hervorbringen!

I 18. ap)   Gydingsvisur

Ich bitte den hochgeschätzten Gott,
meine Beredsamkeit zu stärken,
und daß die Bäume des Feuers des Habicht-Pfades
meinem glatten Lied lauschen mögen.

  Habicht-Pfad = Arm (Falkner); dessen Feuer = Goldener Armreif; Armreif-Baum = Krieger
  glatt = flüssig, mit passendem Versmaß und passendem Reim

I 18. aq) Lilja

Ich bitte Dich um Deine große Gnade
– möge sie mir gewährt werden –,
wenn ich mit demütigem Geist suche,
denn es kann außer Dir nichts Gutes geben, Herr, über das man reden könnte.
Reinige mein Herz und leite kunstvoll lebhafte Worte,
stütze sie mit Halbreimen,
mit einem Gürtel von Refrains, sodaß ein Gedicht entsteht,
daß für Dich durch meinen Mund gesprochen wird.

Ich bitte Dich, Maid und Mutter,
daß durch Deine Umsicht
passende Sätze in glatten Versen
aus meinen Sprachwerkzeugen fließen,
klar und süß von meinen Lippen
so gefügt, daß all die Worte
wie in leuchtendem Gold gewaschen sind:
Ich will sie Gott darbringen.

I 18. ar) Lilja

Die neueren christlichen Skalden legten nach und nach den alten Stil ab:

Der, der das ausgefeilte Gedicht vortragen muß,
wählt für die Verse so viel altertümliche, dunkle Rede aus,
daß man es kaum zählen kann –
ich sage, daß er dadurch das Verständnis behindert!
Denn jeder hier kann klare Worte gut verstehen;
Mögen die Leute meine klar erkennbare Absicht verstehen,
diese normale Sprache, die frei heraus gesprochen wird.
Ich wünsche, daß dies Gedicht 'Lilie' genannt wird.

I 18. as)   Strophe des Einar Skula-Sohn

Die Dreiheit Gottes lehrte mich Dichtkunst und Gebete;
der ist wirklich weise,
der die Gunst des sprachgewandten Herrschers
aller Dinge erlangt.
Der Schlachten-starke Balken
der Sonne der Gnade
verkündet ein glanzvolles Licht –
ich opfere das vorzügliche Lied, um Olaf zu verherrlichen.

  Herrscher aller Dinge = Gott Vater
  Sonne der Gnade = Gott Vater; Balken = Mann; Mann Gottes = Christ

I 18. at)   Kenningar

Es gibt eine sehr große Menge an Kenningarn, die den Skaldenmet, die Dichtkunst, den Dichter und das Dichten umschreiben – schließlich gehörte das Selbstlob zu dem Vortrag eines Skalden, die daher viel Umschreibungen für ihre eigene Tätigkeit brauchten.

Im Folgenden wird zwar zwischen Skalden-Met, Dichtkunst und Dichten unterscheiden, aber die Übergänge zwischen diesen Bedeutungen sind oft sehr fließend und in vielen Fällen auch (beabsichtigt) mehrdeutig.

Am Ende einer jeder Gruppe von Kenningar sind die evtl. neuen Informationen zusammengefaßt worden.

1. Skalden

Skalde	*Weisheits-Wünscher*	diese Kenning zeigt noch die ursprüngliche Einheit von Priester und Skalde		anonym	Beowulf
Skalde	*Verse-Schmied*			anonym	Egil-Saga
Skalde	*Geber der Gedichte*			Kalfr Hallsson	Katrinardrapa
Skalde	*Vermehrer der Gedichte*			anonym	Mariudrapa

Skalde	nichts-ermangelnder Dichter	nichts ermangeln = vollkommen	Bragi Boddason der Alte	(Skaldskaparmal)
Skalde	Lied-dichtender Modi	Modi = Gott (Thors Sohn)	Bragi Boddason der Alte	(Skaldskaparmal)
Skalde	geschickte Reime-Schmied		Bragi Boddason der Alte	(Skaldskaparmal)
Skalde	Vidurs Gedanken-Schmied	Vidur = Odin	Bragi Boddason der Alte	(Skaldskaparmal)
Skalde	geschickter Kenner des Anordnens von Lob		Bersi Skald-Torfuson	Flokkr über Olaf den Heiligen
Skalde	Gautars Geschenk-Finder	Gautar/Ygg = Odin; sein Geschenk/Bier = Skaldenmet = Dichtkunst	Bragi Boddason der Alte	(Skaldskaparmal)
Skalde	Träger von Yggs Bier		Bragi Boddason der Alte	(Skaldskaparmal)
Skalde	der des Gottes Vers-Met einschenkt		Kormakr	Skaldskaparmal
Skalde	Mundschenk des Kelches des Odin		anonym	Egil-Saga
Skalde	Odins Diener		Steinar	Kormak-Saga
Skalde	Barde	„Barde" ist die keltische Bezeichnung für „Skalde"; „bard" bedeutet im Altnordischen „Bart" (vermutlich wurde dem Skalden-Gott Bragi deshalb ein langer Bart zugeschrieben)	Snorri Sturluson	Skaldskaparmal

Der Skalde und der Priester sind ursprünglich dieselbe Person gewesen – auch der Charakter des Odin ist vom Schamanen/Priester-Gott auf den Skaldengott erweitert worden.

2. schlechte Skalden

Skalde (schlechter)	der in dem Meer des Harbard zu schwimmen versucht	Harbard = Graubart = Odin; sein Meer = Skaldenmet	anonym	Njals-Saga

3. Skalden-Met

Skalden-Met	*Kelch-Trank der Totengeister*	„draugr" = Totengeist (toter Bewohner eines Hügelgrabes)	Harald Schönhaar Halfdanarson	Snäfridardrapa
Skalden-Met	*Met des Mimir*	Mimir = Riese an der Quelle am Weltenbaum	anonym	Odins Rabenzauber
Skalden-Met	*Fluß in Hrimnirs Horn*	Hrimnir = Tyr-Mimir	Eystein Voldason	Thorlied
Skalden-Met	*Blut des Kwasir*	aus ihm und Honig wurde der Met von den Zwergen gebraut	Einarr Schreihals Helgason	Vellekla
Skalden-Met	*dunkler Zwerg-Regen*	dunkler Regen = Blut	Hallar-Steinn	Rekstfja
Skalden-Met	*Regen der Männer des Thorinn*	Thorinn = Zwerg	Thordr Kolbeinsson	Eiriksdrapa
Skalden-Met	*Fallars-Trank*	die Zwerge Gjallar und Fallar haben den Met gebraut	Refr	(Skaldskaparmal)
Skalden-Met	*Zwergen-Met*		Snorri Sturluson	Skaldskaparmal
Skalden-Met	*Zwergen-Trank*		Refr	Skaldskaparmal
Skalden-Met	*Meer der Zwerge*		Snorri Sturluson	Skaldskaparmal
Skalden-Met	*seichte Welle der Felsen der Zwerge*	seicht = Met im Kessel	Einarr Schreihals Helgason	Vellekla
Skalden-Met	*freudevolle Woge des Dainn*	Dainn = Zwerg; Freude = Wirkung des Mets	Sigvatr Thordarson	Lausavisur
Skalden-Met	*richtiger Trank des Regin*	Regin = Zwerg	Harald Schönhaar Halfdanarson	Snäfridardrapa
Skalden-Met	*Ozean der Zwergen-Klippe*	die Zwerge, die den Met gebraut hatten, saßen auf einer Felsen-Insel gefangen	Einarr Klimper-Waage	(Skaldskaparmal)
Skalden-Met	*Zwergen-Krug*	eigentlich dessen Inhalt	Omr	(Skaldskaparmal)

Skalden-Met	Gillings Schatz	Gilling = Riese; sein Schatz bzw. das Wergeld für ihn = Skaldenmet = Dichtung	Eyvindr Skalden-Verderber	Haleygjatal
Skalden-Met	Wergeld des Gilling		Eyvindr	(Skaldskaparmal)
			Eyvindr Skalden-Verderber Finnsson	Haleygjatal
Skalden-Met	(Trank o.ä.) der Hefe der Männer der Fjord-Knochen	Fjord-Knochen = Felsen; Felsen-Männer = Riesen	Einarr Schreihals Helgason	Vellekla
Skalden-Met	Bier des Volkes der Land-Schulter	Land-Schulter = Berge; Berg-Volk = Riesen	Hallfredr Ärger-Skalde Ottarson	Erfidrapa Olafs Tryggvasonar
Skalden-Met	Trank des Berg-Riesen	Tyr-Suttung	Bragi Boddason der Alte	Ragnarsdrapa
Skalden-Met	Entschädigung des Hraudnir	Hraudnir = Riese = Tyr-Suttung	Tindr Hallkelsson	Hakonardrapa
Skalden-Met	Trank der Familie des Surt	Surt = Tyr-Riese	Hallfredr Ärger-Skalde Ottarson	Erfidrapa Olafs Tryggvasonar
Skalden-Met	Bier der Felsen-Sachsen	Sachsen = Feinde; Felsen-Feinde = Riesen	Einarr Schreihals Helgason	Vellekla
Skalden-Met	Trank aus Ödhrörir	Ödrörir = 1. Met-Gefäß	Snorri Sturluson	Skaldskaparmal
Skalden-Met	Bier-Meer des Ödrörir		Einarr Schreihals Helgason	Vellekla
Skalden-Met	Trank aus Bodn	Bodn = 2. Met-Gefäß	Snorri Sturluson	Skaldskaparmal
Skalden-Met	Woge des Bodn		Einarr Klimper-Waage	(Skaldskaparmal)
			Einarr Schreihals Helgason	Vellekla
Skalden-Met	Trank aus Son	Son = 3. Met-Gefäß	Snorri Sturluson	Skaldskaparmal
Skalden-Met	Trank des Hnitbjörg	Gunnlöds Hügelgrab = Jenseits	Snorri Sturluson	Skaldskaparmal
Skalden-Met	der in Urzeiten gebraute Horn-Fluß der kühnen Last in Gunnlöds Armbeuge	Horn = Trinkhorn; Horn-Fluß = Met; Last = Odin (in Gunnlöds Arm)	Steinthorr	(Skaldskaparmal)

Skalden-Met	Vater-Wergeld der Riesin	Riesin = Gunnlöd; Vater = Suttung	Snorri Sturluson	Skaldskaparmal
Skalden-Met	das, was der Schnelle aus Surts tiefem Tal fliegend forttrug	Schneller = Odin als Adler; Surt = Tyr; sein tiefes Tal = Jenseits = Hügelgrab (Gunnlöd)	Eyvindr Skalden-Verderber	Haleygjatal
Skalden-Met	Beute des Odin		Ormr Steinthorsson	(Skaldskaparmal)
Skalden-Met	Beute des Yggr	Yggr = Odin	Snorri Sturluson	Hattatal
			Bjarni Bischof Kolbeinsson	Jomsvikingardrapa
Skalden-Met	Beute des Gottes	Gott = Odin	Völu-Steinn	(Skaldskaparmal)
Skalden-Met	Fund des Odin		Snorri Sturluson	Skaldskaparmal
Skalden-Met	Odins Met		anonym	Egil-Saga
Skalden-Met	Flüssigkeit der Galgen-Last	Galgen-Last = Odin; Flüssigkeit = Skaldenmet = Dichtung	Eyvindr Skalden-Verderber	Haleygjatal
Skalden-Met	Kessel-Gebräu des Galgen-Herrn	Galgen-Herr = Odin	Eyvindr	(Skaldskaparmal)
Skalden-Met	Trank des Götterkönigs		Egill Skallagrimsson	(Skaldskaparmal)
Skalden-Met	Met des Yggr	Yggr = Odin	Einarr Schreihals Helgason	Vellekla
Skalden-Met	Bier des Ygg		Bjarni Bischof Kolbeinsson	Jomsvikingardrapa
Skalden-Met	Yggrs Trank		Harald Hart-Rat Sigurdarson	Gamanvisur
Skalden-Met	Wein des Heer-Gottes		Einarr Schreihals Helgason	Vellekla
Skalden-Met	Woge des Odin		Einarr Klimper-Waage	(Skaldskaparmal)
Skalden-Met	Woge des Rognir	Rognir = Odin	Einarr Schreihals Helgason	Vellekla

Skalden-Met	Bilgen-Wasser des Heer-Gottes	Heer-Gott = Odin; Bilge = Kielraum eines Schiffes; Schiff = Trinkgefäß	Einarr Schreihals Helgason	Vellekla
Skalden-Met	Brandung des Malzes des Allvaters	Allvater = Odin	Arnorr Jarl-Skalde Thordarson	Thorfinnsdrapa
Skalden-Met	All-Vaters Lied-Brandung		Arnor Jarlskalde	(Skaldskaparmal)
Skalden-Met	die Vina des Wein-Heims des Freundes des Loptr	Vina = ein Fluß; Loptr = Loki; dessen Freund = Odin	Einarr Schreihals Helgason	Vellekla
Skalden-Met	Kessel-Flüssigkeit der Last des Galgens	Galgen-Last = Odin	Eyvindr Skalden-Verderber Finnsson	Haleygjatal
Skalden-Met	starker Trank des Vafudr	Vafudr = Odin	Einarr Schreihals Helgason	Lausavisur
Skalden-Met	Trank des Hoarr	Hoarr = Odin	Eyvindr Skalden-Verderber Finnsson	Haleygjatal
Skalden-Met	Thundrs Regen	Thundr = Odin	Hallar-Steinn	Rekstfja
Skalden-Met	Trank des Grimnir der Gehängten	Grimnir = Odin; seine Gehängten = Eingeweihte (Priester, Skalden)	Rögnvald-Jarl Kali Kolsson	Lausavisur
Skalden-Met	Hars Volk	Har = Odin; Hars Volk (Besitz) = Skalden-Met	Eyvindr Skalden-Verderber	Haleygjatal
Skalden-Met	Vers-Met der Götter		Kormakr	(Skaldskaparmal)
Skalden-Met	Herz-Meer des Odin		Egill	(Skaldskaparmal)
Skalden-Met	Meer der Brust des Odin		Refr	(Skaldskaparmal)
Skalden-Met	von Odin gegebenes Meer der Lieder		anonym	Egil-Saga
Skalden-Met	überfließender Tau des Kelches des Odin		anonym	Egil-Saga
Skalden-Met	Trank von Odins Woge		anonym	Egil-Saga
Skaldenmet	Lieder-Kelch des Odin		Kormak	Kormak-Saga
Skalden-Met	Kessel-Gebräu des Galgen-Herrn	Galgen = Weltenbaum; dessen Herr = Odin	Eyvindr	(Skaldskaparmal)

Skalden-Met	Geschenk und Fest des hängenden Gottes	hängender Gott = Odin	Havadr	Skaldskaparmal
Skalden-Met	Asen-Met		Snorri Sturluson	Skaldskaparmal
Skalden-Met	Met des Mimir	Mimir = Riese an der Quelle am Weltenbaum	anonym	Odins Rabenzauber
Skalden-Met	Flüsse der Lied-Brandung		Arnorr Jarl-Skalde	Skaldskaparmal
Skaldenmet	neu gemischter Met der Götter		Kormak	Kormak-Saga
Skaldenmet	süßer, verborgener Trank der Götter		Kormak	Kormak-Saga
Skalden-Met	Festmahl der Götter		Eyvindr Skalden-Verderber Finnsson	Haleygjatal
Skalden-Met	Festmahl der Herrscher der Götter		Glumr Geirason	Grafeldardrapa
Skaldenmet	Götter-Wein		Kormak	Kormak-Saga

In diesen Kenningarn findet sich eine ausdrückliche Bestätigung des Ritual-Mets mit den Verstorbenen: „Kelch-Trank der Totengeister".

4. Dichtkunst

Dichtkunst	Kessel-Flüssigkeit der Last des Galgens		Eyvindr Skalden-Verderber Finnsson	Haleygjatal
Dichtkunst	Festmahl der Götter		Eyvindr Skalden-Verderber Finnsson	Haleygjatal
Dichtkunst	Festmahl der Herrscher der Götter		Glumr Geirason	Grafeldardrapa
Dichtkunst	Thundrs Regen	Thundr = Odin	Hallar-Steinn	Rekstefja
Dichtkunst	dunkler Zwerg-Regen		Hallar-Steinn	Rekstefja
Dichtkunst	Trank der Familie des Surt	Surt = Tyr-Riese	Hallfredr Ärger-Skalde Ottarson	Erfidrapa Olafs Tryggvasonar
Dichtkunst	Bier des Volkes der Land-Schulter		Hallfredr Ärger-Skalde Ottarson	Erfidrapa Olafs Tryggvasonar

5. Schlechte Dichtkunst

schlechte Dichtkunst	Lehm des alten Adlers	Lehm = Kot; Odin ließ als Adler einen Teil des Mets als Urin aus Angst fallen	Thorarinn stuttfeldr	Lausavisur

6. Gedichte

Gedicht	Blut des Kwasir		Einarr Schreihals Helgason	Vellekla
Gedicht	Woge des Bodn		Einarr Schreihals Helgason	Vellekla
Gedicht	Bier der Felsen-Sachsen		Einarr Schreihals Helgason	Vellekla
Gedicht	Woge des Rognir	Rognir = Odin	Einarr Schreihals Helgason	Vellekla
Gedicht	Bier-Meer des Ödrörir		Einarr Schreihals Helgason	Vellekla
Gedicht	seichte Welle der Felsen der Zwerge		Einarr Schreihals Helgason	Vellekla
Gedicht	Gnöd des Weines des Heer-Gottes	Gnöd = Schiff	Einarr Schreihals Helgason	Vellekla
Gedicht	Bilgen-Wasser des Heer-Gottes		Einarr Schreihals Helgason	Vellekla
Gedicht	die Vina des Wein-Heims des Freundes des Loptr	Vina = ein Fluß	Einarr Schreihals Helgason	Vellekla
Gedicht	Met des Yggr	Yggr = Odin	Einarr Schreihals Helgason	Vellekla

7. Met

Met	alte Honig-Wogen	alt = vergoren	Snorri Sturluson	Hattatal
Met	Horn-Brandung	Trinkhorn	Snorri Sturluson	Hattatal
Met	Lösung der Zunge	die Wirkung von Alkohol war gut bekannt …	Snorri Sturluson	Hattatal
Met	glücklicher Strom des Kelches		Snorri Sturluson	Hattatal
Met	Geist-Schläger		anonym	Heidrek der Weise
Met	Wort-Niederwerfer		anonym	Heidrek der Weise

Met	*Wort-Aufwiegler*		anonym	Heidrek der Weise
Met	*Woge des (Trink-)Horns*		Grettir	Grettir-Saga

8. Bier

Bier	*Hefe-Strömung*	Bier wird mit Hefe gebraut	Snorri Sturluson	Hattatal
Bier	*Horn-Brandung*	Trinkhorn	Snorri Sturluson	Hattatal
Bier	*Ale*		anonym	Alwis-Lied
Bier	*Saft*		anonym	Alwis-Lied
Bier	*Met*		anonym	Alwis-Lied
Bier	*glänzende Flut*		anonym	Alwis-Lied
Bier	*Geschlürf*		anonym	Alwis-Lied
Bier	*glücklicher Strom des Kelches*		Snorri Sturluson	Hattatal

9. Met-Gefäß

Met-Gefäß	*Met-Gefäß des Heer-Gottes*	Met = Skalden-Met	Einar Klingel-Waage	Skaldskaparmal
Met-Gefäß	*Hars Hallen-Trinkgefäß*	Har = Odin; sein Getränk = Skalden-Met	Snorri Sturluson	Hattatal
Met-Kelch	*heiliger Kelch des Raben-Gottes*		Refr	Skaldskaparmal
Bier-Krug	*Bier-Schiff*		Gunnlaug	Saga über Gunnlaug Schlangenzunge
Trinkgefäß	*Ödrörir*	mythisches Met-Gefäß	Einarr Klingel-Waage Helga-Sohn	Vellekla
Trinkgefäß	*Bodn*	mythisches Met-Gefäß	Einarr Klingel-Waage Helga-Sohn	Vellekla
Trinkgefäß	*Gnöd des Weines des Heer-Gottes*	Gnöd = Schiff = Trinkgefäß	Einarr Schreihals Helgason	Vellekla

Trinkgefäß	*Wein-Heim des Freundes des Loptr*	Loptr = Loki; sein Freund = Odin	Einarr Schreihals Helgason	Vellekla
Trinkgefäß	*Zwergen-Krug*	Gefäß für den Skaldenmet	Omr	(Skaldskaparmal)
Trinkhorn	*Horn der Götter*	für den Jenseits-Met	Kormak	Kormak-Saga

10. Halle

Halle	*Bier-Haus*		anonym	Beowulf
Halle	*Met-Sitz*		anonym	Beowulf

11. Äpfel

Äpfel	*Alters-Elixier der Asen*		Snorri Sturluson	Skaldskaparmal

Zusammenfassung

Das weitaus wichtigste Motiv für die Umschreibung der Dichtkunst ist der von Odin geraubte Skaldenmet. Vereinzelt gibt es auch Anspielungen auf Kwasir und die Zwerge, die aus dessen Blut den Skaldenmet gebraut haben.

Solche Kenningar wie „Kelch-Trank der Totengeister" zeigen, daß der Skaldenmet ursprünglich der Jenseitsreise-Met gewesen ist, der bei Bestattungen und bei der Anrufung der Ahnen getrunken worden ist. So wie Odin als Priester-Schamane auch derjenige ist, der die heiligen Texte vorträgt, so ist auch der Priester selber gleichzeitig der Skalde – diese beide Funktionen haben sich erst nach und nach voneinander getrennt. In derselben Weise ist auch der Met sowohl das rituelle Getränk des Priester-Schamanen als auch die Inspirationsquelle der Skalden.

Der Met verbindet den, der ihn trinkt, mit den Göttern und hat somit die Symbolik einer erfolgreichen Jenseitsreise, die als Wirkung die Verbundenheit mit den Göttern hat.

In den späten Liedern der Skalden, die zwar noch den germanischen Stil benutzen, aber bereits einen christlichen Inhalt haben, wird Gott/Christus anstelle von Odin angerufen – die Bitte an den Göttervater um Inspiration für die Dichtung muß sehr tief verwurzelt gewesen sein, daß sie sich in der germanisch-christlichen Dichtung so oft hat erhalten können. Aus dem Skaldentrank, den Odin spendet, ist bisweilen der Heilige Geist geworden, den Gott Vater spendet.

I 19. Trunkenheit

Bei allem religiös-kultischen Hintergrund gibt es im Zusammenhang mit Met und Bier natürlich auch das ganz profane Phänomen der Trunkenheit …

I 19. a) Germania

Schon um 100 n.Chr. berichtete Tacitus das Folgende über die Südgermanen:

Als Getränk dient eine Flüssigkeit aus Gerste oder Weizen, die in eine gewisse Ähnlichkeit mit Wein umgefälscht wurde; die Nächsten im Uferland erhandeln sich auch Wein.

Ihre Speisen sind einfach: Feldobst, frisches Wildfleisch oder geronnene Milch. Ohne künstliche Zubereitung, ohne Leckereien vertreiben sie den Hunger. Gegen den Durst haben sie jedoch nicht dieselbe Mäßigung.

Wenn man wie sie der Trunkenheit nachgibt und sich ihr hingibt, so oft man sie gierig wünscht, wird man dem Laster nicht weniger leicht unterliegen als unsern Waffen.

… … …

Gleich nach dem Schlafe, den sie meist in den Tag hineinziehen, baden sie, häufiger in warmem Wasser, da ja bei ihnen die meiste Zeit Winter ist.

Nach dem Bade genießen sie Speise; jeder hat seinen getrennten Sitz und eigenen Tisch.

Danach schreiten sie zu Geschäften und nicht weniger oft zu Gelagen – stets mit ihren Waffen. Den Tag und die Nacht mit Saufen zu verbringen, bringt keinem Schande.

Die, wie eben unter Trunkenen üblich, häufigen Zwiste werden selten mit Schimpfreden abgetan, häufiger mit Mord und Wunden.

Indessen beraten sie auch über die gegenseitige Aussöhnung von Feinden und die Schließung von Schwägerschaften, über den Anschluß an Häuptlinge, über Frieden endlich und Krieg meist bei Gelagen, wie wenn zu keiner Zeit mehr das Herz für wahre Gedanken sich öffne oder für große erglühe.

Dieses Volk, nicht listig und durchtrieben, erschließt dennoch die Geheimnisse des Herzens in der Ungebundenheit der Lust. Daher wird der enthüllte und offene Sinn aller am nächsten Tage noch einmal behandelt. Und beider Zeit Verfahren ist wohlgehalten: sie besprechen, während sie nicht zu heucheln wissen; sie beschließen, während sie nicht irren können.

Die Anmerkung des Tacitus, daß sich beim Gelage das Herz am meisten für wahre Gedanken öffnet, klingt sehr nach der späteren Ansicht, daß der Göttermet die Skalden inspiriert. Wenn es zutrifft, daß der Met auch ein Bestandteil der von dem einstigen Odin-Priester geleiteten Mysterien gewesen ist, dann würde diese Auffassung auch zutreffen – allerdings nur für den rituellen Met und nicht für das Gelage-Bier …

I 19. b) Hervarar-Saga

Als Odin einst als „Gestumblindi" verkleidet zu König Heidrek (Tyr) kam, führten beide einen Rätsel-Wettstreit durch. Eines der Rätsel handelt von der Wirkung des Trinkens von Met und Ale:

Gestumblindi (Odin):
„Ich will das haben,
was ich gestern hatte –
finde heraus, was das ist:
ein Gedanken-Prügler,
ein Word-Vereitler,
und ein Wort-Erheber.
König Heidrek,
rate mein Rätsel!"

Da sprach der König:
„Gutes Rätsel, Gestumblindi – ich habe die Lösung. Bringt ihm Ale. Das wirft oft den Verstand nieder und viele sind redseliger, wenn das Ale sie ergriffen hat. Und manchen bindet er die Zunge derart, daß sie kein Wort mehr herausbekommen."

I 19. c) 27. Rätsel aus dem Exeter-Buch

Auch in diesem um ca. 980 n.Chr. in England verfaßten Buch finden sich u.a. 100 Rätsel. Eines von ihnen handelt vom Met:

Ich bin bei den Menschen beliebt und man findet mich weit und breit;
ich werde von den Wäldern genommen und von den Höhen der Städte,
von der Höhe und von der Tiefe. An jedem Tag
brachten mich Bienen unter dem hellen Himmel
geschickt heim zu einem geschützten Ort. Bald danach
wurde ich von Männern ergriffen und in einer Wanne gebadet.
Nun verblende ich sie und züchtige ich sie und werfe
einen jungen Mann sofort zu Boden
und manchmal auch einen Alten.
Der, der gegen meine Stärke kämpft,
der es wagt, mit mir zu streiten, erkennt sofort,
daß er mit seinem Rücken auf den harten Boden schlagen wird,
wenn er bei solcher Dummheit bleibt.
Er verliert seine Kraft und wird seltsam redselig:
Er wird zum Narren, der weder seinen Geist beherrschen kann
noch seine Hände oder seine Füße.
Nun ratet, meine Freunde,
wer schlägt junge Männer zu Narren
und fesselt sie als seine Sklaven
am helllichten Tag? Erratet meinen Namen!

I 19. d)   Hattatal

Hier erläutert der Dichter (Snorri Sturluson) selber seine eigenen Kenningar:

Der König gibt Hefe-Strömungen
- als das erachte ich das Bier – den Männern.
Das Schweigen der Männer wird aufgelöst von der Brandung
das ist altes Bier – des Hornes.
Der Fürst weiß, wie man die Lösung der Zunge
- so wird Met genannt – gibt.
In der besten Kelchen wird
- so nenne ich Wein – die Zerstörung der Ehrbarkeit eingeschenkt.

I 19. e)   Heimskringla

Trink-Feste scheinen auch ein beliebter Zeitpunkt für Überfälle gewesen zu sein, da die Betrunkenen sich nicht so gut wie üblich wehren konnten. Solche Szenen finden sich in den Sagas der Germanen an mehreren Stellen.

So singt Eyvind Skalden-Verderber im 'Haleygjatal':

*„In Oglo, habe ich gehört, wurde Jarl Sigurd
von dem Herrn von Norwegen zu Tode verbrannt –
Sigurd, der einst auf dem Grab von Hadding
ein Fest für Odins Raben bereitete.
In Oglos Halle, inmitten des Festes,
als Kelche rundgingen und Ale schnell floß,
verdarb er: Harald entzündete das Feuer,
daß den Sohn des Tyr zu Tode verbrannte."*

Das „Fest für Odins Raben auf dem Grab des Königs Hadding" ist eine Schlacht, die dort stattgefunden hatte.
„Sohn des Tyr" ist eine Umschreibung für „Fürst, König". Dies zeigt, daß Tyr einst wie Odin der Göttervater und daher der Schutzgott der Könige gewesen ist.

I 19 f)   Gesta danorum

Der Mönch Saxo der Schriftkundige, der diese „Geschichte der Dänen" verfaßt hat, ist selber Däne gewesen:

*Ich kenne die Zügellosigkeit der Dänen: Niemals würden sie ihre Krüge voll Wein stehengelassen haben, wenn nicht Furcht sie hätte fliehen lassen. Sie würden eher ihr Leben als ihre alkoholischen Getränke geopfert haben.
Diese Leidenschaft teilen wir mit ihnen und hierin gleichen wir ihnen.*

I 19. g)   Saga über König Sverris von Norwegen

König Sverris war bereits zum Christentum übergetreten, aber seine Ansichten werden den früheren, nicht-christlichen Germanen nicht ganz fremd gewesen sein.

Kurze Zeit später berief König Sverri in der Stadt eine Versammlung ein, auf der er sprach und folgendes sagte:

„Macht euch bewußt, was zuviel Trinken bedeutet, was es erschafft und was es zerstört!

Als erstes ist das kleinste Übel zu nennen: Wer zuviel trinkt, hört auf, Geld zu verdienen und der Preis für zuviel trinken ist die Verschwendung und der Verlust des Wohlstandes, bis derjenige, der mit Wohlstand gesegnet gewesen ist, arm und mittellos und bedürftig wird, wenn er nicht sein Verhalten ändert.

Das ist das zweite Übel: Zuviel Trinken zerstört die Erinnerung und bringt einen Mann dazu, alles zu vergessen, was er im Bewußtsein behalten sollte.

Das folgt an dritter Stelle: Es verleitet einen Mann dazu, alle Arten von unrechtmäßigen Dingen zu tun – er schreckt nicht davor zurück, seine Hände auf verwerfliche Weise an Geld oder Frauen zu legen.

Das ist das vierte Übel: Zuviel Trinken führt dazu, daß man nichts mehr gelassen nehmen kann, weder Wort noch Tat, sondern sehr viel heftiger auf Übles reagiert als angemessen wäre; und außerdem treibt es ihn dazu an, Wege zu finden, die Unschuldigen zu verleumden.

Dies ist ein weiteres Übel, das aus dem Zuviel-Trinken folgt: Ein solcher Mann wird seinen Leib dazu antreiben, bis aufs Äußerste seine Arbeit zu ertragen, bis zur Erschöpfung wach zu bleiben, aus jedem Glied sein Blut zu verlieren. Und er wird sein Blut vergießen bis er krank ist und dadurch seine Gesundheit zerstört.

Diese Argumentationen in Bezug auf das Blut entspricht der damaligen Vorstellung, daß man durch Mangel an Maßhalten innerlich Blut, d.h. Lebenskraft verliert, daß also die Menge an Blut und Lebenskraft im Leib weniger wird.

Wenn nun aller Wohlstand und alle Gesundheit und auch alle Vernunft durch Zuviel-Trinken zerstört worden ist, dann treibt das Zuviel-Trinken einen Mann dazu an, das zu zerstören, was noch nicht verloren ist: seine Seele. Das Zuviel-Trinken treibt ihn dazu an, jedes richtige Verhalten und Benehmen zu vernachlässigen, nach Sünden zu lüstern, Gott zu vergessen und ebenso alles, was recht ist, und sich an nichts mehr zu erinnern, was Er (Gott/Christus) getan hat.

Nun betrachtet, ihr Männer, das Zuviel-Trinken: Wer wird wohl am wahrscheinlichsten eure Seelen ergreifen, wenn euer Leben und eure Trinkgelage ein Ende gefunden haben? Macht euch bewußt, wie wenig euer Verhalten dem gleicht, wie es sein sollte! Ein entschlossenes Maßhalten sollte alle Dinge begleiten!

Krieger sollten in Friedenszeiten sanft wie Lämmer sein, aber im Krieg furchtlos wie Löwen. Händler und Bauern sollten ihrer Arbeit nachgehen und auf rechte Weise mit Arbeit Wohlstand erwerben und diesen dann mit Weisheit bewahren und ihn großzügig verteilen. Die Untergebenen sollten dankbar sein und ein jeder von ihnen sollte seinem Herrn aus einem guten Willen heraus und gemäß seinen Fähigkeiten dienen."

Damit beendete der König seine Rede und gebot seinen Männern, sich gegenüber den Stadtleuten, den Bauern und den Bediensteten gut und friedfertig zu benehmen. Diese Rede wurde von allen weisen Männern hoch gelobt.

Zusammenfassung

Ursprünglich ist zumindestens der rituelle Trank eine Quelle der Inspiration gewesen. Das übermäßige, nicht-kultische Genießen von Bier und Met birgt jedoch die Gefahr der Trunkenheit – weshalb bei den Germanen gerne die Zeit gleich nach einem Gelage des Feindes als Zeitpunkt für einen Überfall gewählt wurde.

I 20. Im Met ertrinken

Übet den König Fiölnir wird ein sehr merkwürdiger Tod berichtet – er ertrank in einem Met-Faß. Bei einem solch markanten Ereignis lohnt es sich, zu prüfen, ob ihm nicht evtl. ein mythologisches Motiv zugrunde liegt.

I 20. a) Grotten-Lied

In dieser Mythe ist Fiölnir ein (schwedischer) König.

König Frodi sandte Boten nach Swithiod zu dem König, der Fiölnir hieß, und ließ da zwei Mägde kaufen, die Fenja und Menja hießen und sehr groß und stark waren. In dieser Zeit gab es in Dänemark zwei so große Mühlsteine, daß niemand stark genug war, sie umzudrehen. Diese Mühlsteine hatten die Eigenschaft, daß sie mahlten, was der Müller wollte. Die Mühle hieß Grotti, der Mann aber, der dem König Frodi die Mühle gab, wurde Hengikiöpt genannt.

Die Riesin <u>Fen</u>ja ist die Göttin Frigg ihrer Halle <u>Fen</u>salir und die Riesin <u>Men</u>ja ist die Göttin Freya mit ihrem Halsreif Brisinga<u>men</u>.

Eine Zaubermühle, die alles mahlt, paßt am ehesten in den Besitz einer Erd- und Muttergöttin, von der alle alle Nahrung zu den Menschen kommt.

Ein König, der zwei solche Mägde besitzt, kann am ehesten der ehemalige Sonnengott-Göttervater Tyr sein.

König Frodi ist die Saga-Variante des Gottes Freyr. Der Verkauf von zwei Göttinnen des Tyr an Freyr sieht sehr nach einer friedlichen Version des Machtübergangs von Tyr an Thor, Odin und Freyr um 500 n.Chr. aus. Entsprechend ihren verschiedenen Charakteren erschlägt Thor den Tyr-Riesen mit seinem Hammer, Odin besiegt ihn im Rätselwettstreit und Freyr kauft ihm die Göttinnen und die Wohlstands-Mühle ab.

I 20. b) Heimskringla

In dieser Saga wird über den recht merkwürdige Tod des Fiölnir berichtet:

Frey übernahm das Königreich nach Njörd und wurde von den Schweden, die ihm Abgaben zahlten, „drot" („König") genannt. Er war wie sein Vater mit Freunden und mit gutem Wetter gesegnet.

Freyr baute einen großen Tempel in Uppsala, errichtete dort seinen Hauptsitz und gab ihnen alle seine Abgaben, seine Länder und seine Güter. Dies war der Beginn des 'Uppsala-Landes', das seither Bestand gehabt hat.

Dann begann in seiner Zeit der Frode-Frieden und damals gab es in allen Ländern gute Ernten, die die Schweden dem Freyr zuschrieben, sodaß er mehr als alle anderen Götter verehrt wurde, da die Leute in seinen Zeit durch den Frieden und die guten Ernten sehr viel reicher wurden.

Seine Frau war Gerda Gymir-Tochter und ihr Sohn wurde Fjölnir genannt.

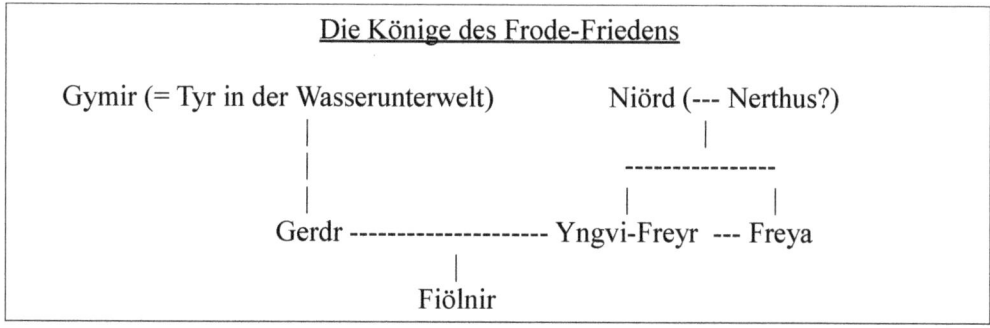

Fiölnir ist somit sowohl der Enkel des ehemaligen Sonnengott-Göttervaters Tyr als der Riese Gymir (Hler, Ägir) in der Wasserunterwelt als auch des Njörd sowie der Sohn des Gottes Freyr und der Göttin Gerdr und außerdem noch der Neffe der Göttin Freya.

In der Sippe der Wanen hat man die Ablösung des alten Göttervaters Tyr auf die friedliche Wanen-Art geregelt: durch eine Heirat ...

... ...

Fjölnir, der Sohn des Yngvi-Freyr, herrschte danach (nach dem Tod des Freyr) *über die Schweden und über die 'Uppsala-Lande'. Er war machtvoll und hatte glückliche Ernten und bewahrte den Frieden.*

Friedens-Frodi herrschte damals in Leidre und zwischen ihnen war eine große Freundschaft und sie besuchten sich oft.

Leidre oder Lejre ist die alte Hauptstadt von Dänemark auf der Insel Seeland nahe Kopenhagen.

Einmal, als Fjölnir zu Frode nach Seeland fuhr, wurde für ihn ein großes Fest bereitet und Einladungen dazu wurden in das gesamte Land versendet.

Frode hatte ein Haus, in dem ein großer Kessel stand, der elf Ellen (ca. 3,60m) *hoch war und aus großen Holzplanken zusammengesetzt worden war. Dieser Kessel stand in einem abgesenkten Raum. Über ihm war ein Hochboden, in dessen Fußboden eine Öffnung war, durch die man Flüssigkeiten in den Kessel schütten konnte. Dieser Kessel war voll mit Met, der außergewöhnlich stark war.*

Am Abend wurde Fjölnir mit seinen Dienern zum Schlafen auf den angrenzenden Hochboden gebracht. In der Nacht ging er auf die Galerie hinaus, um einen bestimmten Platz („Toilette") zu suchen, während er sehr schläfrig und sehr betrunken war.

Als er zu seinem Raum zurückkehrte, ging er die Galerie entlang und zu der Tür eines anderen Hochbodens, ging hinein, glitt mit seinem Fuß aus und stürzte in den Met-Kessel und ertrank.

Darüber sang Thjodolfr von Hvini (im Ynglingatal):

*„Da wurde das Wort
des Schicksals erfüllt,
das zu Fjölnir gekommen war,
dorthin, wo Frodi wohnte,
als die Wind-lose Woge
des Speeres des Stiers
dazu bestimmt war,
den König zu besiegen."*

Schicksal = Nornen
Speer des Stiers = Horn; Wind-lose Woge im Horn = Met, Wein, Bier

Angesichts dieses sehr merkwürdigen Unfalls ist es zumindestens denkbar, daß es sich hier um eine Umdeutung des Ritual-Mets handelt, der bei Bestattungen getrunken wurde. Aber es ist natürlich auch denkbar, daß sich dieser Unfall genauso wie er hier berichtet wird, zugetragen hat.

Da Fiölnir jedoch der Sohn des Asen Freyr und der Asin/Riesin Gerdr sowie der Enkel des Tyr-Riesen Gymir ist, muß man in seiner Lebensgeschichte durchaus mit mythologischen Motiven rechnen. Vielleicht ist dieses Ertrinken im Met auch eine Umdeutung des Versinkens des ehemaligen Sonnengott-Göttervaters Tyr im Meer, der dabei zu dem Meeres-Riesen Gymir wird.

Die Größe dieses Metgefäßes ist wahrscheinlich nicht übertrieben, denn zumindestens aus keltischen Fürstengräbern sind Met-Kessel bekannt, die 3m hoch sind und 2m im Durchmesser haben und ca. 20.000l Met fassen (Keltengrab von Mont Lassois). Diese toten Fürsten waren gut mit Met versorgt ...

I 20 c) Historia norwegiae

Auch in dieser Geschichte Norwegens wird der Tod Fiölnirs kurz erwähnt:

Freyr (Frode) lud Fjölnir ein, der in einem Metfaß ertrank.

I 20. d) Isländer-Buch

In diesem Buch wird nur kurz angemerkt, daß Fiölnir bei Friedens-Frodi gestorben sei.

I 20. e) Gesta danorum

In dieser „Geschichte der Dänen" wird Fjölnir „Hundingus" und Frodi „Hadingus" genannt und die Geschichte wird auch in leicht abgewandelter Form erzählt.

Das das Metfaß in dieser Variante den Met für ein Gedenkfest für den vermeintlich toten König Hadding enthält, wird die Vermutung, daß es sich bei diesem seltsamen Tod um eine Umdeutung der Funktion des Mets bei der Bestattung handelt, bestärkt.

Eine weitere Bestätigung für den Verdacht, daß das Metfaß einen mythologischen Ursprung hat, ist der Umstand, daß die Haddinger mit Odin (und daher indirekt mit Tyr) und die Hundinger mit Loki assoziiert worden sind (siehe „Helgi" in Band 39).

Mittlerweile hatte der Schwedenkönig Hunding die falsche Nachricht erhalten, daß Hadding tot sei, und beschloß ihn mit einem großen Ritual zu ehren. Daher versammelte er seine Edlen und füllte ein Faß von außergewöhnlicher Größe mit Met und stellte dies zu dem Vergnügen der Feiernden in deren Mitte und übernahm selber die Rolle des Mundschenks, um keinen Hinweis auf den Ernst des Festes auszulassen, und er hatte keine Hemmungen, selber die Aufgabe des Kelchträgers auszuüben.

Und während er in Erfüllung seiner Pflichten durch den Palast ging, stolperte er und fiel in das Faß und gab, von dem Getränk erstickt, seinen Geist auf – so ging er entweder zur Buße in den Orcus (Hel), den er durch seine unbegründeten Rituale zu beschwichtigen versuchte, oder zu Hadding, über dessen Tod fälschlicherweise zu ihm gesprochen worden war.

Als Hadding dies hörte, wollte er sich mit gleichem Dank an seinen Verehrer wenden und erhängte sich, da es nicht ertragen konnte, seinen Tod zu überleben, vor den Augen der ganzen Leute.

Dieser seltsame, weil unbegründete Tod des zweiten Königs spricht ebenfalls dafür, daß der Ursprung dieser Geschichte in den Mythen liegt. Vermutlich stammen beide Tode aus dem endlosen zyklischen Kampf zwischen dem Sommergott Tyr und dem Wintergott Loki in den früheren, Tyr-zentrierten Mythen. Nach der Absetzung des Tyr ist dieser Kampf in dem durch die Wanen geprägten Bereich der Mythen durch einen Unfall und einen Selbstmord aus Treue umgedeutet worden.

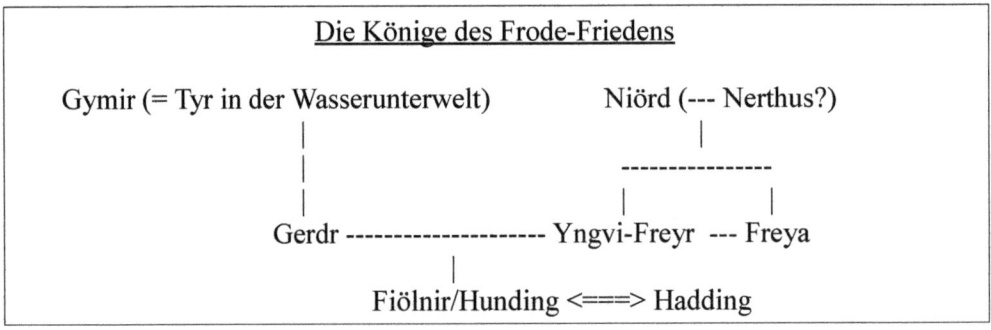

I 20. f) Grimnir-Lied

Im Grimnir-Lied zählt Odin seine Namen auf, zu denen auch „Fiölnir" gehört. Der seltsame Tod des Fiölnir und noch mehr das Selbst-Erhängen des Hadding könnte auf Odins rituell-symbolischen Tod bei der Einweihung zurückgehen, bei der er am Weltenbaum hängt.

Da Odin der Nachfolger des Tyr ist und Tyr-Gymir als Großvater des Fiölnir-Odin angesehen wurde, könnte hier auch ein Motiv aus den Tyr-Mythen die Wurzel sein – evtl. das Versinken der abendlichen Sonne im Meer. Die beiden Könige Hadingus und Hundingus sind in einigen Sagen wie z.B. der Völsungen-Saga die Saga-Nachfolger von Tyr und Loki, die den endlosen, zyklischen Kampf miteinander führen, der die Jahreszeiten entstehen läßt.

Es wäre auch noch zu berücksichtigen, daß die Kelten, also die Nachbarn und Verwandten der Germanen, die eine sehr ähnliche Religion wie diese hatten, den rituellen Tod als „dreifachen Tod", der aus einem Sturz, dem Hängen an einem Baum und dem Ertrinken besteht – dem Festbinden des Jenseitsreisenden an einem Stamm und dessen Versenken in einem wassergefüllten Schacht, um ein Nahtod-Erlebnis (Jenseitsreise) hervorzurufen. Der Sturz in den Metkessel könnte somit auch die Jenseitsreise symbolisieren.

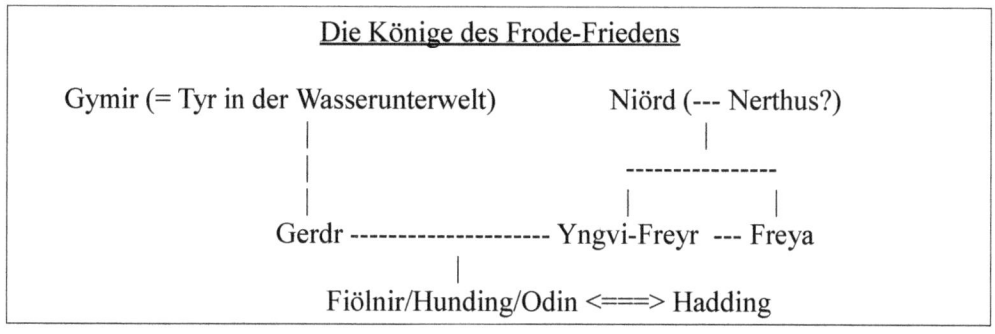

I 20. g) Regin-Lied

Auch im Regin-Lied nennt sich Odin einmal Fiölnir:

König Hialprek gab dem Sigurd Schiffsvolk zur Vaterrache. Da traf sie ein gewaltiges Unwetter, so daß sie vor einem Vorgebirge halten mußten. Ein Mann stand am Berg und sprach:

"Wer reitet dort auf Räwils Hengsten
Über wilde Wogen und wallendes Meer?
Vom Schweiße schäumen die Segelpferde:
Die Wellenrosse werden den Wind nicht halten."

Regin:
"Hier sind wir mit Sigurd auf Seebäumen:
Wir fanden Fahrwind in den Tod zu fahren.
Über die Schiffsschnäbel schlägt uns das Meer:
Die Flutrosse fallen; wer fragt danach?"

Der Mann:
"Hnikar hieß man mich, wenn ich Hugin erfreute,
Junger Wölsung, auf der Walstatt.
Nun magst Du mich nennen den Mann vom Berge,
Feng oder Fiölnir; Fahrt will ich schaffen."

Da legten sie ans Land; der Mann ging aufs Schiff und beschwichtigte das Wetter.

I 20. h) Gylfis Vision

In dieser Übersicht über die Mythen der Germanen trägt Odin zweimal den Namen „Fiölnir".

I 20. i) Der Seherin Ausspruch

Die Textstelle in diesem alten Lied, an der „Fiölnir" genannt wird, ist nicht sicher zu deuten, weil dort möglicherweise die Asen und nicht die Menschen mit „Fiölnirs Sippe" umschrieben werden – allerdings ist die Deutung „Asen" wahrscheinlicher. Fiölnir könnte hier sowohl Odin als auch Tyr sein, da auch „Fimbul-Tyr" in der Strophe zuvor sowohl Tyr als auch Odin bezeichnet. „Fiölnir" kann jedoch auch der Ynglinger-König sein, wodurch seine Sippe das Ynglinger-Königshaus oder die Menschen allgemein wären.

Die Asen einen sich auf dem Idafelde,
Über den Weltumspanner zu sprechen, den großen.
Uralter Sprüche sind sie da eingedenk,
Von Fimbultyr gefundner Runen.

  Idafeld = „Dorfplatz" in Asgard
  Weltumspanner = Jörmungandr
  Fimbultyr = „mächtiger Tyr" = Odin, ursprünglich Tyr

Da werden sich wieder die wundersamen
Goldenen Figuren im Grase finden,
Die in Urzeiten die Asen hatten,
Der Fürst der Götter und Fiölnirs Sippe.

  Figuren = Setzer im Tafl-Spiel, das ursprünglich als Orakel verwendet wurde
  Fürst der Götter = Odin (vor 500 n.Chr.: Tyr)

I 20. j) Veraldur-Ballade

In diesem Lied, das um 1840 n.Chr. auf den Faröer-Inseln aufgeschrieben wurde, auf denen sich einige Lieder mit gut erhaltenem germanischem Inhalt gefunden haben, ist Veraldur der Sohn des Odin. „Veraldur" bedeutet „Welt", d.h. wörtlich „Bereich der Menschen". Da Freyr „veraldar god", also „Gott der Welt" genannt wurde, könnte schon vom Namen her ein Zusammenhang zwischen Freyr und Veraldur bestehen.

In der Ballade reist Veraldur auf die dänische Insel Seeland, da er die Tochter des dortigen Königs heiraten will. Veraldurs Vater Odin warnt seinen Sohn vergeblich vor dieser Reise.
Dem König von Seeland mißfällt Veraldur und er läßt ihn durch eine List in ein großes Braufaß in einer „Stein-Halle" fallen, in dem er ertrinkt.
Als Odin die Nachricht über dieses Ereignis hört, beschließt er zu sterben und nach Asgard zu gehen, wo sein Gefolge nach deren Tod ebenfalls willkommen sein wird.
Hier findet sich ein zweiter Freitod eines Königs.

In dieser Ballade finden sich zwei weitere Hinweise darauf, daß das Motiv des „Ertrinkens im Met" aus den Bestattungs-Vorstellungen stammt:
- das Metfaß steht in einer „Halle aus Stein", d.h. in einem Hügelgrab, da die Grabkammern in diesen Hügeln die einzigen Steinhäuser gewesen sind, die die Germanen erbaut haben;
- Odin geht nach Walhalla.
Dieses Lied geht eindeutig auf die Fiölnir-Mythe zurück.

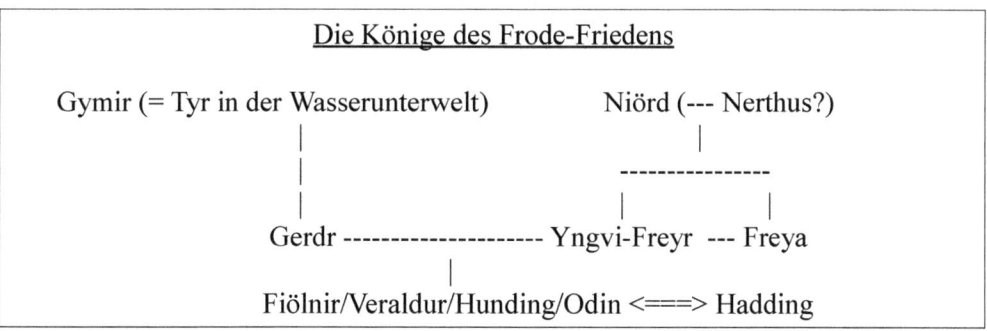

I 20. k) Byggvir

In der Lokasenna tötet Loki ohne ersichtlichen Grund den Freyr-Diener Byggvir und seine Frau Beyla, die ebenfalls Freyr dient.

Der Name des Byggvir bedeutet „Gerste" und der seiner Frau eventuell „Biene" – beides wird benötigt, um Bier bzw. Met zu brauen.

Byggvir könnte mit Fiölnir und Veraldur identisch sein – aber das ist ungewiß.

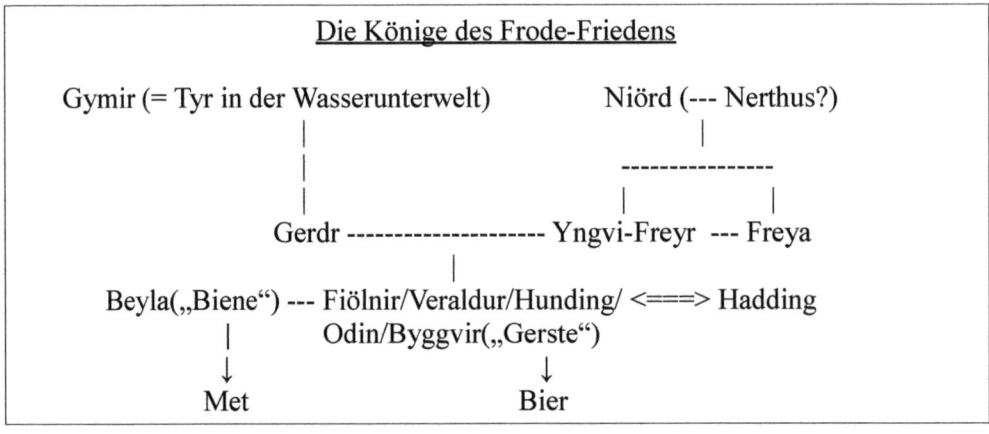

I 20. l) Beowa

Beowa (Beaw, Beow, Beo, Bedwig) ist eine angelsächsische Mythen-Gestalt, deren Name „Biene" bedeutet – er könnte mit Beowulf identisch sein. Er ist der Sohn des Skyld („Schild"), der Enkel des Sceafa („Korn-Garbe") und auch einer der Vorfahren von König Alfred dem Großen.

Skyld ist in den altnordischen Mythen wie Veraldur der Sohn des Odin.

Die beiden Namensbedeutungen „Biene" und „Korngarbe" weisen wieder auf die Herstellung von Bier und Met hin. Sie dürften mit Byggvir und Beyla identisch sein – auch wenn Beowa ein Mann ist.

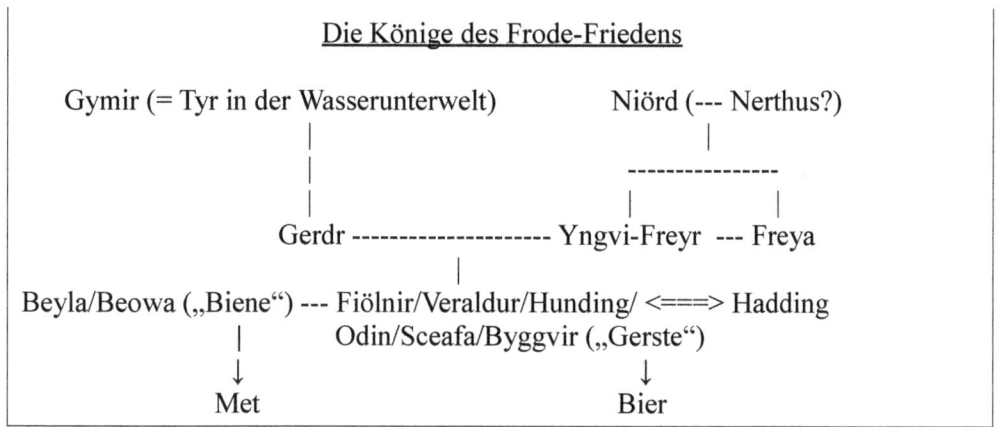

I 20. m) Waraldan Olmay

Die Mythen der Lappen (Finnen) haben sich des öfteren mit den Mythen ihrer germanischen Nachbarn vermischt. So findet sich bei ihnen der Korngott Waraldan Olmay, der offenbar mit Veraldur verwandt ist.

Es fällt auf, daß auch die magische Mühle aus dem Grotten-Lied wahrscheinlich von den Finnen stammt – und daß auch in diesem Lied Frodi und Fiölnir auftreten. Nun braucht man eine Mühle, um die Gerste zu mahlen, aus der man dann Bier braut – dies ist zwar nicht der Göttermet, aber auch Kwasirs Name bedeutet „Brottrunk, Gerstentrunk". Zudem töten die beiden Zwerge, nachdem sie bereits Kwasir und Gilling getötet haben, auch noch Gillings Frau – indem sie ihr einen Mühlstein auf den Kopf fallen ließen …

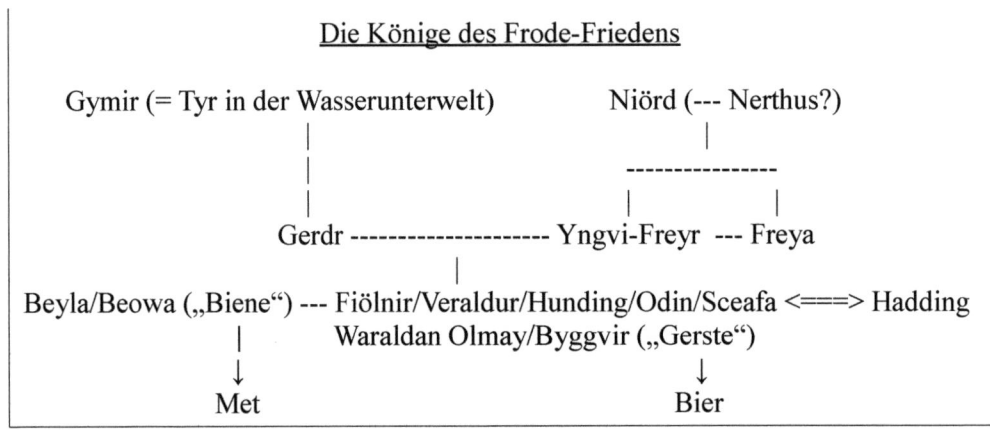

I 20. n) Zusammenfassung

Der Name „Fiölnir" bedeutet „Viel-Mann" („fiöl" = viel). Er ist ein Sohn des Freyr und der Gerdr und in einem späten Lied auch der Sohn des Odin. Fiölnir ist wie Skyld und andere Göttervater-Söhne der Begründer eines skandinavischen Königshauses – Fiölnir ist der Urahn der Ynglinge. Auch Odin selber wird sechsmal „Fiölnir" genannt.

Das markanteste an Fiölnirs Biographie ist sein Tod durch Ertrinken in dem riesigen Metfaß des mit ihm befreundeten Königs Frodi (ein Beiname des Freyr), über das in mehreren Quellen berichtet wird. Dieser Tod verbindet ihn mit dem von den Asen gemeinschaftlich erschaffenen „Met-Wesen" Kwasir, der in den Odin-zentrierten Mythen von zwei Zwergen (den Zwillings-Söhnen des Tyr) ermordet worden ist.

Fiölnir entspricht offenbar auch dem Odins-Sohn Veraldur („Welt"), der nach Seeland (Jenseitsinsel?) reist, um die dortige Königstochter zu heiraten, aber von deren Vater durch eine List dazu gebracht wird, in ein Metfaß in einer „Halle aus Stein", d.h. in einem Hügelgrab zu fallen und dort zu ertrinken. Die Königstochter scheint demnach die Wiederzeugungs-Geliebte im Hügelgrab zu sein, mit der sich der Tote im Jenseits vereint, um dann von ihr wiedergeboren zu werden. Nach Fiölnirs Tod tötet sich Odin und lädt sein Gefolge ein, nach dem Tod zu ihm nach Asgard zu kommen. Veraldurs Name ist ein Teil des Freyr-Titels „veraldur god" („Gott der Welt").

Veraldur erscheint bei den Finnen als der Korngott Waraldan Olmay.

Der Freitod des zweiten Königs wird auch in der Gesta danorum berichtet, in der der König Hunding während des Totenfestes für den vermeintlich verstorbenen König

Hadding im Metfaß ertrinkt, woraufhin sich Hadding dann öffentlich erhängt. Dies klingt nach dem rituellen Einweihungstod, bei dem Odin bzw. die Einzuweihenden an einem Baum hängen.

Einen ähnlichen merkwürdig grundlosen Tod erleidet auch Freyrs Diener Byggvir. Sein Name bedeutet „Gerste". Dies weist wieder auf das Bier hin, das anschließend bei der Feier der Asen getrunken wurde. Der Name „Beyla" der Frau des Byggvir könnte „Biene" bedeuten und wäre dann ein Hinweis auf den Met, der aus Honig gebraut wird. Das Brauen scheint eng mit Freyr verbunden gewesen zu sein.

Auch in der Kwasir-Mythe wird der Tyr-Riese Gilling ohne ersichtlichen Grund von zwei Zwergen erschlagen.

In den angelsächsischen Annalen erscheint ein Beowa („Biene"), der Sohn des Skyld („Schild"; ein Odin-Sohn) und ein Enkel des Sceafa („Korn-Garbe") ist. Hier finden sich in den Namen wieder die Hinweise auf das Brauen von Bier und Met sowie das Vater-Sohn-Verhältnis zu dem Göttervater (Skyld Odin-Sohn). Möglicherweise ist Beowa mit Beowulf identisch.

In dem Grotten-Lied kauft Frodi bei Fiölnir die beiden Riesen-Mägde Fenja (Frigg) und Menja (Freya), die so stark sind, daß sie die Riesenmühle des Frodi drehen könne, auf der sie Mehl (vermutlich Gerste) mahlen – bis zu Frodis Tod. Diese Mühle hängt sicherlich mit dem finnischen Sampo zusammen, auf dem man Mehl, Salz und Gold mahlen kann – auch Frodis Mühle ist eine Zaubermühle, auf der man alles Gewünschte mahlen kann.

Anscheinend bestand bei diesem Thema ein Zusammenhang zwischen den germanischen und den finnischen Mythen, wie Veraldur und die magische Mühle (finnisch: Sampo) zeigen.

Die Mühle taucht auch in der Kwasir-Mythe auf, in der die beiden Zwerge die Frau des Tyr-Riesen Gilling mit einem Mühlstein erschlagen. Die Mühle an sich paßt gut zu dem Ernte- und Wohlstandsgott Freyr.

Schließlich hat sich der Tod des Gersten-Mannes noch in dem Lied über John Barleycorn („Johannes Gerstenkorn") erhalten: Aus Johns Leiche, also aus der gemahlen Gerste wird das Bier gebraut, daß sich dann in dem großen Faß befindet – in dem der Gersten-Mann gewissermaßen ertrunken ist.

Wenn man diese vielfältige Überlieferung zusammenfaßt, erhält man folgende Elemente, die die Mythe des Fiölnir bilden:

- Odin wird Fiölnir genannt.
- Fiölnir ist der Sohn des Odin.
- Er ist der Sohn des Freyr und der Gerdr.
- Fiölnir heißt auch Veraldur. Veraldurs Name ist ein Teil des Freyr-Titels „veraldur god" („Gott der Welt").

- Waraldan Olmay ist der Name des finnischen Korngottes.
- Freyrs Diener Byggvir („Gerste") wird vor dem Fest bei dem Tyr-Riesen Ägir getötet. Die Frau des Byggvir heißt „Beyla" („Biene").
- Beowa („Biene") ist der Sohn des (Odin-Sohnes) Skyld und der Enkel des Sceafa („Korn-Garbe").
- Die Gerste wird in späteren und heutigen Liedern „John Barleycorn" genannt. Auch er wird getötet, gemahlen und in einem Faß „ertränkt".
- Fiölnir ist der Ahnherr der Ynglinge-Könige.
- Fiölnir könnte Kwasir entsprechen.
- Fiölnir ertrinkt in einem Metfaß, daß seinem Freund König Frodi gehört – „Frodi" ist die Sagen-Variante des Freyr, der Fiölnirs Vater ist – was eine Wiedergeburts-Symbolik in den früheren Mythen vermuten läßt.
- Fiölnir reist als Veraldur auf die Insel Seeland und ertrinkt dort bei seiner Brautwerbung in einem Metfaß, das in einer „Halle aus Stein" steht. Diese Halle ist die Grabkammer im Hügelgrab auf der Jenseitsinsel (Seeland). Die Königstochter ist die Jenseitsgöttin als die Wiederzeugungs-Geliebte im Hügelgrab.
- Odin, der Vater des Fiölnir-Veraldur, tötet sich selber nach dem Tod seines Sohnes und lädt sein Gefolge nach Asgard ein.
- König Hunding ertrinkt in einem Metfaß bei der Totenfeier für den vermeintlich toten Hadding. Hadding erhängt sich öffentlich, als er vom Tod des Hunding erfährt. Dies klingt nach dem Einweihungstod des Odin.
- Der Tyr-Riese Gilling wird grundlos von zwei Zwergen im Zusammenhang mit dem Metbrauen getötet.
- Frodi kauft Fenja (Frigg) und Menja (Freya) bei Fiölnir. Diese Mahlen auf der Zaubermühle, die dem finnischen Sampo entspricht, endet mit dem Tod des Frodi (= Freyr).
- Die beiden Zwerge (die Alcis-Söhne des Tyr) töten die Frau des Tyr-Riesen Gilling mit einem Mühlstein.
- Haddingus und Hundingus entsprechen Tyr und Loki.
- Das Ertrinken im Metfaß könnte dem Versinken der abendlichen Sonne im Meer entsprechen aber auch Odins Hängen am Weltenbaum.

Diese Elemente lassen sich nun zu einer Folge von Ereignisse zusammenfassen:

- Als erstes Element kann man noch das Ernten mit der Sense durch Odin auf seiner Reise zu Gunnlöd hinzunehmen.
- Der Gersten-Mann reist zu der Königstochter in der Grabkammer in dem Hügelgrab auf der Jenseitsinsel. Das Metfaß steht in der Grabkammer (bei der Königstochter auf Seeland; bei Menglöd im Hügelgrab). Der Gerstenmann Fiölnir ist auch Odin selber, der ins Jenseits zu Gunnlöd reist.

- Die Gerste wird auf einer Zaubermühle gemahlen, die alle Dinge mahlen kann (Mehl, Salz, Gold u.a.).
- Der Gersten-Mann (Fiölnir, Veraldur, Kwasir, Byggvir, Sceafa, Waraldan Olmay) wird getötet. Der Tod ist selbstverschuldet bzw. wird durch den Vater der Königstochter oder durch Loki verursacht. Odin/Freyr (Freyr = Frodi) stirbt bei dem Trinken des Gersten-Tranks (Einweihung, Bestattung). Der Tyr-Riese Gilling wird grundlos von zwei Zwergen im Zusammenhang mit dem Metbrauen getötet. Zu diesen Gersten-Männern zählen vermutlich auch die neun Knechte, die Odin auf seiner Reise zu Gunnlöd durch eine List tötet.
- Daneben gibt es noch den Bienen-Mann (Beowa Skyld-Sohn, Odin-Enkel) bzw. die Bienen-Frau (Beyla) die mit dem Honig für das Met-Brauen assoziiert werde.
- Der Gersten-Trank ist identisch mit dem Gersten-Mann und er ist zugleich auch der Sohn des Gersten-Mannes. Der Gerstentrank Fiölnir ist Odin/Freyr und er ist der Sohn des Odin/Freyr. Der Gerstentrank entspricht auch dem Met (Fiölnir).

Diese Folge ergibt nun eine Geschichte:

Odin erntet das Heu (eigentlich wohl die Gerste) auf seiner Reise zu Gunnlöd.

Der Gersten-Mann, der mit dem Göttervater (Odin, Freyr, Tyr) identisch ist, reist zu der Jenseitsgöttin (Gunnlöd, Königstochter) in die Grabkammer in dem Hügelgrab auf der Jenseitsinsel.

In dieser Grotte (Grabkammer) wird das Gerstenmehl von der Jenseitsgöttin (Frigg, Freya) gemahlen, d.h. der Göttervater stirbt als Gerste. Aus der Gerste wird das Bier für das Bestattungs-Ritual gebraut. In diesem Trank liegt die Weisheit des Göttervaters, da der Trank aus ihm als der Gerste gebraut wird (Fiölnir, Kwasir). Da aus dem „Mehl des Göttervaters" ein magischer Trank entsteht, ist auch die Mühle, auf der dieses Mehl gemahlen wird, eine magische Mühle, die alle Dinge mahlen kann – vor allem die Weisheit des Göttervaters.

Der Trank, der aus Gerste bzw. aus Honig gebraut wird, ist zum einen der Göttervater selber, aber er ist als „Gabe des Göttervaters" auch der Sohn des Göttervaters. Diese Verdopplung des Trankes als Vater und Sohn ist ein deutlicher Hinweis auf die Wiedergeburt, da aufgrund der Wiederzeugungs-Symbolik der Wiedergeborene zugleich er selber, aber auch sein eigener Sohn ist (wodurch er selber zum Vater wird).

Der Tod des Freyr/Frodi/Odin/Tyr-Gilling ist der sterbende Gott (Sonne, Schamane) bzw. der Einzuweihende (Vater); der Tod des Fiölnir/Veraldur/Byggvir ist der Tod der Gerste beim Brauen des Ritual-Biers (Sohn). Beide Tode sind letztlich identisch, da es zwei Aspekte des Göttervaters sind: der Tod des Gottes und der Tod des Getreides.

Zusammenfassung

Fiölnir, der auch Veraldur genannt wird, ist der Göttervater (Odin, Freyr, Tyr) selber bzw. die Gerste. Dieser Gersten-Mann (Fiölnir, Veraldur, Kwasir, Byggvir, Sceafa, Waraldan Olmay) wird getötet – die Gerste wird von Odin mit der Sense geerntet. Nun gelangt der tote Gott in die Grabkammer in dem Hügelgrab auf der Jenseitsinsel zu der Jenseitsgöttin (Gunnlöd, Freya).

Anschließend wird dort in der Grabkamnmer-Grotte die Gerste von der Jenseitsgöttin (Frigg, Freya) auf der „magischen Mühle" gemahlen und dann mit Wasser gemischt, damit Bier entstehen kann – der Göttervater wird im Metfaß ertränkt.

Dann trinkt der Göttervater diesen Trank (bei Gunnlöd).

In diesem Trank liegt die ganze Weisheit des Göttervaters, da er mit der Gerste identisch ist, aus der dieser Trank gebraut wurde. Daher ist der Skaldenmet des Göttervaters Odin die Inspiration für die Dichter – Odin ist selber in diesem Met enthalten. Die Weisheit in diesem Trank wird durch Kwasir und durch den Odin-Namen Fiölnir („Viel-Mann") veranschaulicht.

I 21. Anti-Trunkenheits-Zauber

Es ist nur ein einziger expliziter Anti-Trunkenheits-Zauber bekannt. Allerdings wurden auch manche Runen, die man in das Trinkhorn ritzte, gegen Trunkenheit verwendet.

I 21. a) Havamal

Die Germanen tranken den Met nicht nur bei Ritualen, sondern auch bei anderen Gelegenheiten – und durchaus in größeren Mengen. Dabei verloren die Trinker hin und wieder auch einmal die Selbstbeherrschung, wie u.a. das Hrungnir-Lied zeigt, in dem der betrunkene Tyr-Riese zu prahlen beginnt und den Göttern droht.

Daher gibt Odin seinem „Schüler" Loddfafnir auch einen Rat, wie er sich bei Trinkgelagen verhalten soll:

Dies rat ich, Loddfafnir, vernimm die Lehre,
Wohl Dir, wenn Du sie merkst:
Wo Ael getrunken wird, ruf die Erdkraft an:
Erde trinkt und wird nicht trunken.

Feuer heilt Krankheit,
Eiche Verhärtung,
Ähre Vergiftung,
Der Hausgeist häuslichen Hader.

Mond mindert Tobsucht,
Hundsbiß heilt Hundshaar,
Rune Beredung;
Die Erde nehme Naß auf.

Diese Form des Schutzes vor Trunkenheit und wohl auch vor Schaden durch andere Trinker benutzt die allgemein üblichen magische Vorgehensweisen der Gleichsetzung, der Analogie und der Verbindung mit etwas Größerem: Die Erde ist so groß, daß man sie kann man nicht trunken machen kann.

Die meisten Hinweise sind „homöopathisch": Gleiches wird mit Gleichem geheilt – Fieber (Krankheit) mit Feuer, Verhärtungen mit (harter) Eiche, Vergiftung mit Ähren (LSD im Mutterkorn in der Ähre) usw. (Eine ausführlicher Betrachtung dieses homöopathischen Prinzips findet sich in dem Kapitel „Havamal-Homöopathie" in

Band 64).

Die Anrufung der Erde hat ihren Ursprung möglicherweise darin, daß das Met von der Göttin in der Unterwelt (Gunnlöd) stammt.

<u>Zusammenfassung</u>

Trunkenheit macht hilflos – aber die Anrufung der Erdgöttin kann vor Trunkenheit schützen.

I 22. Anti-Gift-Zauber

Es war schon damals eine beliebte Methode, Feinde dadurch zu beseitigen, daß man sie einlud und ihnen Gift in den ihnen gereichten Trank mischte.

I 22. a) Völsungen-Sage

Der bekannteste Fall eines Gift-Mordes bei den Germanen ist vermutlich der Tod des Sinfiötli:

Da fuhren sie zurück in ihre Heimat und hatten großen Ruhm durch diese Taten erlangt.
Sinfiötli jedoch zog erneut in den Krieg und erblickte dort eine über alle Maßen schöne Frau und es verlangte ihn mehr nach ihr als nach allem anderen, aber diese Frau war dem Bruder der Borghild, der Frau des Königs, versprochen.
Daher kämpften beide wegen dieser Sache miteinander und Sinfiötli tötete den König. Danach zog er nah und fern umher und plünderte und schlug so manche Schlacht. Dadurch gewann er mehr Ehre und Ruhm als jeder andere Mann, aber im Herbst kehrte er wieder heim mit vielen Schiffen voller Schätze.
Da berichtete er die Neuigkeiten seinem Vater und dieser wiederum der Königin. Sie befahl ihm aus dem Reich fortzugehen und tat, als könne sie ihn nicht mehr sehen.
Sigmund jedoch sagte, daß er ihn nicht fortschicken werde und bot ihr ein Sühnegeld von Gold und großen Schätzen für den Tod ihres Bruders an, obgleich er sagte, daß er noch nie Wergeld für das Töten eines Mannes gezahlt hätte und daß es kein Ruhm sei, dies für eine Frau zu tun.
Als sie sah, daß sie in dieser Angelegenheit nicht ihren Willen bekommen würde, sprach sie: „Du sollst in dieser Angelegenheit Deinen Willen haben, o mein Gebieter, denn so wird es sein."
Da hielten sie auf Anraten und mithilfe des Königs das Bestattungsfest für ihren Bruder und bereiteten dafür alles in der besten Weise vor und luden große Männer dazu ein.
Auf dem Fest, trug die Königin Borghild den Trank zu den Leuten und sie kam schließlich zu Sinfiötli mit einem großen Horn und sprach: „Nimm und trink, edler Stiefsohn!"
Da nahm er das Horn, blickte hinein und sprach: „Nein, denn diese Trank ist verhext."
Da sprach Sigmund: „Gib ihn mir." Und mit diesen Worten ergriff er das Horn und trank es aus."

Aber die Königin sprach zu Sinfiötli: „Warum müssen andere Männer Dein Bier für Dich trinken?"

Und sie kam ein zweites Mal mit dem Horn und sprach: „Komm und trink!" Und sie drängte ihn mit vielen Worten.

Er nahm das Horn und sprach: „Verzaubert ist der Trank."

Daraufhin rief Sigmund aus: „Gib es mir!"

Und sie kam noch ein drittes Mal zu ihm und forderte ihn auf, von diesem Trank zu trinken, wenn er das Herz eines Völsungen hätte.

Da legte er seine Hand an das Horn, aber sprach: „Hierin ist Gift."

„Nein, laß Deinen Schnurrbart das Gift herausseihen, o mein Sohn," sprach Sigmund, denn zu der Zeit war er schon sehr trunken von dem vielen Trinken und deshalb sprach er in dieser Weise.

Da trank Sinfiötli und fiel sofort zur Erde nieder.

Sigmund erhob sich und trauerte sich fast zu Tode über ihm. Da nahm er die Leiche in seine Arme und ging fort in den Wald und ging weiter, bis er zu einem gewissen Meeresarm kam.

Dort sah er einen Mann in einem kleinen Boot und der Mann frug ihn, ob er ihn über den Fluß übersetzen solle und Sigmund stimmte zu. Das Boot war jedoch so klein, daß sie nicht alle Platz zusammen in dem Boot hatten. So wurde zuerst der Leichnam hineingelegt, während Sigmund am Ufer wartete. Das Boot und der Mann darin verschwanden jedoch vor Sigmunds Augen.

Danach kehrte Sigmund heim und verjagte die Königin und wenig später starb sie. König Sigmund jedoch herrschte über sein Reich und er wurde als der größte Krieger und König der alten Zeit angesehen.

Der Mann in dem Boot wird der Schamanen-Gott und Göttervater Odin gewesen sein, der seinen Schützling selber abholen kam und ihn mit nach Walhalla nahm. Odin erscheint auch im Harbard-Lied als Jenseitsfährmann.

I 22. b) Sigrdrifumal

Das Töten eines Feindes durch Gift ist anscheinend vor allem die Methode von Frauen gewesen.

Man versuchte sich dieser Gefahr durch Gift-Runen zu erwehren:

Aelrunen kenne, daß des andern Frau
Dich nicht trüge wenn Du vertraust.
Auf das Horn ritze sie und auf den Rücken der Hand
Und male eine Not-Rune auf den Fingernagel.

Die Füllung segne, um Dich vor Gefahr zu schützen
Und lege Lauch in den Trank.
So weiß ich wohl, daß Dir nimmerdar
Der Met wird mit Verrat gemischt.

Das Segnen des Mets entspricht vermutlich der bereits angeführten Anrufung der Erdkraft – man wird vermutlich die Erd-Riesin Jörd um einen Segen für den Met gebeten haben.

I 22. c)   Die Saga über Egil Skallagrimsson

In dieser Saga wird ein sehr drastisches Beispiel für die Wirkung von Runen gegen Schadenszauber geschildert. Vermutlich hat Egil bei seinem Anti-Gift-Zauber die Not-Rune benutzt und evtl. auch die „lögr"-Rune.

Bard bat ihn zu trinken und mit dem Spotten aufzuhören. Egil trank jedes Horn, der zu ihm kam und er trank auch für Aulvir.
Da ging Bard zu der Königin und sagte ihr, daß dort ein Mann sei, der ihnen Schande bereite, denn wieviel er auch trank, sagte er doch immer wieder, daß er durstig sei.
Da mischten die Königin und Bard einen Trank mit Gift und trugen ihn hinein. Bard weihte das Horn und gab es dann der Ale-Maid. Sie trug es zu Egil und bat ihn zu trinken. Egil zog sein Messer und stach sich in die Handfläche. Dann nahm er das Horn, ritzte Runen hinein und schmierte Blut in sie.
Er sang:

„Ritze Runen rings um das Horn,
röte den ganzen Zauberspruch mit Blut;
Weise Worte wählte ich für das Horn,
der aus dem hohen Horn des Tiers geschaffen wurde.
Laßt uns nun trinken, laßt uns gut trinken,
den Trank, den die freundliche Ale-Trägerin brachte,
und seht, daß Gesundheit in dem Ale ruht,
in dem heiligen Ale, den Bard gesegnet hat!"

Da barst das Horn in der Mitte auseinander und der Trank lief auf das Stroh auf dem Boden. Da begannen Aulvir die Sinne zu schwinden. Da stand Egil auf, ergriff Aulvir bei seiner Hand und führte ihn zur Tür.

Egil schob seinen Mantel auf die linke Seite und hielt darunter sein Schwert. Als sie zur Türe kamen, kam Bard ihnen mit einem vollen Horn hinterher und bat sie einen Abschiedstrunk zu trinken. Egil stand in der Tür. Er nahm das Horn und trank es aus.

Dann sprach er eine Strophe:

„Ale wird mir gebracht, denn Ale
ließ Aulvir erblassen.
Aus dem Stier-Horn ließ ich den Schauer
zwischen meine Lippen fließen.
Aber Urd soll Dich blind machen
für die Schläge, die Du Dir holst:
Schon bald wirst Du von Odins Gefolgsmann
tödlichen Regen spüren!"

Mit diesen Worten warf Egil das Horn nieder, ergriff sein Schwert und zog es – es war finster in dem Raum. Er stieß Bard mit seinem Schwert genau durch die Mitte sodaß die Spitze wieder aus seinem Rücken herausragte. Bard stürzte durch diese Wunde tot nieder. Aulvir stürzte ebenfalls nieder und erbrach sich. Egil stürmte aus dem Raum – draußen war es stockfinster. Egil rannte sofort von den Gebäuden fort. Aber in dem Eingangsraum wurde entdeckt, daß sowohl Bard als auch Aulvir gefallen waren.

I 22. d)   Sigdrifa-Lied

In der folgenden Strophe werden Runen mit Met geweiht, was ansonsten unbekannt ist, da man dafür normalerweise das Blut von geopferten Tieren benutzte. Da auch Met eine „Lebenskraft-angereicherte Flüssigkeit" ist, wäre diese Benutzung des Mets zwar denkbar, aber es könnte auch ein Überlieferungs-Fehler vorliegen.

Geschabt wurden alle, die geschnitten waren,
Mit hehrem Met geheiligt
Und gesandt auf weite Wege.
Die sind bei den Asen, die bei den Alfen,
Die bei weisen Wanen,
Einige unter Menschen.

Zusammenfassung

Lauch (Kräuter) im Met und Runen (Not u.a.) auf dem Trinkhorn sollten Gifte neutralisieren.

Da anscheinend nur von Frauen Gift in den Tränke gemischt worden ist, könnte es sein, daß dieser Gift-Trank wie der Vergessenheits-Trank eine Umdeutung des Wiedergeburts-Trankes ist, den eine Walküre, d.h. die Jenseitsgöttin den Toten im Jenseits gereicht hat.

I 23. Kräuter-Met

Kräuter-Met wird nur sehr selten erwähnt, aber er könnte einst einmal eine wichtige Rolle gespielt haben.

I 23. a) Heimskringla

Es gab auch spezielle Sorten von Met, die mit Kräutern angesetzt worden waren. Vermutlich gab es auch noch Rezepte mit anderen Zutaten.

In diesem Text wird auch über den von dem König verteilte „Met-Schlaftrunk" berichtet.

Es war eine große Versammlung von Menschen und weil es gute Zeiten waren, gab es viele Trink-Treffen.

Eines Abends geschah es, daß König Hrorek ziemlich spät zu seiner Kammer kam, und weil er recht viel getrunken hatte, war er ungewöhnlich fröhlich.

Klein-Fin kam zu ihm mit einem Krug voller Met mit Kräutern, der sehr stark war. Der König gab jedem in dem Haus zu trinken, bis ein jeder auf seinem Lager in Schlaf fiel.

Zusammenfassung

Da der „Kräuter-Met" die Trinker in Schlaf versetzte, könnte es sein, daß die bereits angeführte Vermutung, daß man diesem Trank die beiden sehr giftigen und nach Odin benannten Kräuter Schierling und Nieswurz beigemischt hat. Dieser Trank wird ursprünglich bei richtiger Dosierung ein Nahtod-Erlebnis hervorgerufen haben, aber bei zu hoher Dosierung den tatsächlichen Tod.

Dieser „Nahtod-Trank" könnte bei der Entstehung der beiden Motive des Vergessenheits-Trankes und des Gift-Trankes mitgewirkt haben.

I 24. Frust-Trinken

Es hat auch schon bei den Germanen die Neigung gegeben, Kummer in Alkohol zu ertränken …

I 24. a) Heimskringla

Ein Lied des Thorbjörn Hornklaue, des Hof-Skalden des norwegischen Königs Harald Schönhaar, berichtet über die von ihm besiegte Engländer und Schotten, die ihren Frust über die Niederlage in Met ertränken.

Das Lied über den Sieg von König Harald über König Eirik, König Sulke und König Kjotve endet mit der folgenden Strophe:

Ich habe gehört, daß das Berg-Volk
nicht aufhörte von der Schlacht fortzurennen
bis sie die Jadar-See überquert und ihre Heime erreicht hatten –
so sehr drängte es jede ihrer Seelen danach,
ihre Panik im Metkrug zu ertränken.

I 24. b) Heimskringla

Die Germanen kannten offenbar auch das „Depressions-Trinken" wie zwei Verse in einem Lied des Jarl Einar zeigen:

Wo ist der Speer des Hrollaug?
Wo ist Rolf Gangers blutiger Speer?
Ich sehe sie nicht, aber sorge Dich nicht,
denn einer wird niemals seine Rache
an den Mördern seines Vaters vergessen,
auch wenn Hrollaug und Rolf ein bißchen langsam sind
und Thorer schweigend zuhause sitzt
und neben den Flüssen seines Met-Krugs träumt.

Zusammenfassung

Das Frust-Trinken ist keine neue Entwicklung …

I 25.   Sprichworte

Zum einen gab es bei den Germanen und allgemein bei den Indogermanen viele Trinkrituale mit einem mehr oder weniger großen religiös-magischen Hintergrund, aber zum anderen war der übertriebene Alkoholgenuß auch schon damals ein Problem, das zu der Formulierung vieler weiser Regeln geführt hat.

I 25. a)   Sorgen in Alkohol ertränken

„Met vertreibt die Sorgen der Menschen."
        Snorri Sturluson: Hattatal (Edda)

I 25. b)   Trunkenheit bringt in Gefahr

„Nicht übleren Begleiter gibt es auf Reisen
 Als die Betrunkenheit,
 Und nicht so gut als mancher glaubt
 Ist Ael den Erdensöhnen,
 Denn um so minder je mehr man trinkt
 Hat man seiner Sinne Macht."
        anonym: Odins Weisheiten im Havamal

„Der Vergessenheit Reiher überrauscht Gelage
 Und stiehlt die Besinnung.
 Des Vogels Gefieder befing auch mich
 In Gunnlöds Haus und Gehege."
        anonym: Odins Weisheiten im Havamal

„Große Trunkenheit hat schon vielen Männern Betrübnis gebracht; einigen Unheil, anderen den Tod."
        anonym: Sigdrifa-Lied

„Vermeide es, zuviel zu trinken,
 denn das verursacht Leid."
        anonym: die sehr hilfreichen Aussprüche des Weisen

„Sei vorsichtig, doch sei's nicht allzusehr,
Am meisten sei's beim Met
Und bei des andern Weib; auch wahre Dich
Zum dritten vor der Diebe List."
       anonym: Odins Weisheiten im Loddfafnir-Lied

„Es ist übel, zuviel zu trinken,
denn das Trinken ist nicht allein,
sondern wird von vielerlei Schäden begleitet:
Leid und Streit
und körperlichen Begierden,
Krankheit und eine Vielzahl von Übeln."
       anonym: die sehr hilfreichen Aussprüche des Weisen

I 25. c)   Der Trunkene zeigt sein wahres Wesen

„Der Tölpel glotzt, wenn er zum Gastmahl kommt,
Murmelnd sitzt er und mault.
Hat er seinen Teil getrunken hernach,
So sieht man welchen Sinns er ist."
       anonym: Odins Weisheiten im Havamal

I 25. d)   Alkohol verändert das Wesen des Trinkers

„durch Bier wird man zu einem anderen Mann"
    anonym: Saga über die Joms-Wikinger
    anonym: Hrolf-Saga
    anonym: Grettir-Saga
    anonym: Die große Saga über König Olaf Tryggva-Sohn

„Es liegt Wahrheit in dem alten Sprichwort 'durch Bier wird man zu einem anderen Mann'. Laß uns nicht noch mehr zu tun beginnen als das, was ich bereits gesagt habe – wir haben allesamt ein eher aufbrausendes Wesen."
    anonym: Saga über Grettir den Starken

„Es gibt bei uns auch ein Sprichwort, das sich oftmals bestätigt hat; 'durch Bier wird man zu einem anderen Mann.'"
anonym: Die große Saga über König Olaf Trygga-Sohn

I 25. e)   Alkohol verleitet zum Streit

„Wenn Männer Worte wechseln, dann tadle nicht trunken tapfere Männer."
anonym: Sigdrifa-Lied

„Wenn Du törichte Worte von trunkenen Männern hörst, dann streite nicht mit denen, die trunken vom Wein sind und ihren Verstand verloren haben."
anonym: Völsungen-Saga

„Es liegt Wahrheit in dem alten Sprichwort 'durch Bier wird man zu einem anderen Mann'. Laß uns nicht noch mehr zu tun beginnen als das, was ich bereits gesagt habe – wir haben allesamt ein eher aufbrausendes Wesen."
anonym: Saga über Grettir den Starken

I 25. f)   Nie soviel trinken, daß die Sinne benommen werden

„Lange nur zum Becher, doch leere ihn mit Maß,
 Sprich gut oder schweig.
 Niemand wird es ein Laster nennen,
 Wenn Du früh zur Ruhe fährst."
anonym: Odins Weisheiten im Havamal

„Trunken ward ich und übertrunken
 In des schlauen Fialars Felsen.
 Trank taugt nur, wenn man ungetrübt
 Sich den Sinn bewahrt."
anonym: Odins Weisheiten im Havamal

„Sei vorsichtig, doch sei's nicht allzusehr,
Am meisten sei's beim Met
Und bei des andern Weib; auch wahre Dich
Zum dritten vor der Diebe List."
anonym: Odins Weisheiten im Loddfafnir-Lied

I 25. g)   Nie soviel trinken, daß der Verstand getrübt wird

„Manchem raubt der Wein den Verstand."
anonym: Sigdrifa-Lied

I 25. h)   Trunkenheit befreit nicht von der Verantwortung für die eigenen Taten

„Wenn ein Mann, der zuviel getrunken hat,
eine Missetat begeht,
dann ist dies nicht zu entschuldigen,
denn er hat es sich selber zu verdanken,
wenn er soviel trinkt,
daß er nicht mehr Herr seiner Sinne ist."
anonym: die sehr hilfreichen Aussprüche des Weisen

I 25. i)   Alkohol nur in Maßen trinken

„Gehe nur selten
zu Gelagen
und trinke nur mäßig Wein."
anonym: die sehr hilfreichen Aussprüche des Weisen

I 25. j) sonstiges

„Laßt uns das Bier trinken!"
   (d.h. laßt uns dieser Sache zustimmen und sie beginnen)
     anonym: Saga über Kampf-Glum

„Die Biere sind ungleich beliebt."
   (jeder zieht etwas anderes vor; die Dinge sind verschieden)
     anonym: Ölkofra-Thattr

„Bei Bragis Becher!"
   (Ausruf des Erstaunens; Bragi = Gott der Dichtkunst und des Skaldenmets)
     anonym: Das Lied über Helgi Hiörvard-Sohn

Zusammenfassung

Die germanischen Sprichworte über die Trunkenheit sind auch heute noch aktuell:
- Es ist verlockend, aber sehr riskant, Sorgen in Alkohol ertränken zu wollen.
- Unter Alkoholeinfluß ist schon viel Leid angerichtet worden.
- Alkohol verändert den Charakter des Trinkers und macht ihn oft streitsüchtig.
- Man sollte nie soviel trinken, das die Sinne und der Verstand beeinträchtigt werden.
- Man ist auch für das verantwortlich, was man betrunken sagt und tut.
- Man sollte Alkohol nur in Maßen genießen.

I 26. Zusammenfassung

Bei den Germanen wurde wesentlich mehr Bier als Met getrunken, da man für Met Honig, für Bier hingegen nur die in sehr viel größeren Mengen verfügbare Gerste als Rohstoff benötigte. Wein scheint bei den Nordgermanen weitgehend unbekannt gewesen zu sein, da man ihn aus dem Süden importieren mußte.

Der Met gehörte einst der Muttergöttin im Jenseits, die nach der Wiederzeugung die Seelen wiedergebar und sie dann wiederstillte – ihrer Milch ist vermutlich der Ursprung der Göttermet-Symbolik. Aus dieser Stufe der Entwicklung der Met-Symbolik wird Gunnlöd in dem Hügelgrab stammen.

Möglicherweise kann man aus der Hrungnir-Mythe schließen, daß der Met einst im Besitz der Totengöttin Freya und/oder der Korngöttin Sif gewesen ist, da der Riese Hrungnir (Tyr) diese beiden Göttinnen rauben und den gesamten Met der Götter austrinken wollte.

Die Göttin Saga und Odin trinken in der Wasserunterwelt den Met. Dieses Motiv entspricht dem Fest bei dem Tyr-Riesen Ägir in Wasserunterwelt. Vermutlich stammt dies Motiv ursprünglich aus den Tyr-Mythen, da Ägir Tyr ist und die Wasserunterwelt im Zusammenhang mit dem Sonnengott-Göttervater am meisten Sinn ergibt – die Sonne versinkt abends im Meer.

Der Göttermet befindet sich somit bei der Göttin Saga in deren Unterwasser-Halle. Er wird zudem von der Norne Urd bewacht und ebenso von der Göttin Idun behütet. Auch Hel-Hyndla besitzt den Göttermet. Der Met ist also auch im Besitz der Jenseitsgöttin – was die Deutung dieses Trankes als der „Milch der Göttin" nahelegt, auf die die Symbolik der Wiedergeburt durch diese Göttin erweitert worden ist, sodaß nun dieser Trank selber die Wiedergeburt verursacht. Innerhalb einer solchen Symbolik entsprechen auch die Äpfel der Idun dem Göttermet – beide geben die „ewige Jugend". Zudem ist auch Idun eine „Ale-Geberin".

Die belebende bzw. wiederbelebende Wirkung des Mets des Odin wird auch in drei Sagas beschrieben.

Die Milch der Ziege Heidrun und das Wasser aus der Quelle des Mimir scheinen in symbolischer Hinsicht mit dem Göttermet identisch zu sein.

Der Honigtau (Nektar) in den Blüten entsteht durch den Nebel, der sich bildet, wenn die Nornen den Weltenbaum mit dem Wasser aus ihrem Brunnen gießen. Diesen Honigtau sammeln die Bienen und machen aus ihm Honig. Die magische Kraft des Göttermets stammt somit über den Honig, den die Bienen sammeln, letztlich aus dem Brunnen der Nornen, die über das Leben und den Tod bestimmen.

Zusammen mit Odin trinken die Einherjer in Walhall jeden Abend den Met, der ihnen von den Walküren eingeschenkt wird.

Der ehemalige Göttervater Tyr, der in der Edda als Riese erscheint, starb am Abend bzw. im Herbst zusammen mit seinen beiden Pferde-Söhnen, die seinen Streitwagen zogen. Aus dem Göttervater wurde der Riese Gilling und aus seinen beiden Söhne die beiden Zwerge Fjalar und Gjalar. Diese beiden brauten nun den Göttermet aus Honig und aus dem Blut des Kwasir, den die Götter aus ihrem Speichel erschaffen hatten. An die Stelle der Milch der Göttin bzw. des Getränkes der Göttin war nun die handwerkliche Herstellung des Göttermets durch die Söhne des Göttervaters getreten, die unter den Namen Brock und Sindri auch die magischen Gegenstände der Asen hergestellt haben – dies wird ursprünglich das Neuschmieden von Tyrs Schwert gewesen sein.

Kwasir („Brottrunk") ist eng mit dem Freyr-Diener Byggvir („Gersten-Mann") und der angelsächsischen Mythen-Gestalt Beowa verwandt, aus denen um 1550 n.Chr. „John Barleycorn" geworden ist, dessen Schicksal ein Gleichnis zu dem Bier-Brauen aus Gerste ist – so wie das Schicksal des Kwasir ein Gleichnis zu dem Met-Brauen aus Honig ist.

Fiölnir, der auch Veraldur genannt wird, ist der Göttervater (Odin, Freyr, Tyr) selber bzw. die Gerste. Dieser Gersten-Mann (Fiölnir, Veraldur, Kwasir, Byggvir, Sceafa, Waraldan Olmay) wird getötet – die Gerste wird von Odin mit der Sense geerntet. Nun gelangt der tote Gott in die Grabkammer in dem Hügelgrab auf der Jenseitsinsel zu der Jenseitsgöttin (Gunnlöd, Freya).

Anschließend wird dort in der Grabkammer-Grotte die Gerste von der Jenseitsgöttin (Frigg, Freya) auf der „magischen Mühle" gemahlen und dann mit Wasser gemischt, damit Bier entstehen kann – der Göttervater wird im Metfaß ertränkt.

Dann trinkt der Göttervater diesen Trank (bei Gunnlöd).

In diesem Trank liegt die ganze Weisheit des Göttervaters, da er mit der Gerste identisch ist, aus der dieser Trank gebraut wurde. Daher ist der Skaldenmet des Göttervaters Odin die Inspiration für die Dichter – Odin ist selber in diesem Met enthalten. Die Weisheit in diesem Trank wird durch Kwasir veranschaulicht.

Die Götter versammeln sich bei Tyr-Ägir, um dort am Abend den starken Met zu trinken, der sich selber den Gästen aufträgt. Auch der ehemalige Göttervater Heimdall trinkt in seiner Halle Met.

Als der Göttervater Tyr in zunehmendem Maße zu der zentralen Gottheit wurde, besaß er statt der Jenseitsgöttin den Met. Als dann um 500 n.Chr. der Schamanengott Odin an die Stelle des Tyr trat, ging der Met in dessen Besitz über: Odin raubt den Göttermet von Gunnlöd.

Odin berichtet über sich selber, daß er nach seiner Jenseitsreise, die er am Weltenbaum hängend unternahm, einen Schluck Met zu trinken erhielt – dies entspricht dem Met der Gunnlöd in ihrem Hügelgrab.

Sowohl die Milch bzw. Met der Göttin als auch der von den Zwergen hergestellter Trank befand sich der Met im Jenseits – wo er im Zusammenhang mit der Wiederzeugung (Odins Vereinigung mit Gunnlöd) und mit der sich daraus ergebenden Wiedergeburt stand. Durch diesen Trank verwandelte sich der Tote, der als Schlange bzw. Drachen in das Jenseits gereist ist, in einen Seelenvogel – und der Göttervater in einen Adler.

Diese Funktion des Mets ist nach und nach zu einem Begrüßungstrank der Toten im Jenseits verflacht, der ihm noch immer durch eine Frau (Walküre; ursprünglich die Göttin bei der Wiederzeugung) gereicht wurde. Diese Symbolik hat sich noch etwas deutlicher in der Szene erhalten können, in der Hel den Met für den toten Baldur bereitgestellt hat.

Die „Frau im Jenseits", die dem Toten diesen Trank reichte, wurde von der „Frau im Diesseits", die dem Todgeweihten sein nahendes Ende verkündete, unterschieden: die Walküre ruft ihn ins Jenseits und die Walthögn reicht ihm den Trank.

Baldur wird im Jenseits von Hel mit einem Horn voll Met empfangen und ebenso Skirnir von Gerda und Tyr-Hrungnir von Freya. Hel, Gerda und Freya entsprechen hier Gunnlöd und Saga, die Odin auf diese Weise empfangen. Da sich bei Odin die Jenseitsreise-Symbolik (Schlangen-Verwandlung) und die Wiedergeburts-Symbolik (Adler-Verwandlung) noch deutlich erhalten hat, wird man davon ausgehen können, daß alle diese Jenseits-Begrüßungs-Trünke ursprünglich eine Wiedergeburts-Symbolik gehabt haben.

Zumindestens die Walküre Aelrun ist nach diesem Begrüßungstrunk, der in ihrem Fall aus Bier bestand, benannt worden.

Die Toten gelangen oft hoch zu Roß in das Jenseits, wobei dieses Pferd zumindestens in einem Fall aufgrund seiner acht Beine als Sleipnir erkennbar ist. Der Tote scheint demnach „Odin zu folgen" bzw. dem Odin gleichgesetzt zu werden. Diese Symbolik bestätigt die Annahme, daß der Wiedergeburts-Trunk, den Odin von Gunnlöd erhält und der als Skaldenmet umgedeutet worden ist, derselbe ist, den die Toten von einer Walküre erhalten.

Für diese Auffassung spricht auch, daß sich die Walküren in Schwäne verwandeln konnten, da dieses Motiv dadurch entstanden ist, daß die Jenseitsgöttin als Wiedergeburts-Mutter auch die Gestalt ihrer Seelenvogel-Kinder annehmen konnte – die Walküren sind somit eine vervielfältigte Form der Jenseitsgöttin. Diese Vervielfältigung hat ihren Ursprung darin, daß die einzelne Jenseitsgöttin schließlich nicht mit allen Toten gleichzeitig nach deren Wiederzeugung schwanger sein kann.

Das Anbieten eines Trankes zur Begrüßung scheint zumindestens bei Helden u.ä. die Aufgabe einer Walküre, der Königin oder der Königstochter gewesen zu sein. Es sind generell die Frauen, die dem Gast einen Trank anbieten.

Das Anbieten von Met zur Begrüßung durch eine junge Frau war auch im

Diesseits üblich.

Der Met wurde als Ekstase-Getränk angesehen – sowohl der Met als auch der Göttervater sind nach dieser Ekstase benannt worden: Odrörir und Odin. Diese Ekstase ist die Jenseitsreise während eines Nahtoderlebisses oder im Falle eines Schamanen-Priesters das bewußte Verlassen des eigenen Körpers, um Kontakt mit den Ahnen oder den Göttern aufzunehmen.

Ein Teil der ursprünglichen Symbolik des Mets hat sich in der Vorstellung erhalten, daß der Met die Skalden zu ihren Liedern inspiriert. Im Zusammenhang mit dieser Umdeutung bzw. Bedeutungs-Einengung auf die Dichtkunst bringt Odin den Met auch zu den Menschen, um ihnen Weisheit zu geben.

Sowohl die Dichtkunst als auch die Weisheit sind vermutlich Weiterentwicklungen der ursprünglichen Symbolik der Jenseitsreise (Adler-Verwandlung). Diese Jenseitsreise-Symbolik ist noch in der Assoziation zwischen dem Met und dem Ring Draupnir (Sonne) sichtbar.

Ein Teil der ursprünglichen Symbolik des Met-Trinkens hat sich auch in dem Brauch erhalten, daß man bei Bestattungen und auch bei Festen für die Toten einen Kelch leerte. Dieser Trank wurde „Bestattungs-Trank", „Toten-Trank" oder „Erinnerungs-Trank" genannt.

Der Met war auch generell mit der Erinnerung verbunden: Er wurde sowohl mit dem Tyr-Riesen Mimir („Erinnerung") assoziiert als auch beim Erlernen der alten Lieder durch die Skalden getrunken. Dieser „Erinnerungs-Trank" ist vor allem eine Verbindung der Lebenden mit den Toten gewesen. Der Tyr-Riese Mimir ist der wichtigste „Ahne" für Odin gewesen, da er vor ihm der Göttervater der Germanen gewesen ist. Daher hat Odin ihm eines seiner Augen für einen Schluck des Mimir-Trankes gegeben und daher spricht Odin mit Mimirs Totenschädel – beides stellt die Verbindung des Schamanengottes Odin zum Totenreich dar.

Es hat den Anschein, als ob Mimir, der Göttermet und der Ring Draupnir einander gleichgesetzt oder zumindest eng miteinander assoziiert worden seien.

Die Weihung des Mets durch die Bitte an eine Gottheit, bevor man den Met bei einem Ritual trank, zeigt, daß der Met nicht nur die Dichter mit ihrer Inspiration durch Odin verband. Es sind Met-Segnungen durch Odin, Njörd, Freya, Thor, „alle Asen" und die Ahnen bekannt.

Der Met-Trank bei der Thronbesteigung könnte aus einem früheren Ritual stammen, in dem die Verbindung des angehenden Fürsten mit dem Göttervater noch durch eine rituelle Jenseitsreise hergestellt worden ist, in dessen Verlauf auch der Göttermet getrunken wurde.

In der Julnacht, in der der Sonnengott-Göttervater wiedergeboren wurde, standen den Erzählungen in den germanischen Sagas zufolge die Tore zwischen den beiden Welten weit offen. Daher erscheinen in dieser Nacht zum einen manchmal Jenseits-Monster wie z.B. Drachen im Diesseits und zum anderen war es ein guter Zeitpunkt, um von den Göttern und den Ahnen Unterstützung für größeren Unternehmungen zu erhalten.

Dies hat zu den Bragafull-Eiden in der Julnacht geführt, bei der die Wikinger schworen, bestimmte Taten zu vollbringen. Dieselbe Art von Eiden legten auch die Könige ab, bevor sie sich das erste Mal auf ihren Hochsitz setzten.

Der Bragafull ist ein Horn voll Met, das ursprünglich sehr wahrscheinlich von der Sonne bzw. Tyr gesegnet worden ist. Dieses Horn leerte man dann nach dem Ablegen seines Eides und erhielt auf diese Weise den Segen der Sonne bzw. des ehemaligen Sonnengott-Göttervaters Tyr, der in dieser Nacht wiedergeboren wurde, sodaß man das eigene Vorhaben, das man durchzuführen geschworen hatte, erfolgreich wurde.

Bei Festen wurden mehrere Runden getrunken, die den Ahnen und den Göttern gewidmet waren und den Trinker offenbar mit ihnen verbinden sollten.

In der Regel waren dies drei Runden. Die „Standard-Runde" scheint aus dem Trank an die Ahnen, an Thor und an Odin bestanden zu haben.

Die Eid-Runde scheint ein Bestandteil der Ahnen-Runde gewesen zu sein – man bat die Ahnen, einem bei der Erfüllung der eigenen Eide zu helfen.

Im frühen Christentum bei den Germanen ist diese Trinksitte auf die Apostel übertragen worden.

Wenn ein Bauer, Jarl oder König gestorben war, ließ dessen Nachfolger Bier brauen und lud seine Freunde, Bauern oder Jarle ein, also diejenigen, die dem Verstorbenen verpflichtet oder verbunden gewesen waren.

Der Nachfolger setzte sich nach dem Tod seines Vaters nicht auf dessen Hochsitz („Thron"), sondern auf den Fußschemel vor diesem Thron.

Bei dem Fest ergreift der Erbe das Horn mit dem „Erinnerungs-Bier", das auch „Bragafull", „Erbschafts-Bier" oder „Grab-Bier" genannt wurde.

Mit dem gefüllten Horn in der Hand legte der Nachfolger einen oder mehrere Eide zu dem ab, was er nun tun werde – z.B. Rache für den gewaltsamen Tod seines Vaters nehmen oder sein Reich erweitern.

Bei dem Ablegen dieses Eides hat er evtl. passende Gesten durchgeführt wie z.B. das Halten des Horns in die vier Himmelsrichtungen, wenn er das Reich in alle vier Richtungen ausdehnen wollte. Möglicherweise gehörte diese archaische Geste generell zu der Inbesitznahme des ererbten Landes.

Dann trank der Erbe das Bier aus dem Kelch und setzte sich auf den Hochsitz seines Vaters. Durch das Niedersetzen hatte er nun die Erbschaft angetreten.

Hinter dem Hochsitz standen zwei Säulen, die manchmal auch Teil der Rückenlehne waren. Sie heißen „Öndvegissula", d.h. „Seelenweg-Säulen". Sie waren das Jenseitstor, durch das der Segen der Ahnen zu dem, der auf diesem Hochsitz saß, kam. Der wichtigste dieser Ahnen war natürlich der Vater des Erben, der nun symbolisch hinter einem Sohn in diesem Jenseitstor stand. Der Erinnerungs-Trank verband den Erben mit seinem Vater und stellte den Sohn unter den Schutz des Vaters.

Als nächstes bezeugten dann die Anwesenden ihrem neuen Herrn ihre Treue und legten evtl. ebenfalls Eide ab. Dabei mußte jeder der Anwesenden das Horn bis zur Neige leeren.

Als nächstes wurde für die Asen (in späterer Zeit für Christus und St. Michael) getrunken. Ob dieser Trank immer dazu gehörte, ist ungewiß, da er nur einmal erwähnt wird, aber es wäre durchaus plausibel, wenn sich der Erbe auch unter den Schutz der Götter stellen würde. Zumindestens bei den Königen, die ihre Stammbäume bis auf Tyr, Odin oder Yngvi-Freyr zurückgeführt haben, läge ein Trank an die Götter in der Logik dieser Weltsicht.

Schließlich verteilte der Erbe evtl. noch Geschenke an seine Gäste.

Es scheint zwei Arten von Trink-Eiden der Könige und der Wikinger-Anführer gegeben zu haben. Bei der einen Form mußten sich alle Anwesenden dem Eid des Fürsten anschließen und bei der anderen Form, stand es den Anwesenden frei, wozu sie sich entschlossen. Dies hing wahrscheinlich von dem Verhältnis zwischen den Beteiligten ab – ob es direkte Untergebene oder Verbündete waren.

Der Bragafull gehörte vor allem zu dem Fest der Wintersonnenwende (Jul), bei der einst wohl die Wiedergeburt des Sonnengott-Göttervaters gefeiert worden ist. Die beim Bragafull abgelegten Eide entsprechend somit dem Beginn eines „neuen Lebens" – so wie auch die Sonne an dem Morgen nach der Julnacht ein neues Leben begann, das ein Jahr lang dauerte.

Der Eid gewann zum einen dadurch Kraft, daß er durch seinen „Geburtsaugenblick" des Eides in Analogie zu dem Erstarken der Sonne bzw. des Tyr stand, und dadurch, daß in der Julnacht die Tore zum Jenseits weit offenstanden (die Sonne/Tyr kehrte aus dem Jenseits zurück) und die Ahnen ihre Nachkommen daher in dieser Nacht am besten unterstützen konnten.

Der passendste Schwur im Zusammenhang mit dem Jul-Bragafull war die eigene Suche nach dem Jenseits, aus dem die Sonne bei diesem Fest wiederkehrte, denn ursprünglich wird das Trinken des Bragafull als ein Teil des Wiedergeburtsvorganges der Sonne aufgefaßt worden sein.

Eine eigene Jenseitsreise ist die beste Entsprechung zu der Jenseitsreise des

Sonnengott-Göttervaters – und vermutlich ist dies auch die ursprüngliche Wirkung gewesen, die man diesem Trank zugeschrieben hat: die Verursachung oder zumindestens Erleichterung der Jenseitsreise.

Es hat den Anschein, als ob Hel, die Herrin der Unterwelt, einen Einfluß auf die Eide, die die Menschen ablegten, gehabt hätte.

Da der Bragafull in engem Zusammenhang mit der Reise in das Jenseits zur Göttin der Wiedergeburt (Frigg, Freya, Sif, Hel) stand und die Toten von ihr mit einem Met-Trunk begrüßt wurden, ist das Motiv des Einflusses der Hel auf die Eide der Menschen eine naheliegende Erweiterung der ursprünglichen Symbolik gewesen.

Dieser Vorgang wird noch dadurch erleichtert, daß der Tod, die Nornen als Schicksalsbestimmerinnen, die Walküren als Schicksalsverkünderinnen und Hel als die Herrin des Jenseits eng miteinander assoziiert sind und letztlich dieselbe Göttin waren.

Im Havamal trinkt Odin den Met aus dem Gefäß Odrörir, daß seinen Namen „das in Ekstase versetzende" von dem Trank selber übernommen haben wird.

Da das Trinken des Göttermets ursprünglich die Wiedergeburt bewirkte und die Wiedergeburt der Sonne zyklisch ist, wurden aus dem einen Gefäß drei Gefäße, da die „3" bei den Germanen den Zyklus symbolisierte: Odrörir, Bodn („Faß") und Son („Blut").

Die Verbindung des Göttermets mit der Wiedergeburt zeigt sich auch daran, daß auf dem Runenkästchen von Auzon ein Priester bei einer Bestattung einen Kelch hält und daß der wichtigste Teil des Grabschatzes im Beowulf-Epos ein Kelch zu sein scheint.

Tyr-Godmund besaß ein großes Trinkhorn, daß nach ihm selber als „Grim" („Maskenhelm") benannt worden ist. Seine beiden Alcis-Söhne sowie deren zwei Trinkhörner wurden ebenfalls „Grim" genannt. Dieses Trinkhorn-Paar hat sich auch archäologisch als die beiden Goldhörner von Gallehus erhalten, auf denen eine Jenseitsreise dargestellt worden ist. Diese beiden Hörner der Tyr-Söhne wurden auch „Hviting" („Weiße") genannt, da die beiden Tyr-Söhne in der Gestalt von zwei Schimmeln den Streitwagen des Tyr gezogen haben.

Auf einem Runenstein ist das Hrungnir-Herz, also das Symbol der wiedergeborenen Sonne und des Herzen des Tyr-Hrungnir, durch drei Trinkhörner dargestellt worden, was noch einmal die Wiedergeburts-Symbolik des Mets bestätigt.

Möglicherweise begannen die germanischen Krieger den Tag mit einem Horn Met oder Bier – schon Tacitus berichtet über die ausgeprägte Neigung der Germanen zum Bier-Trinken.

Es gab eine große Zahl von Trinksitten bei den Germanen, die von gemeinsamen

Ritualen bis zum Schlaftrunk reichten.

Es scheint keinen großen Anlaß dafür gebraucht zu haben, daß sich die Germanen zusammengesetzt und getrunken haben. Daher konnte ein solches gemeinsames Trinken z.B. auch bei Abschieden nicht fehlen.

Es wurden verschiedene Arten von Met gebraut, die anscheinend auch verschieden lange gären mußten und verschieden stark waren. Es gab auch Kräuter-Met.

In den Liedern heißt es, daß Odin den Met aus der Unterwelt zu den Menschen brachte, um diesen Weisheit zu verleihen. Diese Weisheit ist zunächst die Jenseitsreise und somit die Erkenntnis der eigenen Seele (die bei der Jenseitsreise vom Leib losgelöst über ihm schwebt) sowie deren Weiterexistenz nach dem Tod gewesen.

Es sind vier Fälle von Vergessenheitstrank bekannt. In allen vier Fällen wird er von einer Göttin bzw. Frau gereicht – ohne das Wissens des Opfers. In drei dieser Fälle ist das Opfer ein Mann; in einem Fall ist es die eigene Tochter der Frau. In allen vier Fällen soll der Mann seine frühere Geliebte bzw. die Frau ihren früheren Geliebten vergessen. Es handelt sich also nicht um ein generelles Vergessen, sondern um eine „partielle Amnesie".

Sigurd Drachen-Töter, der durch Grimhild den Trank erhalten hat, hat zuvor eine Jenseitsreise unternommen (Waberlohe, Drachen-Tötung, Walküre usw.).

Högni, der durch Freya den Trank erhalten hat, ist eine Sagen-Variante des Loki, der einst einen endlosen Kampf gegen Tyr geführt hat, durch den die Jahreszeiten entstanden sind. Auch in der Saga kämpft Högni gegen Tyr-Hedin. Sigurd ist ein Sagen-Nachfolger des Tyr und des Odin und sein Mörder Hagen ist der Sagen-Nachfolger des Loki-Högni. Es handelt sich hier also nicht nur um dasselbe Motiv, sondern auch um dieselbe Mythe/Sage.

Thorstein Viking-Sohn, der durch Solbiart den Trank erhalten hat, vergaß dadurch seine Geliebte Hunvor. Dies könnte eine Variante desselben Themas in diese recht spät entstandenen Saga sein.

Der Trank, den Gudrun von Grimhild erhalten ist, ist vermutlich eine Variation des Motivs des Trankes, den Grimhild dem Sigurd gereicht hat – dies Motiv war an einer anderen Stelle derselben Saga hilfreich, um den Handlungsfluß zu plausibel zu machen.

Es scheint stets die Jenseitsgöttin zu sein, die dem Helden/Tyr bzw. dessen Gegenspieler/Loki diesen Vergessenheitstrank reicht. Eigentlich sollte man in dieser Szene den Wiedergeburtstrank erwarten.

Vermutlich ist der Vergessenheitstrank aus dem Wiedergeburtstrank auf dieselbe Weise entstanden, wie der todbringende „Apfel der Hel" aus dem lebengebenden „Apfel der Idun": Die ursprünglich im Jenseits hilfreichen Symbole wurden durch ihre Assoziation mit Tod im Laufe der Zeit zu einem Symbol des Todes …

Da der „Kräuter-Met" die Trinker in Schlaf versetzte, könnte es sein, daß die bereits angeführte Vermutung, daß man diesem Trank die beiden sehr giftigen und nach Odin benannten Kräuter Schierling und Nieswurz beigemischt wurden. Dieser Trank wird ursprünglich bei richtiger Dosierung ein Nahtod-Erlebnis hervorgerufen haben, aber bei zu hoher Dosierung den tatsächlichen Tod.

Dieser „Nahtod-Trank" könnte bei der Entstehung des beiden Motive des Vergessenheits-Trankes und des Gift-Trankes mitgewirkt haben.

Das weitaus wichtigste Motiv für die Umschreibung der Dichtkunst ist der von Odin geraubte Skaldenmet. Vereinzelt gibt es auch Anspielungen auf Kwasir und die Zwerge, die aus dessen Blut den Skaldenmet gebraut haben.

Solche Kenningar wie „Kelch-Trank der Totengeister" zeigen, daß der Skaldenmet ursprünglich der Jenseitsreise-Met gewesen ist, der bei Bestattungen und bei der Anrufung der Ahnen getrunken worden ist. So wie Odin als Priester-Schamane auch derjenige ist, der die heiligen Texte vorträgt, ist auch der Priester selber gleichzeitig der Skalde – diese beide Funktionen haben sich erst nach und nach voneinander getrennt. In derselben Weise ist auch der Met sowohl das rituelle Getränk des Priester-Schamanen als auch die Inspirationsquelle der Skalden.

Der Met verbindet den, der ihn trinkt, mit den Göttern und hat somit die Symbolik einer erfolgreichen Jenseitsreise, die als Wirkung die Verbundenheit mit den Göttern hat.

In den späten Liedern der Skalden, die zwar noch den germanischen Stil benutzen, aber bereits einen christlichen Inhalt haben, wird Gott/Christus anstelle von Odin angerufen – die Bitte an den Göttervater um Inspiration für die Dichtung muß sehr tief verwurzelt gewesen sein, da sie sich in der germanisch-christlichen Dichtung so oft hat erhalten können. Aus dem Skaldentrank, den Odin spendet, ist bisweilen der Heilige Geist geworden, den Gott Vater spendet.

In der Regel wurde in größeren Gemeinschaften in der Halle des Langhauses getrunken. Dabei gab es bestimmte Trinksitten. Der Hausherr schenkte den Gästen sein Bier und ließ es ihnen von den Frauen aus seiner Hausgemeinschaft „einschenken".

Es wurde oft paarweise getrunken – in manchen Fällen je zwei Männer und nie Mann und Frau, in anderen Fällen stets Mann und Frau. Zumindestens in einigen Fällen wurde ausgelost, wer mit wem trinkt. Die beiden zusammengehörigen Trinker saßen sich an der Tafel gegenüber. Wenn ein Trinkspruch gesagt wurde, trank der eine von den beiden die Hälfte des Horns und reichte es dann seinem Gegenüber, der dann die andere Hälfte trank.

In der Halle trank man stets als Gemeinschaft und nicht alleine.

Es wird berichtet, daß eine Königstochter einem vornehmen Gast naht, über dem

Kelch sagt, zu wessen Gedenken er geleert werden soll, ihn halb trinkt und ihn dann dem Gast reicht. Da dieses Vorgehen nur ein einziges mal so beschrieben wird, könnte es ich dabei um einen Einzelfall handeln, aber es wäre auch denkbar, daß dies öfter in dieser Weise geschah – was bedeuten würde, das die Kelchträgerin eine hervorgehobene Stellung gehabt hätte.

Bisweilen spendete der Herr der Halle abends noch einige Krüge mit Bier oder Met für seine Männer.

Manchmal brachte auch die Königin dem König noch einen Trunk vor dem Schlafen – das sieht jedoch eher nach einer individuellen Szene aus.

Vor Trunkenheit konnte man sich schützen, indem man die Erdgöttin bzw. die Erdriesin Jörd anrief. Dies könnte eine Erinnerung daran sein, daß der Met ursprünglich der Göttin in der Unterwelt gehört hat.

Trunkenheit macht hilflos – aber die Anrufung der Erdgöttin kann vor Trunkenheit schützen.

Kräuter im Met und Runen (Not u.a.) auf dem Trinkhorn sollten Gifte neutralisieren.

Da anscheinend nur von Frauen Gift in den Tränke gemischt worden ist, könnte es sein, daß dieser Gift-Trank wie der Vergessenheits-Trank eine Umdeutung des Wiedergeburts-Trankes ist, den eine Walküre, d.h. die Jenseitsgöttin den Toten im Jenseits gereicht hat.

Das Frust-Trinken war auch den Germanen gut bekannt.

Die germanischen Sprichworte über die Trunkenheit sind auch heute noch aktuell:
- Es ist verlockend, aber sehr riskant, Sorgen in Alkohol ertränken zu wollen.
- Unter Alkoholeinfluß ist schon viel Leid angerichtet worden.
- Alkohol verändert den Charakter des Trinkers und macht ihn oft streitsüchtig.
- Man sollte nie soviel trinken, das die Sinne und der Verstand beeinträchtigt werden.
- Man ist auch für das verantwortlich, was betrunken sagt und tut.
- Man sollte Alkohol nur in Maßen genießen.

Ursprünglich ist zumindestens der rituelle Trank eine Quelle der Inspiration gewesen. Das übermäßige, nicht-kultische Genießen von Bier und Met birgt jedoch die Gefahr der Trunkenheit – weshalb bei den Germanen gerne die Zeit gleich nach einem Gelage des Feindes als Zeitpunkt für einen Überfall gewählt wurde.

Vor vergiftetem Met schützte man sich durch eine „Not"-Rune auf dem Trinkhorn.

Der Ursprung der Met-Symbolik ist die Milch der Göttin, die als eines von drei zusammengehörenden Elementen die Vorstellungen über die Ankunft der Toten im Jenseits geprägt hat: die Wiederzeugung, die Wiedergeburt und das Wiederstillen.

Das Wiederstillen, d.h. das Trinken des Ritual-Tranks hat dann in den Jenseits-Vorstellungen schließlich die Wiedergeburt, d.h. die ewige Jugend im Jenseits bewirkt. Die Milch der Göttin war zu einem Zaubertrank geworden ...

II Der Göttermet in der indogermanischen Überlieferung

Die folgende Tabelle zeigt den Stammbaum der Indogermanen. Die Namen für die gemeinsamen Vorfahren der verschiedenen Völker wie „Tocharo-Romanen" sind künstliche Bezeichnungen, da nicht bekannt ist, wie sich die betreffenden Völker damals selber genannt haben. Die Differenzierung der ursprünglichen Indogermanen in diese verschiedenen Völker fand in etwa zwischen 2800 v.Chr. und 1800 v.Chr. statt.

Indo-germanen							
	West-Indo-germanen	Balto-Slawen					Balten
							Slawen
		Tocharo-Romanen	Tocharo-Romanen	Kelto-Romanen			Kelten
							Römer
							Tocharer
							Germanen
	Süd-Indo-germanen	Hethito-Luwier	Hethito-Palaer				Lyder
							Hethiter
							Palaer
							Luwier
	Ost-Indo-germanen	Gräco-Thraker					Thraker
							Griechen
		Indo-Skythen	Indo-Armenier	Indo-Mitanni	Indo-Perser		Skythen
							Armenier
							Mitanni
							Perser
							Inder

Im Folgenden sind nur die Völker aufgeführt, von denen etwas über das hier betrachtete Thema bekannt ist.

II 1. Der Göttermet bei den Kelten

Bei den Kelten spielte der Kessel, in dem man den Met braute und im Ritual trank, eine große Rolle. Den Fürsten gab man z.T. riesige Kessel mit 500 Liter Met mit auf ihre Reise ins Jenseits.

Auf diesen Kesseln findet sich die Muttergöttin und z.T., wie auf dem Kessel von Gundestrup, auch die ganze Jenseitsreise dargestellt. Auf den germanischen Trinkhörnern von Gallehus finden sich ebenfalls diese Jenseitsreisedarstellungen.

Der Trank in dem Kessel hat in den keltischen Erzählungen eine große Wirkung: Er läßt Tote auferstehen und normale Menschen zu Barden und Druiden werden – der Trank in dem Kessel ist also eng mit der Jenseitsreise und der Einweihung, die letztlich eine freiwillige Jenseitsreise ist, verbunden. Wie bei den Germanen ist er auch mit der Dichtkunst assoziiert worden.

Die Kelten haben vier Göttinnen nach dem Met benannt: Medhu („Met"), Medb („Met"), Medigenus („Met-Brauerin") und Meduna („die Berauschende").

Mit Medb ist das längste und wichtigste irische Epos verbunden, das von dem Raub eines magischen braunen Stiers durch Medb handelt. Am Ende des Epos stirbt dieser Stier. Dieses Epos könnte durchaus als eine literarische Ausformung der früheren Auswahl des Opfer-Stiers entstanden sein.

Da der Grund für den Raub des Braunen Stieres der Ärger Medbs darüber gewesen ist, daß ihr Mann einen schöneren und stärkeren Stier als sie besaß, kann man vermuten, daß es Auseinandersetzungen darüber gegeben hat, ob der Gott oder die Göttin die Vorrangstellung hat. In dem Epos zumindest erscheint Medb als wesentlich prägnanter und aktiver als ihr Mann. Sie wird als schön, kriegerisch und willensstark beschrieben und sie hatte sehr viele Liebschaften.

Der Met ist auch als der Metgott „Medigenus" („Metgezeugter") pesonifiziert worden. Er entspricht dem Kwasir der Germanen.

Weiterhin haben bei den Kelten eine Göttin (Aericura) sowie ein Gott (Abellio) ihren Namen von dem Apfel erhalten. Die Apfelgöttin Aericura wird vermutlich mit der germanischen Idun identisch gewesen sein – die Äpfel hatten dieselbe Wirkung wie der Göttermet.

Merlin fand in einer sehr alten Sage seine Weisheit unter einem Apfelbaum. Auch der bekannte keltische Jenseits-Name „Avalon" bedeutet „Apfelinsel". In Avalon stand auch der Kessel mit dem Wein, der das ewige Leben gab, aus dem dann in späteren Sagen der Gral wurde, den die Ritter von Artus Tafelrunde suchten.

II 1. a) Taliesin

Die ausführlichste keltische Beschreibung der Vorgänge, die mit dem Brau-Kessel verbunden waren, findet sich in der Geschichte des Barden Taliesin. Der historische Barde Taliesin lebte von ca. 534 n.Chr. bis ca. 599 n.Chr.; die Darstellung seiner Lebensgeschichte geht aber auf wesentlich ältere Vorstellungen zurück.

Der Name Taliesin bedeutet „strahlende Stirn". Dies kennzeichnet ihn als jemanden, der Magie ausübt, da in einigen keltischen Überlieferungen wie z.B. dem „Stierraub von Cuailgne" beschrieben wird, daß die Stirn eines Mannes, der in sich die Kampfekstase weckt, zu leuchten beginnt. Man wird dieses Leuchten wohl dem Erwachen des Stirnchakras, daß auch „Drittes Auge" genannt wird, gleichsetzen können, da dieses Chakra u.a. im Yoga die Funktion der Durchsetzung des eigenen Willens im Außen durch Worte, Taten und Magie hat.

Taliesin bedeutet daher etwas freier übersetzt „Magier" und „der mit dem erwachten Dritten Auge". Dieses erwachte Dritte Auge ist auch das Merkmal des indischen Gottes Shiva, der wie der keltische Cernunnos-Schamane dasitzt und meditiert und auch der Gott der magischen Fähigkeiten ist.

Es ist daher denkbar, daß Taliesin ursprünglich genauso wie „Myrrdin" (Merlin) kein Eigenname, sondern ein Titel für einen Druiden gewesen ist, der ein besonders fähiger Magier war.

Auf einer Insel in Penllyn lebte einst Cerridwen mit ihren Kindern Creidwy und Morfan. Creidwy wuchs zu einer schönen und lieblichen Maid heran, aber ihr Bruder war so häßlich, daß er nur „Afagddu" genannt wurde, was „tiefste Finsternis" bedeutet. Er hatte einen behaarten Körper wie ein Hirsch und ein rauhes, abscheuliches Benehmen. Das bekümmerte seine Mutter Cerridwen sehr, und so beschloß sie, einen Trank zu brauen, der ihm als Ausgleich für sein abstoßendes Äußeres Weisheit und Inspiration schenken sollte.

Der Trank mußte ein Jahr und einen Tag kochen, und zu vorgeschriebenen Zeiten mußten bestimmte Kräuter gepflückt und hinzugefügt werden. Nach dieser Frist sollten die „drei Tropfen der Inspiration" nach dem Willen Cerridwens ihren Sohn zum Weisen und Zauberer machen. Der Rest der Flüssigkeit in dem Kessel würde aber zu einem tödlichen Gift werden. Cerridwen stellte einen alten blinden Mann mit dem Namen Morda (Tod) und seinen jungen Schützling Gwion Bach an, um den Trank zu rühren, während sie selbst auf Kräutersuche war.

Gwion schürte das Feuer und wechselte sich mit dem Alten an Cerridwens Kessel ab. So vergingen die Monde und es nahte der Tag, an dem der Zaubertrank fertig werden sollte. Lange hatte Cerridwen den Trank gebraut und war weit gewandert, um die seltenen und fremdartigen Kräuter zu sammeln, die sie für ihn benötigte. Schließlich hatte Cerridwen die letzten Kräuter hinzugefügt und ging ihren Sohn Afagddu holen. Da blubberte das Gebräu plötzlich auf und drei Tropfen spritzten auf Gwions Hand. Schnell leckte er sie ab, um seine Finger zu kühlen. Ab diesem Augenblick konnte er alles in der Welt hören und verstand mit einem Mal alle Geheimnisse der Vergangenheit, der Gegenwart und der Zukunft – und wußte sofort, daß Cerridwen sehr wütend werden würde, wenn sie bemerkte, daß er die drei Tropfen geschluckt hatte.

Als Cerridwen zurückkam, sah sie sofort, was geschehen war und wurde sehr zornig, denn nun mußte Afagddu häßlich und dumm bleiben. Sie stürzte sich auf Gwion, der hinunter zum Wasser floh. Um ihr zu entkommen, verwandelte er sich in einen Hasen, aber Cerridwen wurde zu einem Windhund und blieb ihm auf den Fersen. Da verwandelte sich Gwion am Ufer des Sees in einen Fisch und schwamm davon, aber Cerridwen verwandelte sich sofort in einen Fischotter und folgte ihm. Da tauchte Gwion auf und wurde zu einem Vogel, aber Cerridwen wurde zu einem Falken und setze ihm nach. Da ließ sich Gwion als Weizenkorn zu Boden fallen, mitten in einen Haufen anderer Weizenkörner. Cerridwen verwandelte sich daraufhin in eine Henne und pickte Korn für Korn auf bis sie auch Gwion hinuntergeschluckte hatte.

Dann nahm Cerridwen wieder ihre menschliche Gestalt an. Doch nun trug sie den Samen in sich und neun Monate später gebar sie einen prächtigen Sohn. Noch immer hatte sich ihr Zorn auf Gwion nicht gelegt und sie wollte ihn loswerden. Er war aber ein so schöner Knabe, daß sie es nicht übers Herz brachte, ihn zu töten. So legte sie ihn in einen harten, fellbezogenen Weidenkorb und setzte ihn auf einem großen See aus. Er trieb auf dem See dahin, bis er an einem Fischwehr hängenblieb. Das Wehr erfreute sich großer Beliebtheit im Königreich, da es zu Celsamhain (Walpurgis, Nacht zum 1. Mai) immer eine reiche Beute an Lachsen brachte.

In diesem Jahr war Elphin, der Sohn des Gwyggno Garanhir, der als der größte auf Erden lebende Pechvogel bekannt war, auf der Suche nach Fischen zu dem Wehr gekommen. Als er den schönen Knaben in dem Korb entdeckte, rief er „Welche eine strahlende Stirn!" Und das heißt auf walisisch „Tal iesin!". Das Kind aber antwortete zu Elphins Überraschung „Ich bin Taliesin!".

Elphin nahm den Knaben mit nach Hause und sein Vater war von ihm so entzückt, daß er beschloß, ihn selbst aufzuziehen. Taliesin wurde schon in seiner Kindheit ein beliebter Sänger und Harfner, dessen Lieder magische Kräfte besaßen und den Sturm rufen sowie Tiere und Menschen verzaubern konnten. Taliesin brachte Elphin, dessen Barde er wurde, Glück und Gedeihen.

Die zu Penllyn gehörende Insel liegt heute in dem Kreis Gwynedd in Nordwest-Wales an der Küste gegenüber Irland.

Der Name Cerridwen bedeutet schlicht „Frau (wen) des Kessels (cerru)" – sie wird durch diesen Namen geradezu als die Göttin des Kessels, also als die Göttin der

Wiedergeburt gekennzeichnet. Cerridwen ist die Große Mutter in ihrer Eigenschaft als Gebärerin im Diesseits und im Jenseits sowie speziell die Beschützerin und Segnerin im Kessel-Wiedergeburtsritual.

Der Name Gwion Bach hat letztlich dieselbe Bedeutung wie der Name Taliesin: Gwion bedeutet „schön, gesegnet" und kennzeichnet ihn als eine Person, die in der Fhirinne („Richtigkeit") ruht und aus ihr heraus handelt und deshalb in ihrem Handeln magisch wirksam und erfolgreich ist.

Eine frühere Form dieses Namens ist Fionn. Auch dieser Mann aus den keltisch-irischen Sagen, der in noch früheren Zeiten Demna hieß, erlangte unverhofft die Weisheit und die Fhirinne: Er wachte als Helfer des Fintan über das Kochen des „Lachses der Weisheit", wobei ihm einige Fetttropfen auf den Daumen spritzen, den er vor Schmerz sofort in seinen Mund steckte und so die Fhirinne erlangte und nun in Fionn, also in „der Schöne/Gesegnete" umbenannt wurde.

Das von Cerridwen verschluckte Samenkorn ist vermutlich ein Symbol für eine magische Vereinigung, die schließlich zu der Wiedergeburt des Gwion Bach als Taliesin führte.

Der alte Mann mit dem Namen Morda („Tod") wird ursprünglich der Tote oder sonstige Jenseitsreisende vor seiner Wiedergeburt gewesen sein. Ein solches Motiv findet sich häufig in den indogermanischen Religionen: Der alte Sonnengott stirbt am Abend, zeugt sich selber im Jenseits zusammen mit der Muttergöttin und wird am Morgen als junger Sonnengott bzw. als Sonnenkalb wiedergeboren.

Wahrscheinlich geht auch Afagddu wie Morda letztlich auf den sterbenden Gott, die Toten und die Schamanen zurück, die im Jenseits wiedergeboren werden und sich dabei erneuern und somit auch „verschönern" – und folglich vorher „häßlich" gewesen sind.

Die drei Tropfen, die Gwionn bzw. Fionn versehentlich schluckte, haben bei den Germanen eine Parallele in den drei Zügen, in denen Odin die drei Metgefäße der Gunnlöd austrinkt und sich danach in einen Adler (Seelenvogel) verwandelt.

Aus dem magischen Kessel wurde später in der ritterlich-höfischen Literatur der Heilige Gral, der auch als das Gefäß aufgefaßt wurde, in dem Christi Blut aufgefangen wurde, daß ihm nach dem Lanzenstich am Kreuz aus der Seite floß. Der Gral ist symbolisch auch eng mit dem Abendmahlskelch verbunden.

II 1. b) Der Hund des Lugh

In diesem keltischen Gedicht findet sich eine schon stark umgedeutete Version des Göttermets:

Dieser Hund, der die größten Taten vollbrachte,
der unbezwingbar war im Kampf,
war mehr wert als jeder Schatz, von dem man je hörte:
er war eine feurige Kugel in jeder Nacht.

Dieser schöne Hund hatte noch eine andere Gabe,
die besser war als jede andere:
Met oder Wein flossen aus ihm hervor,
wenn er in Quellwasser badete.

Die Quelle wird der Eingang zur Unterwelt sein und der Met das Getränk, das aus dem Kessel bei der Wiedergeburtszeremonie ausgeschenkt wurde.

Die „Feuerkugel" könnte ein Bild für die Kampfkraft des Hundes sein oder auch ein Bild für die Sonne in der Unterwelt. Die Sonne ist der Gott Lugh, der in etwa dem germanischen Baldur entspricht, bzw. der keltische Sonnengott-Göttervater, der im Diesseits „Dagda" (Sonnen-Göttervater) und im Jenseits „Nuada" (Unterweltswasser-Göttervater) genannt wurde.

Dieses Feuer findet sich auch in den Beschreibungen der Kampfekstase der keltischen Krieger.

II 1. c) Táin Bó Cúailgne

Der „Stierraub von Cúailgne" ist der längste zusammenhänge alte Text aus Irland. An dieser Geschichte sind abgesehen von dem Hauptthema der Erzählung auch viele Details interessant.

Da erschien ihm die Göttin Morrigan ein zweites Mal, aber diesmal in der Gestalt einer alten, hinkenden, einäugigen und halbblinden Frau, sodaß Cú Chulainn sie nicht erkannte. Sie führte eine Kuh mit drei Zitzen mit sich und gab ihm dreimal nacheinander Milch aus jeder der Zitzen, woraufhin Cú Chulainn sie jedesmal segnete. Sein Segen war so kraftvoll, daß sie nach der dritten Milchgabe wieder kräftig und gesund wurde. Als er sie erkannte, war er wütend darüber, daß sie sich seinen Segen erschlichen hatte.

Morrigan ist hier wohl eine Stellvertreterin der Medb als der Göttin aus dem Krönungsritual, die hier dem Cú Chulainn helfen will. Vielleicht sind auch Medb, die junge Morrigan und die alte Morrigan eine Göttinnendreihe.

Möglicherweise handelt es sich bei der Milch-Szene um ein Motiv aus dem Brauen des Göttermets – die Zahl „3" gehörte auch bei den Kelten zur Sonne (Sonne = Triskelis). Die drei Zitzen und die die drei Schlucke Milch entsprechen dem Met in den drei Gefäßen der Gunnlöd.

Die Ziege entspricht offenbar der Ziege Heidrun, die den Toten in Walhall statt Milch Met aus ihrem Euter gibt. In dieser Symbolik ist der Ursprung des Ritual-Trankes in der Milch der Jenseitsgöttin noch erkennbar.

II 1. d)   Die Geschichte des irischen Königs Cormac mac Art

In dieser Geschichte wird eine Jenseitsreise des Königs Cormac beschrieben, bei der er das Kochen eines Opfers erlebt. Möglicherweise sind die im Zusammenhang mit diesem Opfer berichteten Bräuche auch ein Teil des Met-Brauens gewesen.

Dann sah Cormac eine weitere königliche Festung und eine weitere Mauer aus Bronze um sie herum. In dieser Festung waren vier Paläste. Er betrat die Festung und sah den geräumigen Palast mit seinen Säulen aus Bronze, seinem Flechtwerk aus Silber und seinen Schindeln, die die Flügel von weißen Vögeln waren.

Dann sah er innerhalb der Mauern einen strahlenden Brunnen, aus dem heraus sich fünf Ströme ergossen und aus dem die Hausherren nacheinander Wasser tranken.

Neun Buan-Haselsträucher wuchsen rings um die Quelle. Die purpurnen Haelsträucher ließen ihre Nüsse in die Quelle fallen und die fünf Lachse, die in der Quelle waren, knackten sie und ließen die Schalen die Ströme hinabtreiben. Der Klang des fallenden und fließenden Wassers dieser Ströme war melodischer als alle Lieder, die die Menschen singen.

Cormac befindet sich in dieser Szene auf einer Jenseitsreise, die deutlich visionären Charakter hat. Die Quelle mit den Sträuchern und den Lachsen ist aus der keltischen Mythologie gut bekannt – sie ist wohl auch der wassergefüllte Einweihungsschacht der Druiden.

„Buan" bedeutet „das Gute" und entspricht der Fhirinne, die man durch die Haselnüsse von diesen Sträuchern und indirekt auch durch die Quelle und schließlich die Lachse erlangen kann.

Cormac betrat den Palast. Innen fand er ein Paar, daß ihn erwartete. Die Gestalt des Kriegers hob sich durch die Schönheit ihrer Gestalt, die Anmut seiner Form und das Wunder seines Antlitzes hervor. Das Mädchen bei ihm, reif, mit gelbem Haar, mit einem goldenen Kopfschmuck, war die lieblichste aller Frauen der Welt.

Da sich aus der übrigen Mythe ergibt, daß der Krieger Manannan Mac Lir ist, wird das Mädchen an seiner Seite seine Frau Fand sein, die später eine Zeitlang Cú Chulainns Geliebte gewesen ist.

Cormacs Füße wurden von unsichtbaren Händen gewaschen. Er erlebte, wie er gebadet wurde, ohne daß er irgendjemanden sehen konnte. Die erhitzten Steine legen sich von ganz alleine ins Wasser und kamen auch wieder von ganz alleine aus dem Wasser.

Die letzte Szene ist keine Schwitzhütte, sondern ein Bad – das Erhitzen von Wasser mithilfe von Steinen, die man vorher im Feuer zum Glühen gebracht hat, ist früher eine weltweit verbreitete Beheizungs-Methode gewesen.

Als sie nach der neunten Stunde zusammen waren, sahen sie einen Mann in das Haus kommen. Er trug eine Holzaxt in seiner rechten Hand und einen Baumstamm ins einer linken Hand und hinter ihm folgte ihm ein Schwein.
„Es ist Zeit, drinnen alles vorzubereiten," sprach der Krieger, „denn wir haben einen edlen Gast."
Der Mann hieb auf das Schwein und tötete es. Und er zerhackte seinen Baumstamm so, daß er drei Stücke erhielt.
„Es ist an der Zeit für Dich, zu rühren", sprach der Krieger zu dem Koch, nachdem der Kessel gefüllt worden war.
„Das wäre sinnlos," sprach der Koch, „denn niemals, niemals wird das Schwein gar werden, wenn nicht über jedem Viertel eine Wahrheit gesprochen wird."
„Dann erzähle Du uns die erste Wahrheit," sprach der Krieger.
„Eines Tages," sprach er, „als ich durch das Land ging, fand ich die Kühe eines anderen Mannes auf meinem eigenen Land und nahm sie mit in mein eigenes Rindergehege. Der Besitzer der Kühe folgte mir und sagte mir, daß er mir eine Belohnung geben würde, wenn ich seine Kühe wieder freilassen würde. Ich gab ihm seine Kühe. Er gab mir ein Schwein und eine Axt und einen Baumstamm – die Axt, um mit ihr das Schwein jede Nacht zu töten und mit ihr den Baumstamm zu spalten; und es gibt dann immer genügend Feuerholz, um das Schwein zu kochen und es bleibt immer noch genügend übrig, um damit den Palast zu heizen. Und außerdem wird das Schwein an jedem folgenden Morgen wieder lebendig sein und der Baumstamm würde wieder ganz sein. Und seitdem bis heute ist es immer so gewesen."
„Wirklich wahr ist diese Geschichte," sprach der Krieger. Das Schwein wurde in dem Kessel gerührt, aber nur ein Viertel wurde gar.

Das Schwein, die drei Stücke Holz und die neunte Stunde weisen alle auf das Jenseits hin. Dieses Schwein findet sich auch in Walhalla als der Eber Sährimnir, der jeden Abend geschlachtet und von den Toten verspeist wird, aber an jedem Morgen wiedergeboren worden ist.

Der Raub der Rinder ist ein Teil der indogermanischen Mythe über den endlosen, zyklischen Kampf zwischen dem Sommergott-Göttervater und dem Wintergott. In diesen Zusammenhang gehört auch wie Wiedergeburts-Symbolik: Der Sommergott stirbt im Herbst und wird Frühjahr wiedergeboren; der Wintergott stirbt im Herbst und wird im Frühjahr wiedergeboren. Die Sage über die Jenseitsreise des Königs Cormac wird sich daher recht sicher aus dieser Mythe entwickelt haben.

„Laßt uns noch eine Wahrheits-Geschichte erzählen," sprachen sie zueinander. *„Ich werde eine erzählen, sprach der Krieger.*

„Die Zeit des Pflügens war gekommen. Als wir den Wunsch hatten, das Feld dort draußen zu pflügen, sahen wir, daß schon gepflügt, geeggt und Weizen ausgesät worden war. Als wir den Wunsch hatten, die Ernte in diesen überdachten Heuschober dort innerhalb der Mauern hereinzuholen, sahen wir, daß sie schon dort war. Seither essen wir davon, aber es wird kein bißchen größer oder kleiner."

Das Schwein in dem Kessel wurde umgerührt und sie sahen, daß ein weiteres Viertel gar geworden war.

Diese Geschichte könnte eine Übertragung der Symbolik des wiedergeborenen Schweines auf die Landwirtschaft sein.

„Nun bin ich an der Reihe," sprach die Frau, *„Ich habe sieben Kühe und sieben Schafe. Die Milch der sieben Kühe reicht für alle Menschen, die in dem Land der Glückseligkeit leben. Aus der Wolle der sieben Schafe wird die gesamte Kleidung gemacht, die sie brauchen."*
Nach dieser Geschichte war das dritte Viertel des Schweines gar.

Die Frau (die Göttin Fand) erweitert die Symbolik des wiedergeborenen Schweines nun auch auf die Kleidung. Das „Land der Glückseligkeit" ist Avalon, das Jenseits.

„Nun bin ich an der Reihe," sprach Cormac und er erzählte, wie seine Frau, sein Sohn und seine Tochter von ihm genommen worden waren und wie er ihnen nachging bis er zu diesem Haus gekommen war.
Nach dieser Geschichte war das gesamte Schwein gar.

Die Jenseitsreise, die Cormac berichtet, wird mit der Reise der Sonne am Abend und im Herbst, mit der Reise des Königs bei seiner Krönung und mit der Reise der Druiden bei ihrer Einweihung und beim Einholen von Rat und Hilfe von den Ahnen und den Göttern identisch sein.

Die „Wahrheits-Geschichten" sind Darstellungen der Fhirinne im Jenseits. Sie sind wohl als eine Form der Magie gedacht, in der durch die Gleichsetzung des Opfertieres mit einem mythischen Tier im Jenseits auch das Opfertier selber mythische Qualitäten erhält und dadurch magisch wirksam wird.

Nun zerschnitten sie das Schwein und legten Cormac seinen Teil vor ihn. „Ich nehme niemals ein Mahl zu mir," sprach da Cormac, „ohne fünfzig Männer in meiner Gesellschaft."
Das sang ihm der Krieger ein Lied und ließ ihn in Schlaf versinken. Nachdem er wieder erwacht war, sah er bei sich fünfzig Krieger und zudem auch seinen Sohn, seine Frau und seine Tochter. Der erhellte sich sein Gemüt. Nun wurden Bier und Speise an sie ausgeteilt und alle wurden froh und glücklich. Ein goldener Kelch wurde in die Hand des Kriegers gegeben. Cormac bewunderte ihn wegen der Vielzahl der Muster auf ihm und wegen der Fremdartigkeit der Handwerkskunst, mit der er gefertigt worden war.
„Es gibt noch etwas an dem Kelch, das noch fremdartiger ist," sagte der Krieger, „wenn drei Unwahrheiten unter ihm gesprochen werden, wird er in drei Teile zerbrechen. Wenn dann drei wahre Dinge unter ihm gesprochen werden, werden sich seine Teile wieder miteinander vereinen so daß er wie zuvor sein wird."
Der Krieger sprach drei Falschheiten unter ihm und der Kelch zerbrach in drei Teile. „Es wäre gut, die Wahrheit auszusprechen," sprach der Krieger, „um den Kelch wiederherzustellen. Ich sage, O Cormac," sprach er, „daß seit wir Tara verlassen haben bis heute weder Deine Frau noch Deine Tochter das Gesicht eines Mannes gesehen hat, und daß Dein Sohn nicht das Gesicht einer Frau gesehen hat." Daraufhin wurde der Kelch wieder ganz.

Das Lied des Kriegers, daß Cormac in Schlaf versetzt, wird identisch mit dem Lied sein, mit dem in der Fionn-Sage auch Aillil durch sein Harfenspiel alle Menschen in der Burg des Königs in einen „Dornröschen-Schlaf" versetzt. Mit diesem Einschlafen wird der Eintritt in die Jenseitsreise, d.h. der Beginn der Meditation, Astralreise bzw. Traumreise gemeint sein. Das Erreichen dieses Zustandes wurde offensichtlich durch Lieder, Harfenspiel und Rascheln mit Zweigen unterstützt.

Das „Mitnehmen" der Frau, des Sohnes und der Tochter des Cormac in die Unterwelt könnte auch eine Symbolik aus dem Jenseitsreise- und Krönungsritual sein, da man bei der Reise in die Unterwelt, die ja ein symbolischer Tod ist, jeglichen Besitz und alle Verwandten verliert. Daher war es z.B. in der altindischen Krönungszeremonie Brauch, daß der König vor seiner Krönung (und auch der Jenseitsreisende bei der Einweihung) all seinen Besitz verschenkte und sich von allen seinen Verwandten trennte.

„Nimm nun Deine Familie mit Dir," sprach der Krieger, „und nimm auch den Kelch, damit Du zwischen Wahrheit und Lüge unterscheiden kannst. Und Du sollst auch den Zweig haben, damit Du immer Musik und Freude hast. Und an dem Tag, an dem Du sterben wirst, werden sie alle von Dir genommen werden.

Ich bin Mannan Mac Lir," sprach der Krieger, „König des Landes der Glückseligkeit; und um Dir das Land der Glückseligkeit zu zeigen, wurdest Du hierhergebracht. Das Heer von Reitern, die Du beim Decken des Hausdaches gesehen hast, waren die Bauern und Handwerker in Irland, die Vieh und Güter ansammeln, die allesamt vergehen werden. Der Mann, den Du ein Feuer entzünden sahst, ist ein verschwenderischer junger Anführer – er wird mit den Dingen aus seinem Besitz alles bezahlen, was er vergeudet. Die Quelle, die Du gesehen hast, zusammen mit den fünf Flüssen, die aus ihr herausströmen, ist die Quelle des Wissens, und die fünf Flüsse sind die fünf Sinne, durch die das Wissen erlangt wird. Und niemand wird Wissen haben, der nicht einen Schluck aus dieser Quelle selber und aus den Flüssen getrunken hat. Die Menschen, die in vielen Dingen kunstfertig sind, haben aus beiden getrunken."

Am nächsten Morgen, als Cormac sich erhob, fand er sich auf den grünen Wiese von Tara wieder, und seine Frau und sein Sohn und seine Tochter waren bei ihm und er hielt seinen Zweig und seinen Kelch in seiner Hand.

Die letzte Rede des Manannan Mac Lir klingt wie ein Auszug aus einer Weisheits-Sammlung der Druiden. Ein ähnlicher Auszug findet sich auch in den Ratschlägen, die Taliesin dem Elphin gibt, nachdem dieser ihn aus dem Wehr gerettet hatte.

Da die Quelle des Wissens sich im Jenseits befindet und man auf der Reise ins Jenseits nicht nur die Götter, sondern auch seinen eigene Seele und somit seine eigene Fhirinne findet, bedeutet der Rat, einmal im Leben aus dieser Quelle zu trinken, einmal im Leben wie die Druiden eine Jenseitsreise zu machen und den Kontakt zu den Göttern auszunehmen und die eigene Fhirinne zu finden. Dies entspricht ganz dem Spruch über dem Eingang des Orakel-Tempels von Delphi: „Erkenne Dich selbst!". Ohne das Wissen darum, wer man selber ist, ist es kaum möglich, ein glückliches und erfülltes Leben zu führen.

Dieser Rat bedeutet letztlich, einmal im Leben an den Mysterien teilzunehmen, da diese eine Jenseitsreise sind und dadurch die Verbindung zu den Göttern und zu der eigenen Seele, die die eigene Mitte ist, herzustellen.

Das Finden dieser Mitte ist keineswegs eine Weltflucht, denn die fünf Ströme, die von dieser Quelle ausgehen, sind die fünf Sinne, durch die man die Welt erkennen kann, und auch von diesen Flüssen sollte man dem Rat der Druiden bzw. Manannan Mac Lirs zufolge trinken. Diese Sinne erscheinen hier als eine Bewegung der Mitte (Quelle, Seele) auf die Welt zu, also als ein Selbstausdruck der eigenen Mitte, die durch die fünf Sinne die Welt erlebt.

Wenn man seine eigene Mitte erfaßt hat, den Rückhalt bei den Göttern erlangt hat und seine Sinne für die Welt geöffnet hat, dann wird man kreativ in der Welt stehen und sein Leben seiner eigenen Fhirinne entsprechend gestalten und daher glücklich sein. Das Vertrauen auf die Götter betont auch Taliesin in seinem Rat für Elphin.

Der zweite Spruch über dem Tor zu dem Orakel von Delphi, der „Nichts im Übermaß" lautete, findet eine Entsprechung in dem Rat Manannans, sich nicht zu sehr um das Anhäufen von Reichtum zu kümmern und sich auch nicht dem Verschwenden hinzugeben, sondern auf das rechte Maß in allen Dingen zu achten.

Auch bei den Brahmanen in Indien finden sich recht ähnliche Bilder und Ratschläge, sodaß sich die Weisen der indogermanischen Völker damals über die rechte Lebensführung noch einig gewesen zu sein scheinen.

Das Wasser aus dieser Quelle entspricht dem Göttermet sowohl der Kelten als auch der Germanen.

II 2. Der Göttermet bei den Römern

Den Römern scheint außerhalb der von ihnen übernommenen griechischen Vorstellungen kein Unsterblichkeitstrank bekannt gewesen zu sein. Es gibt lediglich zwei kleine Motive, die aus früheren Vorstellungen über diesen Trank („Nektar ambrosia") stammen könnten:
- Es wird berichtet, daß die Pferde des Sonnengottes Ambrosia fressen, das demnach ein Gras oder Kraut gewesen sein muß.
- Das Ambrosia soll süß geschmeckt haben.

II 3. Der Göttermet bei den Kelto-Romanen
(die gemeinsamen Vorfahren der Kelten und Römer)

Ihnen waren der Unsterblichkeit-Met und die Äpfel des ewigen Lebens bekannt.

II 4. Der Göttermet bei den Germanen

In den germanischen Mythen war der Göttertrank ein beliebtes Motiv. Er gab den Göttern ihre Unsterblichkeit – genauso wie die Äpfel der Göttin Idun. Um ihn für die Götter zu holen, verwandelte sich der Schamanengott Odin in eine Schlange und kroch in das Hügelgrab der Riesentochter Gunnlöd (Muttergöttin), mit der er sich vereinte, danach die die drei Krüge mit Met leerte, sich in Adler verwandelte und dann nach Asgard zurückflog.

Der Jenseitsbezug ist nicht zu übersehen: die Schlange als Jenseitsweg, die Unterwelt in dem Berg, die Riesen als Bewohner der Unter- und Außenwelt, die Verwandlung in einen Seelenvogel, das Erlangen der Unsterblichkeit durch den Trank …

Der Göttermet wurde dadurch hergestellt, daß alle Götter in einen Kessel spien und daraus das weiseste aller Wesen, den Kwasir erschufen. „Kwasir" bezeichnet einen Trank, der aus in Wasser vergorenem Brot entsteht. Der Speichel war ein altes Mittel, um die Gärung in Gang zu setzen. Später wurde Kwasir dann von den Zwergen (Wesen der Unterwelt) Falar und Gjalar getötet und aus seinem Blut und aus Honig der Göttermet gemischt.

Es wird auch berichtet, wie der Meeresgott Ägir einen riesigen Kessel von den Riesen besorgt, um darin Met für die Götter brauen zu können. Auch hier stammt der Trank bzw. der Kessel für den Trank wieder von den Riesen, die letztlich auf die Ahnen zurückgehen – der Met ist ein Trank aus der Unterwelt.

In dem Bericht des Arabers Ibn Fadlan über die Wikingerbestattung wurden auch große Mengen eines Rauschtrankes getrunken.

Die Herstellung des Trankes wurde von den Seidir-Kundigen durchgeführt, die man von den Gandr-Kundigen, also den Zauberkundigen, unterschied. Beide werden wohl auf die Schamanen zurückgehen.

II 5.   Der Göttermet bei den Germano-Romanen
(die gemeinsamen Vorfahren der Kelten, Römer, Tocharer und Germanen)

Die Germano-Romanen benutzten den Met als Göttertrank. Er verlieh die Unsterblichkeit.

Die Germanen und die Kelten kannten auch einen Met-Gott: Kwasir und Medigenus.

Der Ritual-Trank ist sowohl mit der Jenseitsgöttin als auch mit dem Sonnengott-Göttervater (Tyr/Ägir bzw. Dagda/Nuada) verbunden gewesen. Der Sonnenaspekt des Göttervaters findet sich in der häufigen Symbolik der „3" in den Göttertrank-Mythen der Germano-Romanen wieder.

II 6.   Der Göttermet bei den Slawen

Von ihnen ist kein Unsterblichkeitstrank o.ä. bekannt.

II 7.   Der Göttermet bei den Balten

Lediglich auf Rügen findet sich ein Hinweis auf einen Unsterblichkeitstrank, da dort der damals weit bekannte Orakelgott Svantewit als Mann mit einem mit Wein gefüllten Trinkhorn in der Hand dargestellt wurde. Die Opfergaben für diesen Gott waren Wein und Honigkuchen.

An das Opfer für Svantewit schloß sich meist ein großes Trinkgelage an, daß sicherlich rituellen Charakter hatte.

II 8.   Der Göttermet bei den Balto-Slawen
(die gemeinsamen Vorfahren der Balten und Slawen)

In der slawischen und baltischen Mythologie spielte der Göttertrank keine Rolle. Trankopfer sind hingegen bekannt gewesen, die aber möglicherweise nur die Symbolik des Ernährens der Toten bzw. Götter gehabt haben werden.

II 9. Der Göttermet bei den West-Indogermanen
(die gemeinsamen Vorfahren der Kelten, Römer, Tocharer, Germanen, Balten und Slawen)

Der Unsterblichkeitstrank war gut bekannt. Er wurde aus Honig gebraut („Met") und war süß.

Zumindestens bei den Germanen und bei den Kelten ist er auch als eine Gottheit aufgefaßt worden.

II 10. Der Göttermet bei den Hethitern

In fast allen Ritualen gibt es Trankopfer, aber es weist nichts auf eine Unsterblichkeitstrank-Symbolik hin. Die Becher wurden nach dem Trankopfer oft zerschlagen, was man wohl als ein symbolisches Senden des Trankes ins Jenseits auffassen darf, da der Becher durch das Zerschlagen „stirbt". Diese Sitte ist noch heute aus Rußland gut bekannt.

Die Form der Opfer-Trinkhörner entsprach im Tier-Kult den jeweiligen Tieren – wie dies auch von den Skythen und den Thrakern bekannt ist.

Es gab bei den Hethitern eine Göttin der Weinrebe, die möglicherweise mit der sumerischen Geshtinanna verwandt ist. Die Hethiter opferten manchmal auch Wein, aber ob sie den Wein als einen Ritualtrank ansahen, ist ungewiß.

II 11. Der Göttermet bei den Süd-Indogermanen
(die gemeinsamen Vorfahren der Hethiter, Palaer, Luwier und Lyder)

Trankopfer sind gut bekannt, aber ob es auch einen Unsterblichkeitstrank gab, ist unklar.

II 12.   Der Göttermet bei den Persern

Bei den Persern gab es den Haoma-Trank, dessen Trinken auch bei der Krönung ein wichtiger Bestandteil des Rituals war. Man scheint vor dem Trinken stets ein bestimmtes Gewand angezogen zu haben – dies wird aus relativ später Zeit selbst noch von Zarathustra berichtet.

Ob es sich dabei um einen alten Brauch handelt, läßt sich zwar nicht mehr feststellen, aber zusammen mit der den indischen Brahmanen so wichtigen kultischen Reinheit und den von Plinius berichteten langen weißen Gewändern der Druiden ist es zumindest gut denkbar, daß bereits die Mitglieder der indogermanischen Schamanenbünde zumindest bei ihren schamanischen Tätigkeiten besondere (lange, weiße) Gewänder trugen.

Der von den Persern „Haoma" und von den Indern „Soma" genannte rituelle Trank erscheint im Zend-Avesta sehr häufig.

II 12. a)   Zend-Avesta, Fargard 19

Möge der gläubige Mann einen Zweig des Baresma abschneiden, so lang wie eine Pflugschar, so dick wie ein Gerstenkorn. Der Gläubige, der ihn in seiner linken Hand hält, soll nicht aufhören, seine Augen auf ihn zu richten, während er dem Ahura Mazda und den Amesha-Spentas opfert, und dem hohen und goldenen Haoma, und Vohu-Mano und dem guten Rata, der von Ahura Mazda erschaffen worden ist, heilig und vorzüglich.

Hier wird gesagt, daß der „Haoma" genannte Ritual-Trank golden aussieht oder zumindestens golden schimmert.

Die Baresma-Zweige sind vermutlich die Pflanze, aus der der Haoma gepreßt wird.

II 12. b)   Zend-Avesta, Aban Yast

Die Wassergöttin Ardvi Sura Anahita: *„Wer wird mich preisen? Wer wird mir ein Opfer darbringen mit Trankopfern, die rein bereitet und sorgfältig geseiht sind, zusammen mit Haoma und Fleisch?"*

Die Götter scheinen um das Haoma-Opfer zu bitten.

II 12. c)   Zend-Avesta, ein Yast-Bruchstück

(<u>Zarathustra</u>) *„Was ist das eine Vortragen des Lobes der Heiligkeit, daß an Größe, Güte und Schönheit soviel wert ist wir hundert andere?"*
<u>Ahura Mazda</u> antwortete: „Das ist dieses, o heiliger Zarathustra: dieses, das ein Mann vorträgt, während er den Haoma trinkt, der für das Opfer geseiht worden ist, wenn dieser Mann sich guter Gedanken, guter Worte und guter Taten befleißigt, und üble Gedanken, üble Worte und üble Taten zurückweist."

Es ist beachtenswert, daß dieselbe Dreiheit von Gedanken, Worten und Taten sich auch in einem Lied der Navaho-Indianer findet:
„Meine Gedanken werden alle von Schönheit erfüllt sein – Ho!
Meine Worte werden alle von Schönheit erfüllt sein – Ho!
Meine Taten werden alle von Schönheit erfüllt sein – Ho!
Während ich meinen Weg in Schönheit gehe."
Diese Dreiheit scheint daher entweder sehr alt zu sein oder so klar im Wesen des Menschen zu liegen, daß sie an verschiedenen Orten unabhängig voneinander gefunden werden kann.

II 12. d)   Zend-Avesta, Yasna 9 (Hom Yast)

In der Stunde des Havani kam Haoma zu Zarathustra, während er dem heiligen Feuer diente und seine Flamme weihte, während er die heiligen Gathas sang.

Havani: morgens zwischen 6Uhr und 10Uhr
Der Haoma-Trank ist hier wie der Soma-Trank bei den Indern und Kwasir bei den Germanen personifiziert. Dies scheint demnach ein altes Element in den indogermanischen Mythen zu sein.
Auch bei den Indern erscheinen das heilige Feuer (Agni) und der Ritual-Trank (Soma) als Paar, wobei bei den Indern beide personifiziert worden sind.

Und <u>Zarathustra</u> frug ihn: „Wer bist Du, o Mann, der Du in der gesamten erschaffenen Welt von allen, die ich gesehen habe, der Schönste in Deinem eigenen Leib bist, Du herrlicher Unsterblicher?"

Die Germanen haben Kwasir Weisheit, aber keine Schönheit zugeschrieben. Da dieser persische Text 1800 Jahre älter als die überlieferte Kwasir-Mythe ist, könnte die Schönheit des personifizierten Göttermets in der germanischen Überlieferung verlorengegangen sein.

Daraufhin antwortete <u>Haoma</u>, der heilige, der den Tod in die Ferne vertreibt: „Ich bin Haoma, der heilige, und vertreibe den Tod in die Ferne. Bete zu mir, o Spitama, bereite mich für das Trinken. Lobpreise mich in Deinen Hymnen wie die anderen Saoshyant-Hymnen."

Auch das Haoma ist wie das indische „Soma amrita" („Soma Nicht-Tod") und der griechische „Nektar ambrosia" („Nektar Nicht-Tod") ein Unsterblichkeitstrank.
Spitama = Zarathustra

Da sprach <u>Zarathustra</u>: „Haoma sei gepriesen! Welcher Mensch, o Haoma, hat Dich als erster für die erschaffene Welt zubereitet? Welcher Segen wurden ihm angeboten? Welche Gunst hat er erhalten?"

Die beiden letzten Fragen, die inhaltlich dasselbe bedeuten, sind ein Beispiel für das archaische lyrisch-rhetorische Stilmittel des „inhaltlichen Reims", der in Sumer, Assur, Babylonien usw. sehr beliebt gewesen ist und sich vereinzelt auch in Ägypten findet.

Da antwortete mir <u>Haoma</u>, er, der heilige, der den Tod in die Ferne vertreibt: „Vivanghvant war der erste Mensch, der mich in der erschaffenen Welt zubereitet hat. Dieser Segen wurde ihm gegeben, diese Gunst wurde ihm gewährt: daß ihm der Sohn, der Yima war, geboren wurde, der, der der Glänzende genannt wurde, der mit den zahlreichen Herden, der glanzvollste von allen, die bisher geboren worden sind, der Sonnengleiche unter den Menschen, der durch seine Macht sowohl die Herden als auch die Menschen vom Tod befreit hat, der sowohl die Pflanzen als auch die Gewässer von der Trockenheit befreit hat, durch den die Menschen unvergängliche Speisen essen konnten.
Während der Herrschaft des Yima des Bewegungs-schnellen gab es weder Kälte noch Hitze, es gab keine Alter und keinen Tod, keinen Dämonen-erschaffenen Neid. In ihrer Gestalt und in ihrem Aussehen gingen die beiden, Sohn und Vater, wie Fünfzehnjährige einher, solange Yima, der Sohn des Vivanghvant, der mit den vielen Herden, herrschte."

Vivanghvant war der Vater des Yima, also des ersten Menschen. In Indien ist Vivasvat hingegen der Vater des Yama (Urriese), des Manu (Urahn der Menschen) und z.T. sogar der Götter. Man kann also davon ausgehen, daß Vivanghvant und Vivasvat einst der Sonnengott-Göttervater Dhyaus gewesen sind, zumal Vivanghvant unter dem Namen „Vihvavant" an anderen Textstellen auch als Sonnengott auftritt und sein

Name „Aufleuchtender" bedeutet.

Der Sonnengott-Göttervater als Vater des ersten Menschen (Yima) entspricht in etwa der häufigen germanischen Gleichsetzung des Tyr-Riesen im Jenseits mit dem Urriesen Ymir (=Yima). Auch dies scheint somit ein altes Motiv zu sein.

Zu der Yima-Mythe siehe den Band 33 über den Urriesen Ymir.

Der Unsterblichkeits-Trank stellt offensichtlich den Tod-losen Zustand wieder her, der unter Yima, dem ersten Herrscher bestanden hat: das „goldene Zeitalter" und das „Paradies".

(<u>Zarathustra</u>) *„Wer war der zweite Mann, o Haoma, der Dich für die erschaffene Welt bereitet hat? Welcher Segen wurden ihm angeboten? Welche Gunst hat er erhalten?"*

Daraufhin gab <u>Haoma</u>, der heilige, der den Tod in die Ferne vertreibt, die Antwort: „Athwya war der zweite, der mich für die erschaffene Welt zubereitet hat. Dieser Segen wurde ihm gegeben, diese Gunst wurde ihm gewährt: daß ihm ein Sohn geboren wurde – Thraetaona aus der Sippe der Helden, der den Drachen Dahaka erschlug, den dreimäuligen und dreiköpfigen, den sechsäugigen, den mit den tausend Kräften, mit gewaltiger Macht, ein Dämon der Daevas, der übel für unsere Siedlungen ist, und hinterhältig, den der üble Geist Angra Mainyu als den mächtigsten Drugk gegen die erschaffene Welt und für den Tod der Siedlungen und um die Heime von Asha zu zerstören, erschaffen hat."

In Indien erscheint Thraetaona als Traitana in derselben mythologischen Funktion wie in Persien. Sein Name ist mit „Thrita", d.h. „Dreifacher" verwandt, was vermuten läßt, daß es sich bei ihm um den Sonnengott handelt. Als Urenkel des Sonnengottes Vivanghvant ist er vermutlich der wiedergeborene Sonnengott-Göttervater.

In den ältesten indischen Schriften erschlug Thrita den Drachen Ahi, was dann später zu dem Sieg des Donnergottes Indra über den Drachen Vritra wurde. Die Version des Kampfes des Sonnengottes mit der Riesenschlange findet sich auch bei den Griechen in dem Kampf des Apollon gegen die Python-Schlange von Delphi. Bei den Germanen ist daraus schon der Kampf des Thor gegen Jörmungandr geworden.

(<u>Zarathustra</u>) *„Wer war der dritte Mann, o Haoma, der Dich für die erschaffene Welt bereitet hat? Welcher Segen wurden ihm angeboten? Welche Gunst hat er erhalten?"*

Daraufhin gab <u>Haoma</u>, der heilige, der den Tod in die Ferne vertreibt, die Antwort: „Thrita, der hilfreichste der Samas, war der dritte Mann, der mich für die erschaffene Welt zubereitet hat. Dieser Segen wurde ihm gegeben, diese Gunst wurde ihm *gewährt: daß ihm zwei Söhne geboren wurden, Urvakhshaya und Keresaspa, der eine ein Richter, der die Ordnung erhält, der andere ein Jüngling von großem Einfluß, Ring-gekrönt, Keulen-tragend:*

Er, der den gehörnten, Menschen-verschlingenden und Rosse-verschlingenden Drachen tötete, der Giftige, der von grüner Farbe ist, über den so dick wie ein Daumen ist grünliches Gift zur Seite fließt, auf dessen Rücken Keresaspa einst sein Fleisch zum Mittagsmahl in einem eisernen Kessel gekocht hat, woraufhin der Tödliche, Versengte, Erschrockene aufsprang und das Wasser aus schüttete, als es kochte. Kopfüber floh der erschrockene, mannhafte Keresaspa."

Die beiden Brüder Urvakhshaya und Keresaspa sind wahrscheinlich mit ihrem Vater Thrita/Traitana/Thraetaona identisch. Sie könnten aber auch die persische Variante der beiden Alcis-Söhne des Göttervaters sein.

Offenbar gab es eine zumindestens z.T. humorvolle Mythe über einen Mann, der ohne es zu merken sich auf einen riesigen, grünen Drachen gesetzt hat, sein Mittagsmahl auf dem Drachen gekocht hat, wodurch der Drache angesengt worden ist und aufgesprungen ist – woraufhin anscheinend beide geflohen sind.

Thrita/Traitana/Thraetaona ist der erste Heiler: Er ist der Töter des Drachens, der die Krankheiten bringt, und er war der erste Priester des Haoma, das alle Krankheiten heilt.

(<u>Zarathustra</u>) *„Wer war der vierte Mann, o Haoma, der Dich für die erschaffene Welt bereitet hat? Welcher Segen wurden ihm angeboten? Welche Gunst hat er erhalten?"*

Daraufhin gab <u>Haoma</u>, der heilige, der den Tod in die Ferne vertreibt, die Antwort: „Pourushaspa war der dritte Mann, der mich für die erschaffene Welt zubereitet hat. Dieser Segen wurde ihm gegeben, diese Gunst wurde ihm gewährt: daß Du, o Zarathustra, der Rechtschaffende, ihm in Pourushaspas Haus geboren wurdest, Du der Feind der Daevas, der Freund von Mazdas Weisheit, der in Airyena Vaegah Berühmte. Und Du, o Zarathustra, trugst das erste Mal das Ahuna-vairya vor, Du hast es viermal gesungen mit getrennten Versen, jedesmal lauter und mit noch lauterer Stimme.

Und Du hast bewirkt, o Zarathustra, daß all die Dämonen-Götter in der Erde verschwunden sind, die zuvor über diese Erde in menschlicher Gestalt und Macht geflogen sind. Dies hast Du getan, Du, der Du der Stärkste bist und der Standhafteste, der Allertatkräftigste und der Schnellste und der in jeder Tat in der Welt der beiden Geister Siegreichste."

Daevas = böse Geister

Ahuna-vairya = ein Versmaß in einem persischen Dialekt
die beiden Geister = Ahura Mazda (gut) und Angra Mainyu (böse)

Daraufhin sprach <u>Zarathustra</u>: „Gelobt sei Haoma! Gut ist Haoma, und gut ausgestattet, genau und richtig in seinem Wesen, und er ist gut beerbt worden, und heilsam, von schöner Gestalt, und voller guter Taten, und allererfolgreichst in seinen Taten, von goldenem Schimmer, mit gebogenen Schößlingen. Da es das Beste zum Trinken ist, ist es durch seine heilige Anregung das nahrhafteste für die Seele.
  Ich bitte Dich, o Gelber, um Inspiration!
  Ich bitte Dich um Stärke!
  Ich bitte Dich um Sieg!
  Ich bitte Dich um Gesundheit und Heilung, wenn Heilung das ist, was ich brauche!
  Ich bitte Dich um Gedeihen und um wachsenden Wohlstand
  und um Lebenskraft für die ganze Gemeinschaft
  und um Verstehen für jedes geschmückte Wesen
  und um dies: daß ich in allen unseren Siedlungen frei gehen kann und Macht habe, wo ich will, und die wütende Bosheit überwinde und ein Besieger der Lügen bin!
  Ja, ich bitte Dich, daß ich den wütenden Haß der Hassenden überwinde – den der Daevas, der Sterblichen, der Zauberer und der täuschenden Frauen, der Tyrannen und der Kavis, der Karpans, der mordlustigen Zweibeiner, der Heiligtum-Zerstörer, der entweihenden, abtrünnigen Zweibeiner, der Wölfe, der vierfüßigen Ungeheuer, des eindringenden Heeres mit breiter Front, das mit Geschick vorrückt!

  Diesen ersten Segen erbitte ich von Dir, o Haoma, der Du den Tod in die Ferne vertreibst: Ich bitte Dich für den Himmel um das beste Leben der Heiligen, den Strahlenden, den All-Ruhmreichen.

Zarathustra erbittet für sich, wie ein Heiliger leben zu können, damit es ihm anschließend im Himmel, d.h. im Jenseits gut geht.

  Diesen zweiten Segen erbitte ich von Dir, o Haoma, der Du den Tod in die Ferne vertreibst: Ich bitte Dich um die Gesundheit dieses Körpers, bis ich jenes gesegnete Leben erlange.

  jenes gesegnete Leben = Leben im Jenseits nach dem Tod

  Diesen dritten Segen erbitte ich von Dir, o Haoma, der Du den Tod in die Ferne vertreibst: die lange Kräftigkeit des Lebens.
  Diesen vierten Segen erbitte ich von Dir, o Haoma, der Du den Tod in die Ferne vertreibst: daß ich auf dieser Erde stehe und daß meine Wünsche erfüllt werden und

daß ich machtvoll bin, Zufriedenheit erlange, die Angriffe des Hasses überwinde und die Lügen besiege.

Diesen fünften Segen erbitte ich von Dir, o Haoma, der Du den Tod in die Ferne vertreibst: daß ich siegreich auf der Erde stehe, erobernd in Schlachten bin, die Angriffe des Hasses überwinde und die Lügen besiege.

Diesen fünften Segen erbitte ich von Dir, o Haoma, der Du den Tod in die Ferne vertreibst: daß wir eine gute Warnung vor dem Dieb erhalten, daß wir eine gute Warnung vor dem Mörder erhalten, daß wir den Keulen-Träger zuerst sehen, daß wir als erste den Wolf sehen. Möge niemand uns zuerst sehen! Mögen wir im Streit mit wem auch immer diejenigen sein, die als erste eine Warnung erhalten!

Haoma, gewähre den Reitern, die ein Pferderennen auf dem Feld führen wollen, sowohl die Schnelligkeit als auch die Kraft in den Beinen der Pferde.

Haoma, gewähre den Frauen, die mit Kindern im Bett niederkommen, eine glanzvolle Nachkommenschaft und einen rechtschaffenden Stamm.

Haoma, gewähre den vielen, die lange Zeit gesessen und die Bücher gelesen haben, mehr Wissen und Weisheit.

Haoma, gewähre den großen Mädchen, die unverheiratet zuhause sitzen, gute Gatten – und das, sobald er gefragt wird, der gut-gesonnene Haoma.

Haoma, erniedrige Keresani, entthronte ihn von seinem Thron, denn er wurde so macht-gierig, daß er in verräterischer Weise gesagt hat: „Kein Priester soll hinter mir stehen und wachen und für mich als ein Ratgeben für das Gedeihen durch die Lande ziehen, denn er würde allem den Fortschritt rauben und er würde das Wachstum von allem vernichten!

Hier scheint Zarathustra über den Streit, den er mit einem Fürsten hat, zu berichten.

Heil Dir, o Haoma, Du hast so viel Macht, wie Du willst – und das aus Deiner Dir innewohnenden Stärke heraus!

Heil Dir, Haoma, Du bist wohlbewandert in vielen Redewendungen und in wahren und heiligen Worten.

Heil Dir, denn Du stellst keine listigen Fragen, sondern fragst aufrichtig.

Mazda hat Dich geboren, den Sternen-besetzten Gürtel, den Geist-Erschaffenen, den Uralten, den Glauben des Mazda. So bist Du damit auf den Gipfeln der Berge gegürtet, damit Du die Vorschriften verbreiten kannst und die Sprüche der Mathras und um den Lehrern der Mathras zu helfen.

O Haoma, Du Hausherr, Du Sippenherr, Du Stammesführer, Du Fürst des Landes und Du erfolgreich gelehrter Lehrer, ich bitte Dich um durchsetzungsfähige Stärke, um das, was siegreich niederwirft, und für die Rettung meines Leibes, und für vielfältiges Entzücken.

Nimm die Qualen von uns fort und die Bosheit der Hassenden!
Lenke die Absichten des wütenden Feindes in die Irre!
Welcher Mann auch immer in diesem Haus gewalttäig und hinterhältig ist, welcher Mann es auch immer in dieser Sippe, in diesem Stamm, in diesem Land – nimm ihm die Schnelligkeit seiner Füße, wirf einen Schleier der Dunkelheit über seinen Geist, mache seinen Verstand sofort zu einem Wrack!
Laß nicht den Mann, der uns verletzt, unseren Geist oder unseren Leib, die Macht haben, auf seinen beiden Beinen zu uns zu laufen oder uns mit seinen beiden Händen zu ergreifen oder uns mit seinen beiden Augen zu sehen und auch nicht das Land unter seinen Füßen oder die Herde vor seinem Gesicht!

Gegen den sich erhebenden und schrecklichen Drachen, den grünen, der sein Gift ausspuckt, damit der rechtschaffende Heilige verdirbt – gelber Haoma, gegen ihn schleudere Deine Keule!
Gegen den gemeinen menschlichen Tyrannen, der Waffen gegen den Kopf schleudert, damit der rechtschaffende Heilige verdirbt – gelber Haoma, gegen ihn schleudere Deine Keule!
Gegen den Richtigkeits-Störer, den unheiligen Lebens-Vernichter, der in Gedanken und Worten unseren Glauben gut darstellt, aber in seinen Taten sie niemals erreicht, damit der rechtschaffende Heilige verdirbt – gelber Haoma, gegen ihn schleudere Deine Keule!
Gegen den Leib der Hure, die mit ihrer Magie den Geist der Männer niederwirft, mit ihren vergiftenden Genüssen, mit den Lüsten, die ihr Leib anbietet, deren Geist wie Dampf schwankt, wenn er von dem Wind fortgeweht wird, damit der rechtschaffende Heilige verdirbt – gelber Haoma, gegen ihn schleudere Deine Keule!

II 12. e)   Zend-Avesta, Yasna 10

(*Zarathustra*) *„Laß die Dämonen-Götter und -Göttinnen weit fort von hier fliehen und laß die guten Sraosha sich hier niederlassen! Und möge der gute Segen ebenfalls hier wohnen; und möge sie hier Freude und Frieden in diesem Haus verbreiten, in dem Haus des Ahura, das geweiht ist durch Haoma, der allen die Richtigkeit bringt!*

Sraosha ist das Gewissen, das Befolgen der religiösen Regeln, das rechte Verhalten.

Bei dem ersten Druck Deines Pressens, o Geistvoller, preise ich Dich mit meiner Stimme, während ich das erste mal Deine Schößlinge ergreife, wenn ich Dich mit der ganzen Kraft eines Mannes niederdrücke!

Ich preise die Wolke, die Dich gewässert hat und den Regen, der Dich auf den Gipfeln der Berge wachsen läßt, und ich preise Deine hohen Berge, auf denen die Haoma-Zweige wachsen!

Ich preise diese weite Erde, die sich weithin mit Pfaden erstreckt, die Fruchtbare, die Viel-Tragende, Deine Mutter, Heilige Pflanze!

Ja, ich preise die Länder, auf denen Du wächst, süß-Duftender, schnell-Wachsender, das gute Gewächs des Herrn!

O Haoma, Du wächst auf den Bergen, abseits der vielen Pfade, und dort gedeihst Du noch immer. Du bist die wahre Quelle der Richtigkeit und die Quellen des Rituals haben in Dir ihren Ursprung.

Ich bete zu Dir, daß Du wächst; werde größer an allen Deinen Stengeln und Zweigen, an allen Deinen Schößlingen und Ranken durch mein Wort!

Haoma wächst, während es gepriesen wird, und der Mann, der ihn solcherart preist, ist dadurch siegreich. Das geringste Pressen von Dir, Haoma, die schwächste Lobpreisung, das geringste Schmecken Deines Saftes, bewirkt das Niederwerfen von Tausend Daevas!

Das Schwinden geht fort von dem Haus und mit ihm die Fäulnis: wahrlich, er trägt Dich fort – dort wo Dein Lobpreis in Aufrichtigkeit gesungen wird, Deiner, Haoma-Trank, Du berühmter, Du Gesundheit-Bringender – das bist Du. Zu diesem Dorf und zu dieser Heimstatt tragen sie ihn.

Alle anderen Rauschmittel gehen Hand in Hand mit dem Raub des blutigen Speeres, aber die erregende Macht des Haoma geht Hand in Hand mit der Freundschaft. Licht ist die Trunkenheit des Haoma.

Offenbar macht Haoma im Gegensatz z.B. zu Alkohol nicht gewalttätig („blutiger Speer"), sondern kontemplativ und meditativ.

Wer so zärtlich wie einen Sohn das Haoma streichelt: zu den Leibern solcher Menschen kommt Haoma, um zu heilen.

Von all den heilenden Tugenden, Haoma, durch die Du heilst, gewähre mir einige.

Von all den siegreichen Kräften, durch die Du ein Sieger bist, gewähre mir einige.

Ich will Dein treuer Lobpreiser sein, o Haoma, und ein treuer Lobpreiser ist etwas Besseres als die Rechtschaffenheit, die das Beste ist. So hat der Herr es verkündet und bestimmt.

Schnell und weise hat die geschickte Gottheit Dich erschaffen; schnell und weise auf dem hohen Harati hat Er, der Geschickte, Dich gepflanzt.

Und auf allen seinen Hängen haben Dich die freigiebigen Vögel durch das ihnen eingeborene Wissen getragen – bis hinauf zu den Gipfeln über den Adlern, zu des Berges allerhöchstem Gipfel, zu den Schluchten und Abgründen, zu den Höhen mit den vielen Pässen, zu den Schneegipfeln, die immer weiß sind.

Dort auf den Hängen wächst Du, Haoma, in vielerlei Arten. Mal wächst Du in milchigweißer Farbe, mal wächst Du golden; und aus Dir strömen die heilenden Säfte hervor, die die Gläubigen inspirieren. Vertreibe deshalb aus mir die tödliche Absicht des mich Verfluchenden! Schrecke und vernichte daher die Gedanken dessen, der mein Übeltäter ist!

Sei gepriesen, o Haoma, denn er macht die Gedanken des armen Mannes groß wie die des Reichsten, den man finden kann.

Sei gepriesen, Haoma, denn er macht die Gedanken des armen Mannes groß, wenn sein Geist den Gipfel erreicht.

Mit einem vielzahligen Gefolge beschenkst Du, o Haoma, den Mann, der Dich mit Milch vermischt trinkt – ja, Du läßt ihn mehr gedeihen und Du verleihst ihm mehr Geist.

Verlasse mich nicht plötzlich wie Milchtropfen im Regen!
Laß Deine Heiterkeit immer kräftig und frisch fließen!
Und lasse sie mit großer Wirkung zu mir kommen!

Vor Dir, heiliger Haoma, Du Träger der Wahrheit der Rituale, und rings um Dich her lege ich diesen Leib, einen Leib, von dem alle sehen können, daß er für Geschenke und Wachstum geeignet ist.

den Leib um Haoma legen = Haoma trinken

Ich weise mit Nachdruck die Leere der mörderischen Frau, der Gaini, die durch den Geist entthront worden ist, zurück!

Sie hofft vergeblich, uns ablenken zu können und will den Feuerpriester und Haoma verführen, doch sie selber ist darin verführt worden und wird verderben. Und wenn sie daheim sitzt und verbotenerweise von den Opfergaben des Haoma ißt, wird die Mutter des Priesters das niemals zulassen und ihr niemals heilige Söhne gewähren!"

(Haoma)
„Zu fünfen gehöre ich, zu fünf anderen nicht;
ich stamme aus dem guten Gedanken, nicht aus dem bösen;
aus dem guten Wort stamme ich, nicht aus dem bösen;
aus der guten Tat stamme ich, nicht aus der bösen;
dem Gehorsam wurde ich gegeben, und nicht dem tauben Ungehorsam;
dem Heiligen wurde ich gegeben, und nicht dem Hinterhältigen;
und so sollen die beiden Geister von nun an bis zum Ende unterschieden sein.
Die beiden sind nun getrennt."

Da sprach <u>Zarathustra</u>: "Heil Dir, Haoma, dem von Mazda Erschaffenen! Gut ist Haoma, der Mazda-Erschaffene. Ich preise all die Haoma-Pflanzen auf den Höhen der emporragenden Berge, in den Klüften der Täler, in den Niederungen zwischen den einzelnen Hügeln – die geschnitten werden, um von den Frauen zu Bündeln gebunden zu werden.

Aus dem silbernen Krug gieße ich Dich in den goldenen Kelch. Laß mich Deinen heiligen Saft nicht auf die Erde verschütten – diese kostbare Gabe.

Es ist zwar denkbar, daß der goldene Kelch ein Hinweis auf die Sonne ist, aber das ist ohne weitere Textstellen, die dies bestärken, sehr unsicher.

Dies sind Deine Gathas, heiliger Haoma, dies sind Deine Lieder und dies sind Deine Lehren und dies sind Deine Wahrheits-erfüllten, rituellen Worte, Dein Gesundheits-Verleihen, Dein Sieg-Geben, Dein Gewähren der Heilung von verletzendem Haß.

Diese und Du bist mein – laß Deine Heiterkeit aus Dir herausströmen; hell und glitzernd laß sie auf ihrem festen Weg bleiben; denn Licht ist Deine Heiterkeit und leicht fliegend kommen sie herbei.

Die Gathas sind der älteste Teil des Zend-Avesta. „Gatha" bedeutet „Hymne, Lied" und ist eine Substantiv-Bildung zu dem Verb „ga" mit der Bedeutung „dichten, singen", das mit dem germanischen Verb „gallar" für „gellen, magische Lieder singen" verwandt ist.

Sieg-gebend wirft Haoma nieder, Sieg-gebend wird er verehrt; mit den Worten des Gatha preisen wir ihn.

Gepriesen seien die Kühe; Preis und Sieg seien ihnen zugesprochen! Speise für die Kühe und Weide! Für die Kühe nur wenig Mühe! Gewähre uns Speisen!"

Diese Lobpreisung der Kühe steht hier möglicherweise, weil in den Soma-Trank Milch gemischt wurde.

(die Versammlung der Haoma-Trinker spricht)
„Wir verehren den gelben Hohen;
wir verehren Haoma, der das Gedeihen bewirkt,
der die Siedlungen wachsen läßt,
wir verehren Haoma, der den Tod in die Ferne vertreibt,
ja, wir verehren all die Haoma-Pflanzen.
Und wir verehren ihren Segen
und die Fravashi von Spitama Zarathustra, dem Heiligen."

II 12. f) Die Haoma-Pflanze

Das Wort „Haoma" stammt zusammen mit seiner indischen Entsprechung „Soma" von der Wurzel des indo-iranischen Wortes „Sauma" ab, das „Gepreßtes" bedeutet.

Im Zend-Avesta werden mehrere Eigenschaften der Haoma-Pflanze aufgeführt: Sie hat Wurzeln, einen Stamm, Zweige und Ranken; sie ist hoch, golden-grün und sie duftet; sie wächst auf Bergen und verbreitet sich schnell; sie kann ausgepreßt werden.

Sie hat diesen Schriften zufolge mehrere Wirkungen: Sie fördert die Heilung, sie stärkt den Körper, sie fördert die Wachheit und die Handlungsbereitschaft, sie belebt das sexuelle Verlangen, sie hat nicht die Nebenwirkung der Streitsucht wie z.B. der Alkohol, sie macht heiter und nährt die Seele.

Es handelt sich also <u>nicht</u> um eine halluzinogene Pflanze wie der Fliegenpilz oder Psilocybin und auch <u>nicht</u> um eine lethargisch machende Pflanze wie Hanf.

Im heutigen Zoroastrismus wird die Pflanze Meerträubel (Ephedra procura) benutzt, die von ihrer Wirkung her mit diesen Beschreibungen übereinstimmt. Sie wird im Deutschen auch Ephedrakraut genannt.

Die verschiedenen Meerträubel-Arten wachsen rings ums Mittelmeer und von dort aus weiter über Nordindien und Tibet bis an die nordchinesischen Küste. Zwei weitere Areale befinden sich in Nordmexiko und an der gesamten Westküste von Südamerika.

Die Pflanze ähnelt dem Ginster. Sie hat verholzte Stengel, aber kommt auch als Rankenpflanze vor. Die Blätter sind ähnlich wie beim Thuja zu Schuppen reduziert, um die Pflanze an die Trockenheit ihrer Standorte anzupassen.

Meerträubel wird z.T. noch heute in Persien als „Hum" oder „Homa" bezeichnet. Es daher recht wahrscheinlich, daß mit „Haoma" diese Pflanze gemeint ist, auch wenn sie evtl. ein Ersatz für eine ähnliche, früher verwendete Pflanze sein sollte.

Viele Ephedra-Arten enthalten Adrenalin-ähnliche, d.h. auf das Herz und den Kreislauf wirkende Alkaloide: 70-99% Epehdrin und Pseudoephedrin sowie 1-30% nahe Verwandte dieser beiden Alkaloide (Norephedrin und Norpseudoephedrin, Methylephedrin und Methylpseudoephedrin). Pro Gramm der Pflanze machen diese Alkaloide 0,5-49mg aus.

Aus dem Alkaloid Ephedrin wird die heutige Droge Methamphetamin („Meth") hergestellt.

Bisweilen wird davon ausgegangen, daß Meerträubel mit Harmalkraut („Steppenraute") kombiniert worden ist, die in Persien noch heute mit Namen bezeichnet wird, die „heilig" bedeuten. Harmalkraut (Peganum harmala) wird auch in der südamerikanischen Avahuasca-Zeremonie verwendet.

Es ist in den persischen und indischen Texten jedoch nirgendwo von zwei Pflanzen die Rede …

Meerträubel (Ephedra procura)

In der späteren Überlieferung sollen Pouroshaspa und seine Frau Dugdhova gemeinsam Haoma getrunken haben, bevor sie Zarathustra gezeugt haben, sodaß ihr Sohn von dem Geist des Haoma erfüllt gewesen ist.

Passend dazu soll Zarathustra seine Inspiration erlangt haben, als er an einem Fluß den Haoma-Trank zubereitet hat.

In dem Buch Schahname („Buch der Könige"), das Firdausi um ca. 1000 n.Chr. verfaßt hat, ist Hom ein unglaublich starker Einsiedler, der in den Bergen lebt.

Zusammenfassung: Haoma

Die Haoma-Pflanze wächst auf hohen Berge bis hinauf zur Schneegrenze und auch in Tälern und Klüften. Es scheint eine hohe Pflanze zu sein. Sie hat Wurzeln Stengel, Zweige, Ranken und gebogene Schößlinge oder Triebe. Die Pflanze wächst schnell. Die Zweige sind so dick oder so fest, daß sie geschnitten werden müssen und von den Frauen zu Bündeln gebunden werden können.

Entweder duftet die Pflanze süß oder der Saft schmeckt süß.

Der Haoma-Trank ist ein geseihter (durch ein Woll-Vließ gegossener) Preßsaft vermutlich aus der Pflanze Meerträubel, der mit Milch vermischt wird. Der Saft ist hell, glitzernd, gelb und hat einen goldenen Schimmer.

Haoma ist heilsam für den Körper und erhält die Gesundheit. Durch Haoma bleibt der Leib lange Zeit kräftig.

Haoma ist die Quelle aller Rituale. Haoma ist Licht und er gibt den Menschen Geist. Haoma gibt das Weiterleben im Himmel. Haoma ist das nahrhafteste für die Seele und er gibt Inspiration. Er vertreibt die Dämonen. Er gibt Wissen und Weisheit an die, die viel lesen.

Haoma ist ein Unsterblicher und er vertreibt den Tod – Haoma ist ein Unsterblichkeitstrank. Haoma ist der Schönste aller Männer. Er wurde von Ahura Mazda erschaffen. Haoma schützt gegen den grünen Drachen. Haoma trägt eine Keule.

Haoma macht friedfertig, sanft und heiter, er fördert die Freundschaft und heilt den Haß.

Haoma gibt Verstehen, Aufrichtigkeit, Wohlstand, Stärke, Macht, Erfolg, Sieg, Warnungen, Abwehr von Angriffen und Schutz. Er gibt Wunsch-Erfüllung.

Haoma gibt den Pferden Stärke, den Mädchen gute Gatten, den Frauen gute Nachkommen und der Gemeinschaft Lebenskraft.

Haoma ist das Beste aller Getränke.

Der Sonnengott-Göttervater Vivanghvant hat als erster den Soma zubereitet.

Beim Haoma-Ritual wird eine besondere Kleidung getragen. Haoma wird geopfert. Haoma ist heilig.

Haoma wurde auch bei der Krönung getrunken.

II 13. Der Göttermet bei den Indern

Der Soma-Trank der Inder bestand aus Milch, Mehl und einem Pflanzensaft. Diese Mischung ließ man vor dem Gebrauch eine Weile gären. Das Wort Soma bezeichnete sowohl den Trank selber als auch die Pflanze, deren Saft dabei verwendet wurde, sowie die Gottheit Soma, die der personifizierte Trank war.

Auch die Götter nahmen den Soma-Trank in großen Mengen zu sich – insbesondere der Götterkönig Indra und der Feuergott Agni. Bei den Göttern hieß dieser Trank Amrita, was „Unsterblichkeit" bedeutet (wörtlich: „Nicht-Tod"). Das Wort „Amrita" ist eng verwandt mit dem griechischen „Ambrosia".

Die Worte Soma und Haoma leiten sich möglicherweise von dem indogermanischen Wort „menot" für Mond ab, dessen Wurzel seinerseits „men" ist, das „wandern" bedeutet. In der indischen Mythologie ist die Mondsichel der Kelch, aus dem man das Soma trinkt – bei Vollmond ist der Kelch voll, bei Neumond ist er leer ... Ob man jedoch schon aus der Mondsymbolik auf eine bewußte Jenseitsreise-Bedeutung des Trankes schließen darf, ist fraglich, auch wenn die Symbolik des Trank sicherlich in der Jenseitsreisesymbolik ihren Ursprung hat.

Es ist jedoch wahrscheinlicher, daß „Soma/Haoma" ganz einfach „Gepreßtes" im Sinne von „aus der Soma-Pflanze gepreßter Saft" bedeutet.

Viel Worte, die im Persischen mit „Ha" bzw. „Hi" beginnen, beginnen im Sankrit mit „Sa" bzw. „Si":

die indisch-persische Lautverschiebung „s/h"		
	Sanskrit	**Persisch**
ein Fluß	Sindhu	Hindu
ein Fluß	Sarasvati	Haravati
pressen	sav	hav
der Ritual-Trank	Soma (sav-ma)	Haoma (hav-ma)

Im Rig-Veda heißt es über den Trank:

„Wir haben das Soma getrunken; wir sind unsterblich geworden, wir haben das Licht gesehen; wir haben die Götter gefunden."

und

„Deine Säfte, o gereinigtes Soma, alles durchdringend, schnell wie Gedanken, bewegen sich von alleine wie die Nachkommen rasch dahineilender Stuten. Die himmlischen, geflügelten, süßen Säfte, Erreger großer Freude, erstrahlen im Gefäß..."

Aus diesen Beschreibungen ist deutlich ersichtlich, daß die Wirkung des Soma der einer Jenseitsreise bzw. der tiefen Meditation entspricht. Man wird daher davon ausgehen können, daß der Soma-Trank der erfolgreiche Versuch war, die Erlebnisse der Schamanen auf „pharmazeutisch-rituelle Weise" auch Nicht-Schamanen zugänglich zu machen.

In späterer Zeit gab es in Indien immer wieder Yogis, die wie die europäischen Alchemisten das Lebenselixier herzustellen versuchten, das letzten Endes auf die Milch der Göttin, die das „Lebenselixier der Totengeister im Jenseits" ist, zurückgeht.

Von den 1088 Liedern im Rig-Veda sind 119 Lieder, also 10,9%, an den Soma-Trank gerichtet. Bis auf vier Lieder befinden sich alle diese Lieder im 9. Buch des Rig-Veda, das vollständig dem Soma-Trank gewidmet ist.

Die thematische Verteilung der Lieder im Rig-Veda		
An wen?	*Anzahl der Lieder*	*Anteil in %*
Indra	284	26,10%
Agni	212	19,50%
Soma	119	10,90%
Ashvins	54	5,00%
Maruts	37	3,40%
verschiedene	382	35,10%
gesamt	1088	100,00%

Die im Folgenden angeführten Hymnen sind nur eine Auswahl der Soma-Hymnen aus dem Rig-Veda.

II 13. a)   Die Soma-Pflanze

Rig-Veda 10, 94:
Laßt uns dies laut aussprechen; laßt uns dies laut sprechen: laßt uns unsere Rede an die Preßsteine richten,
Wenn ihr Steine der Berge – reich mit Soma-Saft – vereint werdet, um rasch den Klang der Lobpreisung zu Indra zu bringen.

Sie sprechen wie hundert, wie tausend Männer: Sie rufen laut zu uns mit ihren grüngefärbten Mündern.

> Da die Soma-Pflanze die Preßsteine grün färbt, muß es sich um eine grüne Pflanze handeln.

Rig-Veda 9, 99:
Wir reinigen seinen erfreuenden Trank, den Saft, den Indra hauptsächlich trinkt – das, was in alten Zeiten die Rinder in ihr Maul nahmen, und was nun die Fürsten zu sich nehmen.

> Die Soma-Pflanze wird auch von Rindern gefressen.

Rig-Veda 10, 149:
Ich verehre und lobpreise Dich für Deine Gunst, ich halte nach Dir, nach den Soma-Stengeln Ausschau.

> Soma ist eine „Stengel-Pflanze".

Rig-Veda 10, 94:
Diese Soma-Esser küssen Indras braune Rosse – sie trinken. Den Stengel legen sie auf ein Stierfell.

Rig-Veda 9, 89:
Möge der Herr der Schar für Dich, den Sänger, eine Quelle sein: der Stengel der süßen Pflanze wurde für die Ruhmestat gereinigt.

Rig-Veda 9, 72:
Weise, die geschickt in der Arbeit sind und klug, pressen den Stengel, der brüllt, aus – den Weisen, den Ewigwährenden.

Rig-Veda 9, 68:
Er bellt mit Gebrüll um die höchsten Zweige: der Gelbbraune wird gesüßt, als er sie aufbricht.

Die Soma-Pflanze scheint hoch zu sein.

Rig-Veda 9, 74:
Ein sich hocherstreckender Pfeiler, der den Himmel trägt, ist der Soma-Stengel, der ganz Erfüllte, der sich selber in jede Richtung bewegt.

Um als „Himmelspfeiler" bezeichnet werden zu können, kann Soma kein flaches Kraut sein, wogegen auch die häufige Erwähnung des „Stengels" spricht.

Rig-Veda 10, 94:
Laßt uns dies laut aussprechen; laßt uns dies laut sprechen: laßt uns unsere Rede an die Preßsteine richten,
... ...
Als sie den Ast des rotfarbenen Baumes verzehren, haben sie, die gutgenährten Stiere, ein Brüllen ausgestoßen.

       Ast des Baumes = Soma-Stengel
       Stiere = Preßsteine
       Brüllen = Geräusch des Zerstoßenes und des Mahlens der Stengel

Rig-Veda 10, 94:
Sie haben ihre Stimme wegen des Saftes laut zum Opfer erhoben und schlagen Mutter Erde, als ob sie auf ihr tanzen würden.

    schlagen, tanzen = Offenbar wurden die Soma-Stengel zunächst zerstampft und dann erst gepreßt. Die Soma-Pflanze scheint demnach relativ harte Stengel zu haben.

Rig-Veda 10, 94:
Stark ist Dein Stengel. Wahrhaft, Du sollst niemals verletzt werden! Du hast eine Erfrischung, Du sollst immer zufrieden sein!

    Auch die Bezeichnung des Stengels als „stark" könnte auf die Festigkeit des Stengels hinweisen – es könnte allerdings auch die „Stärke des Saftes" gemeint sein.

Rig-Veda 9, 74:
Er wurde als Jüngling geboren und schrie im Wald, als er, der Rote, der Starke, das Licht des Himmels errang.

Die Soma-Pflanze wächst im Wald und könnte rötlich sein.

Rig-Veda 1, 28:
O Herr des Waldes, wenn der Wind sanft vor Dir weht,
dann presse, Mörser, für Indra den Soma-Saft aus, damit er ihn trinken kann.
Bester Stärke-Spender, Du sperrst eine Kiefer weit auf, O heiliges Werkzeug,
wie zwei braune Rosse, die Kräuter kauen.
Ihr beiden Raschen, preßt heute die Herren des Waldes mit schnellen Pressern,
das süße Soma, damit Indra ihn trinken kann!

Als „Herr des Waldes" muß Soma eine Waldpflanze sein oder zumindestens auch im Wald wachsen.

Rig-Veda 9, 18:
Du, Soma, wohnst auf den Hügeln, ausgegossen fließt Du durch das Sieb,
all-freigiebig bist Du im Trink-Ritual.

Da die Soma-Pflanze (auch) auf Hügeln wächst, kann sie keine wasserliebende Pflanze sein. Auch von den Persern wird sie als Berg-Pflanze geschildert.

Rig-Veda 8, 80:
Eine Maid kam zum Fluß herab und fand den Soma am Wegesrand.
Sie trug ihn heim und sprach: „Ich werde Dich für Indra auspressen, ich werde Dich für Shakra auspressen."

Die Soma-Pflanze wächst auch in Flußnähe. Da sie am Wegesrand steht, scheint sie eher eine kleinere Pflanze und zumindestens kein Baum zu sein – wogegen auch die Bezeichnung „Stengel" spricht.
Shakra = „Mächtiger" = Indra

Rig-Veda 4, 58:
Aus dem Meer ist die Woge der Süße entsprungen: zusammen mit dem Stengel wurde sie zu Amrita,
Das, was das heilige Öl ist, ist der geheimnisvolle Name: doch der Götter Zunge ist die wahre Mitte des Amrita.

    Süße = Milch
    Die Soma-Pflanze ist ölhaltig.

Rig-Veda 9, 82:
Während er gereinigt wird, fließt er durch das Filter-Vlies, damit er sich wie ein Falke auf den Ort setzen kann, der von Öl tropft.

Rig-Veda 9, 97:
Durch die Milch angeschwollen, reich an süßem Geschmack, gehst Du, die Met-reiche Pflanze antreibend, weiter.

    Das „Met" könnte dem „Öl" entsprechen – aber das ist unsicher.

Rig-Veda 10, 94:
Diese Steine mit zehn Wagenlenkern, rasch auf ihrem Weg, drehen sich mit anmutiger Drehung im Kreis.
Sie sind die ersten gewesen, die den fließenden Soma getrunken haben, die ersten, die sich des milchigen Saftes des Stengels erfreut haben.

    zehn Wagenlenker = Finger
    milchig = Entweder ist der Soma-Saft milchig oder es die Mischung aus dem Soma-Saft und der Milch gemeint – vermutlich eher das zweite.

Zusammenfassung: Die Soma-Pflanze

Der indische und persische Name der Pflanze bedeutet „Ausgepreßter" und bezieht sich auf den im Soma-Ritual benutzten Preßsaft aus dieser Pflanze.
Die Soma-Pflanze ist eine hohe, verästelte Pflanze mit einem festen Stengel, die

auch in etwas trockeneren Gegenden im Wald und auf Hügeln und an Wegesrändern wächst. Der Stengel ist Öl-haltig. Die Pflanze ist grün, aber einige Pflanzenteile könnten auch rot sein.
Die Pflanze wird auch von Rindern gefressen.

II 13. b) Die Zubereitung des Soma: a) Auspressen des Soma

Rig-Veda 9, 59:
*Fließe aus den Wassern, fließe, unverletzlich, aus den Pflanzen:
fließe heraus aus den Preß-Brettern.*

Rig-Veda 9, 13:
*Laut rauschend fließen die Soma-Tropfen, wie Milchkühe, die ihre Kälber gebären,
Sie sind aus beiden Händen hervorgeflossen.*

> Mit dem „lauten Rauschen" ist hier vermutlich der Klang der beiden Reibsteine gemeint.

Rig-Veda 9, 107:
*Laß den ausgegossenen Saft versprenkeln; Soma, Beste aller Gaben,
die, der Freund der Menschen, in der Mitte der Wasserströme dahineilt. Er hat den
Soma mit Steinen ausgepreßt.*

> Wasserströme = Der Soma wurde mit Milch und Wasser vermischt.

Rig-Veda 9, 79:
*Die Preßsteine kauen und mahlen Dich auf dem Stierfell: Weise haben Dich mit ihren
Händen in Strömen gemolken.
So treiben sie den starken und schönen Saft an, O Indus, als die erste Zutat des
Trankes.*

Rig-Veda 9, 85:
Der Tropfen ist in den Wassern groß herangewachsen, in dem Met-reichen See, in
  des Stromes Woge und in dem Reinigungs-Sieb.
Die Liebenden riefen den Adler, der zum Himmel fortgeflogen war, mit vielen
  Stimmen herbei.

Rig-Veda 9, 108:
Der, der aus den felsigen Höhlen die roten, glänzenden Kühe geholt hat:
Du hast das Gatter voller Rinder und Rosse erlangt: sprenge es auf, Herr, wie einer,
  der mit einer Rüstung gewappnet ist!
Presse sie und gieße sie aus, und treibe sie wie ein Roß, ein Lobenswertes, zur Eile
  durch die Lande und durch die Fluten,
die, die in Wasser schwimmen, durch Wälder laufen.

> Die beiden ersten Verse beziehen sich auf die Befreiung der Flüsse durch Indra, was hier dem Fließen des Soma verglichen wird.
> In den beiden letzten Versen wird das fließende Soma einem eilenden Roß verglichen.

Rig-Veda 9, 50:
Wenn Du ausfließt, erheben sich drei Stimmern voller Freude,
wenn Du über die Kante des Vlieses rinnst.
Sie drängen den gelbbraunen Geliebten mit dem Stein über das Vlies,
den Pavamana, den tropfenden Met.
Fließe mit Deiner Strömung zu dem Sieb, O Weiser, der am machtvollsten erfreut,
Um Dich am Ort des Gesanges niederzulassen.
Fließe, Du am meisten Erhebender, fließe mit der Milch, mit der Du zur Milderung
  angereichert worden bist,
Indus, für Indra, für seinen Trank!

Rig-Veda 9, 102:
Das Kind, das sich mit dem Strom vermischt, der über die Ebene des Opfers eilt,
übertrifft alle Dinge, die geliebt werden – ja, seit Alters her!
Er hat den Platz nahe bei den beiden Preßsteinen des Trita besetzt,
er ist geheim und geliebt durch die sieben Lichter des Opfers.
Gehe auf den drei Wegen auf den Höhen des Trita – reich an Flüssen.
Der, der weise geht, mißt seine Wege aus.
Schon bei seiner Geburt haben ihn die sieben Mütter wie einen Weisen zum Erlangen

des Ruhmes gelehrt,
sodaß er, fest und sicher, seinen Willen auf Reichtum ausgerichtet hat.

      Kind = Soma-Tropfen
      Strom = Wasser
      Ebene des Opfers = Filter-Vlies
      Trita = „Dritter" = Helfer des Indra (Diesen Titel trägt auch Odin, aber es ist sehr unsicher, ob es da einen Zusammenhang außer zu der Zahl „3" gibt.)
      Wege = vermutlich die Soma-Stengel

Rig-Veda 9, 69:
Wie ein Pfeil auf einem Bogen, wie ein junges Kalb zu dem Euter seiner Mutter ist die Hymne losgelassen worden.
Wie ein voller Fluß kommt sie zu dem, der das Soma mit Milch mischt, zu dieses Mannes heiligen Ritualen.
Der Gedanke ist tief verankert; der geschmackvolle Saft ist ausgegossen; die Zunge bewegt sich mit freudevollem Klang im Mund;
und Pavamana fließt bei diesem Klang wie Schreie von Kämpfenden als der Tropfen, der in dem süßen Saft aufsteigt, durch das Vlies.
Er fließt über das Schafsfell und sehnt sich nach einer Braut: er verliert Aditis Tochter an die Verehrer.

      Das Soma scheint aromatisch zu sein.
      Aditi = Urgöttin, Erdgöttin, Himmelsgöttin, Kuh; ihre Tochter = Sonne (?)
      Pavamana = Soma

Rig-Veda 9, 93:
Die zehn Schwestern, die gemeinsam den Regen hervorbringen, die sich schnell bewegenden Denker des Weisen, schmücken ihn.
Hierher eilt das golden-schimmernde Kind des Surya und erreicht das Gefäß wie ein schnelles, starkes Roß.
So wie ein Junges nach seiner Mutter schreit, so ist die Gabe des Rindes zu den Wassern geflossen.
So wie der Jüngling zur Maid, so eilt der Becher mit der Milch zu dem auserwählten Treffpunkt.
Ja, angeschwollen ist der Euter der Milchkuh: dorthin geht in Strömen der sehr weise Indu.
Die Rinder machen sich bereit wie mit neu-gewaschenen Schätzen – der Anführer und

das Oberhaupt mit der Milch in den Gefäßen.

    zehn Schwestern = Finger
    Surya = Sonnengott

Rig-Veda 1, 28:
Dort wurde der breit-bodige Stein auf einem Podest errichtet, auf dem die Säfte ausgepreßt werden –
O Indra, trinke mit großem Durst die Tropfen, die der Mörser hervorbringt!
Dort wird die Schale für den Preßstein hingelegt wie breite Hüften, um den Saft zu halten –
O Indra, trinke mit großem Durst die Tropfen, die der Mörser hervorbringt!
Dort wo die Frau sich beugt und den Stößel in beständigem Heben und Senken stößt –
O Indra, trinke mit großem Durst die Tropfen, die der Mörser hervorbringt!
Dort, wo sie den Rührstab mit Schnüren wie ein Roß mit Zügeln binden –
O Indra, trinke mit großem Durst die Tropfen, die der Mörser hervorbringt!
Wie eine Wahrheit in jedem Haus, o Mörser, läßt man Dich in jedem Haus arbeiten,
Lasse nun hier Deinen hellsten Klang erschallen – laut wie die Trommeln eines Eroberers!
O Herr des Waldes, wenn der Wind sanft vor Dir weht,
dann presse, Mörser, für Indra den Soma-Saft aus, damit er ihn trinken kann.
Bester Stärke-Spender, Du sperrst Deine Kiefer weit auf, O heiliges Werkzeug,
wie zwei braune Rosse, die Kräuter kauen.
Ihr Herren des Waldes, ihr beiden Raschen, preßt heute mit schnellen Pressern
das süße Soma, damit Indra ihn trinken kann!
Nimm in Bechern, was übrigbleibt: gieße das Soma über den Filter
und lasse die Reste auf dem Stierfell liegen.

    Rührstab = vermutlich der Stab in dem Mahlstein, mit dem in der Steinschale gemahlen wird
    Werkzeug = Mörser und Stößel
    Trommelklang = Der Mörser hat in späterer Zeit auf Brettern über einem Hohlraum gelegen.
    Herr des Waldes = Soma
    zwei Herren des Waldes = Preßbretter (?)

Rig-Veda 10, 94:

Laßt uns dies laut aussprechen; laßt uns dies laut sprechen: laßt uns unsere Rede an die Preßsteine richten,

Wenn ihr Steine der Berge – reich mit Soma-Saft – vereint werdet, um rasch den Klang der Lobpreisung zu Indra zu bringen.

Sie sprechen wie hundert, wie tausend Männer: Sie rufen laut zu uns mit ihren grüngefärbten Mündern,

während die ehrfürchtigen Steine ihre Aufgabe voller Ehrfurcht erfüllen und selbst noch vor dem Hotar die geopferte Speise schmecken.

Laut sprechen sie, denn sie haben das geschmackvolle Met gefunden: Sie machen über dem Met, der zubereitet wird, einen summenden Klang.

Als sie den Ast des rotfarbenen Baumes verzehren, haben sie, die gutgenährten Stiere, ein Brüllen ausgestoßen.

Sie brüllen laut über dem starken, entzückenden Trank; nun rufen sie Indra herbei, denn sie haben den Met gefunden.

Sie haben kühn mit den Schwestern getanzt, wurden von ihnen umarmt und ließen die Erde von ihrem lauten Klang widerhallen.

Die Adler haben hoch am Himmel ihren Schrei ausgestoßen; in dem Himmelsgewölbe haben die dunklen Raschen getanzt.

Dann sanken sie nieder zu dem festen Platz des Steines hier unten und haben glanzvoll wie die Sonne ihre üppigen Ströme ausgegossen.

Wie Starke, die ziehen, haben sie all ihre Kraft eingesetzt: die Stiere, die zusammen angeschirrt sind, tragen die Deichsel des Streitwagens.

Wenn sie brüllen und hecheln und ihr Futter verschlingen, ist der Klang ihres lauten Schnaufens wie das von Rossen.

Diese, die zehn Arbeiter und zehn Gürtel haben, diese, die zehn Joch-Seile und zehn Geschirre haben,

diese, die zehn Zügel tragen, die Ewigen, singen Dir Loblieder, diese, die zehn Wagendeichseln tragen, die zu zehnt sind, wenn sie angejocht worden sind.

Diese Steine mit zehn Wagenlenkern, rasch auf ihrem Weg, drehen sich mit anmutiger Drehung im Kreis.

Sie sind die ersten gewesen, die den fließenden Soma getrunken haben, die ersten, die sich des milchigen Saftes des Stengels erfreut haben.

Diese Soma-Esser küssen Indras braune Rosse – sie trinken. Den Stengel legen sie auf ein Stierfell.

Wenn Indra den Soma-Met getrunken hat, der von ihnen gezogen worden ist, wächst er an Stärke, wird er berühmt, wird er mächtig wie ein Stier.

Stark ist Dein Stengel. Wahrhaft, Du sollst niemals verletzt werden! Du hast eine Erfrischung, Du sollst immer zufrieden sein!

Schön seid ihr, wie immer, durch den Glanz seiner Fülle – durch dessen Opfer,

o Steine, ihr Entzücken findet!
Ihr seid tief angebohrt, doch nicht durch ein Loch durchstochen, o Steine, niemals locker, niemals erschöpft, und vom Tod ausgenommen,
ewig, ohne Krankheit, bewegt ihr euch auf verschiedene Weisen, undurstig, voller Fett, frei von jeglicher Gier.
Eure Väter standen wahrhaft fest von Zeitalter zu Zeitalter; sie, die die Ruhe mögen, werden nicht von ihrem Platz fortgerissen.
Von der Zeit unberührt, mangelt es ihnen niemals an grünen Pflanzen und an grünen Bäumen. Sie haben ihre Stimme den Himmel und die Erde hören lassen.
Dies, ja dies verkünden die Steine, wenn sie nicht beisammen sind und wenn sie sich mit lautem Klang bewegen und das Milde trinken.
Wie Pflüger der Erde, wenn sie Saat aussähen, mischen sie den Soma. Doch obwohl sie ihn zerreißen, vermindern sie ihn nicht.
Sie haben ihre Stimme wegen des Saftes laut zum Opfer erhoben und schlagen Mutter Erde, als ob sie auf ihr tanzen würden.
Beende daher auch Du Deinen Willen, der den Saft hat herausfließen lassen, und laß die Steine, die wir verehrt haben, sich nun trennen.

    Hotar = Priester, dessen Aufgabe das Leiten des Opfers und das Vortragen der Hymnen ist
    Ast des Baumes = Soma-Stengel
    Stiere = Preßsteine (ein Schalenstein und ein Drehstein)
    (zehn) Schwestern = Finger
    Stiere vor einem Streitwagen = Hände, die die Preßsteine halten
    zehn = Finger (die die Preßsteine halten)
    zehn Wagenlenker = Finger
    Adler = Der Adler-Seelenvogel des Sonnengott-Göttervaters Dhyaus (=Tyr) bringt auch bei den Indern den Ritualtrank zu den Menschen.
    Soma-Esser = Preßsteine
    Loch = Die Preßsteine sind offenbar zwei Mühlsteine, in die ein Loch gebohrt worden ist, in dem ein Stab steckt, an dem man diese Steine hält und sie über dem Getreide bzw. hier über den Soma-Stengeln kreisen läßt.
    die die Ruhe mögen = Steine bewegen sich nicht von selber
    Mildes = Milch
    schlagen, tanzen = Offenbar wurden die Soma-Stengel zunächst zerstampft und dann erst gepreßt. Die Soma-Pflanze scheint demnach relativ harte Stengel zu haben.
    trennen = Der Mahlstein und der Reibstein haben ihre Arbeit beendet.

Agnistoma:

In diesem späteren Buch wird die Soma-Herstellung wie folgt beschrieben:

Nachdem am Vortag die Schall-Löcher für die Resonanz für die Preßsteine gegraben und mit den beiden Preßbrettern fest überdeckt worden sind, wird am Morgen des eigentlichen Opfertages ein rotes Rindsleder über die Bretter ausgebreitet, und darauf werden die Presssteine gelegt und auf diese die vom Wagen abgeladenen Somapflanzen.

Während der Frühlitanei werden die Somageräte aufgesetzt und der Adhvaryu (Priester) *holt vom nächsten fließenden Gewässer das für den Soma erforderliche Wasser.*

Dann werden Somastengel für einen Schoppen (graha) *ausreichend auf den breitesten Stein gelegt, mit Wasser aus dem Becher des Hotar* (Oberpriester) *begossen und vom Adhvaryu allein mit dem Stein in drei Runden mit 8, 11 und 12 Schlägen ausgeschlagen.*

Vor jeder Runde werden die Stängel angefeuchtet und nach jeder Runde werden die ausgequetschten Stängel aus dem Becher des Hotar angefeuchtet und ergänzt.

Der ausgepresste Saft wird mit der hohlen Hand in einem Becher ohne Filtrierung geschöpft. Dies ist der erste Schoppen.

Da die Somapflanzen mit einem Wagen geholt worden sind, müssen sie recht groß gewesen sein – und man hat offenbar viele von ihnen benötigt, um den Soma-Trank herzustellen.

<u>Zusammenfassung: Auspressen des Soma</u>

Die Somapflanze wurde zunächst in einem Mörser zerstoßen und dann zerrieben. Da der Mörser auf einer Erhöhung („Tisch") auf Brettern über einem Hohlraum lag, klang das rhythmische Zerstoßen der Soma-Stengel wie Trommeln.

II 13. c)   Die Zubereitung des Soma: b) Durchseihen des Preßsaftes

Rig-Veda 9, 107:
Fließe nun gereinigt durch das Vlies unberührt und allermeist duftend hierher.
Wir legen Dich in Wasser, wenn Du ausgegossen wirst, vermischen Dich: Saft und
*   Milch.*

Der Preßsaft wird mithilfe eines Woll-Vlieses durchgeseiht und von den festen Pflanzenrückständen befreit.

Rig-Veda 9, 12:
Du in die Ferne sehendes Soma, Weiser und Seher, wirst an dem Mittelpunkt
*   des Himmels verehrt, in dem Sieb-Tuch aus Wolle.*

Rig-Veda 9, 106:
Er fließt goldfarben und lieblich auf seinem Weg durch das Gewirr der Wolle
*   und gießt Helden-Ruhm über die ihn Verehrenden aus.*

Rig-Veda 9, 106:
Laßt Fülle zu uns strömen, ihr Tropfen des Soma, ihr Gepreßten und Gereinigten,
die ihr wie Regen vom Himmel in das Vlies strömt und Licht findet.

Rig-Veda 9, 97:
Von den Männern nach den uralten Regeln gepriesen, hat er sich zu unserem großen
*   Segen Indra genaht.*
Fließe, Goldfarbener, reinige Dich, um den Sänger zu bereichern: Möge der Saft zu
*   Indra gehen, um ihn zu unterstützen!*

Rig-Veda 9, 82:
Während er gereinigt wird, fließt er durch das Filter-Vlies, damit er sich wie ein
*   Falke auf den Ort setzen kann, der von Öl tropft.*

Rig-Veda 9, 13:
Durch das Vließ strömt das Soma in tausend Strömen; gereinigt, fließt es weiter zu Indras, zu Vajus besonderem Ort.

Rig-Veda 9, 17:
Mit anschwellender Woge fließt der glücklichmachende Trank, das Soma, durch das Sieb,
er liebt die Götter und vernichtet die Feinde.

Rig-Veda 9, 20:
Er, der Soma, ist unbesiegbar wie ein Roß in den Fluten;
mit Händen gereinigt, ruht er nun in den Krügen.

Rig-Veda 9, 74:
Soma, Dein Saft fließt, wenn Du, Pavamana, mit den Strömen gemischt wirst, durch die lange Wolle der Schafe.

Rig-Veda 9, 110:
Du überwindest die Vritras, Du eilst vorwärts mit großer Kraft:
Du rennst, um zu siegen wie einer, der Schulden eintreibt.

Vritra ist die Riesenschlange, die die in der Trockenheit den Regen zurückhält und die am Ende der Trockenzeit von Indra besiegt wird. Die dann wieder reich fließenden Ströme werden hier dem über das Vlies fließenden Soma verglichen.

Rig-Veda 9, 106:
Fließe nun, treu Verehrter: die Ströme des Mets werden ausgegossen.
Du kommst von beiden Seiten her unter Gesang zu dem Filter.

Rig-Veda 9, 41:
Tatkräftig und strahlend kommen sie hervor, gewaltig in ihrer Schnelligkeit wie Stiere,
Sie treiben die schwarze Haut weit fort.

Haut = Reste der Pflanze nach dem Auspressen (?)

Rig-Veda 9, 86:
Weithin sehender Soma, Du schaust nun auf die Menschheit: Du hast den Kuhstall für die Angirases geöffnet.
An Dir, Soma, erfreuen sich, während Du gereinigt wirst, die hochgemuten Weisen, die Deine Gunst suchen.

    Angirases = Weise
    Kuhstall = Indra befreit die Kühe. Die Milch der Kühe ist eine Zutat des Soma.

Rig-Veda 9, 86:
Dein Strom fließt rasch hervor und sammelt sich, während er über das feine Vlies des Schafes fließt, wodurch Du gereinigt wirst.
Wenn Du, Indus, in der Schale mit Milch gemildert wirst, dann sinkst Du in den Krug, nachdem Du ausgepreßt worden bist.

    Indus = Der Soma-Preßsaft wird dem Fluß Indus verglichen.

Rig-Veda 9, 15:
Singe ein Loblied auf Soma, das braun-schimmernde, mit der unabhängigen Macht, auf den Roten, der zum Himmel aufsteigt!
Reinige das Soma, wenn es zwischen den Steinen hervorfließt, deren Bänder sich schnell bewegen
und gieße die süße Milch in den Met.

Rig-Veda 9, 78:
Das Vlies hält seine festen Teile, die das Unreine sind, zurück,
und hell und rein sucht er den besonderen Ort der Götter auf.
Du, Soma, wirst für von den Menschen für Indra ausgepreßt,
Du wirst in dem Holz wie eine Woge gemildert, Weiser, Betrachter der Menschheit.

    Holz = Holzschale
    mildern = mit Milch

Rig-Veda 9, 101:
Der Held, der Stärke erschafft, der die beiden Welten getrennt hat,
der golden Schimmernde, ist durch das Sieb gegangen, um sich wie ein Priester an seinem Platz niederzulassen.
Das Soma fließt gereinigt auf dem Stierfell durch die Schafswolle.
Laut brüllend zieht der gelbbraune Stier zu Indras besonderem Ort.

Rig-Veda 9, 96:
Der Habicht läßt sich in dem Gefäß nieder, der sich weithin erstreckende Vogel, das Banner-suchende und Waffen-tragende Rind;
Der große Stier folgt der See auf dem Fuße, den Wogen des Wassers, und nimmt seine vierte Form an und verkündet sie.
... ...
Er, der golden-schimmernde, der an Beute Reiche, hat in den Kelchen der Ehrfürchtigen gebrüllt.

    Habicht = das Soma als Seelenvogel und daher als Inspiration
    weithin erstrecken = der Vogel ist riesig (Sonnenvogel?)
    Rind = Milch-Anteil des Soma
    Banner / Waffen = die Stärke des Somas wird einem Krieger verglichen
    die See = Preßsaft der Soma-Pflanze (der durch das Woll-Vlies geseiht wird)
    Stier = Milch (eigentlich „Rind")
    vierte Form = die Herstellung des Soma ist offenbar in mehrere Schritte unterteilt worden
    Ehrfürchtige = Soma-Trinker
    brüllen = Geräusch des Einschenkens des Somas in die Becher
    In den Hymnen werden viele Gleichnisse zwischen dem Soma und anderen Dingen und Wesen benutzt.

Rig-Veda 9, 99:
Und er, der über der Nacht schön gemacht worden ist, tropft in die stärkende Speise nieder,
wenn des Opferpriesters Gedanken ihn, den Golden-Schimmernden, auf seinem Weg zur Eile antreiben.
Wir reinigen seinen erfreuenden Trank, den Saft, den Indra hauptsächlich trinkt –
das, was in alten Zeiten die Rinder in ihr Maul nahmen, und was nun die Fürsten zu sich nehmen.

Für ihn lassen sie die uralte Lobes-Hymne erklingen, während sie ihn reinigen;
Und mit den heiligen Lieder, die die Namen der Götter enthalten, ist er angefleht worden.

Rig-Veda 9, 6:
Soma, ströme in angenehmem Fluß, ein Stier, der den Götter geweiht ist,
unser Freund, durch das wollene Sieb.
... ...
Fließe durch den Filter hierher, ergieße den uralten glücklichmachenden Saft,
der Kraft und weite Berühmtheit ausströmt.
Hierher sind die glitzernden Tropfen geflossen, wie Wasser auf einem steilen Abhang haben sie gereinigt Indra erreicht.
Ihn haben zehn Frauen, nachdem er durch den Filter geflossen ist, gereinigt als wäre er ein kraftvolles Roß,
nachdem es durch den Wald gelaufen ist.
Der Stier-starke Saft ergießt sich zusammen mit Milch zum Fest und als Gabe für die Götter,
zu ihm, der die Trockenheit fortnimmt.
Nachdem er ausgegossen wurde, fließt der Gott weiter mit seinem Strom zu Indra hin, zu dem Gott, sodaß seine Milch ihn stärkt.
Die Seele des Opfers, der Saft fließt schnell dahin: er bewahrt seine uralte Weisheit der Weisen.

zehn Frauen = zehn Finger
der, der die Trockenheit fortnimmt = der Regengott Indra
fließender Gott = Soma

Rig-Veda 9, 16:
Der Presser sendet aus der Soma-Presse den Saft hervor, für die verzückte Freude,
der gefleckte Saft fließt wie eine Flut.
Wir folgen mit Stärke dem, der Macht bringt und die Kühe raubt, durch das Sieb,
sein Saft ist in Wasser gekleidet.
Gieße das Soma auf das Sieb, das niemals in Wasser untergeht, das Wasserlose,
und reinige es zum Trank für Indra.
Durch die Gedanken des Reinigers angetrieben, fließt das Soma durch das Sieb:
Durch Weisheit hat es sein Heim erlangt.
Mit demütiger Verehrung, Indra, sind die Soma-Tropfen zu Dir herausgeflossen,
kämpfen um den ruhmreichen Preis.

Gereinigt in seinem Vlies-Gewand, erlangt er jegliche Schönheit,
so steht er Helden-gleich in der Mitte der Kühe.
Anschwellend, als ob er bis zum Himmel steigen wolle, fließt der Strom
des schöpferischen Saftes auf das Reinigungs-Sieb nieder.
Auf diese Weise, Soma, wanderst Du durch das Tuch aus Wolle,
während Du den reinigst, der die Lieder inmitten der Menschen kennt,

   der die Kühe raubt = Indra
   in der Mitte der Kühe = mit Milch vermischt

Zusammenfassung: Durchseihen des Preßsaftes

Der Preßsaft wird durch ein Woll-Vlies geseiht, um ihn von den Pflanzenrückständen zu befreien.

II 13. d) Die Zubereitung des Soma: c) Vermischen des Saftes mit Wasser und Milch

Rig-Veda 9, 68:
Mit Milch und Wasser wird er bedeckt, wenn er mit den Steinen gepreßt worden ist:
Indus wird, wenn er gereinigt worden ist, süße Rast und Ruhe finden.

    Die Soma-Pflanze wird ausgepreßt und ihr Saft mit Milch und Wasser vermischt.

Rig-Veda 9, 63:
Das Soma ist mit der vergorenen Milch über das Reinigungs-Sieb geflossen,
ist für den Donner-armigen Indra ausgegossen worden.

    Wurde das Soma tatsächlich erst mit Milch vermischt und dann durchgeseiht? Die Vermischung mit Milch nach dem Durchseihen scheint sinnvoller zu sein – es sei denn, man mußte den Saft mit der Milch durch das Vlies spülen.

Rig-Veda 9, 69:
Der golden Schimmernde, der Unsterbliche, der frisch Gebadete, legt ein leuchtendes Gewand an, das niemals verletzt wird.

    baden = die Soma-Pflanze wird mit Wasser gewaschen
    Gewand = Milch

Rig-Veda 9, 74:
Der Soma-Stengel hat gebrüllt und ist mit der Woge geflossen: er füllt das Fell, das die Götter erfreut, mit Saft für die Menschen an.

    Fell = Woll-Vlies

Rig-Veda 9, 72:
Sie reinigen den golden Schimmernden: er wird wie ein rotes Roß angeschirrt; und der Soma in dem Krug wird mit Milch vermischt.

    Hier wird der Saft erst durchgeseiht und erst danach, wenn er in den Krug geflossen ist, mit Milch vermischt.

Rig-Veda 9, 86:
Sie mildern ihn, sie mildern ihn ganz, sie mildern ihn durch und durch, streicheln die gewaltige Stärke und mildern ihn mit dem Met.

    mildern = mit Milch mischen
    Met = Milch (an anderer Stelle: Saft)

Rig-Veda 9, 86:
Er wird in ein Gewand aus Milch gekleidet; geschwinde Finger verschönern ihn auf der dritten Ebene und in dem leuchtenden Heim des Himmels.

Rig-Veda 9, 107:
Der Mächtige hat sich mit Milch gekleidet und läßt sich in den Krügen nieder.

Rig-Veda 9, 97:
Vermische die Milch mit der Milch, die die Kühe geben. Wir sind Deine Freunde; Du bist der Freund des Indra.

    Die erste „Milch" in dem Satz ist der Soma-Preßsaft, die zweite „Milch" ist Kuhmilch.

Rig-Veda 9, 97:
Durch die Milch angeschwollen, reich an süßem Geschmack, gehst Du, die Met-reiche Pflanze antreibend, weiter.

    Met = Saft

Rig-Veda 9, 68:
Und auf dem Gras sitzend erhoben sie ihre Stimmen, nahmen sie die Milch an, das bedeckende Gewand, das aus dem Euter hervorströmt.

Rig-Veda 9, 68:
Der beglückende Trank, der von den sich treffenden Zwillingen bemessen wird, füllt das ewig anwachsende Paar randvoll mit Milch.

    Zwillinge = Hände
    Paar = zwei Gefäße (?)

Rig-Veda 9, 74:
Der Soma nimmt eine weiße Farbe an, wenn er danach strebt, mehr zu werden.

    Die weiße Farbe beim „mehr werden" stammt von der Milch, die zu den Soma-Tropfen hinzugefügt wird.

Rig-Veda 9, 21:
Diese Soma-Säfte, mit Sauermilch vermischt, gereinigt, geübt in den heiligen Hymnen,
haben durch Gesang erreicht, was ihr Herz ersehnt hat.

Rig-Veda 9, 24:
Hierher ist das Soma geflossen, während seine Tropfen gereinigt worden sind:
wenn sie vermischt werden, werden sie in Wasser gewaschen.
Die Milch ist geflossen um sie zu treffen – wie eine Flut, die einen Hang hinabströmt:
Sie gelangen gereinigt zu Indra.

Rig-Veda 9, 103:
Mit Milch und Quark gemischt fließt er durch die lange Wolle der Schafe.
Dem golden Schimmernden, dem Gereinigten werden drei Sitze zum Ruhen bereitet.
Er fließt durch die lange Wolle der Schafe zu dem von Met tropfenden Gefäß:
Der Herr der sieben Rishis hat laut für ihn gesungen.

    Sitz des Soma = Becher
    Rishi = Weiser

Rig-Veda 9, 62:
Schön ist der von den Göttern geliebte Saft; die Pflanze wird in Wasser gewaschen,
   von Männern ausgepreßt,
die Milchkühe süßen ihn mit Milch.
So wie Treiber ein Roß schmücken, so haben sie den Met-Saft, das Amrita, für das
   Fest geschmückt.

Rig-Veda 9, 8:
Wenn Du durch den Filter gegossen wirst, kleiden wir Dich in ein Gewand aus Milch,
   damit Du ein erfreuender Trank für die Götter wirst.
Wenn Du in den Krügen gereinigt worden bist, Soma, leuchtend und golden
   schimmernd,
dann wirst Du mit einem Gewand aus Milch gekleidet.

    Auch hier erfolgt das Vermischen mit Milch erst nach dem Durchseihen des Preßsaftes.

Rig-Veda 9, 33:
Im Singen geübt: Wie Wogen des Wassers, eilen die Säfte des Soma dahin,
vorwärts, wie Büffel zum Wald.
...

Der einzelne Worte werden ausgesprochen: Jungkühe brüllen, Milch-Kühe, die Fahlfarbene brüllt weiter.

Hier scheinen sich die drei Worte („Jungkühe", „Milchkühe", „Fahlfarbene") sowohl auf den Soma als auch auf die Milch der Kühe zu beziehen.

Rig-Veda 9, 51:
Adhvaryu, gieße den mit Steinen ausgepreßten Soma-Saft auf die Steine und lasse ihn für Indras Trank fließen!
Schenke, Donner-armiger, die Milch des Himmels, den Soma-Saft, den allervorzüglichsten, den aller-Süße-reichsten, dem Indra ein!
... ...
Fließe mit Deinem Fluß, Fern-Sehender, ausgepreßt, in das reinigende Sieb:
Fließe, um uns Stärke und Ruhm zu geben!

In den etwas später verfaßten Upanishaden wird das Licht, das durch die Kundalini-Meditation von Himmel herab in den Scheitel gerufen wird („bindhu") ebenfalls „Himmels-Milch" genannt. Der Vorgang als solcher wurde als „die Himmelskuh melken" umschrieben.
Süße = Milch

Rig-Veda 9, 82:
O Soma, sei gnädig, vertreibe die Sorgen; Du gehst in Butter gekleidet, zu einem Fürsten-Umhang.
Parjanya ist der Vater des mächtigen Vogels: auf den Bergen, in der Mitte der Erde hat er sich sein Heim bereitet.
Auch die Wasser sind geflossen, die Schwestern, die Rinder; er trifft in dem geliebten Ritual die Preßsteine.

Parjanya = „Regenwolke" = Regengott
Berge = vermutlich der Weltenberg Meru
Mitte der Erde = auf der Mitte der Erdscheibe, wo der Weltenberg steht

Rig-Veda 9, 62:
Indus, die lebenden Menschen melken den Saft, um den begeisternden Trank zu bereiten:
Die Götter melken für die Götter den Met.

Gieße den an Süße reichen Soma für die Götter in das Sieb –
ihn, den die Götter voller Glück hören.
Er wurde in den Strom, der diesen Soma am meisten erfreut, gegossen
und mit Gesängen von hohem Ruhm geehrt.
Du fließt, um die Milch zu beglücken, und Du bringst Stärke, wenn Du gereinigt bist:
Erringe die Beute und fließe hierher!

Zusammenfassung: Vermischen des Saftes mit Wasser und Milch

Der durchgeseihte Soma-Preßsaft wird mit Milch gemischt.

In 14 Fällen wird „Milch" angegeben, in 2 Fällen „Sauermilch" und je einmal „weiße Flüssigkeit", „Quark" „Butter" und „mildernde Flüssigkeit".

In je zwei Fällen erscheinen „Wasser" und „Flüssigkeit".

Man wird angesichts dieser Varianten davon ausgehen können, daß der Preßsaft mit Milch vermischt worden ist.

24 Flüssigkeit	20 Milchprodukt	16 unvergorene Milch	14 Milch
			1 weiße Flüssigkeit
			1 mildernde Flüssigkeit
		4 vergorene Milch	2 Sauermilch
			1 Quark
			1 Butter
	2 Wasser		
	2 Flüssigkeit		

II 13. e)   Die Zubereitung des Soma: d) Beimischen von Mehl

Rig-Veda 9, 68:
Der Stengel wird mit Korn vermischt: er naht von den Männern und den Schwestern geführt und bewahrt sein Haupt.

> (zehn) Schwestern = die zehn Finger
> Männer = Hände (?)
> Korn = der Soma-Trank enthielt Mehl
> Haupt = der obere Teil der Soma-Pflanze (?) (Blüte?)

Rig-Veda 8, 80:
Eine Maid kam zum Fluß herab und fand den Soma am Wegesrand.
Sie trug ihn heim und sprach: „Ich werde Dich für Indra auspressen, ich werde Dich für Shakra auspressen."
Du ziehst dort umher, kleiner Mann, und siehst nach und nach ein jedes Haus,
Trinke diesen Soma, der mit den Zähnen ausgepreßt worden ist, der mit Mehl und Quark gemischt worden ist, mit Mehl-Kuchen und Lobgesängen.

> Shakra = „Mächtiger" = Indra

Zusammenfassung: Beimischen von Mehl

Das Beimischen von Mehl wird nur zweimal erwähnt. Da sich dieses Motiv für sehr viele poetische und mythologische Beschreibungen geeignet hätte, scheint das Vermischen mit Mehl nur selten vorgekommen zu sein.

Es ist allerdings auch denkbar, daß das Mehl zum Anregen einer alkoholischen Gärung verwendet worden ist. Dann hätte man allerdings dem Getränk auch Honig hinzufügen und es längere Zeit stehen lassen müssen, wovon nirgendwo die Rede ist.

Vielleicht stammt diese „Mehl-Rezeptur" aus einem speziellen Trank …

II 13. e)   Die Zubereitung des Soma: e) Kochen der Mischung

Rig-Veda 9, 83:
Dein Reinigungs-Vlies ist ausgebreitet, Brahmanaspati: Du betrittst es als Fürst von allen Seiten her.
Das Rohe, die Masse, die nicht erhitzt worden ist, erreicht das nicht: nur die, die gekleidet sind, die tragen, nahen ihm.

Rig-Veda 9, 46:
Im Mörser gepreßt, fließen sie, die Tropfen des Saftes,
das Soma, reich und nahrhaft, geben Indra Stärke durch ihr Wirken.
Flink-händige Männer eilen herbei, ergreifen die mit Mehl vermischten, glänzenden Säfte
und kochen daraus mit Milch den beglückenden Trank.

Zusammenfassung: Kochen der Mischung

Das Kochen der Soma-Milch-Mischung wird nur zweimal erwähnt und kann daher nicht zu dem Standard-Verfahren gehört haben.

Vielleicht ist mit dem „Kochen" auch nur „Brauen" gemeint. Die „nicht erhitzte Masse" läßt sich auf diese Weise allerdings nicht erklären.

Falls das Kochen tatsächlich zu der Soma-Herstellung gehört haben sollte, müßte auf jeden Fall der Feuergott Agni sehr oft in den Soma-Hymnen auftauchen – was jedoch nicht der Fall ist. Daher kann man ein generelles „Kochen" des Soma-Trankes mit großer Sicherheit ausschließen.

II 13. f) Die Zubereitung des Soma: f) Die Mischung wird in ein Holzgefäß gefüllt

Rig-Veda 9, 89:
Das Streitwagen-Roß ist den Weg gelaufen und Pavamana fließt wie Regen vom Himmel.
Für uns ist Soma in tausend Strömen in das Holz gesunken, nieder auf die Brust seiner Mutter.

    Holz = Holzschale

Rig-Veda 9, 89:
König, Du hast ihn in das Gewand des Flusses gekleidet und auf das am geradlinigsten fahrende Schiff des Gesetzes gesetzt.

    Gewand des Flusses = Wasser
    Schiff = Holzgefäß

Rig-Veda 9, 68:
Der an Met Reiche selber, der in welligem Fluß ist, der Erringer des Wohlstandes, der Unsterbliche, sendet seine Stimme vom Himmel aus.
Er sendet sie vom Himmel aus in alle Gegenden. Der Soma läßt sich, nachdem er geseiht worden ist, in allen Gefäßen nieder.

Rig-Veda 9, 68:
Wenn Du so auf Deinem Weg ausgegossen wirst, o Soma, gewährst Du uns, vielfältigen lebendigen Lebenskraft.
Wir werden die wohltätige Erde und den Himmel anrufen. Gebt uns, ihr Götter, Reichtümer und edle Helden!

Rig-Veda 9, 72:
Als Indras Donnerkeil, als Stier mit weitverbreitetem Reichtum, fließt der Soma, um das Herz zu erfreuen.

Rig-Veda 9, 63:
Für Indra und für Vishnu ausgegossen, ist das Soma in den Krug geflossen:
  Möge Vayu es reich an Süße finden!
Dieses schnelle und braune Soma ist in einem Fluß des feierlichen Opfers
  durch verworrene Hindernisse geflossen.

   Hindernisse = Sieb

Zusammenfassung: Die Mischung wird in ein Holzgefäß gefüllt

Schließlich wird der fertige Soma-Trank in Trinkgefäße gefüllt, die an allen Stellen, wo deren Material erwähnt wird, aus Holz bestehen.

II 13. g) Die Opferung des Soma

Rig-Veda 9, 102:
Das ist das schön anzuschauende Baby, daß die, die das Gesetz stärken, erschaffen
  haben;
nach ihm sehnen sich alle beim Opfer, nach dem freigiebigsten Weisen.

Rig-Veda 9, 12:
Dem Indra sind die Soma-Tropfen, die an Süße überaus reichen, gegossen worden,
auf den Sitz des Opfers gegossen worden.

  Der Gottheit, der geopfert wurde, wurde ein Sitz aus geschnittenem Gras
  bereitet, vor den das Soma vermutlich auf die Erde gegossen wurde.

Rig-Veda 9, 63:
Für Indra und für Vishnu ausgegossen, ist das Soma in den Krug geflossen:
  Möge Vayu es reich an Süße finden!
Dieses schnelle und braune Soma ist in einem Fluß des feierlichen Opfers
  durch verworrene Hindernisse geflossen.

Hindernisse = Sieb

Rig-Veda 9, 63:
Diese glänzenden Tropfen sind für uns in einem feierlichen Opfer ausgegossen worden,
für die verehrungswürdigen Gesetze und für die Stärke der Rinder.

Zusammenfassung: Die Opferung des Soma

Das Herstellen und Trinken des Soma wurde als Opfer aufgefaßt.

II 13. h) Der Gesang beim Soma-Opfer

Rig-Veda 9, 113:
Die Säfte des Saftigen vereinen sich. Du bist durch Gebete gereinigt worden, o golden Schimmernder, fließe nun, Indus, fließe Indra zum Wohle.

Rig-Veda 9, 74:
Er kommt mit himmlischem Samen, der das Wasser anschwellen läßt: ihn bitten wir mit Gebeten um weithin reichenden Schutz.

Rig-Veda 9, 89:
Möge der Herr der Schar für Dich, den Sänger, eine Quelle sein: der Stengel der süßen Pflanze wurde für die Ruhmestat gereinigt.

Rig-Veda 9, 72:
Die Hymnen vereinen ihn mit der Milch an dem Opferplatz, an dem Ort, an dem er aufs neue erschaffen wird.

Rig-Veda 9, 68:
Du hast uns, von den Männer mit den Anrufungen der Götter durch das Vlies geführt, die Stärke gegeben, die Beute zu erringen.

Rig-Veda 9, 68:
Gesänge, die voller Lobpreisungen erklangen, haben ihn verehrt. Soma, Freund, fließe mit Deiner schönen Begleitung hervor!

Rig-Veda 9, 86:
Deine Freude-bringenden Tränke, o Pavamana, die durch den Gesang hervorgetrieben werden, fließen rasch wie die Söhne der schnellfüßgen Rosse hervor.

Rig-Veda 9, 21:
Diese Soma-Säfte, mit Sauermilch vermischt, gereinigt, geübt in den heiligen Hymnen,
haben durch Gesang erreicht, was ihr Herz ersehnt hat.

Rig-Veda 9, 86:
Von dem Himmel herab brachte Dich der Falke hierher, Dich, o Indus, den wir alle mit unseren Hymnen verehren.

Rig-Veda 9, 97:
Wenn der Schrei gerufen wird, fließt Du während der Reinigung, wenn Du, o Soma, für Indra ausgegossen wirst.

Rig-Veda 9, 106:
Fließe nun, treu Verehrter: die Ströme des Mets werden ausgegossen.
Du kommst von beiden Seiten her unter Gesang zu dem Filter.

Rig Veda 9, 33:
Im Singen geübt: Wie Wogen des Wassers, eilen die Säfte des Soma dahin, vorwärts, wie Büffel zum Wald.

Rig-Veda 9, 50:
Wenn Du ausfließt, erheben sich drei Stimmern voller Freude,
wenn Du über die Kante des Vlieses rinnst.

Rig-Veda 9, 20:
Denn er, Pavamana, sendet tausendfache Schätze in der Gestalt
von Vieh zu den singenden Männern.

Pavamana = „das Gereinigte, das Durchgeseihte" = Soma

Rig-Veda 9, 113:
O Pavamana, wenn der Priester, wenn er rhythmische Gebete vorträgt,
den Soma mit dem Stein lenkt, den Soma, der das Entzücken hervorbringt, dann fließe
Indus, fließe zum Wohle Indras.

Rig-Veda 4, 58:
Aus dem Meer ist die Woge der Süße entsprungen: zusammen mit dem Stengel wurde
sie zu Amrita,
Das, was das heilige Öl ist, ist der geheimnisvolle Name: doch der Götter Zunge ist
die wahre Mitte des Amrita.

Rig-Veda 9, 61:
Soma, gieße Segen auf unsere Rinder aus, gieße die Nahrung aus, die mit der Milch
die See vermehrt, der Lobgesang gebührt.

Rig-Veda 9, 20:
Während Du gereinigt wirst, bist Du, o wundervolles Roß, o Soma,
wie ein ehrfürchtiger König in die Lieder eingetreten.

Rig-Veda 9, 101:
Die Männer senden den unangreifbaren Soma mit alles-durchdringenden Liedern,
durch die Preßsteine zu dem Opfer hervor.

Rig-Veda 9, 19:
O Soma, bringe uns, nachdem Du gereinigt worden bist, den wunderbaren Schatz, für den Loblieder angemessen sind: das sind Himmel und Erde.

Rig-Veda 9, 15:
Singe ein Loblied auf Soma, auf das braun-Schimmernde mit der unabhängigen Macht, auf den Roten, der zum Himmel aufsteigt!
Reinige das Soma, wenn es zwischen den Steinen hervorfließt, deren Bänder sich schnell bewegen
und gieße die süße Milch in den Met.

Rig-Veda 9, 20:
Du ergreifst alle Dinge mit Deinem Geist und reinigst Dich durch Gedanken
– als solcher, o Soma, erlange uns Bekanntheit!
Gieße hohen Ruhm über uns aus, sende unseren freigiebigen Herren sichere Schätze, bringe Nahrung zu denen, die Dein Lob singen!

Rig-Veda 9, 123:
Siehe, Vena, der im Licht Geborene, ist hierher gefahren, auf dem Streitwagen der Luft – die Kälber des Prishni.
Sänger streicheln ihn wie ein kleines Kind mit Hymnen – dort, wo sich die Wasser und das Sonnenlicht vermischen.

> Vena = der Planet Venus, der als Morgenstern die Sonne ankündigt
> der im Licht Geborene = Sonne und vermutlich auch Soma
> Prishni = die Kuh-gestaltige Mutter der Maruts, die Himmelskuh; ihre Kälber = Maruts (zwei Krieger, die auch beiden Ashvins, d.h. die Rosse vor dem Sonnenstreitwagen sein können)
> wo sich Wasser und Sonnenlicht mischen = bei der Soma-Pressung

Rig-Veda 9, 110:
Rings um uns her hast Du Ruhm für uns gelegt als ob es ein nie versiegender Quell wäre, aus dem die Menschen trinken;
Du wirst in Schüben durch des Pressers Arme auf Deinen Weg geschickt.
Da haben einige Himmlische schön strahlend Lieder über ihre Verwandtschaft mit ihm gesungen, als sie auf ihn blickten.

Und der Gott Savitar öffnet sie, als ob sie ein Stall wären.

    Savitar = Sonnengott (das Austreten des Soma-Saftes aus den Stengel wird hier dem Sonnenaufgang verglichen)

  Rig-Veda 9, 99:
Und er, der über Nacht schön gemacht worden ist, tropft in die stärkende Speise nieder,
wenn des Opferpriesters Gedanken ihn, den Golden-Schimmernden, auf seinem Weg zur Eile antreiben.
Wir reinigen seinen erfreuenden Trank, den Saft, den Indra hauptsächlich trinkt –
das, was in alten Zeiten die Rinder in ihr Maul nahmen, und was nun die Fürsten zu sich nehmen.
Für ihn lassen sie die uralte Lobes-Hymne erklingen, während sie ihn reinigen;
Und mit den heiligen Liedern, die die Namen der Götter enthalten, ist er angefleht worden.

  Rig-Veda 9, 16:
Der Presser sendet aus der Soma-Presse den Saft hervor, für die verzückte Freude,
der gefleckte Saft fließt wie eine Flut.
Wir folgen mit Stärke dem, der Macht bringt und die Kühe raubt, durch das Sieb,
sein Saft ist in Wasser gekleidet.
Gieße das Soma auf das Sieb, das niemals in Wasser untergeht, das Wasserlose,
und reinige es zum Trank für Indra.
Durch die Gedanken des Reinigers angetrieben, fließt das Soma durch das Sieb:
Durch Weisheit hat es sein Heim erlangt.
Mit demütiger Verehrung, Indra, sind die Soma-Tropfen zu Dir herausgeflossen,
kämpfen um den ruhmreichen Preis.
Gereinigt in seinem Vließ-Gewand, erlangt er jegliche Schönheit,
so steht er Helden-gleich in der Mitte der Kühe.
Anschwellend, als sie bis zum Himmel steigen wollten, fließt der Strom
des schöpferischen Saftes auf das Reinigungs-Sieb nieder.
Auf diese Weise, Soma, wanderst Du durch das Tuch aus Wolle,
während Du den reinigst, der die Lieder inmitten der Menschen kennt,

  der die Kühe raubt = Indra
  in der Mitte der Kühe = mit Milch vermischt

> ### Zusammenfassung: Der Gesang beim Soma-Opfer
>
> Daß zu dem Soma-Ritual Gesänge gehört haben, zeigen schon die vielen an das Soma gerichteten Hymnen im Rig-Veda.
>
> Unter den 33 Erwähnungen dieser rituellen Gesänge in den zitierten Versen finden sich einige, die nur ganz allgemein die Gesänge bzw. Lieder (9) oder den Sänger selber (1) erwähnen.
>
> Einige weitere kennzeichnen diese Lieder als Lobpreisungen (7), Hymnen (5), Gebete (3) oder Anrufungen (1).
>
> Diese Texte wurden als heilig angesehen, da man sie auch „Worte der Götter" (1) nennen konnte.
>
> Diese Texte haben offenbar ein bestimmtes Versmaß, da sie auch als „rhythmische Gebete" (1) umschrieben werden konnten.
>
> Die Hymnen wurden zumindestens manchmal von drei Männern (gemeinsam?) vorgetragen wie die Erwähnung der „drei Stimmen" (1) zeigt.
>
> Schließlich scheint es in dem Soma-Ritual auch noch Schreie (1) gegeben zu haben.
>
> Interessanterweise wird dieser Gesang auch als „Gedanken" bezeichnet, was vermuten läßt, daß die Priester beim Vortragen dieser Hymnen konzentriert sein sollten. Dies wäre ein Bindeglied zwischen den Jenseitsreisen der Schamanen aus der Zeit vor dem Rig-Veda und den Meditationen der Yogis in der Zeit nach dem Rig-Veda.
>
> In dieser Aufstellung finden sich einige Mehrfachzählungen.

II 13. i) Die Farbe des Soma

Rig-Veda 9, 6:
Hierher sind die glitzernden Tropfen geflossen, wie Wasser auf einem steilen Abhang haben sie gereinigt Indra erreicht.

Rig-Veda 4, 58:
Aus dem Meer ist die Woge der Süße entsprungen: zusammen mit dem Stengel wurde sie zu Amrita,
Das, was das heilige Öl ist, ist der geheimnisvolle Name: doch der Götter Zunge ist die wahre Mitte des Amrita.

Rig-Veda 9, 113:
Die Säfte des Saftigen vereinen sich. Du bist durch Gebete gereinigt worden, o golden Schimmernder, fließe nun, Indus, fließe Indra zum Wohle.

Rig-Veda 9, 89:
Vier, die das heilige Öl ausgießen, dienen ihm, sitzen zusammen in demselben Gefäß. Zu ihm fließen sie, wenn sie gereinigt sind, mit Verehrung, und kommen von allen Seiten als erste zu ihm.

Rig-Veda 9, 89:
Sie kommen zu ihm, rot, gelbbraun, der Herr des Himmels, der aufmerksame Wächter des Mets, der Löwe.

    sie = die Soma-Tropfen

Rig-Veda 9, 69:
Der heilige Trank ist gekommen, der Goldgefärbte, der Gut-Durchgeseihte: wie ein starker Stier strahlt er und befeuchtet seine männliche Stärke.

Rig-Veda 9, 74:
Die vier Sippen sind vom Himmel hernieder gesandt worden: sie tropfen von Öl und bringen Amrita und heilige Gaben.

Rig-Veda 9, 97:
Er, der im Streitwagen fährt, Sonnen-glänzend, und wahrhaft machtvoll, wurde wie das Sehnen der Ehrfürchtigen ausgegossen.

Rig-Veda 9, 74:
Er wurde als Jüngling geboren und schrie im Wald, als er, der Rote, der Starke, das Licht des Himmels errang.

Rig-Veda 9, 68:
Er bellt mit Gebrüllt um die höchsten Zweige: der Gelbbraune wird gesüßt, als er sie

aufbricht.

Dieser Vers klingt so, als ob der Soma eine Rankenpflanze sei, die bis in „die höchsten Zweige" hinaufwächst.

Rig-Veda 9, 86:
Der golden Schimmernde wird in hundert Strömen ausgegossen, der Wohlstand-
  Bringer, der seine Stimme erhebt, während er gereinigt wird.

Rig-Veda 9, 106:
Er fließt goldfarben und lieblich auf seinem Weg durch das Gewirr der Wolle
und gießt Helden-Ruhm über die ihn Verehrenden aus.

Rig-Veda 9, 106:
Deine Tropfen schwimmen im Wasser und haben Indra zum Entzücken begeistert:
Die Götter haben Dich ausgetrunken, um ihre Unsterblichkeit zu erlangen.

Rig-Veda 9, 97:
Von den Männern nach den uralten Regeln gepriesen, hat er sich zu unserem großen
  Segen Indra genaht.
Fließe, Goldfarbener, reinige Dich, um den Sänger zu bereichern: Möge der Saft zu
  Indra gehen, um ihn zu unterstützen!

Rig-Veda 9, 106:
Mögen diese goldfarbenen Säfte zu Indra, dem mächtigen Stier gehen,
die schnell erschaffenen Tropfen, die das Licht des Himmels finden.

Rig-Veda 9, 15:
Singe ein Loblied auf Soma, das braun-schimmernde, mit der unabhängigen Macht,
auf den Roten, der zum Himmel aufsteigt!

Rig-Veda 9, 97:
Die glänzenden Tropfen des Soma fließen hervor.

Rig-Veda 9, 86:
Wenn der golden Schimmernde auf dem Sieb gereinigt wird, ruht er in den Gefäßen wie einer, der an seinen Platz gesetzt worden ist.

Rig-Veda 9, 72:
Sie reinigen den golden Schimmernden: er wird wie ein rotes Roß angeschirrt; und der Soma in dem Krug wird mit Milch vermischt.

Rig-Veda 9, 69:
Sie werden ausgeschüttet und fließen durch das Reinigungs-Vlies, golden schimmernd werfen sie ihre Hülle ab und fallen wie Regen nieder.

    Hülle = die Pflanzenstengel, aus denen der Saft austritt

Rig-Veda 9, 69:
Der golden Schimmernde, der Unsterbliche, der frisch Gebadete, legt ein leuchtendes Gewand an, das niemals verletzt wird.

    baden = die Soma-Pflanze wird gewaschen
    Gewand = der Saft

Rig-Veda 9, 65:
Der Liebliche mit der gelbbraunen Farbe wird über das Stierfell getrieben und von Jamadagni gepriesen.

Rig-Veda 9, 65:
Soma, fließe hell strahlend mit lautem Gebrüll in die hölzernen Krüge und ruhe Falken-gleich in Deinem Heim.

    Heim = Krug

Rig-Veda 9, 65:
Ihren farbigen Saft treiben sie mit Steinen heraus, den gelben Met-Preßsaft, den Indu für den Indra, als seinen Trank.

Rig-Veda 9, 63:
Die Pavamanas sind ausgegossen worden, die glänzenden Tropfen des Soma-Saftes, um heilige Kenntnisse jeder Art zu erlangen.
Die Pavamanas sind ausgeschüttet worden, die schönen, schnellen Soma-Tropfen, und vertreiben alle Feinde.

Rig-Veda 9, 16:
Der Presser sendet aus der Soma-Presse den Saft hervor, für die verzückte Freude, der gefleckte Saft fließt wie eine Flut.

Rig-Veda 9, 63:
Die braunen Soma-Tropfen, die ausgegossen wurden, suchen Indra;
sie fließen an ihre Plätze durch die Gegend hierher.

Rig-Veda 9, 82:
Während er gereinigt wird, fließt er durch das Filter-Vlies, damit er sich wie ein Falke auf den Ort setzen kann, der von Öl tropft.

Rig-Veda 9, 63:
Diese glänzenden Tropfen sind für uns in einem feierlichen Opfer ausgegossen worden,
für die verehrungswürdigen Gesetze und für die Stärke der Rinder.

Rig-Veda 9, 40:
Der Rote hat sich auf seinem Platz niedergelassen; zu Indra geht der mächtige Saft:
Er läßt sich an seinem befestigten Ort nieder.

Ort, befestigter Platz = Krug mit dem Soma

Rig-Veda 9, 71:
Er hat den Glanz des Surya erlangt.

Surya = Sonne, Sonnengott

Rig Veda 9,33:
*Als Opfer-Ströme fließen die glänzenden braunen Tropfen,
die die große Stärke der Kühe enthalten, in hölzerne Gefäße.*

Rig-Veda 9, 93:
*Die zehn Schwestern, die gemeinsam den Regen hervorbringen, die sich schnell
bewegenden Denker des Weisen, schmücken ihn.
Hierher eilt das golden-schimmernde Kind des Surya und erreicht das Gefäß wie ein
schnelles, starkes Roß.*

Rig-Veda 9, 79:
*Laß' unsere Soma-Tropfen spontan fließen, ausgepreßt, golden schimmernd, zu den
Göttern des hohen Himmels.*

Rig-Veda 9, 96:
*Er, der golden-schimmernde, der an Beute Reiche, hat in den Kelchen der
Ehrfürchtigen gebrüllt.*

    brüllen = Geräusch des Einschenkens des Somas in die Becher

Rig-Veda 9, 99:
*Und er, der über der Nacht schön gemacht worden ist, tropft in die stärkende Speise
nieder,
wenn des Opferpriesters Gedanken ihn, den Golden-Schimmernden, auf seinem Weg
zur Eile antreiben.*

Rig-Veda 9, 107:
*Du wirst gereinigt, Soma, in Deinem Strom; Du fließt in einem Wasser-Gewand:
Geber von Reichtum, Du sitzt an Deinem Platz des Gesetzes: ein Quell aus Gold.
Der himmlische Euter wird für die köstliche Milch gemolken; er sitzt an dem uralten
Versammlungsplatz.*

    Versammlungsplatz = Holzschale mit dem Soma

Rig-Veda 9, 101:
*Der Held, der Stärke erschafft, der die beiden Welten getrennt hat,
der golden Schimmernde, ist durch das Sieb gegangen, um sich wie ein Priester an
  seinem Platz niederzulassen.
Das Soma fließt gereinigt auf dem Stierfell durch die Schafswolle.
Laut brüllend zieht der gelbbraune Stier zu Indras besonderem Ort.*

Rig-Veda 9, 103:
*Mit Milch und Quark gemischt fließt er durch die lange Wolle der Schafe.
Dem golden Schimmernden, dem Gereinigten werden drei Sitze zum Ruhen bereitet.
Er fließt durch die lange Wolle der Schafe zu dem von Met tropfenden Gefäß:
Der Herr der sieben Rishis hat laut für ihn gesungen.*

    Sitz des Soma = Becher
    Rishi = Weiser

Rig-Veda 9, 61:
*Rot-schimmernd wirst Du mit der Milch vermischt, die Dir ihr liebliche Brust
  anzubieten scheint.
Falken-gleich ruhst Du in Deinem Heim.*

Rig-Veda 9, 63:
*Für Indra und für Vishnu ausgegossen, ist das Soma in den Krug geflossen:
Möge Vayu es reich an Süße finden!
Dieses schnelle und braune Soma ist in einem Fluß des feierlichen Opfers
durch verworrene Hindernisse geflossen.*

    Hindernisse = Sieb

Zusammenfassung: Die Farbe des Soma

In den Hymnen wird die Farbe des Soma-Preßsaftes recht häufig angegeben – allerdings keineswegs einheitlich.

Eine weitere Schwierigkeit der folgenden Liste liegt darin, daß sich die genaue Bedeutung der Farbbezeichnungen oft nicht sicher feststellen läßt – so wie man sich auch erst einmal daran gewöhnen muß, daß die Germanen das Gold als „rot" bezeichnen.

61 Aussehen	25 Öl-glänzend	5 Öl	4 Öl
			1 schwimmt im Wasser
		20 glänzend	14 schimmernd
			4 glänzend
			1 glitzernd
			1 schön
	35 Farbe	21 gelb-golden	12 golden schimmernd
			5 golden
			2 Sonnen-glänzend
			1 gelb
			1 hell strahlend
		4 gelbbraun	
		5 rot	4 rot
			1 rot schimmernd
		4 braun	3 braun
			1 braun schimmernd
		1 farbig	
	1 sonstiges	1 gefleckt	

Der Soma-Preßsaft ist recht sicher sehr Öl-haltig und er hat eine hellgelbe Farbe, die vermutlich nach einer Weile ins Rötlich-Braune nachdunkelt. Die goldgelbe Farbe wurde mit der Sonne assoziiert.

II 13. j)　Soma ist süß

Rig-Veda 1, 28:
Ihr Herren des Waldes, ihr beiden Raschen, preßt heute mit schnellen Pressern das süße Soma, damit Indra ihn trinken kann!

       Herren des Waldes = Soma

Rig-Veda 4, 58:
Aus dem Meer ist die Woge der Süße entsprungen: zusammen mit dem Stengel wurde sie zu Amrita,
Das, was das heilige Öl ist, ist der geheimnisvolle Name: doch der Götter Zunge ist die wahre Mitte des Amrita.

Rig-Veda 9, 74:
So wirst Du von den Weisen gereinigt. O bester Spender des Entzückens, werde süß für Indra, Pavamana, für seinen Trank!

Rig-Veda 9, 89:
Möge der Herr der Schar für Dich, den Sänger, eine Quelle sein: der Stengel der süßen Pflanze wurde für die Ruhmestat gereinigt.

Rig-Veda 9, 68:
Er bellt mit Gebrüll um die höchsten Zweige: der Gelbbraune wird gesüßt, als er sie aufbricht.

Rig-Veda 9, 97:
Durch die Milch angeschwollen, reich an süßem Geschmack, gehst Du, die Met-reiche Pflanze antreibend, weiter.

Rig-Veda 9, 106:
Du Bester aller Finder des Wohlstandes für uns, der an Süße für die Götter Reichste, dringe laut brüllend auf tausend Wegen voran!

brüllen/Wege: Hier wird der fließende Soma eine getriebenen Rinderherde verglichen.

Rig-Veda 9, 97:
Laß ihn fließen, von süßem Geschmack, durch das Sieb, und laß unseren Ehrfürchtigen in dem Krug ruhen.

Rig-Veda 9, 97:
Dann fließt er in einem Strom, von den Preßsteinen gemolken, mit Süße vermischt, durch das wollene Sieb.

Rig-Veda 9, 110:
Wenn er geeinigt wird, fließt dieser Indus heilig und süß zu Indra – eine Woge, die dem Geschmack angenehm ist.

Rig-Veda 9, 97:
Am allersüßesten in den Wassern, reich an Met und heilig so wie es Savitar der Gott ist, mit auf die Wahrheit gerichtetem Geist.

Savitar = Sonnengott

Rig-Veda 9, 1:
In süßestem und allerglücklichst-machendem Fluß, ströme rein, o Soma, auf Deinem Weg,
ausgepreßt für Indra, als sein Trank.

Soma ist süß und mit Milch und evtl. auch mit Honig vermischt – stammt von ihm die Redewendung über das Land, „in dem Milch und Honig fließen"?

Rig-Veda 9, 63:
Gieße ihn für Indra auf das Vlies, ihn, der süß an Geschmack ist,
der nach der Schlacht verlangt als ob er im Krieg wäre.

Rig-Veda 9, 63:
Soma, Du an Süße Reichster, ein aller-erfreulichster Trank, der den Götter lieb ist, fließe durch das Sieb und bringe uns Wohlstand!

Rig-Veda 9, 61:
Fließe reich an Süße und lieblich für unseren Bhaga, Vaju, Pusan, fließe für Mitra und Varuna.

Rig-Veda 9, 62:
Schön ist der von den Göttern geliebte Saft; die Pflanze wird in Wasser gewaschen, von Männern ausgepreßt,
die Milchkühe süßen ihn mit Milch.
So wie Treiber ein Roß schmücken, so haben sie den Met-Saft, das Amrita, für das Fest geschmückt.

Rig-Veda 9, 62:
Indu, die lebenden Menschen melken den Saft, um den begeisternden Trank zu bereiten:
Die Götter melken für die Götter den Met.
Gieße den an Süße reichen Soma für die Götter in das Sieb –
ihn, den die Götter voller Glück hören.
Er wurde in den Strom, der diesen Soma am meisten erfreut, gegossen und mit Gesängen von hohem Ruhm geehrt.
Du fließt, um die Milch zu beglücken, und Du bringst Stärke, wenn Du gereinigt bist:
Erringe die Beute und fließe hierher!

Rig-Veda 9, 63:
Für Indra und für Vishnu ausgegossen, ist das Soma in den Krug geflossen:
Möge Vayu es reich an Süße finden!
Dieses schnelle und braune Soma ist in einem Fluß des feierlichen Opfers durch verworrene Hindernisse geflossen.

Hindernisse = Sieb

> ### Zusammenfassung: Das Soma ist süß
>
> Der Soma-Trank wird in 18 Fällen als „süß" bezeichnet.
>
> An einer Textstelle stammt diese Süße aus der Soma-Pflanze und an einer anderen Textstelle aus der Milch. An je einer weiteren Stelle soll das Soma „süß werden", „wird es gesüßt" und „wird es mit Süße vermischt". Da Milch einen süßlichen Geschmack hat, wird sich die Süße des Somas vermutlich generell auf die Milch beziehen.
>
> Eine Schwierigkeit bei der genaueren Erfassung, woher diese „Süße" stammt, liegt darin begründet, daß „Soma" sowohl den Preßsaft als auch das fertige Mischgetränk bezeichnet.

II 13. k) Soma ist unsterblich und macht unsterblich

Rig-Veda 10, 154
Für die, für die der Met hervorfließt, für die, die gestorben sind.

Rig Veda 8, 48:
Wir haben das Soma getrunken; wir sind unsterblich geworden, wir haben das Licht gesehen; wir haben die Götter gefunden.

Rig-Veda 9, 110:
Du hast ihn erschaffen, den unsterblichen Gott inmitten unter den sterblichen Menschen, um das Gesetz und das liebliche Amrita zu erhalten:
Du hast bewirkt, daß uns für immer Stärke zufließt.

Rig-Veda 9, 102:
Das ist das schön anzuschauende Baby, daß die, die das Gesetz stärken, erschaffen haben;
nach ihm sehnen sich alle beim Opfer, nach dem freigiebigsten Weisen.

Rig-Veda 4, 58:
Aus dem Meer ist die Woge der Süße entsprungen: zusammen mit dem Stengel wurde sie zu Amrita,
Das, was das heilige Öl ist, ist der geheimnisvolle Name: doch der Götter Zunge ist die wahre Mitte des Amrita.

Amrita = Unsterbliches („a-" = nicht-; „mrit" = Tod („Mord"))

Rig-Veda 9, 106:
Deine Tropfen schwimmen im Wasser und haben Indra zum Entzücken begeistert:
Die Götter haben Dich ausgetrunken, um ihre Unsterblichkeit zu erlangen.

Rig-Veda 9, 74:
Butter und Milch werden aus der lebendigen Wolke gezogen; dort heraus wird Amrita erschaffen, die Mitte des Opfers.

    Wolke = Euter (?)

Rig-Veda 9, 69:
Der golden Schimmernde, der Unsterbliche, der frisch Gebadete, legt ein leuchtendes Gewand an, das niemals verletzt wird.

    baden = die Soma-Pflanze wird gewaschen
    Gewand = der Saft

Rig-Veda 9, 21:
Unsterblich, gereinigt, haben sich diese Tropfen, seit die das erste mal geflossen sind, niemals verändert, bereit, ihre Orte und ihre Pfade zu erreichen.

Rig-Veda 5, 58:
Nun lobpreise ich ihre mächtigen Helfer, die Begleiter, diese jugendlichen Maruts, die rasch mit schnellen Rossen dahinreiten und selber strahlen – die Herren des Amrita.

Rig-Veda 10, 139:
... ... Die Tore des felsigen Rinder-Gatters riß er weit auf.
Diese, sagte ihm Gandharva, ruderten mit Amrita. ... ...

    er = Indra
    Gandharva = Personifizierung des Sonnenlichtes

Rig-Veda 9, 62:
Schön ist der von den Göttern geliebte Saft; die Pflanze wird in Wasser gewaschen,
    von Männern ausgepreßt,
die Milchkühe süßen ihn mit Milch.
So wie Treiber ein Roß schmücken, so haben sie den Met-Saft, das Amrita, für das
    Fest geschmückt.

Rig-Veda 9, 123:
Während sie sich zu der luftigen Höhe des Rita erheben, nippt die Gruppe der
    Sänger am Amrita.
Die Weisen kennen seine Gestalt und sehnen sich danach, es zu erreichen: sie sind
    herbeigekommen, um das Brüllen des wilden Stiers zu hören.
Sie führen die Rituale durch und erreichen den Fluß, denn Gandharva fand die
    Unsterblichkeits-Wasser.

    Rita = Ordnung, Schönheit, Richtigkeit
    Amrita = Unsterblichkeit, Soma-Trank
    seine Gestalt = das Wesen des Rita
    Stier = Soma; sein Brüllen = das Auspressen des Soma
    Fluß = der ausgepreßte Soma-Saft
    Gandharva = Sonnenlicht-Halbgötter, die den Soma beschützen

Rig-Veda 10, 186:
Du erfüllst unsere Herzen mit Gesundheit und Freude –
möge Vata seinen Segen auf uns atmen, möge er die Tage unseres Lebens verlängern!
Du bist unser Vater, Vata, ja, Du bist ein Bruder und ein Freund,
Deshalb gib uns Stärke, damit wir leben können!
Der Vorrat an Amrita lebt dort in Deinem Heim, o Vata,
Gib uns davon, damit wir leben können!

Vata = Vayu = Gott des Windes

Rig-Veda 9, 113:
O Pavamana, lege diese todlose, unvergängliche Welt in mich,
in der das Licht des Himmels gesetzt ist und in der ewiges Leuchten strahlt. Fließe,
  Indus, fließe zum Wohle Indras!
Mache mich unsterblich in dem Reich, in dem der König herrscht, Vivasvans Sohn,
Wo der geheime Tempel des Himmels steht, wo die jungen und frischen Wasser sind.
  Fließe, Indus, fließe zum Wohle Indras!
Mache mich unsterblich in dem Reich, wo sie sich bewegen, so wie es erzählt wird,
in dem dritten Bereich des innersten Himmels, wo leuchtende Welten voller Licht
  sind. Fließe, Indus, fließe zum Wohle Indras!
Mache mich unsterblich in dem Reich des starken Wunsches und des großen
  Verlangens,
In dem Bereich des leuchtenden Mondes, wo Speise und vollkommene Wonne zu
  finden sind. Fließe, Indus, fließe zum Wohle Indras!
Mache mich unsterblich in dem Reich, wo Glück und Entzücken,
wo Freude und Wonne sich vereinen, und wo sehnsüchtige Wünsche erfüllt werden.
  Fließe, Indus, fließe zum Wohle Indras!

Indus = Soma-Trank
König, Vivasvans Sohn = Sonnengott

Zusammenfassung: Soma ist unsterblich und macht unsterblich

Das Soma macht die, die ihn trinken, unsterblich. Zwar wird vom Soma manchmal auch erhofft, daß er das Leben im Diesseits verlängert, aber in der Regel ist ein ewiges Leben im Jenseits gemeint.

Das Soma ist auch das Getränk für die Toten – die ihn im Jenseits am nötigsten haben, um unsterblich zu werden. Selbst die Götter brauchen diese Trank, um unsterblich zu bleiben. Lediglich Soma selber ist ein unsterblicher Gott.

Diese Unsterblichkeit hat dem Soma-Trank seinen Beinamen „Amrita" d.h. „Nicht-Tod" verliehen.

Vermutlich liegt dieser Symbolik die Vorstellung einer Wiedergeburt zugrunde, da der Soma auch als „neu erschaffenes Baby" aufgefaßt wurde. In diesem Zusammenhang wird der Soma-Trank ursprünglich die Milch der Muttergöttin gewesen sein,

> die die Toten nach der Wiederzeugung und der Wiedergeburt „wiederstillte". Wahrscheinlich bestand dieser rituelle Trank ursprünglich schlicht aus Milch und es ist ihm erst im Laufe der Zeit der Soma-Preßsaft hinzugefügt worden.

II 13. l)   Soma ist im Zustand des „Rita"

Rig-Veda 9, 63:
Diese glänzenden Tropfen sind für uns in einem feierlichen Opfer ausgegossen worden,
für die verehrungswürdigen Gesetze und für die Stärke der Rinder.

Rig-Veda 9, 110:
Du hast ihn erschaffen, den unsterblichen Gott inmitten unter den sterblichen Menschen, um das Gesetz und das liebliche Amrita zu erhalten:
Du hast bewirkt, daß uns für immer Stärke zufließt.

Rig-Veda 9, 102:
Öffne uns mit Weisheit und strahlenden Augen den Stall des Himmels
und treibe mit dem feierlichen Ritual den Plan des heiligen Gesetzes an!

Rig-Veda 9, 56:
Rasch fließt das Soma wie das Hohe Gesetz zu dem reinigenden Seiher,
vernichtet die Feinde, liebt die Götter.

Rig-Veda 9, 102:
Das ist das schön anzuschauende Baby, daß die, die das Gesetz stärken, erschaffen haben;
nach ihm sehnen sich alle beim Opfer, nach dem freigiebigsten Weisen.

Rig-Veda 9, 107:
Du wirst gereinigt, Soma, in Deinem Strom; Du fließt in einem Wasser-Gewand:
Geber von Reichtum, Du sitzt an deinem Platz des Gesetzes: ein Quell aus Gold.
Der himmlische Euter wird für die köstliche Milch gemolken; er sitzt an dem uralten
  Versammlungsplatz.

      Versammlungsplatz = Holzschale mit dem Soma

Rig-Veda 9, 89:
König, Du hast ihn in das Gewand des Flusses gekleidet und auf das am
  geradlinigsten fahrende Schiff des Gesetzes gesetzt.

      Gewand des Flusses = Wasser
      Schiff = Holzgefäß

Rig-Veda 9, 123:
Während sie sich zu der luftigen Höhe des Rita erheben, nippt die Gruppe der
  Sänger am Amrita.
Die Weisen kennen seine Gestalt und sehnen sich danach, es zu erreichen: sie sind
  herbeigekommen, um das Brüllen des wilden Stiers zu hören.
Sie führen die Rituale durch und erreichen den Fluß, denn Gandharva fand die
  Unsterblichkeits-Wasser.

Rig-Veda 9, 17:
Er erzeugt die Sonne in den Fluten, er erzeugt das Licht des Himmels,
der Grünliche, der in Wasser und Milch Gekleidete.
Entsprechend der ursprünglichen Absicht wird dieses Soma mit seinem reinen Fluß
  ausgegossen – ein Gott für die Götter.
Für ihn werden die Säfte, die siegreichen, die groß anschwellenden, die tausend
  Kräfte haben,
gereinigt, um Beute zu machen.
Die uralte Flüssigkeit wird in das Reinigungssieb ausgegossen:
Er hat donnernd die Götter erschaffen.
Während er gereinigt wird, sendet Soma aller erwünschten Dinge hierher,
er sendet die Götter, die das Gesetz stärken.
Soma, wenn Du ausgegossen wirst, dann gieße uns Wohlstand in Form von Kühen,
  Rossen und Beute,

sende uns einen reichlichen Vorrat an Nahrung.

Sonne in den Fluten = Die Sonne steigt am Morgen aus dem Meer auf.
Gesetz = Rita/Dharma = Richtigkeit

Zusammenfassung: Soma ist im Zustand des „Rita"

Der Soma-Trank ist auch mit dem Rita verbunden, das später „Dharma" genannt wurde. „Rita" bedeutet „Rotierendes, Rad" und bezeichnet die richtige Ordnung der Dinge und daher auch das Gesetz.
Das Soma wird dem Rita geopfert, wodurch die Priester das Rita aufrechterhalten.
Das Soma erhält das Rita, es führt zum Rita und hilft das Rita zu erkennen und ihm zu folgen.
Das Soma trägt die Qualität des Rita in sich, denn die Unsterblichkeit, die das Soma verleiht, ist die Erkenntnis der eigenen Seele, und die eigene Seele ist der individuelle Anteil am Rita.

II 13. m) Soma ist voller geistiger Kraft

Rig-Veda 9, 113:
O Pavamana, wenn der Priester, wenn er rhythmische Gebete vorträgt,
den Soma mit dem Stein lenkt, den Soma, der das Entzücken hervorbringt, dann fließe
  Indus, fließe zum Wohle Indras.

Rig-Veda 9, 110:
O Pavamana, Du hast die Sonne erschaffen und verteilst machtvoll die Flüssigkeit,
eilst zu uns mit reichlich belebter Milch.

Rig-Veda 9, 106:
Deine Tropfen schwimmen im Wasser und haben Indra zum Entzücken begeistert:
Die Götter haben Dich ausgetrunken, um ihre Unsterblichkeit zu erlangen.

Rig-Veda 9, 108:
*Ausgegossen fließt er in Strömen, der beste Begeisterungs-Spender, durch die
langhaarige Wolle der Schafe,
umhertollend, als wären sie die Wogen des Wassers.*

Rig-Veda 9, 4:
Vertreibe mit geschickter Stärke und geistiger Kraft, o Soma, unsere Feinde!

Rig-Veda 9, 4:
*Gib uns unseren Anteil an der Sonne durch Deine eigene geistige Kraft und Hilfe –
und mach uns besser als wir sind.
Durch Deine eigene geistige Kraft und Hilfe können wir in die Sonne schauen –
mach uns besser als wir sind.*

Rig-Veda 9, 21:
*Zu Indra fließen diese laufenden Tropfen, diese Somas in übermütiger Laune:
sie begeistern, finden Licht.*

Rig-Veda 9, 56:
*Rasch fließt das Soma wie das Hohe Gesetz zu dem reinigenden Seiher,
vernichtet die Feinde, liebt die Götter.*

Rig-Veda 9, 23:
*Die lebenden Somas sind gereinigt worden, werden ein begeisternder Trank,
wenden sich zu dem Gefäß, das von Met tropft.
Soma ist geistreich, besitzt Saft und mächtige Stärke
– ein mutiger Held, die die Flüche zurückwirft.*

Zusammenfassung: Soma ist voller geistiger Kraft

Der Soma-Trank bringt Begeisterung (3), verstärkt die geistige Kraft (3) und bewirkt Entzücken (2). Diese Kraft liegt evtl. auch in der „reichlich belebten Milch"

(1).
  Das Trinken des Soma bewirkt, daß die Menschen besser werden (1) und es ermöglicht, daß sie in die Sonne schauen können (1).
  Da der Soma-Trank die Unsterblichkeit bewirkt und daher ursprünglich mit der Wiedergeburt verbunden sein wird („Wiederstillen"), wird die „geistige Kraft" die das Soma verleiht, die Wahrnehmung der Seele den des Jenseits, d.h. die Sehergabe der Schamanen sein. Das Entzücken ist die ekstatische Variante dieser Fähigkeit.

II 13. n)   Soma macht glücklich

Rig-Veda 9, 86:
Deine Freude-bringenden Tränke, o Pavamana, die durch den Gesang hervorgetrieben werden, fließen rasch wie die söhne der schnellfüßgen Rosse hervor.

Rig-Veda 9, 97:
So fließe begeisternd für das Entzücken und sende Todes-Strahlen auf den, der die Wasser aufhält!

Rig-Veda 9, 1:
In süßestem und allerglücklichst-machendem Fluß, ströme rein, o Soma, auf Deinem Weg,
ausgepreßt für Indra, als sein Trank.

Rig-Veda 9, 107:
Die lebenden Tropfen des Soma-Saftes, des freudespendenden Trankes, ergießen sich, wenn sie fließen:
kluge Tropfen über der Schale des Meeres, begeisternd, Licht findend.

Rig-Veda 9, 23:
Die raschen Soma-Tropfen sind in Strömen von Met ausgegossen worden,
der glücklichmachende Trank, für heiliges Wissen jeglicher Art.

Rig-Veda 9, 62:
Indu, die lebenden Menschen melken den Saft, um den begeisternden Trank zu
  bereiten:
Die Götter melken für die Götter den Met.
Gieße den an Süße reichen Soma für die Götter in das Sieb –
ihn, den die Götter voller Glück hören.
Er wurde in den Strom, der diesen Soma am meisten erfreut, gegossen
und mit Gesängen von hohem Ruhm geehrt.
Du fließt, um die Milch zu beglücken, und Du bringst Stärke, wenn Du gereinigt bist:
Erringe die Beute und fließe hierher!

Zusammenfassung: Soma macht glücklich

Der Soma-Trank schenkt den Menschen (5) und den Göttern (1) Freude (2), Glück (3) und Entzücken (1).

Der Ursprung davon wird die Wiedergeburt und das mit dem Erleben der eigenen Seele verbundene glückliche Strahlen aus dem Herzchakra heraus sein, das man auch in der Meditation erleben kann.

II 13. o)   Soma ist eine Gottheit

Rig-Veda 9, 68:
Dann wirft der Gott, so wie er es will, die Reste ab, wenn er durch das Sieb in den
  weiten Raum fließt.

Rig-Veda 9, 61:
Der Saft ist von hoher Geburt: auch wenn er im Himmel ruht,
hat er doch auf der Erde schützende Kraft und großen Ruhm erlangt.

Rig-Veda 9, 18:
Du bist ein heiliger Sänger, ein Weiser; der Met ist der Nachkomme Deines Saftes;
all-freigiebig bist Du im Trink-Ritual.

Rig-Veda 9, 20:
Aus dem Sieb-Tuch fließt der Weise hervor zu dem Festmahl der Götter
und unterwirft all unsere Feinde.

Rig-Veda 9, 20:
Während Du gereinigt wirst, bist Du, o wundervolles Roß, o Soma,
wie ein ehrfürchtiger König in die Lieder eingetreten.

Rig-Veda 9, 110:
Rings um uns her hast Du Ruhm für uns gelegt als ob es ein nie versiegender Quell
wäre, aus dem die Menschen trinken;
Du wirst in Schüben durch des Pressers Arme auf Deinen Weg geschickt.
Da haben einige Himmlische schön strahlend Lieder über ihre Verwandtschaft mit
ihm gesungen, als sie auf ihn blickten.
Und der Gott Saviatar öffnet sie, als ob sie ein Stall wären.

    Savitar = Sonnengott (das Austreten des Soma-Saftes aus den Stengel wird
    hier dem Sonnenaufgang verglichen)

Rig-Veda 9, 17:
Er erzeugt die Sonne in den Fluten, er erzeugt das Licht des Himmels,
der Grünliche, der in Wasser und Milch Gekleidete.
Entsprechend der ursprünglichen Absicht wird dieses Soma mit seinem reinen Fluß
ausgegossen – ein Gott für die Götter.
Für ihn werden die Säfte, die siegreichen, die groß anschwellenden, die tausend
Kräfte haben,
gereinigt, um Beute zu machen.
Die uralte Flüssigkeit wird in das Reinigungssieb ausgegossen:
Er hat donnernd die Götter erschaffen.
Während er gereinigt wird, sendet Soma aller erwünschten Dinge hierher,
er sendet die Götter, die das Gesetz stärken.
Soma, wenn Du ausgegossen wirst, dann gieße uns Wohlstand in Form von Kühen,
Rossen und Beute,
sende uns einen reichlichen Vorrat an Nahrung.

    Sonne in den Fluten = Die Sonne steigt am Morgen aus dem Meer auf.
    Gesetz = Rita/Dharma = Richtigkeit

> ### Zusammenfassung: Soma ist eine Gottheit
>
> Das Soma selber ist ein Gott – und als einziger aus sich heraus unsterblich (wie schon gezeigt wurde). Daher wohnt Soma im Himmel (Jenseits, Sonne) und ist auch ein Weiser und ein König.

II 13. p)   Soma ist eng mit der Sonne verbunden

Rig-Veda 9, 71:
Er hat den Glanz des Surya erlangt.

      Surya = Sonne, Sonnengott

Rig-Veda 9, 86:
Bereit, gereinigt zu werden, strömst Du aus, Pavamana, wie der wundervolle Surya, durch das Vlies – ein reichliches Meer.

      Pavamana = Soma

Rig-Veda 9, 93:
Die zehn Schwestern, die gemeinsam den Regen hervorbringen, die sich schnell bewegenden Denker des Weisen, schmücken ihn.
Hierher eilt das golden-schimmernde Kind des Surya und erreicht das Gefäß wie ein schnelles, starkes Roß.

Rig-Veda 9, 91:
Die zehn Schwestern treiben das Streitwagen-Roß auf dem Vlies-Gipfel zu dem Ruheplatz.
Der Soma-Tropfen, der von den weisen Nahusyas ausgepreßt worden ist, wird das Festmahl des himmlischen Volkes.
... ...
Durch tausend feine Haare geht der Melodien-reiche Sänger, wie Surya durch seine schönen und offenen Pfade.

Rig-Veda 9, 97:
Am allersüßesten in den Wassern, reich an Met und heilig so wie es Savitar der Gott ist, mit auf die Wahrheit gerichtetem Geist.

    Savitar = Sonnengott

Rig-Veda 9, 110:
Rings um uns her hast Du Ruhm für uns gelegt als ob es ein nie versiegender Quell wäre, aus dem die Menschen trinken;
Du wirst in Schüben durch des Pressers Arme auf Deinen Weg geschickt.
Da haben einige Himmlische schön strahlend Lieder über ihre Verwandtschaft mit ihm gesungen, als sie auf ihn blickten.
Und der Gott Saviatar öffnet sie, als ob sie ein Stall wären.

    Savitar = Sonnengott (das Austreten des Soma-Saftes aus den Stengel wird hier dem Sonnenaufgang verglichen)

Rig-Veda 9, 113:
O Pavamana, lege diese todlose, unvergängliche Welt in mich,
in der das Licht des Himmels gesetzt ist und in der ewiges Leuchten strahlt. Fließe, Indus, fließe zum Wohle Indras!
Mache mich unsterblich in dem Reich, in dem der König herrscht, Vivasvans Sohn,
Wo der geheime Tempel des Himmels steht, wo die jungen und frischen Wasser sind. Fließe, Indus, fließe zum Wohle Indras!
Mache mich unsterblich in dem Reich, wo sie sich bewegen, so wie es erzählt wird,
in dem dritten Bereich des innersten Himmels, wo leuchtende Welten voller Licht sind. Fließe, Indus, fließe zum Wohle Indras!
Mache mich unsterblich in dem Reich des starken Wunsches und des großen Verlangens,
In dem Bereich des leuchtenden Mondes, wo Speise und vollkommene Wonne zu finden sind. Fließe, Indus, fließe zum Wohle Indras!
Mache mich unsterblich in dem Reich, wo Glück und Entzücken,
wo Freude und Wonne sich vereinen, und wo sehnsüchtige Wünsche erfüllt werden. Fließe, Indus, fließe zum Wohle Indras!

    Indus = Soma-Trank
    König, Vivasvans Sohn = Sonnengott

Rig-Veda 9, 85:
Der König geht mit Gebrüll durch das Sieb: Sie melken die Milch des Himmels von dem, der auf die Menschen niederblickt.

    König = Soma
    der auf die Menschen niederblickt = Sonne, Sonnengott

Rig-Veda 9, 108:
Er, der vorzüglich weise, ist gekommen, um die Speise, die Beute und den Wohlstand wie Etasa zu stärken.

    Etasa = leuchtendes und geschmücktes Roß der Sonne

Rig-Veda 9, 97:
Er, der im Streitwagen fährt, Sonnen-glänzend, und wahrhaft machtvoll, wurde wie das Sehnen der Ehrfürchtigen ausgegossen.
Er wurde mit uralter, lebendiger Kraft gereinigt.

Rig-Veda 9, 86:
Er fließt als ausgeseihtes Öl, schön, wogend, golden schimmernd, auf einem Streitwagen des Lichts, ein Heim mit dem Wohlstand teilend.

Rig-Veda 9, 68:
Die Tropfen des Soma sind wie die Milch, die die Kühe geben, für den Strahlenden hervorgeströmt, reich an Met.

Rig-Veda 9, 17:
Er erzeugt die Sonne in den Fluten, er erzeugt das Licht des Himmels, der Grünliche, der in Wasser und Milch Gekleidete.

    Fluten = Wasserunterwelt, die die Sonne des Nachts durchquert
    Licht des Himmels = Sonne

Rig-Veda 9, 80:
Du machtvoller Soma, Du, den Kühe angebrüllt haben, steigst strahlend in Deinem
  Glanz auf, in Dein aus Eisen gefertigtes Heim.

    Eisen = Man hat lange Zeit angenommen, daß der Himmel aus Eisen besteht, weil man die Meteoriten, die vorwiegend aus Eisen bestehen, als herabgefallene Teile des Himmels angesehen hat. Diese Eisensymbolik findet sich auch in den ägyptischen Pyramidentexten und in leicht verblaßter Form auch bei den Germanen.
  aufsteigender Soma = Der Soma wird hier der Morgensonne gleichgesetzt.

Rig-Veda 9, 61:
Dein erfreuender und glückverheißender Saft, o Pavamana, König!,
  fließt über das wollene Sieb-Tuch.
Dein Saft, o Pavamana, sendet Strahlen wie einen glänzenden Segen aus,
  wie Leuchten, das wie Himmels-Licht anzusehen ist!

  Pavamana = „Gereinigter, Geseihter" = Soma
  Strahlen = Der Soma wird hier der Sonne gleichgesetzt.

Rig-Veda 9, 65:
Soma, fließe hell strahlend mit lautem Gebrüll in die hölzernen Krüge
und ruhe Falken-gleich in Deinem Heim.

  Heim = Krug
  strahlend = Möglicherweise wird auch hier der Soma der Sonne gleichgesetzt.

Rig-Veda 9, 97:
Du wirst nahe der Sonne gereinigt als wärest Du der Schöpfer, der den ganzen
Himmel und die Erde erfüllt und sie offenbart hätte.

Rig-Veda 9, 4:
Gib uns unseren Anteil an der Sonne durch Deine eigene geistige Kraft und Hilfe –
und mach uns besser als wir sind.
Durch Deine eigene geistige Kraft und Hilfe können wir in die Sonne schauen –
mach uns besser als wir sind.

Rig-Veda 9, 123:
Während sie sich zu der luftigen Höhe des Rita erheben, nippt die Gruppe der Sänger am Amrita.
Die Weisen kennen seine Gestalt und sehnen sich danach, es zu erreichen: sie sind herbeigekommen, um das Brüllen des wilden Stiers zu hören.
Sie führen die Rituale durch und erreichen den Fluß, denn Gandharva fand die Unsterblichkeits-Wasser.

    Rita = Ordnung, Schönheit, Richtigkeit
    Amrita = Unsterblichkeit, Soma-Trank
    seine Gestalt = das Wesen des Rita
    Stier = Soma; sein Brüllen = das Auspressen des Soma
    Fluß = der ausgepreßte Soma-Saft
    Gandharvas = Sonnenlicht-Halbgötter, die den Soma beschützen

Rig-Veda 9, 85:
Der Tropfen ist in den Wassern groß herangewachsen, in dem Met-reichen See, in des Stromes Woge und in dem Reinigungs-Sieb.
Die Liebenden riefen den Adler, der zum Himmel fortgeflogen war, mit vielen Stimmen herbei.

    Der Adler ist der Seelenvogel des Sonnengott-Göttervaters Dhyaus.

Rig-Veda 9, 82:
O Soma, sei gnädig, vertreibe die Sorgen; Du gehst in Butter gekleidet, zu einem Fürsten-Umhang.
Parjanya ist der Vater des mächtigen Vogels: auf den Bergen, in der Mitte der Erde hat er sich sein Heim bereitet.
Auch die Wasser sind geflossen, die Schwestern, die Rinder; er trifft in dem geliebten Ritual die Preßsteine.

    Parjanya = „Regenwolke" = Regengott
    mächtiger Vogel = Adler-Seelenvogel des Sonnengott-Göttervaters Dhyaus
    Berge = vermutlich der Weltenberg Meru
    Mitte der Erde = auf der Mitte der Erdscheibe, wo der Weltenberg steht

Rig-Veda 9, 102:
*Öffne uns mit Weisheit und strahlenden Augen den Stall des Himmels
und treibe mit dem feierlichen Ritual den Plan des heiligen Gesetzes an!*

Rig-Veda 9, 123:
*Siehe, Vena, der im Licht Geborene, ist hierher gefahren, auf dem Streitwagen der
   Luft – die Kälber des Prishni.
Sänger streicheln ihn wie ein kleines Kind mit Hymnen – dort, wo sich die Wasser
und
   das Sonnenlicht vermischen.*

      Vena = der Planet Venus, der als Morgenstern die Sonne ankündigt
      der im Licht Geborene = Sonne und vermutlich auch Soma
      Prishni = die Kuh-gestaltige Mutter der Maruts, die Himmelskuh; ihre Käl-
      ber = Maruts (zwei Krieger, die auch beiden Ashvins, d.h. die Rosse vor dem
      Sonnenstreitwagen sein können)
      wo sich Wasser und Sonnenlicht mischen = bei der Soma-Pressung

Rig-Veda 9, 79:
*Laß' unsere Soma-Tropfen spontan fließen, ausgepreßt, golden schimmernd, zu den
   Göttern des hohen Himmels.*

Rig-Veda 9, 86:
*Er wird in ein Gewand aus Milch gekleidet; geschwinde Finger verschönern ihn auf
   der dritten Ebene und in dem leuchtenden Heim des Himmels.*

Rig-Veda 9, 86:
*Er ist das Licht des Opfers, der den köstlichen Met sieht, den wohlhabendsten, den
   Vater und Erzeuger der Götter.*

Zusammenfassung: Soma ist eng mit der Sonne verbunden

Die Verbindungen zwischen dem Soma und der Sonne bzw. dem Sonnengott sind sehr vielfältig. Das läßt vermuten, daß es eine dieser Assoziation zugrundeliegende Mythe gegeben hat, auf die sich diese vielfältigen Verbindungen beziehen. Diese Mythe selber ist jedoch nicht bekannt – im Rig-Veda ist der Soma vor allem mit Indra verbunden.

Man könnte vermuten, daß bei der Ablösung des ehemaligen indischen Sonnengott-Göttervaters Dhyaus durch den Donnergott Indra etwas ähnliches geschehen ist wie bei der Ablösung des ehemaligen germanischen Sonnengott-Göttervaters Tyr (der mit Dhyaus identisch ist) durch den Donnergott Thor und Odin: Die Mythen des ehemaligen Göttervaters Dhyaus/Tyr sind zerfallen und haben sich nur in Teilen erhalten und sind in andere Zusammenhänge gestellt worden.

Auch der Met ist ursprünglich fest mit dem ehemaligen Sonnengott-Göttervater Tyr verbunden gewesen, wie z.B. seine goldenen Trinkhörner zeigen. Da Tyr und Dhyaus (und Zeus und Jupiter usw.) derselbe Gott sind, ist die feste Assoziation zwischen der Sonne (Dhyaus) und dem Soma keine Überraschung.

Das Soma ist mit der Sonne bzw. mit dem Sonnengott identisch:
Soma gleicht dem Surya (Sonnengott) *und dem Savitar* (Sonnengott);
Soma ist der Glanz des Surya;
Soma fährt im Sonnen-Streitwagen / Licht-Streitwagen / Luft-Streitwagen;
Soma ist wie das Roß Etasa vor dem Sonnen-Streitwagen;
Soma ist in der Nähe der Sonne;
Soma ist wie das Strahlen des Himmels-Lichtes;
Soma enthält das Licht des Himmels;
und *Soma ist hell.*

Das Soma ist im Himmel, d.h. ein Gott oder die Sonne:
Soma ist im leuchtenden Himmels-Heim;
Soma ist in Welten voller Licht im Himmel;
und *Soma blickt vom Himmel auf die Menschen nieder.*

Das Soma ist die wiedergeborene Sonne bzw. gibt dem Sonnengott-Göttervater (Dhyaus) dessen Wiedergeburt:
Soma erzeugt die Sonne;
Soma ist das goldene Kind (Wiedergeburt) *des Surya* (Sonnengott);
Soma öffnet den Stall des Himmels für die Sonne;
Soma wird im Licht geboren;

Soma ist der Himmels-Adler, d.h. der Seelenvogel des Sonnengott-Göttervaters;
Soma ist ein mächtiger Vogel (Seelenvogel);
und *Soma steigt* (wie die wiedergeborene Sonne am Morgen) *in Glanz auf.*

Das Soma führt zum Rita in der luftigen Höhe – die Aufgabe der Aufrechterhaltung der richtigen Ordnung (Rita) gehört stets zu dem Sonnengott-Göttervater (nicht nur bei den Indogermanen).

Einige weitere Formulierungen könnten sich auch auf die enge Verbindung zwischen dem Soma und der Sonne beziehen:
Soma wird für den Strahlenden (Sonne) *gebraut;*
Soma ist das Licht des Opfers;
Soma fließt zu den Himmels-Göttern;
Soma ist das Festmahl der Götter,
und *Soma gibt den Menschen einen Anteil an der Sonne* (geistige Kraft).

II 13. q)   Soma ist mit der Zahl „3" verbunden

Rig-Veda 9, 102:
Das Kind, das sich mit dem Strom vermischt, der über die Ebene des Opfers eilt,
übertrifft alle Dinge, die geliebt werden – ja, seit Alters her!
Er hat den Platz nahe bei den beiden Preßsteinen des Trita besetzt,
er ist geheim und geliebt durch die sieben Lichter des Opfers.
Gehe auf den drei Wegen auf den Höhen des Trita – reich an Flüssen.
Der, der weise geht, mißt seine Wege aus.
Schon bei seiner Geburt haben ihn die sieben Mütter wie einen Weisen zum Erlangen
   des Ruhmes gelehrt,
sodaß er, fest und sicher, seinen Willen auf Reichtum ausgerichtet hat.

      Kind = Soma-Tropfen
      Strom = Wasser
      Ebene des Opfers = Filter-Vlies
      Trita = „Dritter" = Helfer des Indra (Diesen Titel trägt auch Odin, aber es ist sehr unsicher, ob es da einen Zusammenhang außer zu der Zahl „3" gibt.)
      Wege = vermutlich die Soma-Stengel

Rig-Veda 9, 50:
Wenn Du ausfließt, erheben sich drei Stimmern voller Freude,
wenn Du über die Kante des Vlieses rinnst.

Rig Veda 9,33:
Im Singen geübt: Wie Wogen des Wassers, eilen die Säfte des Soma dahin,
vorwärts, wie Büffel zum Wald.
...
Der einzelne Worte werden ausgesprochen: Jungkühe brüllen, Milch-Kühe, die
  Fahlfarbene brüllt weiter.

Hier scheinen sich die drei Worte („Jungkühe", „Milchkühe", „Fahlfarbene")
sowohl auf den Soma als auch auf die Milch der Kühe zu beziehen.

Rig-Veda 9, 70:
Die dreimal sieben Milchkühe im Osthimmel haben für diesen Soma den wahren
  Milch-Trank gegeben.

Rig-Veda 9, 103:
Mit Milch und Quark gemischt fließt er durch die lange Wolle der Schafe.
Dem golden Schimmernden, dem Gereinigten werden drei Sitze zum Ruhen bereitet.

    Sitz des Soma = Becher

Rig-Veda 1, 32:
Ich will die männlichen Taten des Indra verkünden, die erste, die er vollbracht hat,
  der Donner-Träger.
Er erschlug den Drachen, dann befreite er die Wasser, und grub die Betten für die
  Berg-Ströme.
Er erschlug den Drachen, der in den Bergen lag, mit seinem himmlischen
  Donnerkeil, den Tvashta erschaffen hat.
Wie brüllende Kühe glitten die Wasser in schnellem Fluß hinab zum Meer.
Stürmisch wie ein Stier, wählte er den Soma und trank ihn in drei Kelchen.

Agnistoma:

In diesem späteren Buch wird die Soma-Herstellung wie folgt beschrieben:

Nachdem am Vortag die Schall-Löcher für die Resonanz für die Preßsteine gegraben und mit den beiden Preßbrettern fest überdeckt worden sind, wird am Morgen des eigentlichen Opfertages ein rotes Rindsleder über die Bretter ausgebreitet, und darauf werden die Presssteine gelegt und auf diese die vom Wagen abgeladenen Somapflanzen.

Während der Frühlitanei werden die Somageräte aufgesetzt und der Adhvaryu (Priester) holt vom nächsten fließenden Gewässer das für den Soma erforderliche Wasser.

Dann werden Somastengel für einen Schoppen (graha) ausreichend auf den breitesten Stein gelegt, mit Wasser aus dem Becher des Hotar (Oberpriester) begossen und vom Adhvaryu allein mit dem Stein in drei Runden mit 8, 11 und 12 Schlägen ausgeschlagen.

Vor jeder Runde werden die Stängel angefeuchtet und nach jeder Runde werden die ausgequetschten Stängel aus dem Becher des Hotar angefeuchtet und ergänzt.

Der ausgepresste Saft wird mit der hohlen Hand in einem Becher ohne Filtrierung geschöpft. Dies ist der erste Schoppen.

Zusammenfassung: Soma ist mit der Zahl „3" verbunden

Das Soma untersteht dem Trita. Dieser Name bedeutet „Dreier" und bezeichnet vermutlich den Sonnengott.

Das Soma wird in drei Runden gepreßt.

Es fließt auf drei Wegen auf den Höhen des Trita, d.h. über das Woll-Vlies, die symbolisch den Himmel darstellen, über den die Sonne dahinzieht. Wenn das Soma nach dem Pressen auf das Vlies ausgegossen wird, erheben sich drei Stimmen.

Das Soma wird mit der Milch von drei Kühen oder von drei Arten von Kühen oder von dreimal sieben Kühen vermischt.

Das Soma fließt in drei Holzschalen. Indra trinkt den Soma aus diesen drei Schalen.

Diese sich durch das gesamte Soma-Ritual ziehende Symbolik der „3" bestätigt, daß das Soma einst fest mit der Sonne bzw. mit dem Sonnengott-Göttervater Dhyaus assoziiert gewesen ein muß, da die „3" bei den Indogermanen allgemein die Bedeutung „Sonne" und „Zyklus" hat.

II 13. r) Soma ist Licht

Rig-Veda 9, 86:
Er ist das Licht des Opfers, der den köstlichen Met seiht, den wohlhabendsten, den Vater und Erzeuger der Götter.

Rig-Veda 9, 86:
Er fließt als ausgeseihtes Öl, schön, wogend, golden schimmernd, auf einem Streitwagen des Lichts, ein Heim mit dem Wohlstand teilend.

Rig-Veda 9, 17:
Er erzeugt die Sonne in den Fluten, er erzeugt das Licht des Himmels, der Grünliche, der in Wasser und Milch Gekleidete.

Rig-Veda 9, 106:
Laßt Fülle zu uns strömen, ihr Tropfen des Soma, ihr Gepreßten und Gereinigten, die ihr wie Regen vom Himmel in das Vlies strömt und Licht findet.

Rig-Veda 9, 106:
Mögen diese goldfarbenen Säfte zu Indra, dem mächtigen Stier gehen, die schnell erschaffenen Tropfen, die das Licht des Himmels finden.

Rig-Veda 9, 106:
Mögen diese goldfarbenen Säfte zu Indra, dem mächtigen Stier gehen, die schnell erschaffenen Tropfen, die das Licht des Himmels finden.

Rig-Veda 9, 21:
Zu Indra fließen diese laufenden Tropfen, diese Somas in übermütiger Laune: sie begeistern, finden Licht.

Rig-Veda 9, 107:
Die lebenden Tropfen des Soma-Saftes, des freudespendenden Trankes, ergießen sich,

wenn sie fließen:
kluge Tropfen über der Schale des Meeres, begeisternd, Licht findend.

Zusammenfassung: Soma ist Licht

Die Licht-Symbolik des Soma scheint von der Sonnen-Symbolik des Soma abgeleitet worden zu sein.
Das Soma ist das Licht des Himmels (1);
das Soma erzeugt das Licht des Himmels (1);
das Soma findet das Licht des Himmels (4);
das Soma fährt auf dem Streitwagen des Lichtes (Sonne) *(1);*
und das Soma ist das Licht des Opfers (1).

II 13. s)   Der Soma stärkt Indra

Rig-Veda 2, 15:
Diese Dinge vollbrachte Indra in der Wonne des Soma.

Rig-Veda 9, 97:
Wenn der Schrei gerufen wird, fließt Du während der Reinigung, wenn Du, o Soma, für Indra ausgegossen wirst.

Rig-Veda 9, 113:
Die Säfte des Saftigen vereinen sich. Du bist durch Gebete gereinigt worden, o golden Schimmernder, fließe nun, Indus, fließe Indra zum Wohle.

Rig-Veda 9, 97:
Vermische die Milch mit der Milch, die die Kühe geben. Wir sind Deine Freunde; Du bist der Freund des Indra.

Die erste „Milch" ist der Soma-Preßsaft.

Rig-Veda 9, 97:
So fließe begeisternd für das Entzücken und sende Todes-Strahlen auf den, der die Wasser aufhält!

Der, der die Wasser (Flüsse) aufhält, ist die Riesenschlange Vritra, die von Indra getötet wird.

Rig-Veda 9, 97:
Gereinigt hat er sich in seiner hölzernen Behausung niedergelassen: der Indus ist mit Milch und mit Wasser geflossen.
Stark und weise fließt der Soma für Dich, der sich nach ihm sehnt, o Indra, in die Krüge.

Rig-Veda 9, 106:
Deine Tropfen schwimmen im Wasser und haben Indra zum Entzücken begeistert:
Die Götter haben Dich ausgetrunken, um ihre Unsterblichkeit zu erlangen.

Rig-Veda 9, 113:
O Pavamana, wenn der Priester, wenn er rhythmische Gebete vorträgt,
den Soma mit dem Stein lenkt, den Soma, der das Entzücken hervorbringt, dann fließe Indus, fließe zum Wohle Indras.

Rig-Veda 9, 106:
Reinige, all-Schöner, Indra zum Wohle den mächtigen Saft,
Du weitschauender Pfad-Erschaffer der tausend Wege!

Wege: Hier wird der fließende Soma einer getriebenen Rinderherde verglichen.

Rig-Veda 9, 106:
Mögen diese goldfarbenen Säfte zu Indra, dem mächtigen Stier gehen,
die schnell erschaffenen Tropfen, die das Licht des Himmels finden.

Rig-Veda 9, 108:
Fließe, Du Soma, für Indra – als erfreuender, allersüßester Saft, klug, groß, beglückend, im Himmel wohnend.

Rig-Veda 9, 108:
Tritt in den Soma-Halter ein, selbst in Indras Herz, so wie ein Fluß in die See fließt, dem Mitra, dem Vaju, dem Varuna angenehm – die vornehmste Säule des Himmels.

Rig-Veda 9, 110:
Wenn er gereinigt wird, fließt dieser Indus heilig und süß zu Indra – eine Woge, die dem Geschmack angenehm ist.

Rig-Veda 9, 65:
Ihren farbigen Saft treiben sie mit Steinen heraus, den gelben Met-Preßsaft, den Indus für den Indra, als seinen Trank.

Rig-Veda 9, 63:
Gieße ihn für Indra auf das Vlies, ihn, der süß an Geschmack ist, der nach der Schlacht verlangt als ob er ihm Krieg wäre.

Rig-Veda 9, 97:
Von den Männern nach den uralten Regeln gepriesen, hat er sich zu unserem großen Segen Indra genaht.
Fließe, Goldfarbener, reinige Dich, um den Sänger zu bereichern: Möge der Saft zu Indra gehen, um ihn zu unterstützen!

Rig-Veda 9, 24:
Die Milch ist geflossen um ihn zu treffen – wie eine Flut, die einen Hang hinabströmt: Sie gelangen gereinigt zu Indra.

Rig-Veda 6, 72:
Ihr habt die Flut-behindernde Schlange Vritra getötet, Indra und Soma: Der Himmel stimmt eurer Heldentat zu.

Rig-Veda 9, 78:
*Du, Soma, wirst für von den Menschen für Indra ausgepreßt,
Du wirst in dem Holz wie eine Woge gemildert, Weiser, Betrachter der Menschheit.*

    Holz = Holzschale
    mildern = mit Milch

Rig-Veda 9, 99:
*Wir reinigen seinen erfreuenden Trank, den Saft, den Indra hauptsächlich trinkt –
das, was in alten Zeiten die Rinder in ihr Maul nahmen, und was nun die Fürsten zu sich nehmen.*

Rig-Veda 1, 8:
*Während er in tiefen Zügen den Soma trinkt, schwillt sein Bauch wie das Meer an,
wie die weiten Ströme, die vom Firmament des Himmels kommen.*

Rig-Veda 9, 63:
*Die braunen Soma-Tropfen, die ausgegossen wurden, suchen Indra;
sie fließen an ihre Plätze durch die Gegend hierher.*

Rig-Veda 9, 63:
*Das Soma ist mit der vergorenen Milch über das Reinigungs-Sieb geflossen,
ist für den Donner-armigen Indra ausgegossen worden.*

Rig-Veda 1, 30:
*Wir suchen Kraft durch die Soma-Tropfen, die Indra wie eine Quelle ganz erfüllen,
Vollkommen freigiebig, den Herrn der hundert Stärken,
der hundert von den reinen, tausend von den mit Milch vermischten Tränken wie in eine Tiefe hinab zu sich fließen läßt;
wenn er für die starke, wilde Freude in dieser Weise Raum in seinem Bauch geschaffen hat, wie für das Meer.*

    Hier wird beschrieben, wie Indra („Herr der hundert Stärken") riesige Mengen („Meer") an Soma trinkt („in die Tiefe", „Bauch").

Rig-Veda 9, 8:
*Dem tiefen Verlangen Indras folgend fließen diese Soma-Säfte hervor
und vermehren seine Helden-Kraft.
… … …
Soma, Du bist gereinigt worden, begeistere nun Indras Herz,
der an dem Ort des Opfers sitzt.*

Rig-Veda 9, 23:
*Für Indra bist Du, Soma, gereinigt worden, ein Fest-Genosse der Götter:
Indra, Du wirst uns Stärke erringen!
Nachdem er Trünke wie diesen getrunken hatte, warf Indra den ruhelosen Feind
   nieder:
ja er vernichtete ihn und wird ihn immer wieder vernichten.*

Feind = der Vritra-Drache

Rig-Veda 9, 101:
*Der Held, der Stärke erschafft, der die beiden Welten getrennt hat,
der golden Schimmernde, ist durch das Sieb gegangen, um sich wie ein Priester an
   seinem Platz niederzulassen.
Das Soma fließt gereinigt auf dem Stierfell durch die Schafswolle.
Laut brüllend zieht der gelbbraune Stier zu Indras besonderem Ort.*

Rig-Veda 8, 80:
*Eine Maid kam zum Fluß herab und fand den Soma am Wegesrand.
Sie trug ihn heim und sprach: „Ich werde Dich für Indra auspressen, ich werde Dich
   für Shakra auspressen."*

Shakra = „Mächtiger" = Indra

Rig-Veda 5, 40:
*Komm' zu dem, was die Steine ausgepreßt haben, trinke das Soma, o Du Herr des
   Soma,
Indra, bester Vritra-Töter, Starker unter den Starken!
Stark ist der Stein, stark ist der Trank, stark ist der ausgepreßte Soma,
Indra, bester Vritra-Töter, Starker unter den Starken!*

Als einen Starken rufe ich Dich Starken, o Donner-armiger, auf verschiedene Weisen,
Indra, bester Vritra-Töter, Starker unter den Starken!

Rig-Veda 9, 113:
O Pavamana, lege diese todlose, unvergängliche Welt in mich,
in der das Licht des Himmels gesetzt ist und in der ewiges Leuchten strahlt. Fließe,
   Indus, fließe zum Wohle Indras!
Mache mich unsterblich in dem Reich, in dem der König herrscht, Vivasvans Sohn,
Wo der geheime Tempel des Himmels steht, wo die jungen und frischen Wasser sind.
   Fließe, Indus, fließe zum Wohle Indras!
Mache mich unsterblich in dem Reich, wo sie sich bewegen, so wie es erzählt wird,
in dem dritten Bereich des innersten Himmels, wo leuchtende Welten voller Licht
   sind. Fließe, Indus, fließe zum Wohle Indras!
Mache mich unsterblich in dem Reich des starken Wunsches und des großen
   Verlangens,
In dem Bereich des leuchtenden Mondes, wo Speise und vollkommene Wonne zu
   finden sind. Fließe, Indus, fließe zum Wohle Indras!
Mache mich unsterblich in dem Reich, wo Glück und Entzücken,
wo Freude und Wonne sich vereinen, und wo sehnsüchtige Wünsche erfüllt werden.
   Fließe, Indus, fließe zum Wohle Indras!

   Indus = Soma-Trank
   König, Vivasvans Sohn = Sonnengott

Rig-Veda 1, 32:
Ich will die männlichen Taten des Indra verkünden, die erste, die er vollbracht hat,
   der Donner-Träger.
Er erschlug den Drachen, dann befreite er die Wasser, und grub die Betten für die
   Berg-Ströme.
Er erschlug den Drachen, der in den Bergen lag, mit seinem himmlischen
   Donnerkeil, den Tvashta erschaffen hat.
Wie brüllende Kühe glitten die Wasser in schnellem Fluß hinab zum Meer.
Stürmisch wie ein Stier, wählte er den Soma und trank ihn in drei Kelchen.
Maghavan ergriff den Donner, seine Waffe, und schlug damit den Erstgeborenen der
   Drachen zu Tode.
Als Du, Indra, der Drachen Erstgeborenen niedergestreckt hast und die Zauberlieder
   des Magiers überwunden hattest,
da hast Du, als Du der Sonne und der Dämmerung und dem Himmel Leben gegeben

hast, keinen Feind gefunden, der Dir widerstehen konnte!
Indra hat mit seinem eigenen großen und tödlichen Donner Vritra, den Schlimmsten der Vritras, in Stücke geschlagen.
Wie Baumstämme, die die Axt zu ihrer Zeit gefällt hat, so lag der niedergestreckte Drache auf der Erde.
Er hatte wie ein wahnsinniger, schwacher Krieger Indra herausgefordert, den großen, stürmischen, viele tötende Held.
Er, der das Getöse der Waffen nicht ertragen konnte, zerstörte – Indras Feind – in seinem Fall die Festungen.
Fußlos und handlos forderte er Indra heraus, der ihn mit seinem Donnerkeil zwischen seinen Schultern niederstieß.
Entmannt, doch sich männliche Stärke anmaßend – so lag Vritra mit verstreuten Gliedern da – so wie es ihm gebührte.
Als er so dalag, wurden die Wasser mutig wie ein Ufer-zerberstender Fluß und flossen über ihn hinweg.
Der Drache liegt unter den Füßen der Strömung, die Vritra mit seiner Größe umgeben hatte.
Dann wurde die Stärke von Vritras Mutter gedemütigt: Indra schleuderte seinen Keil gegen sie.
Die Mutter lag oben, der Sohn lag unten – und Danu lag wie eine Kuh neben ihrem Kalb.
Sie werden in die Mitte der niemals endenden Ströme gerollt, die für alle Zeiten ohne Unterlaß dahinfließen.
Die Wasser tragen Vritras namenlosen Leib davon: De Feind des Indra versank während der Dunkelheit.
Von Ahi bewacht standen die Sklaven der Dasas, die Wasser waren gestaut wie Rinder, die von Räubern festgehalten werden.
Doch der, der Vritra niedergeworfen hatte, öffnete die Höhle, in der die Fluten eingeschlossen gewesen waren.
Du bist ein Pferdeschwanz gewesen, als er, Indra, Dich mit seinem Donnerkeil erschlagen hat. Du, Gott, dem niemand anderes gleicht,
hast die Rinder zurückerlangt, Du hast den Soma erlangt, Du hast die sieben Flüsse wieder frei fließen lassen!
Nichts half ihm gegen den Blitz, nichts gegen den Donner, den Hagel oder den Nebel, der ihn umgab:
Als Indra und der Drache im Kampf miteinander stritten, errang Maghavan für immer den Sieg.
Wen hast Du gesehen, Indra, der den Drachen hätte rächen können, der Furcht in Dein Herz hätte legen können, nachdem Du ihn erschlagen hattest?
Wer, der nicht erschrocken wie ein Falke durch die Lande geflohen und die

neunundneunzig fließenden Flüsse überquert hätte?
Indra ist der König aller Dinge, die sich bewegen und die sich nicht bewegen, aller zahmen und gehörnten Tiere – er, der Donner-Träger.
Über alle Menschen herrscht er als Oberster, er führt alle wie die Nabe die Speichen.

fußlos, handlos = Vritra ist eine Schlange.

Aus dem riesigen Vritra, der das Wasser umgibt und gefangenhält, ist bei den Germanen der riesige Jörmungandr geworden, der in den Wassern liegt, und Midgard umgibt.

Vritras Mutter wird die Jenseitsgöttin sein, die auch bei den Germanen zu einem Ungeheuer geworden ist (Hel, Grendels Mutter, Riesin), die von Thor getötet wird.

Danu = die indogermanische Flußgöttin (=> Donau, Dnjepr, Don, Dnjestr), die die Mutter des Vritra ist

Ahi = „Schlange" = Vritra

Zusammenfassung: Der Soma stärkt Indra

Der Soma-Trank wird im Rig-Veda am häufigsten für Indra hergestellt und für ihn ausgegossen (22). Dabei wird der Soma dem Fluß Indus verglichen, dessen Wasser durch Indra, der seine Kraft durch den Soma erhält, nach der Trockenzeit wieder befreit wurden (2). Um dies erreichen zu können, tötet Indra die Riesenschlange Vritra – was manchmal vom Soma übernommen wird (2). Daher ist es verständlich, daß sich Indra nach dem Soma sehnt (2).

Alle übrigen Motive treten nur ein einziges mal auf: Soma ist der Freund des Indra (1); Soma fließt in Indras Herz (1); Soma entzückt Indra (1); und Indra handelt in der Soma-Wonne (1).

II 13. t Soma stärkt die Maruts

Rig-Veda 9, 25:
Grünschimmernder, fließe als einer, der Kraft gibt, als Trank zu den Göttern,
ein Trank für Vayu und das Heer der Maruts.

Vayu und die Maruts sind hier vermutlich die Helfer des Indra.

> ### Zusammenfassung: Soma stärkt die Maruts
>
> Vayu und die Maruts sind manchmal die Helfer des Indra und erhalten dann ebenfalls den Soma.
>
> Möglicherweise entspricht der Luft- und Himmelsgott Vayu dem Göttervater Dhyaus und die Maruts den beiden Pferdesöhnen (Alcis/Ashvins) des Göttervaters – aber das ist unsicher.

II 13. u)   Soma ist der Indus

Rig-Veda 9, 97:
Sei süß für Indra, wenn sie Dich reinigen, Indus, und gieße über uns Reichtümer aus dem Meer aus.

Rig-Veda 9, 107:
Der für alle Ausgepreßte, der die Götter erfreuende Indus, der Weithin-Sehende, ist geistige Kraft.

Rig-Veda 9, 110:
Wenn er geeinigt wird, fließt dieser Indus heilig und süß zu Indra – eine Woge, die dem Geschmack angenehm ist.

Rig-Veda 9, 113:
Die Säfte des Saftigen vereinen sich. Du bist durch Gebete gereinigt worden, o golden Schimmernder, fließe nun, Indus, fließe Indra zum Wohle.

Rig-Veda 9, 68:
Mit Milch und Wasser wird er bedeckt, wenn er mit den Steinen gepreßt worden ist:
Indus wird, wenn er gereinigt worden ist, süße Rast und Ruhe finden.

Rig-Veda 9, 86:
Von dem Himmel herab brachte Dich der Falke hierher, Dich, o Indus, den wir alle mit unseren Hymnen verehren.

Rig-Veda 9, 50:
Fließe, Du am meisten Erhebender, fließe mit der Milch, mit der Du zur Milderung angereichert worden bist,
Indu, für Indra, für seinen Trank!

Rig-Veda 9, 62:
Indus, die lebenden Menschen melken den Saft, um den begeisternden Trank zu bereiten:
Die Götter melken für die Götter den Met.

Rig-Veda 9, 65:
Ihren farbigen Saft treiben sie mit Steinen heraus, den gelben Met-Preßsaft,
den Indus für den Indra, als seinen Trank.

Rig-Veda 9, 79:
Die Preßsteine kauen und mahlen Dich auf dem Stierfell: Weise haben Dich mit ihren Händen in Strömen gemolken.
So treiben sie den starken und schönen Saft an, O Indus, als die erste Zutat des Trankes.

Rig-Veda 9, 86:
Dein Strom fließt rasch hervor und sammelt sich, während er über das feine Vlies des Schafes fließt, wodurch Du gereinigt wirst.
Wenn Du, Indus, in der Schale mit Milch gemildert wirst, dann sinkst Du in den Krug, nachdem Du ausgepreßt worden bist.

Rig-Veda 9, 93:
So wie der Jüngling zur Maid, so eilt der Becher, mit der Milch zu dem auserwählten Treffpunkt.
Ja, angeschwollen ist der Euter der Milchkuh: dorthin gehen die Ströme des sehr weisen Indus.

Rig-Veda 9, 97:
Gereinigt hat er sich in seiner hölzernen Behausung niedergelassen: der Indus ist mit Milch und mit Wasser geflossen.
Stark und weise fließt der Soma für Dich, der sich nach ihm sehnt, o Indra, in die Krüge.

Rig-Veda 9, 113:
Die Säfte des Saftigen vereinen sich. Du bist durch Gebete gereinigt worden, o golden Schimmernder, fließe nun, Indus, fließe Indra zum Wohle.
... ...
O Pavamana, wenn der Priester, wenn er rhythmische Gebete vorträgt,
den Soma mit dem Stein lenkt, den Soma, der das Entzücken hervorbringt, dann fließe Indus, fließe zum Wohle Indras.
... ...
O Pavamana, lege diese todlose, unvergängliche Welt in mich,
in der das Licht des Himmels gesetzt ist und in der ewiges Leuchten strahlt. Fließe, Indus, fließe zum Wohle Indras!
Mache mich unsterblich in dem Reich, in dem der König herrscht, Vivasvans Sohn,
Wo der geheime Tempel des Himmels steht, wo die jungen und frischen Wasser sind. Fließe, Indus, fließe zum Wohle Indras!
Mache mich unsterblich in dem Reich, wo sie sich bewegen, so wie es erzählt wird,
in dem dritten Bereich des innersten Himmels, wo leuchtende Welten voller Licht sind. Fließe, Indus, fließe zum Wohle Indras!
Mache mich unsterblich in dem Reich des starken Wunsches und des großen Verlangens,
In dem Bereich des leuchtenden Mondes, wo Speise und vollkommene Wonne zu finden sind. Fließe, Indus, fließe zum Wohle Indras!
Mache mich unsterblich in dem Reich, wo Glück und Entzücken,
wo Freude und Wonne sich vereinen, und wo sehnsüchtige Wünsche erfüllt werden. Fließe, Indus, fließe zum Wohle Indras!

> ### Zusammenfassung: Soma ist der Indus
>
> Der Soma-Trank wird vierzehnmal dem Fluß Indus verglichen, dessen Wasser Indra nach der Trockenzeit wieder befreien soll und wofür er durch das Soma gestärkt wird.
>
> Dies ist offenbar ein Analogie-Zauber: So wie das Soma fließt, sollen auch die Wasser des Indus fließen.

II 13. v)   Soma für die Götter

Rig-Veda 9, 107:
Der für alle Ausgepreßte, der die Götter erfreuende Indus, der Weithin-Sehende, ist geistige Kraft.

Rig-Veda 9, 106:
Du Bester aller Finder des Wohlstandes für uns, der an Süße für die Götter Reichste, dringe laut brüllend auf tausend Wegen voran!

>brüllen/Wege: Hier wird der fließende Soma einer getriebenen Rinderherde verglichen.

Rig-Veda 9, 97:
Fließe daher, Gott, für den Dienst an den Göttern hervor; fließe, Trank der Götter, für reichliche Speise, o Soma.

Rig-Veda 9, 97:
Du gießt dienend Ströme auf dem Fest der Götter aus, Soma; Du blickst hernieder, ein himmlischer Adler.

Rig-Veda 9, 106:
Deine Tropfen schwimmen im Wasser und haben Indra zum Entzücken begeistert: Die Götter haben Dich ausgetrunken, um ihre Unsterblichkeit zu erlangen.

Rig-Veda 9, 61:
*Fließe reich an Süße und lieblich für unseren Bhaga, Vaju, Pusan,
fließe für Mitra und Varuna.*

Rig-Veda 9, 108:
*Tritt in den Soma-Halter ein, selbst in Indras Herz, so wie ein Fluß in die See fließt,
dem Mitra, dem Vaju, dem Varuna angenehm – die vornehmste Säule des Himmels.*

Rig-Veda 9, 63:
*Soma, Du an Süße Reichster, ein aller-erfreulichster Trank, der den Göttern lieb ist,
fließe durch das Sieb und bringe uns Wohlstand!*

Rig-Veda 9, 63:
*Für Indra und für Vishnu ausgegossen, ist das Soma in den Krug geflossen:
Möge Vayu es reich an Süße finden!
Dieses schnelle und braune Soma ist in einem Fluß des feierlichen Opfers
durch verworrene Hindernisse geflossen.*

      Hindernisse = Sieb

Rig-Veda 9, 62:
*Indus, die lebenden Menschen melken den Saft, um den begeisternden Trank zu
  bereiten:
Die Götter melken für die Götter den Met.
Gieße den an Süße reichen Soma für die Götter in das Sieb –
ihn, den die Götter voller Glück hören.*

Rig-Veda 1, 19:
*Zu diesem schönen Opfer, um milchigen Trank zu trinken wirst Du angerufen:
O Agni, komme mit den Maruts!
Kein sterblicher Mensch, kein Gott übertrifft Deine geistige Kraft, o Mächtiger:
O Agni, komme mit den Maruts!
Alle Götter sind frei von Arglist, die die mächtige Region der Lüfte bewohnen:
O Agni, komme mit den Maruts!
Die Schrecklichen, die ihr Lied singen, die nicht durch Macht besiegt werden können:*

O Agni, komme mit den Maruts!
Strahlend und erfurchterweckend an Gestalt, mächtig, Vernichter ihrer Feinde:
O Agni, komme mit den Maruts!
Wer als Gottheit im Himmel sitzt, über der leuchtenden Kugel der Himmelskuppel:
O Agni, komme mit den Maruts!
Wer die Wolken am Himmel vertreibt, fort über wie wogende See:
O Agni, komme mit den Maruts!
Wer sie mit seinen leuchtenden Strahlen in seiner Macht über das Meer hin verjagt:
O Agni, komme mit den Maruts!
Für euch gieße ich den Soma-Trank aus, damit er euer Frühtrunk sei.

Zusammenfassung: Soma für die Götter

Das Soma wird auch allgemein den Göttern geopfert, die dadurch ihre Unsterblichkeit erlangen.

II 13. w)   Soma ist wie ein Vogel

Rig-Veda 9, 86:
Die Tropfen der Soma-Saftes, diese Adler des Himmels, die aller-erfreuendsten, die reich an Met sind, ruhen in dem Gefäß.

Rig-Veda 9, 97:
Du gießt dienend Ströme auf dem Fest der Götter aus, Soma; Du blickst hernieder, ein himmlischer Adler.

Rig-Veda 10, 94:
Die Adler haben hoch am Himmel ihren Schrei ausgestoßen; in dem Himmelsgewölbe haben die dunklen Raschen getanzt.
Dann sanken sie nieder zu dem festen Platz des Steines hier unten und haben glanzvoll die Sonne ihrer üppigen Ströme ausgegossen.

Hier ist der Adler noch deutlich als Sonnen-Adler, d.h. als der Seelenvogel des ehemaligen Sonnengott-Göttervaters Dhyaus erkennbar: Der Adler bringt den Soma.

Rig-Veda 9, 85:
Der Tropfen ist in den Wassern groß herangewachsen, in dem Met-reichen See, in des Stromes Woge und in dem Reinigungs-Sieb.
Die Liebenden riefen den Adler, der zum Himmel fortgeflogen war, mit vielen Stimmen herbei.

Rig-Veda 9, 82:
O Soma, sei gnädig, vertreibe die Sorgen; Du gehst in Butter gekleidet, zu einem Fürsten-Umhang.
Parjanya ist der Vater des mächtigen Vogels: auf den Bergen, in der Mitte der Erde hat er sich sein Heim bereitet.
Auch die Wasser sind geflossen, die Schwestern, die Rinder; er trifft in dem geliebten Ritual die Preßsteine.

> Parjanya = „Regenwolke" = Regengott
> mächtiger Vogel = vermutlich ein Adler
> Berge = vermutlich der Weltenberg Meru
> Mitte der Erde = auf der Mitte der Erdscheibe, wo der Weltenberg steht

Rig-Veda 9, 82:
Während er gereinigt wird, fließt er durch das Filter-Vlies, damit er sich wie ein Falke auf den Ort setzen kann, der von Öl tropft.

Rig-Veda 9, 89:
Von dem Falken angetrieben ist der Tropfen im Wasser angewachsen: der Vater leert es, die Nachkommen des Vaters leeren es.

Rig-Veda 9, 86:
Von dem Himmel herab brachte Dich der Falke hierher, Dich, o Indus, den wir alle mit unseren Hymnen verehren.

Rig-Veda 9, 72:
Der Falke brachte es ihm zu seinem eigenen Entzücken: Nun hat er sein Heim bei den zweifachen verwandten Schwestern.

    Schwestern = Finger; ihre beiden Verwandten-Gruppen = Hände

Rig-Veda 9, 65:
Soma, fließe hell strahlend mit lautem Gebrüll in die hölzernen Krüge und ruhe Falken-gleich in Deinem Heim.

    Heim = Krug

Rig-Veda 9, 61:
Rot-schimmernd wirst Du mit der Milch vermischt, die Dir ihr liebliche Brust anzubieten scheint.
Falken-gleich ruhst Du in Deinem Heim.

Rig-Veda 9, 96:
Der Habicht läßt sich in dem Gefäß nieder, der sich weithin erstreckende Vogel, das Banner-suchende und Waffen-tragende Rind.

    Habicht = das Soma als Seelenvogel und daher als Inspiration
    weithin erstrecken = der Vogel ist riesig (Sonnenvogel?)
    Rind = Milch-Anteil des Soma
    Banner / Waffen = die Stärke des Somas wird einem Krieger verglichen

---

Zusammenfassung: Soma ist wie ein Vogel

Das Soma ist der Sonnen-Adler (1), der Adler des Himmels (2) und der mächtige Vogel (1). Er bringt das Soma vom Himmel zu den Menschen herab (1).

Vermutlich ist der Adler hier wie in allen indogermanischen Mythen der Seelenvogel des Sonnengott-Göttervaters – der stärkste Gott hat auch den stärksten Seelenvogel.

Die Identifizierung des Soma mit dem Adler ist vermutlich eine Umdeutung des

Adlers als dem Boten des Soma – so wie auch Odin als Adler den Asen das Soma gebracht hat.

Das Soma wurde auch als Falke angesehen (2), der sich in dem Soma-Krug wie in einem Nest niederläßt (2). Auch der Falke bringt das Soma vom Himmel herab (1).
Interessanterweise sind Adler und Falke bei den Germanen die Seelenvögel des Sommergottes Tyr und des Wintergottes Loki, deren endloser Kampf in den alten Tyr-zentrierten Mythen die Jahreszeiten verursacht hat.
Leider läßt sich anhand des Rig-Veda nicht genauer feststellen, welche Symbolik der Falke hat.

Einmal läßt sich das Soma auch als Habicht in dem Krug nieder. Da zwischen Falke und Habicht nicht genau unterschieden wurde, wird dem Habicht hier vermutlich keine eigenständige Symbolik zugrunde liegen.

II 13. x)   Soma ist die Himmelssäule

Rig-Veda 9, 72:
Die Mitte der Erde, der Träger des mächtigen Himmels, wird in die Ströme, in die Wogen aufgelöst.

Rig-Veda 9, 74:
Ein sich hocherstreckender Pfeiler, der den Himmel trägt, ist der Soma-Stengel, der ganz erfüllte, der sich selber in jede Richtung bewegt.

Rig-Veda 9, 89:
Er ist der Pfeiler des Himmels, der Träger der Erde, und in seiner Hand ruhen alle Menschen.

Rig-Veda 9, 108:
Tritt in den Soma-Halter ein, selbst in Indras Herz, so wie ein Fluß in die See fließt, dem Mitra, dem Vaju, de Varuna angenehm – die vornehmste Säule des Himmels.

> ### Zusammenfassung: Soma ist die Himmelssäule
>
> Der Soma-Trank (2) bzw. der Soma-Stengel (1) ist die Himmelssäule in der Mitte der Erde. Diese Säule fließt als Soma zu den Menschen (1).
> Hier ist der Weg zu dem geworden, was auf diesem Weg vom Himmel zu den Menschen kommt: Die Himmelssäule ist zu dem Soma geworden

II 13. y) Soma reinigt

Rig-Veda 9, 20:
Du ergreifst alle Dinge mit Deinem Geist und reinigst Dich durch Gedanken
– als solcher, o Soma, erlange uns Bekanntheit!
Gieße hohen Ruhm über uns aus, sende unseren freigiebigen Herren sichere Schätze,
bringe Nahrung zu denen, die Dein Lob singen!

> ### Zusammenfassung: Soma reinigt
>
> Das Soma wird nicht nur selber gereinigt, es reinigt auch den, des es trinkt.

II 13. z) Soma gibt Lebenskraft

Rig-Veda 9, 21:
Sie vertreiben die Feinde, geben dem Pressenden Raum,
geben ihrem Lobpreiser gerne Lebenskraft.

> ### Zusammenfassung: Soma gibt Lebenskraft
>
> Das Soma vermehrt die Lebenskraft.

II 13. aa) Soma ernährt

Rig-Veda 9, 13:
Ja, wenn Du fließt, bringst Du reichlich Nahrung, damit wir die Beute des Indra erlangen,
bringe uns prachtvolle, männliche Macht!

Rig-Veda 9, 101:
O Pavamana, bringe den Saft, den mächtigsten, der es wert ist, gerühmt zu werden,
den die fünf Stämme besitzen, durch den wir Fülle gewinnen können.

    Pavamana = „Gereinigter, Geseihter" = Soma

Zusammenfassung: Soma ernährt

Das Soma ernährt die Menschen (in spiritueller Hinsicht).

II 13. ab) Soma macht stark

Rig-Veda 9, 86:
Von den Händen gereinigt, von den Männern mit Steinen ausgepreßt, eilst Du zu dem mächtigen, Beute-bringenden Krieg.

Rig-Veda 9, 101:
Die Männer senden den unangreifbaren Soma mit alles-durchdringenden Liedern durch die Preßsteine zu dem Opfer hervor.

Rig-Veda 9, 13:
Mögen sie uns in ihrem Fluß Reichtum in Tausenden geben und Helden-Kraft –
diese Gott-gleichen, ausströmenden Soma-Tropfen!

Rig-Veda 9, 110:
Du hast ihn erschaffen, den unsterblichen Gott inmitten unter den sterblichen Menschen, um das Gesetz und das liebliche Amrita zu erhalten:
Du hast bewirkt, daß uns für immer Stärke zufließt.

Rig-Veda 9, 110:
Durch Dich, Ausgegossener, o Soma, erfreuen wir uns großer Überlegenheit im Kampf!
Du, Pavamana, beginnst mit mächtigen Taten!

Rig-Veda 9, 65:
Mögen diese göttlichen, ausgepreßten Tropfen auf uns herniedergegossen werden,
und mögen sie fließend wie Regen vom Himmel dem Helden Stärke geben.

Rig-Veda 9, 63:
Gieße ihn für Indra auf das Vlies, ihn, der süß an Geschmack ist,
der nach der Schlacht verlangt als ob er im Krieg wäre.

Rig-Veda 9, 13:
Ja, wenn Du fließt, bringst Du reichlich Nahrung, damit wir die Beute des Indra erlangen,
bringe uns prachtvolle, männliche Macht!

Rig-Veda 9, 51:
Fließe mit Deinem Fluß, Fern-Sehender, ausgepreßt, in das reinigende Sieb:
Fließe, um uns Stärke und Ruhm zu geben!

Rig-Veda 9, 63:
Diese glänzenden Tropfen sind für uns in einem feierlichen Opfer ausgegossen worden,
für die verehrungswürdigen Gesetze und für die Stärke der Rinder.

Rig-Veda 9, 62:
Du fließt, um die Milch zu beglücken, und du bringst Stärke, wenn Du gereinigt bist:
Erringe die Beute und fließe hierher!

Rig-Veda 5, 40:
Komm' zu dem, was die Steine ausgepreßt haben, trinke das Soma, o Du Herr des Soma,
Indra, bester Vritra-Töter, Starker unter den Starken!
Stark ist der Stein, stark ist der Trank, stark ist der ausgepreßte Soma,
Indra, bester Vritra-Töter, Starker unter den Starken!
Als einen Starken rufe ich Dich Starken, o Donner-armiger, auf verschiedene Weisen,
Indra, bester Vritra-Töter, Starker unter den Starken!

<u>Zusammenfassung:</u>   <u>Soma macht stark</u>

Vermutlich ist das Stärken durch das Soma eine Verallgemeinerung der Kraft, die das Soma dem Indra gibt. Die Stärkung des Indra ist ihrerseits wahrscheinlich eine Umdeutung der Wiedergeburt des älteren Motivs der Wiedergeburt des Sonnengott-Göttervaters Dhyaus.

Soma ist stark (1).
Soma ist unangreifbar (1).
Soma gibt Stärke (1).
Soma gibt Helden-Kraft (2).
Soma stärkt die Menschen (4).
Soma vollbringt mächtige Taten (2).
Soma stärkt auch die Rinder (1).

II 13. ac)   <u>Soma macht reich</u>

Rig-Veda 9, 8:
Fließe zu uns und mache uns reich!

Rig-Veda 9, 72:
Von den Menschen gewaschen, Stein-gepreßt, der Geliebte auf dem Heiligen Gras, der den Jahreszeiten Treue, seit Alters her der Herr der Rinder.

Rig-Veda 9, 97:
Sei süß für Indra, wenn sie Dich reinigen, Indus, und gieße über uns Reichtümer aus dem Meer aus.

> Das „Meer" soll hier vermutlich nur die Fülle dessen, was ausgegossen wird, verdeutlichen.

Rig-Veda 9, 86:
Der golden Schimmernde wird in hundert Strömen ausgegossen, der Wohlstand-Bringer, der seine Stimme erhebt, während er gereinigt wird.

Rig-Veda 9, 20:
Denn er, Pavamana, sendet tausendfache Schätze in der Gestalt von Vieh zu den singenden Männern.

Rig-Veda 9, 13:
Mögen sie uns in ihrem Fluß Reichtum in Tausenden geben und Helden-Kraft – diese Gott-gleichen, ausströmenden Soma-Tropfen!

Rig-Veda 9, 45:
Wir mildern Dich, Rotfarbener, mit Milch, damit Du die wilde Freude erwecken kannst:
Öffne für uns die Tore des Reichtums!

Rig-Veda 9, 61:
Soma, gieße Segen auf unsere Rinder aus, gieße die Nahrung aus, die mit der Milch die See vermehrt, der Lobgesang gebührt.

Rig-Veda 9, 63:
Diese glänzenden Tropfen sind für uns in einem feierlichen Opfer ausgegossen worden,
für die verehrungswürdigen Gesetze und für die Stärke der Rinder.

Zusammenfassung: Soma macht reich

Das Soma macht die Menschen reich (6). Dies erreicht es dadurch, daß es als „Herr der Rinder" (1) den Rinder Stärke gibt (1) und sie segnet (1).

Auch bei den Germanen hatte die Rune „Fehu" noch immer die beiden Bedeutungen „Vieh" und „Reichtum" – bei Viehzüchtern besteht der Reichtum aus ihrem Vieh …

Vermutlich ist die Entwicklung von der Wiedergeburt über die Stärke des Indra und die Stärke der Rinder zu dem Wohlstand der Menschen verlaufen – das Soma brachte zunächst die Wiedergeburt, aber schließlich auch alle guten Gaben …

II 13. ad) Soma bringt Ruhm

Rig-Veda 9, 106:
Er fließt goldfarben und lieblich auf seinem Weg durch das Gewirr der Wolle
und gießt Helden-Ruhm über die ihn Verehrenden aus.

Rig-Veda 9, 51:
Fließe mit Deinem Fluß, Fern-Sehender, ausgepreßt, in das reinigende Sieb:
Fließe, um uns Stärke und Ruhm zu geben!

Rig-Veda 9, 20:
Du ergreifst alle Dinge mit Deinem Geist und reinigst Dich durch Gedanken
– als solcher, o Soma, bringe uns Bekanntheit!
Gieße hohen Ruhm über uns aus, sende unseren freigiebigen Herren sichere Schätze,
bringe Nahrung zu denen, die Dein Lob singen!

Rig-Veda 9, 62:
*Er wurde in den Strom, der diesen Soma am meisten erfreut, gegossen
und mit Gesängen von hohem Ruhm geehrt.*

Zusammenfassung: Soma bringt Ruhm

Da Soma den Gott Indra bei dessen Heldentat stärkt und ebenso die Kraft der Menschen vermehrt, ist er auch die Grundlage für den Ruhm:

*Soma bringt Ruhm (2) und Helden-Ruhm (1).
Auch das Soma selber wird mit Gesängen gerühmt (1).*

II 13. ae) Soma vertreibt die Feinde

Rig-Veda 9, 8:
Vertreibe all' unsere Feinde!

Rig-Veda 9, 4:
Vertreibe mit geschickter Stärke und geistiger Kraft, o Soma, unsere Feinde!

Rig-Veda 9, 20:
*Aus dem Sieb-Tuch fließt der Weise hervor zu dem Festmahl der Götter
und unterwirft all unsere Feinde.*

Rig-Veda 9, 63:
*Die Pavamanas sind ausgeschüttet worden, die schönen, schnellen Soma-Tropfen,
und vertreiben alle Feinde.*

Rig-Veda 9, 17:
Mit anschwellender Woge fließt der glücklichmachende Trank, das Soma, durch das Sieb,
er liebt die Götter und vernichtet die Feinde.

Rig-Veda 9, 108:
Das Soma, das uns ruhige Heime bringt.

Zusammenfassung: Soma vertreibt die Feinde

Als Quelle der Stärke des Indra und der Menschen lag es nicht fern, auch das Soma selber als einen starken und schützenden Gott anzusehen, der alle Feinde vertreibt.

Soma besiegt, vertreibt und vernichtet alle Feinde (5).
Soma beschütze die Heime (1).

II 13. af)   Sonstiges

Rig-Veda 9, 19:
O Soma, bringe uns, nachdem Du gereinigt worden bist, den wunderbaren Schatz,
für den Loblieder angemessen sind: das sind Himmel und Erde.

Rig-Veda 9, 70:
Die dreimal sieben Milchkühe im Osthimmel haben für diesen Soma den wahren Milch-Trank gegeben.
Vier andere schöne Wesen hat er zu seinem Schmuck erschaffen, als er durch die heiligen Rituale an Kraft zunahm.
Da es ihn nach Amrita verlangte, hat er durch seine Weisheit Erde und Himmel voneinander getrennt.

Rig-Veda 9, 97:
Sende uns eine Quelle des Mets, einen Born des Reichtums; sende uns einen Helden-Sohn und glückliches Geschick.

Stammt der Helden-Sohn in diesem Zusammenhang aus Wiedergeburts-Vorstellungen, bei denen der Wiedergeborene sein eigener Sohn ist?

In der späteren indischen Mythologie wurde der Mond als der Trinkbecher der Götter für das Soma angesehen – bei Vollmond war er voll, bei Neumond war er leer. Heute ist Soma nur noch der Lokapala (Richtungswächter) des Nordostens.

Zusammenfassung: Sonstiges

Schließlich wurde die Macht des Soma so sehr ausgeweitet, daß man auch um einen Sohn alles bitten konnte und ihn auch als den Gott ansah, der am Anfang der Zeit Himmel und Erde getrennt hat.

II 13. ag) Zusammenfassung: Soma

Der indische und persische Name der Pflanze bedeutet „Ausgepreßter" und bezieht sich auf den im Soma-Ritual benutzten Preßsaft aus dieser Pflanze.

Die Soma-Pflanze ist eine hohe, verästelte Pflanze mit einem festen Stengel und evtl. auch mit Ranken, die auch in etwas trockeneren Gegenden im Wald und auf Hügeln und an Wegesrändern wächst. Der Stengel ist Öl-haltig. Die Pflanze ist grün, aber einige Pflanzenteile könnten auch rot sein. Die Pflanze wird auch von Rindern gefressen.

Die Somapflanze wurde zunächst in einem Mörser zerstoßen und dann zerrieben. Da der Mörser auf Brettern über einem Hohlraum auf einem kleinen Erdhaufen („Tisch") lag, klang das rhythmische Zerstoßen der Soma-Stengel wie Trommeln.

Der Preßsaft wurde durch ein Woll-Vlies geseiht, um ihn von den Pflanzenrückständen zu befreien. Der Soma-Preßsaft ist Öl-haltig und hat eine hellgelbe Farbe, die vermutlich nach einer Weile ins Rötlich-Braune nachdunkelt.

Der Soma-Trank wird vierzehnmal dem Fluß Indus verglichen, dessen Wasser Indra nach der Trockenzeit wieder befreien soll und wofür er durch das Soma gestärkt wird. Dies ist offenbar ein Analogie-Zauber: So wie das Soma fließt, sollen auch die Wasser des Indus fließen.

Der durchgeseihte Soma-Preßsaft wurde mit Milch gemischt, wodurch er mild und süß wurde.

Schließlich wurde der fertige Soma-Trank in Trinkgefäße gefüllt, die an allen Stellen, wo deren Material erwähnt wird, aus Holz bestehen.

Das Herstellen und Trinken des Soma wurde als Opfer aufgefaßt. Dabei wurden die heiligen Lieder (u.a. die des Rig-Veda) vorgetragen.

Das Soma macht die, die ihn trinken, unsterblich. Das Soma ist auch das Getränk für die Toten – die ihn im Jenseits am nötigsten haben, um unsterblich zu werden. Selbst die Götter brauchen diese Trank, um unsterblich zu bleiben. Lediglich Soma selber ist ein unsterblicher Gott. Diese Unsterblichkeit hat dem Soma-Trank seinen Beinamen „Amrita" d.h. „Nicht-Tod" verliehen.

Vermutlich liegt dieser Symbolik die Vorstellung einer Wiedergeburt zugrunde, da der Soma auch als „neu erschaffenes Baby" aufgefaßt wurde. In diesem Zusammenhang wird der Soma-Trank ursprünglich die Milch der Muttergöttin sein, die die Toten nach der Wiederzeugung und der Wiedergeburt „wiederstillte". Wahrscheinlich bestand dieser rituelle Trank ursprünglich schlicht aus Milch und es ist ihm erst im Laufe der Zeit der Soma-Preßsaft hinzugefügt worden.

Der Soma-Trank ist auch mit dem Rita verbunden, das später „Dharma" genannt wurde. „Rita" bedeutet „Rotierendes, Rad" und bezeichnet die richtige Ordnung der Dinge und daher auch das Gesetz.

Das Soma trägt die Qualität des Rita in sich, denn die Unsterblichkeit, die das Soma verleiht, ist die Erkenntnis der eigenen Seele, und die eigene Seele ist der individuelle Anteil am Rita. Diese Richtigkeit des ist letztlich dasselbe wie die Weisheit des germanischen Kwasir und die Weisheit des Trankes im Kessel der keltischen Cerridwen.

Der Soma-Trank bringt den Menschen und auch den Göttern Begeisterung, Freude, Glück und Entzücken und verstärkt die geistige Kraft (Konzentration, Meditation).

Da der Soma-Trank die Unsterblichkeit bewirkt und daher ursprünglich mit der Wiedergeburt verbunden sein wird („Wiederstillen"), wird die „geistige Kraft" die das Soma verleiht, die Wahrnehmung der Seele im Jenseits, d.h. die Sehergabe der Schamanen sein. Das Entzücken ist die ekstatische Variante dieser Fähigkeit.

Die Verbindungen zwischen dem Soma und der Sonne bzw. dem Sonnengott sind sehr vielfältig. Das läßt vermuten, daß es eine dieser Assoziation zugrundeliegende Mythe gegeben hat, auf die sich diese Verbindungen beziehen. Diese Mythe selber ist jedoch nicht bekannt – im Rig-Veda ist der Soma vor allem mit Indra verbunden.

Man könnte daher vermuten, daß bei der Ablösung des ehemaligen indischen

Sonnengott-Göttervaters Dhyaus durch den Sonnengott Indra etwas ähnliches geschehen ist wie bei der Ablösung der ehemaligen germanischen Sonnengott-Göttervaters Tyr (der mit Dhyaus identisch ist) durch den Donnergott Thor und Odin: Die Mythen des ehemaligen Göttervaters Dhyaus/Tyr sind zerfallen und sind zum größten Teil in andere Zusammenhänge gestellt worden.

Auch der Met ist ursprünglich fest mit dem ehemaligen Sonnengott-Göttervater Tyr verbunden gewesen, wie z.B. seine goldenen Trinkhörner zeigen. Da Tyr und Dhyaus (und Zeus, Jupiter, Dagda usw.) derselbe Gott sind, ist die feste Assoziation zwischen der Sonne (Dhyaus) und dem Soma keine Überraschung.

Der Soma-Trank wird im Rig-Veda am häufigsten für Indra hergestellt und für ihn ausgegossen. Dabei wird der Soma dem Fluß Indus verglichen, dessen Wasser durch Indra, der seine Kraft durch den Soma erhält, nach der Trockenzeit wieder befreit wurden. Um dies erreichen zu können, tötet Indra die Riesenschlange Vritra – was manchmal vom Soma übernommen wird. Daher ist es verständlich, daß sich Indra nach dem Soma sehnt.

Das Soma ist der Sonnen-Adler, der Adler des Himmels und der mächtige Vogel. Er bringt das Soma vom Himmel zu den Menschen herab. Vermutlich ist der Adler hier wie in allen indogermanischen Mythen der Seelenvogel des Sonnengott-Göttervaters – der stärkste Gott hat auch den stärksten Seelenvogel.

Die Identifizierung des Soma mit dem Adler ist vermutlich eine Umdeutung des Adlers als dem Bringer des Soma – so wie auch Odin als Adler den Asen das Soma gebracht hat.

Das Soma wurde auch als Falke angesehen, der sich in dem Soma-Krug wie in einem Nest niederläßt. Auch der Falke bringt das Soma vom Himmel herab.

Interessanterweise sind Adler und Falke bei den Germanen die Seelenvögel des Sommergottes Tyr und des Wintergottes Loki, deren endloser Kampf in den alten Tyr-zentrierten Mythen die Jahreszeiten verursacht hat.

Das Soma selber ist ein Gott – und als einziger aus sich heraus unsterblich. Daher wohnt Soma im Himmel (Jenseits, Sonne) und ist auch ein Weiser und ein König.

Der Soma-Trank bzw. der Soma-Stengel ist die Himmelssäule in der Mitte der Erde. Diese Säule fließt als Soma zu den Menschen. Hier ist der Weg zu dem geworden, was auf diesem Weg vom Himmel zu den Menschen kommt.

Vermutlich ist das Stärken der Menschen durch das Soma eine Verallgemeinerung der Kraft, die das Soma dem Indra gibt. Die Stärkung des Indra ist ihrerseits wahrscheinlich eine Umdeutung der Wiedergeburt des älteren Motivs der Wiedergeburt des Sonnengott-Göttervaters Dhyaus.

Die Wirkung des Soma wurde mit der Zeit immer mehr ausgeweitet: Er reinigt, vermehrt die Lebenskraft, ernährt die Menschen, macht reich und berühmt und vertreibt alle Feinde.

II 14. Der Göttermet bei den Indo-Persern
(die gemeinsamen Vorfahren der Inder und Perser)

Die Vorfahren der Inder und Perser haben bis ca. 2000 v.Chr. in der südrussischen Steppe gelebt und sind dann auf verschiedenen Wegen nach Südosten nach Indien bzw. nach Süden nach Persien gezogen. Dadurch haben sie sich im Laufe der Zeit zu zwei verschiedene Völker entwickelt.

Die Motive aus ihrer Mythologie und ihrem Kult, die weitreichende Übereinstimmungen aufweisen, werden daher auch schon um 2000 v.Chr. existiert haben – und vermutlich auch schon einige Zeit früher, da nicht anzunehmen ist, da sich diese Motive erst im Augenblick der Trennung dieser beiden Völker gebildet haben.

In Bezug auf den Ritualtrank gibt es recht viele derartige Übereinstimmgen. Da die Überlieferungen bei den Indern aus der Zeit von 1500-1200 v.Chr. stammen und bei den Persern um ca. 600 v.Chr. niedergeschrieben worden sind, zeigen die vielen Übereinstimmungen, daß der Ritualtrank bei diesen beiden Völkern eine wichtige und beständige Rolle gespielt haben muß, denn sonst hätten die Übereinstimmungen der Soma-Mythen nicht über 500 bzw. 1400 Jahre erhalten bleiben können.

Sowohl der indische als auch der persische Name der Pflanze Soma/Haoma bedeutet „Ausgepreßter" und bezieht sich auf den im Soma-Ritual benutzten Preßsaft aus dieser Pflanze.

Die Haoma-Pflanze wächst auf hohen Bergen bis hinauf zur Schneegrenze und auch in Tälern und Klüften. Sie scheint eine hohe Pflanze zu sein. Sie hat Wurzeln, Stengel, Zweige, Ranken und gebogene Schößlinge oder Triebe. Die Pflanze wächst schnell. Die Zweige sind so dick oder so fest, daß sie geschnitten werden müssen und von den Frauen zu Bündel gebunden werden können. Der Stengel ist Öl-haltig. Die Pflanze ist grün, aber einige Pflanzenteile könnten auch rot sein.

Die Pflanze wird auch von Rindern gefressen (bei den Griechen und Römern von den Rossen der Götter).

Der Ritual-Trank ist ein durch ein Woll-Vließ geseihter Preßsaft vermutlich aus der Pflanze Meerträubel, der mit Milch vermischt wird, damit er „süß" wird. Der Saft ist hell, glitzernd, ölhaltig, gelb und hat einen goldenen Schimmer.

Der Trank ist „von Licht erfüllt" und gibt Inspiration und Stärke. Er stellt die Richtigkeit wieder her und gibt Weisheit.

Der Trank ist ein Unsterblicher und er vertreibt den Tod – Soma/Haoma ist ein Unsterblichkeitstrank. Er wurde von dem Sonnengott-Göttervater Dhyaus bzw. Ahura Mazda erschaffen. Der Sonnengott-Göttervater Vivanghvant hat als erster den Soma zubereitet.

Da der Soma-Trank die Unsterblichkeit bewirkt und daher ursprünglich mit der Wiedergeburt verbunden gewesen sein wird („Wiederstillen"), wird die „geistige

Kraft" die das Soma verleiht, die Wahrnehmung der Seele den des Jenseits, d.h. die Sehergabe der Schamanen sein. Das Entzücken ist die ekstatische Variante dieser Fähigkeit.

Die Verbindungen zwischen dem Soma und der Sonne bzw. dem Sonnengott sind sehr vielfältig. Das läßt vermuten, daß es eine dieser Assoziation zugrundeliegende Mythe gegeben hat, auf die sich diese Verbindungen beziehen. In dieser Mythe bringt der Adler-Seelenvogel des Sonnengott-Göttervaters Dhyaus den Trank zu den Menschen.

II 15. Der Göttermet bei den Skythen

Die Skythen hatten aufwendig hergestellte goldene Trinkhörner und verschiedene Trinkrituale, was vermuten läßt, daß auch ihnen ein Ritualtrank bekannt war.
Herodot berichtet um ca. 450 v.Chr. über die Skythen:

Einmal im Jahr mischt jeder Herrscher eines Bezirkes einen Krug mit Wein, von dem diejenigen der Skythen, die schon einen Feind getötet haben, trinken dürfen; doch diejenigen, die dies noch nicht vollbracht haben, dürfen nicht von dem Wein kosten, sondern müssen ehrlos ein Stück entfernt sitzen; doch diejenigen von ihnen, die schon eine große Zahl an Feinden getötet haben, trinken gleichzeitig aus zwei Trink-Gefäßen.

Es gibt Hinweise darauf, daß die Skythen um 500 v.Chr. einen mit Fliegenpilzen als psychoaktiver Substanz angereicherten Trank benutzten – diese Hinweise aus der Satrapenliste des Dareios I sind allerdings nicht sehr sicher.

II 16. Der Göttermet bei den Narten

Die Narten sind die Nachkommen der Skythen.
In ihren Mythen erscheint die „Ehrenschale" Uazamonga, die vier Griffe hat und mit dem Getränk „Rong" gefüllt ist. Aus ihr wird bei Ritualen getrunken.
Wenn jemand die Wahrheit sagt, hebt sich diese Schale von selber an die Lippen des Sprechers – bei einer Lüge jedoch nicht.

II 17. Der Göttermet bei den Skytho-Indern
(die gemeinsamen Vorfahren der Inder, Perser, Mitanni, Armenier und Skythen)

Da nur von den Indern und Persern sowie in geringem Maße auch von den Skythen ein Ritualtrank bekannt ist, läßt sich lediglich vermuten, daß die gemeinsamen Vorfahren dieser drei Völker sowie der Mitanni und der Armenier einen ähnlichen Ritualtrank gekannt haben wie die Inder und Perser.
Diese gemeinsamen Vorfahren haben sich ungefähr um 2200 v.Chr. in die verschiedenen Völker aufgespalten.

II 18. Der Göttermet bei den Griechen

Nektar ambrosia ist das Getränk, durch das die griechischen Götter ihre Unsterblichkeit erlangten. Manchmal wurde Ambrosia auch als eine Speise angesehen. In manchen Texten werden Nektar und Ambrosia auch als zwei verschiedene Substanzen aufgefaßt.

Beide Namen bedeuten „Unsterblichkeit": Der „Nektar" ist der „Töter (tar) des Todes (nek)" und Ambrosia bedeutet „Nicht-Sterben".

Beide scheinen hauptsächlich aus Honig und Wasser zu bestehen – es handelt sich also sehr wahrscheinlich um Met, also in Wasser vergorenem Honig. Ein solches Getränk wurde auch bei den Mysterien von Eleusis gebraut und getrunken. Auch von den Römern, Indern und Persern wurde das Ritual-Getränk als „süß" bezeichnet.

Interessant ist, daß der junge Zeus den Nektar von einem Adler gebracht erhielt, der den Nektar aus der Quelle auf einem hohen Berg auf Kreta geholt hatte. Dieser Berg ist vermutlich der heilige Berg Ida auf Kreta, der wie der heilige Berg in Westanatolien hieß. Da der Name „Berg der Göttin" bedeutet, ist der Nektar eine Gabe der Muttergöttin – wie es für einen solchen Trank auch zu erwarten wäre.

Diese griechische Geschichte erinnert sehr an den germanischen „Raub des Göttermets" aus dem Berg (Hügelgrab) der Riesentochter Gunnlöd, bei dem sich Odin in einen Adler verwandelte. Auch der Soma der Inder ist den Menschen durch einen Adler gebracht worden.

Das Trinken des Mets ist anscheinend mit der Verwandlung in einen Adler verbunden – was sowohl gut in die Wiedergeburtssymbolik passen würde als auch zu einem Ritualgetränk, das im Zusammenhang mit dem Verlassen des eigenen Körpers (Schamanen, Mysterien) getrunken wurde.

Die große mythologische Bedeutung des Honigs zeigt sich unter anderem darin, daß die Griechen eine Bienengöttin verehrten, die „Melissa" genannt wurde. Die Bienen entstanden der Sage nach dadurch, daß eine alte Frau, die in die Mysterien der Demeter eingeweiht war, diese nicht verraten wollte und deshalb von neidischen Frauen erstochen und zerstückelt wurde. Die Teile des Leichnams verwandelte Demeter daraufhin in Bienen. Durch die Mythe wird die enge Verbindung des Honigs und somit des Nektars mit der Muttergöttin und der Wiedergeburt deutlich.

Diese Göttin Melissa („Honig-Frau") könnte der germanischen Beowa („Biene") und dem angelsächsischen Beowa („Biene") entsprechen.

Diese Honig-Mythe hat auch Ähnlichkeit mit der germanischen Mythe, in der die Zwerge Falar und Gjalar den Kwasir zerstückeln, um aus Honig und dem Blut des Kwasir den Göttermet zu brauen. Man kann vermuten, daß sich hier ein Opferritual mit der Göttertranksymbolik verbunden hat. Das wahrscheinlichste Opfer dürfte dabei der Stier oder das Pferd sein, die dem Toten auf seiner Jenseitsreise die Zeugungskraft sichern sollten.

In den Festen des Dionysos und in den Mysterien von Eleusis war Wein der Ritualtrank.

Homer berichtet bereits um 600 v.Chr., daß die Götter Ambrosia essen und dadurch ihre Unsterblichkeit erlangen.

Auch die Toten wurden mit Ambrosia eingesalbt – vermutlich um auch sie unsterblich zu machen.

Hera reinigt und verjüngt ihren Leib mit Ambrosia. Athene benutzt Ambrosia für denselben Zweck bei Penelope. Diese „kosmetische Verjüngung" ist wahrscheinlich eine Weiterentwicklung der Unsterblichkeit.

Interessanterweise dient Ambrosia den Pferden der Götter als Nahrung – im Rig-Veda wird berichtet, daß die Soma-Pflanze auch von Rindern gefressen wird.

der Gott Nektar; Zypern, ca. 350 n.Chr.

In den Mysterien von Eleusis wurde von jedem Teilnehmer ein Trank gebraut, der dann später im Ritual verwendet wurde. Leider ist dessen Rezeptur unbekannt. Er wurde „Kykeon", d.h. „Gemisch" genannt und enthielt u.a. Gerstengraupen, Ziegenkäse, Wein und Honig – er ist also eher eine Speise als ein Getränk. Das genaue Rezept ist unbekannt; möglicherweise enthielt er auch Mutterkorn, d.h. LSD – aber das ist sehr unsicher.

Wie ein um ca. 350 n.Chr. angefertigtes Mosaik auf Zypern zeigt, ist Nektar Ambrosia von den Griechen genauso als eine Gottheit aufgefaßt worden wie Kwasir bei den Germanen, Soma bei den Griechen und Haoma bei den Persern.

Auch die Griechen kannten Feste, bei denen ein rituelles Trinken im Mittelpunkt gestanden hat. Sie wurden „Symposium", d.h. „gemeinschaftliches Trinken" genannt.

Bei diesen Festen waren nur Männer zugelassen und sie fanden daher auch in dem Männer-Teil des Hauses statt. Dort standen 5-15 Liegen, auf denen 10-30 Männer Platz nehmen konnten.

Zunächst wurde die kultische Reinheit durch das Waschen der Hände und das Besprengen mit Wohlgerüchen hergestellt. Dann versammelte man sich um den Hausaltar – was zeigt, daß dieses Fest eine religiöse Grundlage hatte. Die Teilnehmer und die Weingefäße wurden mit Efeu (Symbol der Unsterblichkeit), Myrthen und verschiedenen Blumen bekränzt.

Für jedes Symposium wurde ein Symposiarch bestimmt, der an diesem Abend das Fest leitete, d.h. er legte das Thema des Abend und die Art des Trinkens fest. Er hat somit eine Priester-ähnliche Funktion.

Der erste Trank richtete sich an den Daimon, d.h. an die eigene Seele.

Der zweite Trank war ein Opfer für die Götter. Diese Runde wurde von Flötenspiel begleitet und es wurde ein altes Kultlied an den Sonnengott Apollon gesungen.

Der dritte Trank war ein Trankopfer für die Toten.

Diese drei Trinkrunden der Griechen an die eigene Seele, an die Götter und an die Ahnen erinnern sehr an die drei Trinkrunden der Germanen an die Ahnen, an Odin und an Thor sowie an die drei Kelche mit dem Soma, die von Indra geleert werden sowie an die drei Gefäßen mit Met, die von Odin geleert werden.

Es gab spezielle Symposium-Lieder, die „Skolien" genannt und zur Leier (dem Instrument des Apollon) vorgetragen wurden.

Es gab Symposien, auf denen über ein bestimmtes Thema gesprochen wurde, auf denen Rätsel gestellt wurden, auf denen Jugendliche in den Kreis der Erwachsenen aufgenommen wurden usw.

Es gab auch sexuelle Handlungen, wie u.a. die Vasenmalereien zeigen. Wenn dies geplant war, wurden Hetairai eingeladen, die im Gegensatz zu den Ehefrauen der Männer Zutritt hatten. Diese Hetairai waren Prostituierte, die aber immer nur wenige Geliebte hatten, die über längere Zeit dieselben blieben. Vermutlich stammen sie aus der sogenannten Tempel-Prostitution, die ursprünglich die rituelle Inszenierung der Wiederzeugung im Kult gewesen ist (siehe „Wiederzeugung" in Band 51).

Diese Symposien wurden bereits um 600 v.Chr. erwähnt und wurden um diese Zeit auch auf einem Relief im Tempel der Athene dargestellt.

Vermutlich geht diese Art von Fest auf die Göttermet-Rituale der Indogermanen zurück.

Der Lethe-Trank im Jenseits, der das Vergessen des eigenen Lebens bewirkte, ist eine Umdeutung des Wiedergeburtstrankes. Dieselbe Umdeutung findet sich auch bei den Germanen.

II 19. Der Göttermet bei den Thrakern

Die Thraker haben sehr wahrscheinlich den Brau-Kessel von Gundestrup mit den Bildern aus der keltischen Mythologie hergestellt, der jedoch bei den Germanen in Dänemark in Gebrauch war. Da auch auf der Trajanssäule die Thraker (Daker) um einen Kessel herum sitzend dargestellt wurden, ist anzunehmen, daß der rituelle Kessel den Thrakern gut bekannt war – zumal sich auf dem Kessel von Gundestrup nicht nur die keltische Symbolik, sondern auch thrakische Symbole wie z.B. der Delphin oder der Hippokamp (Fisch-Pferd) finden.

Zudem wurden in den thrakischen Gräber viele goldene und silberne Trinkhörner in Tierform gefunden, die eine rituelle Verwendung solcher Hörner vermuten lassen.

Es ist zwar leider nichts Genaues bekannt, aber man kann wohl davon ausgehen, daß die Thraker den Ritualtrank gekannt haben und daß er auch bei ihnen mit dem Jenseits verbunden gewesen sein wird.

II 20. Der Göttermet bei den Gräko-Thrakern
(die gemeinsamen Vorfahren der Griechen und Thraker)

Bei den Gräko-Thrakern ist der rituelle Unsterblichkeits-Trank nur von den Griechen überliefert, aber die Ritual-Kessel und die aufwendig hergestellten Trinkhörner der Thraker machen es recht wahrscheinlich, daß auch sie den Ritual-Trank gekannt haben.

II 21. Der Göttermet bei den Ost-Indogermanen
(die gemeinsamen Vorfahren der Inder, Perser, Mitanni, Armenier, Skythen, Griechen und Thraker)

Man kann bei ihnen von Trankopfern an die Götter und von dem Motiv des Unsterblichkeit verleihenden Göttertrankes ausgehen. Er hielt wahrscheinlich einen auf die Psyche einwirkenden Pflanzenextrakt.

Dieser Trank wurde von dem Sonnengott-Göttervater mithilfe seines Adler-Seelenvogels den Menschen gesandt. Der Trank wird als „süß" bezeichnet und von den Indern, den Persern und den Griechen als ein Gott personifiziert.

Er wurde als „en-mer-tos" („unsterblich") bezeichnet, woraus bei den Griechen „Ambrosia" und bei den Indern „Amrita" wurde.

II 23. Der Göttermet bei den Indogermanen

Aufgrund der weiten Verbreitung des rituell hergestellten „magischen Trankes der Wiedergeburt" bei den späteren indogermanischen Völkern werden auch schon die ursprünglichen Indogermanen diesen Trank und dieses Ritual gekannt haben.

Der Trank wurde allgemein als „süß" bezeichnet.

Ursprünglich scheinen alle indogermanischen Völker den Göttertrank gekannt zu haben – lediglich bei den Süd-Indogermanen, also vor allem bei den Hethitern, von denen lediglich Trankopfer bekannt sind, ist dies unsicher.

Die Mischung des Trankes mit psychoaktiven Pflanzensäften scheint von den gemeinsamen Vorfahren der Inder, Persern und evtl. der Griechen erfunden worden zu sein. Die betreffende Pflanze ist eine „Stengel-Pflanze" gewesen, die auch von Pferden und Rindern gefressen wurde, wie die Inder und die Griechen berichten.

Bemerkenswert ist, daß nirgends beschrieben wird, daß die Schamanen für ihre Ekstase diesen Trank benötigten oder daß sich die Wolfskrieger oder die Bärenkrieger durch die Einnahme dieses Trankes in ihren Kampfrausch versetzen. Abgesehen von der indo-persischen Weiterentwicklung ist der Göttertrank im Kult daher offenbar ein symbolisches Getränk gewesen.

Von den Germanen wurde in den Odin-Zaubertränken auch die beiden sehr giftigen Pflanzen Schierling und Nieswurz benutzt – vermutlich um eine Astralreise zu bewirken. Das wäre dann der Versuch, technisch umzusetzen, was normalerweise durch Konzentration und Meditation erreicht wird. Da der Gott Odin aus dem Mysterien-Priester entstanden ist, könnte diese Verwendung von psychoaktiven Pflanzen durch die Griechen inspiriert worden sein.

Da sich die Personifizierung des Tranks zu einer Gottheit sowohl bei den Indern, Persern und Griechen als auch bei den Kelten und Germanen findet, wird man davon ausgehen können, daß auch schon die ursprünglichen Indogermanen um 2800 v.Chr. den „Göttermet-Gott" gekannt haben.

Der Ritual-Trank wurde den Menschen durch den Adler-Seelenvogel des Sonnengott-Göttervaters Dhyaus gebracht. Dieser Trank wird auch Dhyaus selber an jedem Morgen seine Wiedergeburt ermöglicht haben.

Da die Zahl „3" bei den indogermanischen Völkern die Sonne und deren Zyklus symbolisiert, wird es auch schon bei den ursprünglichen Indogermanen die drei Trinkrunden und die drei Trinkgefäße gegeben haben, die von den Germanen, den Griechen und den Indern bekannt sind. Möglicherweise richteten sie sich wie bei den Griechen, an die eigene Seele, an die Götter und an die Ahnen – dies klingt zwar plausibel, aber es ist keineswegs sicher.

Das Motiv des Wiedergeburts-Tranks ist sehr wahrscheinlich noch um Christi Geburt recht populär gewesen, da diese Symbolik auch von Christus übernommen und zum Abendmahl umgedeutet wurde. Die Wirkung blieb dabei letztlich dieselbe, nur trat an die Stelle der Unsterblichkeit die Identifizierung mit Christus, die zum Aufenthalt im Himmel führt – was letztlich kaum einen Unterschied zur Unsterblichkeit bildet.

Und auch Christus ist wie Kwasir, Nektar, Soma und Haoma ein „Ritualtrank-Gott", denn er sagt: „Trinkt, das ist mein Blut."

III Der Göttermet bei den Nachbarn der Indogermanen

III 1. Finnen

Die Kalevala, aus der der folgende Text stammt, ist um 1849 von Elias Lönnrot verfaßt worden. Sie besteht zu ca. 85% aus traditionellen, z.T. leicht veränderten Texten der finnischen Sänger.

In der Kalevala wird einmal Honig und einmal Met erwähnt. Beide stehen in Verbindung mit dem Jenseits.

Kalevala, 24. Gesang:
An den Ufern von Pohjola
An des Honigsundes Seite,
An des sand'gen Berges Rücken,
...

„Pohjola" ist das Jenseits, weshalb die Bezeichnung der Küste von Pohjola als „Seite des Honig-Sundes" (Sund = Meerenge) den Honig sehr deutlich mit dem Jenseits assoziiert.

Kalevala, 19. Gesang:
Selbst der Schmied Ilmarinen,
Er, der ew'ge Schmiedekünstler,
Dringet hastig in die Stube,
Stürzet eiligst in die Wohnung.
Honigtrank ward da gereichet,
Süßer Seim im Krug gegeben
In die Hände Ilmarinen's.

Diese Szene spielt in Pohjola in der Halle der Jenseitsgöttin Louhi.

Diese Symbolik des Mets und des Honigs könnten die Finnen von den Germanen übernommen haben.

IV Der Göttermet in der Jungsteinzeit

Der Ritual-Trank ist nicht nur von den Indogermanen bekannt, sondern auch von den anderen nostratischen Völkern, die wie die Indogermanen von den frühen Ackerbauern in Mesopotamien abstammen.

IV 1. Sumer

Der Name der Mutter- und Unterweltsgöttin Geshtinanna bedeutet „Göttin der himmlischen Weinrebe", woraus man auf eine kultische Bedeutung des Weines schließen kann.

Den Toten opferte man sowohl Wasser als auch Bier. Da Bier aber ein weitverbreitetes Getränk war, kann es sich dabei auch einfach um Nahrung im Jenseits gehandelt haben.

Es wird auch von einem Treffen von Enki und Inanna berichtet, bei dem Enki etwas zuviel Bier getrunken hat und deshalb Inanna einige Dinge geschenkt hat, die er im nüchternen Zustand wohl für sich behalten hätte – aber auch diese Szene ist kein sicherer Hinweis auf Bier als Kultgetränk.

Der sumerische König Gilgamesch fand in dem nach ihm benannten Epos auf der Insel „Land der Seligen" (Jenseits) die Pflanze, deren Genuß unsterblich macht. Diese Pflanze entspricht offenbar dem Soma der Inder und dem Haoma der Perser. Möglicherweise haben die gemeinsamen Vorfahren der Inder und Perser diese Pflanze von den Völkern in Mesopotamien übernommen – sie sind ab ca. 2200 v.Chr. deren nordöstliche Nachbarn gewesen.

IV 2. Elam

In den Tempeln von Elam finden sich vor einigen Altären große Kessel, die vermutlich für Getränke gedacht gewesen sind. Es finden sich zudem viele Becher, die z.T. mit Stierreliefs geschmückt sind. Einer dieser Becher wird von einer Kuh-Frau-Mischgestalt gehalten. Es ist also recht wahrscheinlich, daß der Trank, um den es in den Tempeln ging, als die Milch der kuhgestaltigen Muttergöttin angesehen worden ist.

IV 3. Semiten

Beim Marzihu-Totenfest der Aramäer in Ugarit wurden die Totengeister zum Fest in den Tempel des El gebeten. In dem Ritual trank der Oberpriester als Stellvertreter des Gottes El einen rituellen Trank, durch den er in eine Trance geriet, in der ihm dann der Unterweltsgott Haby erschien, woraufhin dieser den Oberpriester, der jetzt wie leblos dalag (Astralreise: die Seele hat den Körper verlassen) mit in die Unterwelt zu El nahm. Die Göttinnen Anat und Astarte erweckten ihn schließlich wieder mit ihren Arzneien aus seiner Trance.

Diese Beschreibung klingt ganz so, als ob der Oberpriester in Ugarit in Syrien noch das Schamanenhandwerk beherrscht haben würde – oder es zumindest so gut rituell darstellen konnte, daß es in Ugarit nicht allzulange Zeit vorher noch Schamanen gegeben haben muß, die die echte Jenseitsreise, also das Verlassen ihres Körpers noch beherrscht haben.

Der Trank, den der Priester getrunken hat, muß Pflanzenextrakte enthalten haben, die eine Astralreise, also ein Nahtod-Erlebnis verursacht haben.

Es ist natürlich auch denkbar, daß der Priester auch ohne solche Hilfsmittel zu einer solchen Reise in der Lage gewesen ist, aber dann sollte der Trank eigentlich erst nach der Rückkehr von ihm getrunken worden sein, da er dann lediglich die Milch der Göttin beim Wiederstillen nach seiner Wiedergeburt, d.h. nach seiner Rückkehr dargestellt hätte.

Da der Priester den Trank jedoch vor seiner Reise zu sich genommen hat, steht er symbolisch am falschen Ort in dem Ritual. Auch Odin trinkt diesen Trank bei Gunnlöd vor seiner Verwandlung in einen Adler und auch in dem Met im Odins sind Pflanzenextrakte enthalten gewesen, die eine Astralreise bewirkt haben.

IV 4. Ägypten

In der ägyptischen Mythologie war das Motiv der Muttergöttin Hathor, die die im Jenseits die Toten und insbesondere die Pharaonen stillt, weit verbreitet.

In ihrem Kult spielte auch ein gefüllter Kelch, der ihr vom Pharao tanzend gebracht wurde, eine wichtige Rolle.

IV 5. Göbekli Tepe

In den Tempeln der frühjungsteinzeitlichen Jägerkultur von Göbekli Tepe, die um ungefähr 10.500 v.Chr. begann, finden sich Krüge, die so aufwendig mit mythologischen Symbolen verziert sind, daß man davon ausgehen kann, daß sie eine kultische Bedeutung gehabt haben.

Als Trank kommt zumachst einmal einfach Wasser in Frage, da es damals mangels Viehzucht noch keine Milch gegeben haben wird, die man als passendes Symbol in das Gefäß hätte füllen können. Es ist aber durchaus denkbar, daß man dem Wasser bereits Honig hinzugefügt hat, und auch, daß dieser Honig in dem Wasser bereits zu Met vergoren worden ist.

Dazu paßt auch, das es in den nostratischen Sprachen ein einheitliches Wort mit der dreifachen Bedeutung „Honig, süß, Rausch" gegeben hat. Die Sprache der Erbauer von Göbekli Tepe wird „nostratisch" genannt und zu den von ihnen abstammenden Völkern zählen u.a. die Sumer, Elamiter, Babylonier, Semiten, Ägypter und Indogermanen (siehe auch: Eilenstein – „Göbekli Tepe").

IV 6. Die jungsteinzeitlichen Ackerbauern

Das Alter des Motivs des Göttertrankes ist nicht einfach einzuschätzen. Die Bedeutung der Muttermilch als das nährende, wärmende und Geborgenheit spendende Getränk ist so alt wie die Säugetiere. Man kann also von dieser Bedeutung der Milch und den Brüsten der Mutter auch bei den Menschen der Altsteinzeit ausgehen.

Als Wiederstillen im Jenseits wird dieses Motiv ebenfalls sehr alt sein, da es sich wie die Wiederzeugung aus der Vorstellung der Wiedergeburt ergab. Dieses Stillen durch die Göttin wird u.a. in den ägyptischen Totenbüchern sehr anschaulich dargestellt.

Eine rituelle Verwendung des Wiederstillens kann erst begonnen haben, nachdem seit ca. 10.000 v.Chr. Ziegen als Haustiere gehalten wurden – und es folglich Milch als Nahrungsmittel gab.

Ab wann es ein komplexeres Rezept für den Göttertrank als nur „Milch" gegeben hat, läßt sich ebenfalls nur grob umgrenzen. Die früheste Variante wird „Milch und Honig" gewesen sein, weshalb das Paradies auch das Land ist, „in dem Milch und Honig fließen".

Honig-Sammeln; Höhle von La Arana, Ostspanien, ca. 7000 v.Chr.

Da die erste Abbildung des Honigsammeln von 7.000 v.Chr. stammt, kann man davon ausgehen, daß der Honig als Nahrungsmittel wohl auch schon zu Beginn der Jungsteinzeit bekannt gewesen ist. Somit könnte das „Zwei-Zutaten-Rezept" für den rituellen Wiedergeburtstrank schon aus dem Anfang der Jungsteinzeit stammen.

Dieses Rezept war eines der ersten Mandalas, also eine zusammenfassende und ordnende Abbildung der Teile des Ganzen: die Milch als Essenz des Tierreiches (Viehzucht) und der Honig als Essenz des Pflanzenreiches (Ackerbau).

Der Göttertrank wurde dann weiterentwickelt und mithilfe von psychoaktiven Pflanzenauszügen zu einem Hilfsmittel, das einen Zustand, der der Trance des Schamanen ähnelte, der Allgemeinheit zugänglich machte, wobei der rituelle Rahmen die dabei auftretenden Erlebnisse gelenkt haben wird. Später fand sich dieser Zusammenhang bei den europäischen Hexensalben, mit deren Hilfe man den Flug zum Blocksberg erleben konnte (Astralreise).

Diese „pharmazeutische Variante" des Göttertrankes könnte ebenfalls schon früh entstanden sein, denn die psychoaktiven Wirkungen von Pflanzen und Pilzen konnten jederzeit entdeckt werden.

Da sich in einigen Mythologien alle vier Varianten, also 1. „Milch der Göttin", 2. „Milch/Met als Ritualgetränk", 3. „Milch und Honig" sowie 4. „Milch, Honig und Kräuterauszüge" finden, kann man davon ausgehen, daß sich alle vier Varianten in dieser Folge vom Einfachen zum Differenzierten entwickelt haben werden – die letzten drei möglicherweise kurz nacheinander zu Beginn der Jungsteinzeit.

> In der Jungsteinzeit scheint der Ritual-Trank vor allem aus Milch bestanden zu haben. Symbolisch ist dies die Milch der Göttin gewesen.
>
> Da sowohl von den Indogermanen als auch von den Sumerern eine „Pflanze der Unsterblichkeit" bekannt ist, könnte die Verwendung von Pflanzenextrakten möglicherweise bis den gemeinsamen Vorfahren der Indogermanen und der Sumerer, d.h. bis zu den Bauern in Mesopotamien um ca. 7000 v.Chr. zurückreichen. Es ist allerdings auch denkbar, daß erst die Sumerer diese Pflanzenextrakte verwendet haben und daß die Indo-Persern sie erst um ca. 2200-2000 v.Chr. auf ihrem Weg nach Süden von den Sumerern oder deren Nachfolgern übernommen haben.
>
> Während bei den Indogermanen der Preßsaft der Somapflanze im Mittelpunkt steht und die Milch nur eine süßende Beimischung ist, ist die Milch ursprünglich das eigentliche Getränk gewesen.

V Der Göttermet in der Altsteinzeit

Das Rezept des Göttertrankes stammt möglicherweise schon aus der Altsteinzeit, da er auch von den Indianern bekannt ist, die von den um 14.000 v.Chr. von Nordostasien aus über die Beringstraße eingewanderten Menschen abstammen.

Es ist allerdings auch eine Parallelentwicklung denkbar, da das Rezept „Wasser, Honig und Getreide" recht einfach ist und durch die alkoholische Gärung Met entstehen läßt.

In diesem frühen Rezepturen fehlt die Milch, da es damals noch keine Viehzucht gegeben hat.

V 1.   Mayas

Der rituelle Trank der mittelamerikanischen Indianer hat den Namen Balché und wird aus der kleingehackten Rinde und den Wurzeln des Balché-Baumes (Lonchocarpus violaceus), Wasser und Honig hergestellt, indem man alles zusammen gären läßt.

Die Inhaltsstoffe des Balché sind giftig und fördern die Entstehung der Parkinson Krankheit, aber werden andererseits in der Krebstherapie eingesetzt. Die genaue psychische Wirkung ist noch nicht untersucht worden.

Die Toxine des Balché sind am konzentriertesten in dem Honig, den Bienen von den Blüten dieser Bäume hergestellt haben – vielleicht ist die Entdeckung der Wirkung des Balché-Honigs auch der Ursprung der Verwendung des Honigs im Balché-Trunk.

Da die Vorfahren der Indianer erst um 14.000 v.Chr. von Nordostasien über die Beringstraße nach Amerika eingewandert sind, kann ein möglicher gemeinsamer Ursprung des indianischen und des eurasiatischen Ritual-Trankes wohl frühestens um 20.000 v.Chr. angenommen werden.

V 2.   Die Höhle von Laussel

Aus der Altsteinzeit gibt es lediglich einen direkten Hinweise auf einen Ritual-Trank. In der Höhle von Laussel in Südwestfrankreich wurden zwei um ungefähr 23.000 v.Chr. hergestellte Reliefs von Frauen, die ein Horn in der Hand halten, gefunden. Diese beiden „Frauen mit Horn" könnten durchaus die „Große Mutter", die

die Menschen mit ihrer Milch ernährt, sein.

Eine weiteres Relief aus dieser Höhle zeigt, daß diese „Große Mutter" bereits eine zweifache Göttin gewesen ist – vermutlich wie später in den frühen schriftlichen Überlieferungen auch die Geburts-Göttin im Diesseits und die Wiedergeburts-Göttin im Jenseits.

Die „Große Mutter" von Laussel

Frau mit Horn 1   *Frau mit Horn 2*   *zweifache Frau*

Wahrscheinlich hat es bereits in der späten Altsteinzeit, also bei dem Homo sapiens, der um ca. 50.000 v.Chr. von Nordostafrika aus nach Eurasien eingewandert ist, die „Lebenstrank"-Symbolik gegeben, die damals die Muttermilch gewesen ist.

Möglicherweise ist auch schon damals in Ritualen Wasser, dem evtl. wilder Honig beigemischt worden ist, aus Hörnern getrunken worden.

Es wäre denkbar, daß diese Symbolik von dem vor der Ankunft des Homo sapiens in Eurasien lebenden Homo erectus im Zusammenhang mit der Schwitzhütten-Zeremonie entwickelt worden ist, da die Schwitzhütte den Bauch der Großen Mutter und der Ritual-Trank die Milch der Großen Mutter darstellt.

Möglicherweise hat der Homo sapiens daher nicht nur die Schwitzhütte, sondern beide Symboliken vom Homo erectus übernommen.

VI Das Lebenselixier

Der Ritual-Trank, der ursprünglich einfach die Milch der Großen Mutter dargestellt hat, ist nach und nach immer technischer aufgefaßt worden, d.h. man hat insbesondere in Europa, Indien und China versucht, ein magisch-pharmazeutisch wirkendes Lebenselixier herzustellen, das unsterblich macht.

Dieses Lebenselixier wurde mithilfe des Steins der Weisen hergestellt, der seinerseits die Verkörperung des „richtigen Zustandes" ist, also des ursprünglichen, heilen Zustandes der Welt, in der es auch noch keinen Tod gegeben hat – sozusagen das „Paradies-Mineral".

Die psychoaktiven Pflanzenextrakte in dem Ritual-Trank vor allem der Indogermanen sind eine Zwischenstufe zwischen dem magisch-religiös-symbolischen Trank und dem magisch-pharmazeutischen Lebenselixier.

Diese Neigung der Indogermanen, religiöse Ziele auf technische Weise zu erreichen, läßt sich bei mehreren Themen beobachten. Es ist vermutlich auch kein Zufall, daß die heutige Technik und Industrialisierung von Europa ausgegangen ist …

VII Die Biographie des Göttermets

Säugetiere (vor 225.000.000 Jahren)

Der Ursprung der Göttermet-Symbolik ist die Milch, mit der die Säugetiere ihre Jungen ernähren. Die Milch ist daher nicht nur die Nahrung, sondern auch die Mutter, ihre Wärme, die Geborgenheit und das Urvertrauen.

Altsteinzeit: Homo erectus (vor 600.000 Jahren)

Als der Homo erectus vor 600.000 Jahren von Südeurasien aus auch nach Nordeurasien gezogen ist, kam er in den sehr kalten Tundra-Bereich südlich der Eiszeit-Gletscher. Dort gab es zwar viel Wild, das er jagen konnte, aber es war auch sehr kalt. Daher wurde es für das Überleben notwendig, Hütten zu errichten.

Dies war der erste Innenraum, den die Menschen erleben konnten. Es gab zwar vorher gelegentlich auch Höhlen, aber die damaligen Menschen lebten trotzdem so gut wie immer im Freien. Daher wurde das Innere der Hütte mit der pränatalen Erinnerung an die Zeit im Bauch der Mutter assoziiert. Zudem war es in der Hütte durch die vor der Hütte in einem Feuer erhitzten und dann in die Hüttenmitte gelegten Steine warm und man war in der Hütte in engem Kontakt mit den anderen Mitgliedern der Sippe.

In der Hütte war man wieder im Bauch der Großen Mutter ... Genau dies ist die Grundlage einer jeden Schwitzhütte.

Wenn man nun noch die Bitte an die Verstorbenen und insbesondere an die eigene verstorbene Mutter oder Großmutter im Jenseits um Rat und Hilfe hinzunimmt, ist die Schwitzhütten-Szenerie vollständig.

Durch Nahtod-Erlebnisse werden auch schon die damaligen Menschen gewußt haben, daß es eine Seele (Astralkörper) gibt, der den physischen Leib verlassen und sich unabhängig von ihm bewegen kann. Die Vermutung, daß dieser „fliegende Vogelleib" auch nach dem Tod weiterbesteht, lag sehr nahe, sodaß das Bild eines Jenseits voller Seelenvögel entstand.

Wann das Erlebnis der Astralreise bei einem Nah-Tod zu einem allen Menschen bekannten Seelen-Konzept geworden ist, läßt sich nicht mehr rekonstruieren – dies kann durchaus lange vor der Ankunft des Homo erectus in Nordeurasien gewesen sein.

Die Ankunft im Jenseits wird analog zu der Geburt im Diesseits als eine Wiedergeburt angesehen worden sein, die vermutlich schon bald durch eine Wiederzeugung und ein Wiederstillen ergänzt worden sein wird.

Es ist gut denkbar, daß dieses Wiederstillen im Zusammenhang mit der Schwitzhütte auch rituell durchgeführt worden ist – das wäre dann der Ursprung des Ritual-Trankes. Allerdings ist ein solcher Trank im Zusammenhang mit der Schwitzhüttenzeremonie nicht überliefert worden. Es ist jedoch denkbar, daß sich die Trink-Zeremonie verselbständigt hat, als zu Beginn der Jungsteinzeit aus der Schwitzhütte ein Tempel geworden ist.

späte Altsteinzeit: Homo Sapiens in Eurasien (vor 50.000 Jahren)

Als der vor 100.000 Jahren in Südwestafrika aus dem Homo erectus entstandene Homo sapiens vor 50.000 Jahren von Afrika aus Eurasien besiedelt hat, begann er Frauenstatuetten herzustellen, die die Große Mutter darstellen. Er begann auch, die ersten Totempfähle herzustellen und sich nicht mehr, wie vorher in Afrika, mit einem Vogel auf einem Stab als Symbol für die Seele zu beschränken.

Der Homo sapiens hat von dem Homo erectus den Hüttenbau und auch die Schwitzhüttenzeremonie übernommen – und vermutlich auch den Ritual-Trank.

Mittelsteinzeit: Höhenmalerei (23.000 v.Chr.)

In der Mittelsteinzeit finden sich in den Reliefs der Höhle von Laussel in Südwestfrankreich zwei Darstellungen einer Frau mit einem Horn in ihrer Hand sowie eine zweifache Frau: die Göttin der Geburt im Diesseits und der Wiedergeburt im Jenseits, die auch die Göttin des Stillens im Diesseits und des Wiederstillens im Jenseits gewesen ist.

Die Höhlen, in denen sich diese Reliefs und die Malereien der damaligen Menschen finden, sind vermutlich wie die Schwitzhütte als der Bauch der Großen Mutter angesehen worden.

Möglicherweise ist schon zu dieser Zeit das Wasser des Ritual-Tranks mit Honig gemischt worden, sodaß er nun nicht mehr nur aus „Wasser", sondern aus „Wasser und Honig" bestanden hat und daher entweder „gesüßtes Wasser" oder „Met" gewesen ist.

Möglicherweise liegen in dieser Zeit auch die ersten Versuche, das „Honigwasser" durch Kräuter anzureichern. Diese Verwendung von Kräutern findet sich im gesamten

Bereich, den der Homo sapiens von hier aus besiedelt hat: Europa, Asien und Amerika. Aus Afrika, dem Ursprungsland des Homo sapiens, und in Australien, das er schon um 30.000 v.Chr. besiedelt hat, sind hingegen keine „Kräuter-Ritualtränke" bekannt.

frühe Jungsteinzeit: Göbekli Tepe (10.000 v.Chr.)

In den Tempeln der frühen Jungsteinzeit im nördlichen Mesopotamien, die von ihrem Aufbau her noch „große Schwitzhütten" gewesen sind und in denen steinerne Totempfähle gestanden haben, fanden sich auch aufwendig mit mythologischen Symbolen verzierten Steingefäße. Diese Gefäße sind vermutlich für einen rituellen Trank bestimmt gewesen.

Der Ritual-Trank scheint in den frühesten Texten mit dem Sonnengott-Göttervater (Dhyaus, Tyr, Apollon) verbunden gewesen zu sein. Da sich bereits in Göbekli Tepe eine ausgeprägte Sonnensymbolik findet, ist anzunehmen, daß der Ritual-Trank, der ja auch das Wiederstillen im Jenseits symbolisiert hat, auch mit der morgendlichen Wiedergeburt der Sonne bzw. des Sonnengottes assoziiert worden ist.

frühe Jungsteinzeit: Ackerbau und Viehzucht (8.000 v.Chr.)

Ab 8.000 v.Chr. gab es in nennenswertem Maße Ackerbau und Viehzucht. Vermutlich wird man sehr bald auf die Idee gekommen sein, den Ritualtrank aus „Wasser und Honig" durch die Variante „Milch und Honig" zu ersetzten – wodurch das Jenseits zu dem Land wurde, „in dem Milch und Honig fließen".

Die früheste Darstellung des Honigsammelns stammt aus Ostspanien und wurde um ca. 7000 v.Chr. angefertigt. Es ist jedoch gut denkbar, daß das Honigsammeln schon wesentlich älter ist – schließlich wird in der Steinzeit alles auf seine Eßbarkeit überprüft worden sein …

frühe Indogermanen (7000 v.Chr.)

Als ein Teil dieser frühen Ackerbauern und Viehzüchter von Mesopotamien aus nach Norden durch den Kaukasus in die südrussische Steppe nördlich des Schwarzen Meeres und des Kaspischen Meeres gezogen ist, fanden sie eine weite Graslandschaft vor, die sich zunächst sowohl für den Ackerbau als auch für die Viehzucht geeignet hat. Als jedoch ab 6000 v.Chr. die Niederschläge deutlich nachließen, wurden diese Urahnen der Indogermanen zu halbnomadischen Viehzüchtern.

Da ab dieser Zeit die Viehzucht den größten Teil des Nahrungserwerbs ausgemacht hat, könnte auch die Wichtigkeit der Milch gestiegen sein, was sich möglicherweise auch in einer größeren Wichtigkeit des Ritual-Trankes ausgedrückt haben könnte.

Die damals vermutlich schon seit mindestens 15.000 Jahren bestehende Tradition der Kräuter in dem Ritual-Trank ist von den Indogermanen systematischer erforscht worden, wodurch man offenbar auch psychoaktive Pflanzen gefunden und mit ihnen experimentiert hat.

Ein Viehzüchter-Volk ist sehr viel mehr auf Auseinandersetzungen mit Raubtieren und mit anderen Stämmen, auf das Treiben des Viehs u.ä. kämpferische Tätigkeiten ausgerichtet. Ein Bauer hat hingegen eher pflegerische Tätigkeiten. Durch diese Ausrichtung der Indogermanen sind sie schließlich nicht nur zu Kriegern und Eroberern, sondern auch zu Forschern nach immer effektiveren Waffen und Werkzeugen geworden. Dazu paßt es gut, daß sie auch erforscht haben, welche Kräuter in dem Ritual-Trank welche Wirkung haben.

Da der Trank die Trinkenden mit der Großen Mutter verband, werden solche Kräuter ausgewählt worden sein, die entweder eine Astralreise oder eine Vision verursacht haben. Um diese Zeit könnte auch die Wiedergeburt zu einer Wirkung des Trinkens des Ritual-Trankes aufgefaßt worden sein – das würde gut zu dem Streben nach technischer Machbarkeit der Indogermanen passen.

Sowohl von den späteren West-Indogermanen (Kelten, Germanen) als auch von den Ost-Indogermanen (Griechen, Inder, Perser) ist ein Ritualtrank-Gott bekannt.

Es ist gut denkbar, daß der am Morgen wiedergeborene Sonnengott-Göttervater Dhyaus mit dem Ritual-Trank, den er nach seiner Wiedergeburt von der Muttergöttin erhielt, identifiziert worden ist. Dies könnte der Ursprung des Ritualtrank-Gottes sein. Möglicherweise ist der Ritualtrank-Gott auch der wiedergeborene Sonnengott – aber das ist ungewiß.

Es ist allerdings ebenfalls denkbar, daß der Trank so sehr in den Mittelpunkt gerückt ist, daß man an ihn wie an die Götter selber Anrufungen, Lieder und Hymnen gerichtet hat. Diese zweite Möglichkeit ist wahrscheinlicher, da der Sonnengott-Göttervater in den erhalten Mythen zwar im Besitz des Ritual-Trankes ist, aber nicht selber dieser Trank ist.

Auch bei den Germanen macht Kwasir nicht den Eindruck eines „jungen Sonnengott-Göttervaters, der gerade von der Göttin gestillt worden ist", sondern eher den einer Personifizierung.

Da der kriegerische Göttervater für die Indogermanen, nachdem sie ab der langanhaltenden Trockenperiode, die um 6000 v.Chr. begonnen hatte, zu einem Viehzüchter-Volk geworden waren, von sehr großer Wichtigkeit ist, wird der spätere

Dhyaus ab 6000 v.Chr. nach und nach zur wichtigsten Gottheit geworden sein.

Das hat dann nach einiger Zeit auch dazu geführt, daß der Ritual-Trank nicht mehr als die Gabe der Muttergöttin, sondern als der Besitz des Sonnengott-Göttervaters angesehen worden sein wird.

späte Indogermanen (2800 v.Chr.)

Die im vorigen Abschnitt beschriebenen Entwicklungen müssen zu diesem Zeitpunkt abgeschlossen gewesen sein: Der Ritual-Trank, der aus Wasser, Milch, Honig und Kräutern bestanden hat, gab dem Sonnengott-Göttervater Dhyaus bei seiner morgendlichen Wiedergeburt sein neues Leben – und die Menschen, die diesen Trank im Ritual zu sich nahmen, konnten sich daher einer Wiedergeburt „wie die Sonne" im Jenseits sicher sein. Dieser Trank wurde von dem Adler-Seelenvogel des Dhyaus zu den Menschen gebracht.

West-Indogermanen (2200 v.Chr.)

Die Symbolik des Ritual-Tranks bei diesen Zweig der Indogermanen wird weitestgehend dieselbe geblieben sein – zumindestens lassen sich keine Sonderentwicklungen feststellen.

Kelto-Germanen (2000 v.Chr.)

Auch 200 Jahre später, als sich die Germanen von den gemeinsamen Vorfahren der späteren Kelten und Römern abgespalten haben, wird sich die Symbolik nicht verändert haben.

Die frühen Germanen (1800 v.Chr.)

Als die Germanen wieder 200 Jahre später in Skandinavien angelangt waren, fanden sie dort die Menschen der Megalith-Kultur vor, die ebenfalls die Symbolik des Ritual-Trankes kannten. Da die Symbolik der beiden Völker jedoch einheitlich gewesen ist, hat sich auch durch diese Begegnung nichts verändert.

Die mittleren Germanen (1000 v.Chr.)

acht Priester an einem Bottich, Kivik, Schweden, 1000 v.Chr.

In dem germanischen Fürsten-Hügelgrab von Kivik in Schweden sind acht Priester vor einem Bottich dargestellt worden.

Die Zahl „8" hatte die Symbolik „Richtigkeit, Vollkommenheit" und war eine Zahl der Sonne, da der Sonnengott-Göttervater für die Erhaltung dieser Richtigkeit zuständig war.

Es ist anzunehmen, daß diese acht Göttervater-Priester („Diar") in dem Bottich den Ritual-Trank für die Bestattung des in diesem Hügelgrab bestatteten Fürsten gebraut haben.

Die späten Germanen (400 v.Chr.)

Der Kessel von Gundestrup, der um 400 v.Chr. von den Germanen in Dänemark benutzt worden ist, ist von den Kelten in Auftrag gegeben worden und enthält daher keltische Motive, ist von den Thrakern hergestellt worden und enthält daher auch einige thrakisch-griechische Motive und ist von den Germanen verwendet worden.

Dies zeigt, wie einheitlich die Vorstellungen über den Ritualtrank, die Trinkhörner und den Braukessel sowie den damit verbundenen Mythen damals noch gewesen sein müssen.

Das Ende der Tyr-zentrierten Religion (400 n.Chr.)

Auch gegen Ende der alten Tyr-zentrierten Religion der Nordgermanen um ungefähr 400 n.Chr. findet sich noch immer dieselbe Ritualtrank-Symbolik wie 3200 Jahre vorher, also um 2800 v.Chr., als die ursprünglichen Indogermanen zu expandieren und sich dabei in einzelne Völker aufzuspalten begannen.

Die beiden um 400 n.Chr. hergestellten prunkvollen Goldhörner von Gallehus, auf denen eine Jenseitsreise dargestellt worden ist, zeigen, daß das Trinken des Ritual-Trankes aus diesen Hörnern noch immer mit dem Jenseits und der Jenseitsreise sowie mit dem Sonnengott-Göttervater Tyr (Dhyaus) verbunden gewesen ist.

Der Wechsel von Tyr zu Odin (500 n.Chr.)

Durch die Absetzung des alten Sonnengott-Göttervaters Tyr durch den neuen Schamanengott-Göttervater Odin ist die alte Ritualtrank-Symbolik zum Teil zerfallen und neu in die Odin-Mythen eingeordnet worden.

Es lassen sich allerdings noch einige alte Motive in den neuen Mythen wiederfinden: Der Göttermet ist im Besitz der Jenseitsgöttin (Gunnlöd); der Göttermet geht in den Besitz des Göttervaters über (Odins Met-Raub); der Adler-Seelenvogel des Göttervaters bringt den Göttermet (Odin als Adler); der Göttermet ist zu einem Gott personifiziert worden (Kwasir); und in den Göttermet werden manchmal Kräuter gemischt (Kräuter-Met oder Ritual-Met mit Schierling und Nieswurz).

Einige Aspekte des Ritual-Trankes sind zu dieser Zeit aus dem Ritual und aus den Mythen herausgefallen und in den Sagas zu Zaubertränken geworden: der Vergessens-Trank (Tod als „Schlaf"), der Liebestrank (die Wiederzeugung, die der Wiedergeburt und dem Wiederstillen vorausgeht) sowie der Stärketrank (Wiedergeburt = siegreicher Kampf des Sonnengottes).

Siehe dazu auch Band 70 über die Zaubertränke.

Spätzeit: Die Edda des Snorri Sturluson (1220 n.Chr.)

In der Edda ist der Göttermet fast vollständig zu dem Skaldenmet geworden: Aus der Jenseitsreise der Schamanen ist über die Begeisterung der Ritualteilnehmer die Inspiration der Dichter geworden.

Europäisches Mittelalter: Das Lebenselixier (ab ca. 1300 n.Chr.)

In der späten vorchristlichen Zeit wurde im Mittelmeerraum zunehmend mit dem Ritual-Trank experimentiert, woraus dann im europäischen Mittelalter die Alchemie wurde, die die Unsterblichkeit, die schon lange Zeit das Ziel des Trinkens des Ritual-Trankes gewesen war, auf eine immer stärker magisch-technische Weise zu erreichen versuchte. In diesem Zusammenhang wurde der Ritual-Trank „Lebenselixier" genannt.

Die alte germanische Tradition des Experimentierens mit Kräutern, die eine Astralreise verursachen, bestand noch eine Weile in den Hexensalben fort, die vor allem alkaloidhaltige Pflanzenextrakte wie Bilsenkraut und Tollkirsche verwendet haben.

Die Personifizierung des Trankes ist verlorengegangen, aber sie findet sich noch in sehr nah verwandten Bereichen wie z.B. dem Bierbrauen. Die Gerste wird in dem Lied „John Barleycorn" („Johannes Gerstenkorn") als Gerstenmann angesehen, der getötet wird – das geerntete Getreide, das zermahlen und zu Gerstenmalz geröstet wird.

Möglicherweise hat es auch eine geringfügige Beeinflussung der Alchemie durch die germanischen Göttermet-Mythen gegeben.

Medizin (ab ca. 1800 n.Chr.)

Der Ritual-Trank bestand zur Zeit der Industrialisierung in Europa nur noch in der Form des Abendmahl-Weins fort. Die Funktion des Ritual-Tranks wurde weitgehend durch die wissenschaftlich fundierte Medizin ersetzt.

VIII Traumreisen

Da der Ritualtrank mehrfach zu einer Gottheit geworden ist, kann man auch Traumreisen zu diesen Gottheiten unternehmen, also zu dem germanischen Kwasir, zu dem keltischen Medigenus, zu dem indischen Soma, zu dem persischen Haoma und zu dem griechischen Nektar. Und es spricht auch nichts dagegen, zu dem Balché-Trank der Mayas zu reisen, auch wenn dieser nicht personifiziert worden ist.

Außerdem bieten sich Traumreisen zu den beiden keltischen Met-Göttinnen Medb („Met-Göttin") und Meduna („die „Berauschende") sowie zu der Füllhorn-Göttin Rosmerta („Große Beschützerin") an.

Die Beschreibungen der Traumreisen sind recht kurz – sie haben 10-15 Minuten gedauert.

VIII 1. Kwasir

Ich überlege, wie ich zu Kwasir gelangen kann. Ich habe das Gefühl, daß ich zum Weltenbaum gehen soll ... Ich komme dort an. Da ist die Nornenquelle ...

„Kwasir? Bist Du hier irgendwo?"

Ich stehe mit dem Rücken zum Weltenbaum. Vor mir ist die Nornenquelle – das ist ein kleiner Teich, in den das Wasser von unten hochkommt und dann abfließt.

Ich höre Kwasir antworten, ohne daß er Worte benutzt – er zieht meine Aufmerksamkeit zu sich ihn.

„Du bist da drinnen? In dem Teich? – Also gut."

Ich gehe in das Wasser.

„Und nun? ... Ich soll da runtertauchen? In die Quelle hinein? ... O.k."

Hm, damit habe ich jetzt nicht gerechnet ...

Tiefer Seufzer ...

Dann gehe ich in das Wasser. Ich tauche durch diesen Gang, aus dem das Wasser in den Nornenteich emporquillt.

Ich komm ein eine riesige Höhle ... da ist aber jetzt Luft, obwohl ich von oben durch das Wasser da rein komme – das ist wie die Halle von Grendels Mutter im Sumpf im Beowulf Epos ... die ist ja auch mit Luft gefüllt.

„Kwasir? Wo bist Du?"

Da ist sowas wie ... hm ... die Grundmauern eines Hauses. An dem einen Ende ist etwas, was mich an einen Altar erinnert.

„Bist Du hier, Kwasir?"

„Wenn Du hier bist, bin ich in Dir."

„Du bist in mir?"
„Ja."
„Und wieso bist Du dann in mir, wenn ich hier an diesem Platz bin?"
„Du bist in der Unterwelt – und ich bin der Jenseitstrank."
Seufzer …
„Ach so. – Ich hatte jetzt erwartet, Dich in menschlicher Gestalt zu sehen."
„Ich habe keine menschliche Gestalt. Du kannst mich ansprechen wie einen Menschen, aber ich bin kein Mensch. Ich bin auch kein Gott. Ich bin dieser Trank."
Ganz tiefer Seufzer …
„Ja … eigentlich … habe ich mir das auch ungefähr so gedacht …"
„Spür mal nach, ob Du mich spürst in Dir."
Ich spüre eine Weile in mich hinein …
„Ja … im Magen … und auch darüber im Brustraum … so als wärst Du … hm … ein Getränk für das Sonnenchakra …"
„Nunja, wenn Du mich trinkst, bekommst Du die Verbindung zum Jenseits; das Jenseits ist das Reich der Seelen; und da Du noch lebst, bekommst Du den Kontakt zu Deiner Seele, deren Tempel das Herzchakra ist."
„Redest Du immer so? So … ja … fast akademisch?"
Kwasir lacht leise und freundlich.
„Ich rede so, weil Du so denkst – damit Du mich verstehst."
„Das ist sehr entgegenkommend. Danke!"
Hm, ich bin ein bißchen perplex, denn das ist wirklich alles anders als das, womit ich gerechnet habe.
Ich merke, daß mein Sonnengeflecht warm wird; es fängt an zu prickeln.
„Kommt das durch Dich, Kwasir?"
Er schmunzelt und lacht leise.
„Das bist schon Du selber. Ich erinnere Dich nur an etwas – das ist das, was dieser Trank machen kann."
„An die Geborgenheit?"
„Ja, und an die Liebe und an die Freiheit … und daran, daß es Deine Seele gibt und daß Du lebst. Und einfach daran, daß Du da bist."
„Und Du bist aber irgendwie auch die Heilung – oder?"
„Nunja, wer die Geborgenheit in sich selber wiederfindet, der wird heil."
„Ja, da hast Du recht – das habe ich die letzten Tage auch erlebt. … … … Gibt es etwas, was Du mir zeigen möchtest?"
„Ja, komm mal mit!"
Kwasir lenkt mich innerlich zu dem Giebelende von diesem Haus, also von dem Grundriß – das ist nur eine Reihe Steine, ein rechteckiger, langer Platz – da soll ich … wir … also ich mit Kwasir in mir über diese Mauer hinter dem Altar steigen … Da geht eine leicht gewundene Treppe unter die Erde … das ist aber komisch – das ist ja

nicht gerade typisch germanische Architektur.

Kwasir hört meine Gedanken und antwortet: „Die ist viel älter – im Turm von Jericho gab's auch schon so eine Treppe – und das ist schon elftausend Jahre her."

„Ja, die Treppe habe ich gesehen; die kenne ich."

„Jetzt komm! Komm einfach mit."

„O.k."

Ich sehe ein Kellergewölbe … aus großen Felsplatten …

„Ist das eine Grabkammer in einem Hügelgrab?"

„Ja."

Da ist mehr als einer bestattet worden – ich sehe mehrere Totenschädel und Skelette.

Ich sehe einen goldenen Ring auf dem Boden liegen.

„Ist das Odins Ring Draupnir?!"

„Ja – genau. … Nimm ihn mal in die Hand."

„Also, Kwasir, ich wundere mich, was hier so alles passiert – das ist ganz anders als das, was ich gedacht habe."

„Nimm ihn mal in die Hand."

Ich tue das.

„Der wächst ja! Erst war es ein Fingerring, dann war es ein Armreif, und jetzt hat er 45cm Durchmesser!"

Seufzer …

„Er fühlt sich sehr warm an … Was willst Du mir denn da zeigen, Kwasir?"

„Dieser Ring ist wie ich. – Es ist die Sonne, die stirbt und wiedergeboren wird. – Die Sonne ist das Symbol der Seele. – Und der Ring ist das Symbol der Sonne. – Und ich bin das, was an die Seele erinnert."

Ich muß nun selber leise und amüsiert lachen: „Was zeigst Du mir denn da jetzt für ein Bild – Wenn ich aus dem Horn den Göttermet trinke, liegt in dem Horn der Ring Draupnir? … … … Ja, dieses Arrangement ist überzeugend! … … … Das heißt, der Göttermet ist der Herzchakra-Trank und er ist der Sonnen-Trank … und er ist der Draupnir-Trank … ja …"

Ich muß leise vor mich hin lachen, weil das so schlicht und einleuchtend ist … und weil es mir bisher nie aufgefallen ist.

„Sag, müssen alle so lachen und freuen sich alle so, wenn sie zu Dir kommen und Du ihnen die Dinge zeigst?"

„Es kommt nicht oft einer, aber … das ist die Wirkung dieses Tranks. – Er läßt den, der ihn trinkt, innerlich leuchten. – Und schenkt dadurch Freude."

Ich muß schon wieder vor mich hin lachen.

„Weißt Du was, Kwasir? Das gefällt mir so richtig! … … … Und der Ring liegt im Hügelgrab wegen der Jenseitsreise … Ja klar!"

Ich lache inzwischen fast die ganze Zeit leise vor mich hin …

„Es tut einfach gut! … Es tut einfach gut."

„Deshalb hat's diesen Kult so lange gegeben."

„Hm, sag, Kwasir, ist das sinnvoll, das wieder auf diese Weise zu machen?"

„Du kommst auch so hierhin – Du brauchst das nicht. Das konkrete Trinken paßt nicht für Dich – das paßt für andere. Du hast eine andere Art, da dran zu gehen."

„Du kennst mein Horoskop, nicht wahr?"

„Ich kenne Dich."

Großer entspannender Seufzer … und Lachen … ich muß einfach lachen, weil's mir so gut geht!

„Danke, Kwasir! … … … Gibt's noch etwas, was Du mir zeigen möchtest oder sagen möchtest?"

„Das ist gut so, wie's grad ist."

„Vielen, vielen Dank, Kwasir! Mit so einem Geschenk habe ich jetzt nicht gerechnet!"

„Nunja, das ist das Wesen dieses Trankes – dies Gefühl, dies Erlebnis … darum geht es."

„Das versteh' ich, ja."

Ich lache leise vor mich …

„Ja, dann vielen Dank, Kwasir, und … ja … mal schauen, vielleicht seh'n wir uns wieder."

„Mach's gut!"

Ich kehre wieder zurück nach oben durch diesen Gang mit dem Wasser, der dann oben in dem Nornenteich zur Quelle wird. Dann steige ich aus dem Teich heraus, setzte mich noch mal kurz vor den Weltenbaum … und dann kehre ich zurück.

„Ho!"

VIII 2.   Medigenus

Ich reise innerlich nach Südengland, weil dort die Kelten waren.

Wohin hier? Stonehenge? Na gut. Das haben zwar die Kelten nicht erbaut, aber wahrscheinlich mitbenutzt.

„Medigenus? Wo bist Du? … Hinter mir?"

Ich drehe mich um … und ich muß lachen …

„Und wenn ich mich umdrehe, bist Du immer noch hinter mir? … … … Spielst Du gerade mit mir oder ist das so?"

„Ich bin auch vor Dir als Met in einem Horn. … Aber eigentlich bin ich hinter Dir."

„Also, ich kann Dich … wie so halb sehen … obwohl ich natürlich nicht nach hinten blicken kann … wie … so, ja, wie ein Mann Anfang Dreißig mit blonden Haaren.

… … … Also irgendwie habe ich so das Gefühl, daß Du auch ein bißchen einen Schalk im Nacken hast – oder?"

Ein leises, amüsiertes Lachen hinter mir …

„Natürlich!"

„Kannst Du mir etwas zeigen, Medigenus?"

„Trink von dem Met …"

„O.k. … … Der sieht dunkler aus als das, was ich bei Kwasir getrunken habe …"

Ich trinke und spüre dann eine längere Zeit in mich hinein.

Ich fange an zu strahlen und muß ganz breit grinsen – ich weiß gar nicht warum … einfach so … Ich muß wieder leise vor mich hin lachen …

„Gibt es da noch etwas?"

„Nicht so eilig …"

Ein entspannender Seufzer …

Ich hab' Lust, es mir hier gemütlich zu machen. Ich setze mich auf den Boden und lehne mich mit dem Rücken an den Stein, lege die Hände in den Schoß und guck' einfach in die Gegend … der Steinkreis … die Sonne am Himmel …

So sitze ich da eine ganze Weile.

Da kommt ein Mann auf mich zugegangen.

„Lugh?"

Ich habe den Namen vorhin auf dieser Traumreise schon einmal in mir gehört … Ich stehe auf … Da steht tatsächlich der Sonnengott Lugh.

„Ja, es ist mein Trank."

Erst dachte ich, ich müsse nun ganz ehrfürchtig sein, aber nun sehe ich, daß er ganz warmherzig lächelt.

„Darf ich auf Dich zukommen?"

„Natürlich …"

Ich gehe auf ihn zu … er streckt seine Arme aus … er umarmt mich … … … und nimmt mich in sich auf.

Ich spüre dem nach …

Da entsteht eine große Freude in mir. Und ich spüre ihr nach und genieße sie … und lache leise vor mich hin …

„Ist das das, was die Menschen früher durch diesen Trank gefunden haben? Die Sonne … die Sonne in sich selber … die Seele?"

„Es ist der Herzchakra-Trank."

Ich könnte jetzt schnurren wie eine Katze …

Mir läuft einfach das Herz vor Liebe über … und ich lache immer wieder leise vor mich hin …

„So ist es gut – jetzt hast Du die Quelle in Dir …"

Ich liege da und genieße … und genieße …

Viel später: „Gibt's etwas zu tun oder zu sehen oder zu hören?"

„Nichts anderes außer Du zu sein und glücklich zu sein … und zu strahlen wie die Sonne …"

„Ja, das tue ich doch gerne … … … Vielen Dank, Lugh!"

„Bitte … gerne wieder!"

Ich habe gar keine Worte für eine Verabschiedung. Ich trete aus Lugh heraus, kreuze meine Arme vor meiner Brust und verneige mich.

Da ist einfach dieses breite Honigkuchenpferd-Grinsen in mir … … … und genauso schaut Lugh zurück …

Dann kehre ich zurück.

„Ho!"

VIII 3. Nektar

Ich bin auf einer Insel im Mittelmeer … in der griechischen Kultur … ich glaube Zypern … oder Kreta … hm … ich weiß es nicht genau … Es kommt mir vor, als wäre die Insel an einer Stelle, wo meines Wissens gar keine ist, aber das ist eigentlich auch egal …

(Ich habe anschließend im Atlas nachgesehen – dort ist doch eine Insel – sie heißt Naxos.)

Hier ist eine relativ karge Vegetation. Ich stehe lange Zeit einfach nur da und schaue mich um …

„Nektar, wo bist Du hier?"

Ich sehe einen Adler von Südsüdwesten her in meine Richtung fliegen … … … der hält ein Gefäß in den Krallen … das ist der Nektar!"

Er fliegt zu Zeus … und Zeus kommt gerade aus der Unterwelt zurück … von dort wo ihm die Riesenschlange alle Sehnen zerschnitten hatte … und wo Hermes ihm geholfen hat, wieder geheilt zurückzukehren …

„Du bist die wiedergeborene Sonne, nicht wahr?"

„Ja."

„Und der Adler ist Dein Seelenvogel?"

„Ja."

„Und der Met?"

„In den Mythen ist er der Trank der Wiedergeburt. … Er ist eigentlich der Trank der Geborgenheit und der Seele, aber ich trinke ihn immer bei meiner Wiedergeburt."

Eine Weile Schweigen …

„Bist Du derselbe wie Lugh?"

„Lugh ist eher wie Apollon – Dagda-Nuada ist wie ich."

„Aber Lugh und Apollon – sind das Teile des Göttervaters?"

„Der wiedergeborene Göttervater, der wiedergeborene Sonnengott-Göttervater, ja."

„Das ist alles recht einfach ... ... Gibt es etwas, was Du mir sagen möchtest oder zeigen möchtest, Zeus?"

„Es gibt auf dem Olymp einen Mundschenk, Ganymed – der ist für das Brauen des Mets zuständig und für das Verteilen."

„Und ihr trinkt den Met auf dem Olymp?"

„Ja."

„Und die Menschen bei dem Symposium?"

„Das war ursprünglich das Met-Ritual, ja."

„Ganymed braut den Met – stimmt das so?"

„Der Met ist da – der braucht nicht gebraut werden. Im Ritual muß er gebraut werden; aber der Met an sich – der existiert."

„So wie die Seele?"

„Ja, genau."

„Das Bild des Mets wird immer deutlicher für mich."

„Das ist gut so."

Ich muß schon wieder lachen und schmunzeln ... Mir war nicht klar, daß das ein derartiger Freude-Trank ist.

„Das ist das, was in den Texten steht, wenn man richtig hinschaut."

„Ich merke es jetzt auch, ja."

„Vielen Dank!"

Ich kreuze wieder meine Arme vor der Brust und verneige mich – das ist das, was sich richtig anfühlt.

Zeus lächelt und antwortet mit derselben Geste.

Dann kehre ich wieder zurück.

„Ho!"

VIII 4. **Soma**

Ich gehe innerlich nach Indien. Ich sehe ... ich sehe eine Steppe ... Ich weiß gar nicht ... gibt es das dort? Gibt es in der Indus-Gegend Steppen? Wahrscheinlich ... oder weite Wiesen-Landschaften ... ja, die sehe ich jedenfalls ... und ich sitze da ...

Das ist wie im Rig-Veda – das da ist ein Sitz aus geschnittenem Gras. Der ist aber nicht für mich ... der ist für die Götter ...

„Soma, wo bist Du?"

„Ich bin hier als Trank. Da vor dem Hügel ... also, da vor dem Erdhaufen."

Ah, jetzt sehe ich den Hohlraum in dem Erdhaufen mit den Brettern drüber und dem Stierfell ... ja, und das Wollvlies ... und das Wollvlies ... liegt das ... über dem

Holzkrug? Da wird der Soma durchgeschüttet. Oder fließt das auf einem Wollfell entlang? Ja, es fließt zum Seihen da über das Schafffell …

„Und nun, Soma?"

„Nun trink …"

Ich wünsche mir eine kleine Schale herbei, also eine kleine Trinkschale …

„Ich soll direkt aus dem Krug trinken? Echt? Na gut, wenn Du das sagst …"

Das hat einen merkwürdigen Duft … Was ist das? Irgendein Kraut – aber ich kenn' das nicht … so ein bißchen herb … würzig … ja, würzig … Es ist tatsächlich ein bißchen goldschimmerndes Öl oben drauf auf der Milch, so wie es im Rig-Veda beschrieben wird.

Gut, ich nehm' einen Schluck …

Drei Schlucke? O.k. …

„Das sind ja drei Gefäße bei Odin und drei Trink-Runden beim Symposium … Ist das die Sonnenzahl?"

„Ja. … Wobei das mit den drei Gefäßen bei den Germanen eher ein Zufall ist – wegen dem Trinkhorn des Tyr und den beiden Trinkhörnern seiner beiden Alcis-Söhne – das gibt halt auch drei – aber es paßt dann trotzdem am Schluß …"

Die Wirkung des Soma ist anderes als die von dem Met bei den Germanen, Kelten und Griechen … Er macht ruhig …

„Schau' weiter …"

Ich spüre …

Ich habe das Bedürfnis, mich auf eine besondere Art hinzusetzen … Ist das der Lotussitz oder der Drachensitz? Es ist der Drache, genau – das Vir-Asana.

Ich setzte mich entsprechend hin (nur in der Traumreise – physisch bleibe ich liegen).

Ich sehe die Kundalini in mir …

Ich muß daran denken, daß der Sonnengott oder der Sonnengott-Göttervater im Jenseits zum Drachen wird und dann morgens als Sonne wiederkehrt.

„Weckst Du die Kundalini in mir???"

„Wenn man in seiner Seele ruht, wird man heil – und wenn man heil ist, fließt die Kundalini … Deshalb ist dieser Trank auch der Kundalini-Trank."

„Und deshalb heißt es in den Upanishaden, daß dann, wenn die Kundalini fließt, die Himmels-Kuh gemolken wird? Daß dann das Bindhu von oben kommt und dann das Glück in einem entsteht? Daß dann das Bindhu, sozusagen die Himmelsmilch herunterfließt und sie die Chakren in Resonanz miteinander bringt und zwischen ihnen ein Einklang entsteht, den man als Freude erlebt?"

„Ja, genau das. Da ist das mythologische Bild zu einem Bild für einen Vorgang im eigenen Inneren geworden. Vorher wurde die Kuh gemolken für die Milch für das Soma – und jetzt fließt das weiße Licht von der Himmelskuh (in den Meditierenden) herab. Das ist der Segen der Göttin, der Mutter: Geborgenheit und Ernährtwerden."

„Und die Wiedergeburt des Sonnengottes ist das Urbild dafür?"
„Ja, so ist das. So einfach."
„Danke! Danke für diese Bilder!"
„Das bringt immer alles in so eine Klarheit – das geht viel schneller und einfacher als nachzudenken …"
„Das Nachdenken und Nachprüfen und Lesen und Vergleichen – das ist auch gut, denn dann kannst Du Dein Erleben in dem erden, was bisher gewesen ist. Dann verstehst Du die Überlieferung."
„Ja, die verstehe ich jetzt viel besser."
„Dann bis zum nächsten mal!"
„Danke für die Einladung!"
„Bis dann!"
Ich kehre zurück.
„Ho!"

VIII 5.   Haoma

Ich reise nach Persien, also in das Hochland des Iran. Da ist ein Flußtal – ich glaube im Nordwesten des Hochlandes – der Fluß scheint nach Nordosten zu fließen. Die Gegend ist karg … Steine Felsen, Grasland, am Fluß selber Bäume …

(Das könnte laut Atlas der Fluß Zarrine-Rūd sein, der in den Urmia-See mündet).

Da ist ein Altar aufgebaut – ein quadratischer Sockel aus Steinen; darauf brennt ein Feuer.

„Haoma, wo bist Du? … … … Du kommst erst noch? … … … Ich soll mich in das Feuer stellen??"

„Ja."

„Also gut …"

Großer Seufzer …

Das brennt in mir, das Feuer … und ringsum … und es ist, als würde es meinen Leib auflösen …

Ich spüre dem eine Weile nach.

Und es löst alles … Feste und Steife in meiner Psyche auf. Das Feuer macht mich wie durchlässig, sodaß das Licht meiner Seele ungehindert nach außen in meine Handlungen strahlen kann.

„Ja, das ist die Aufgabe dieses Feuers. Reinigen … und durch die Reinigung heilen … oder durch die Heilung reinigen – wie Du möchtest."

„Und was ist mit Haoma?"

„Ich bin da."

Ich bekomme von jemandem eine Schale mit Haoma gereicht – und ich bin noch immer in dem Feuer drinnen.

„Soll ich trinken?"

„Trinke einen Schluck."

Ich tue das.

Es wird ganz heiß in meinem Sonnengeflecht.

Ich trinke … „Ich soll den zweiten Schluck über meinem Kopf ausgießen??? Was ist denn das? Aber gut … dann mach' ich das mal …"

Sehr heftiger Seufzer …

Das Haoma fließt rings um mich herunter … das ist wie Getauftwerden, das ist wie im Wasser sein, das ist … wie wieder im Bauch meiner Mutter sein … Geborgenheit, die Wärme und das Eingehülltsein …

Noch ein tiefer Seufzer …

„Das sind ja seltsame Anweisungen hier – waren die früher auch so?"

„Nein, die sind jetzt für Dich so. Das ist das, was Du brauchst."

Eine Weile Stille …

„Habe ich das richtig gehört? Ich soll den dritten Schluck über meinen Penis gießen?"

„Gieße ihn über Deinem Nabel aus, damit er von dort aus zu Deinem Penis hinunterfließt."

„Also gut."

Das Haoma fließt dann auch noch weiter die Beine hinunter …

Noch ein Seufzer …

„Ich fühle mich … integrierter …"

„Ja, das Heilen führt dazu, daß Du heil bist, daß heißt das Reinigen löst die Hindernisse auf, die Spalten, die Risse, die Trennungen."

„Ja."

Ein sehr herzhaftes Gähnen …

„Das entspannt …"

„Das ist gut."

„Sag, ist das Feuer letztlich das Kundalini-Feuer?"

„Normalerweise ist es das Jenseitsreise-Feuer, das Tor zur Unterwelt wie Agni bei den Indern – aber hier, jetzt für Dich, da ist es das Reinigungs-Feuer und auch die Kundalini, ja."

Noch ein herzhaftes und noch lauteres Gähnen …

Ich glaube, ich bleib' jetzt einfach ein bißchen so liegen …

„Tu das – so ist es richtig."

„Danke, Haoma!"

„Bitte schön."

„Bis dann!"

„Ciao!"

Ich kehre zurück und ich bin ganz angefüllt von den vielen Geschenken, die ich von dem Göttertrank jetzt schon bekommen habe.

„Ho!"

VIII 6. Balché

Ich reise nach Mittelamerika … zu den Mayas. … … … Ich bin in einem Dorf – ich glaube, es ist die heutige Zeit – dahinten steht ein LKW.

Das sieht aber alles noch sehr urtümlich aus. Viel Wald, einige Wiesen, aber hauptsächlich Wald.

„Wo ist hier der Balché-Trunk?"

„Dahinten in der Hütte."

„O.k."

„Darf ich eintreten?"

„Komm' rein."

Da sitzen ein paar Leute im Kreis – acht sind es, glaube, ich … ne, sieben; ich bin der achte. Eine Frau, ein Junge, ein älterer Mann, noch ein Mann, eine alte Frau, eine junge Frau und noch ein mittelalter Mann – das war jetzt vom Eingang aus im Uhrzeigersinn. Und dann sitze ich da – rechts innen vom Eingang … Komisch, das ist ja der Platz, den ich auch immer habe, wenn ich Schwitzhütten leite.

„Hm …"

Der alte Mann sagt, daß das hier auch wie eine Schwitzhütte ist.

Seufzer …

„Und der Trank?"

„Warte."

Ich warte … und warte …

Ich spüre die Federschlange Quetzalcoatl in der Erde – sie ist ziemlich riesig …

Die anderen warten auf seine Ankunft.

In der Mitte ist auch tatsächlich ein Loch im Boden wie bei der Schwitzhütte – da kommt auf einmal Feuer raus. Das Feuer hat keinen Rauch. Das Feuer ist die Kraft des Quetzalcoatl.

Hm … das kenne ich so aus den Mythen nicht, aber es fühlt sich völlig schlüssig an.

Warten … Seufzer … Warten … Gähnen … Warten …

„Öffnet euch für das Feuer," sagt der alte Mann.

Ich schaue eine Weile auf das Feuer …

Ich strecke meine Hände aus, halte sie in das Feuer … es fließt an meinen Armen entlang … dieses Feuer fließt in mich …

Ich sehe, daß die anderen das auch auf ihre Weise machen – sie halten die Arme und Hände ganz verschieden, aber sie holen sich alle dieses Feuer, lassen es zu sich fließen.

Das ist wie innerlich zu leuchten oder zu glühen. Das ist die Kundalini-Symbolik. Das ist die Kundalini.

Ich warte und spüre …

Jetzt wird ein Krug aus gebranntem Ton herumgereicht – in dem ist dieser Trank. Der riecht ganz anders als der Met. Ich trinke davon.

Ich soll drei kleine Schluck nehmen, erinnert mich der Krug.

Da tue ich das und reiche ihn nach links weiter.

Entspannender Seufzer …

In mir ist sofort der Name „Pachamama" – das ist die Erdgöttin bei den Qetchua, also bei dem Volk, das man meistens „Inkas" nennt.

Sie sagt: „Es ist egal, wie Du mich nennst – ich bin überall dieselbe."

Ich muß nach einer Weile leise lachen, weil sich das so gut anfühlt … Ich fühle mich wie ein ganz kleines Kind, das im Arm seiner Mutter gehalten wird, wo ich einfach liege … und das genieße ich ziemlich lange Zeit ohne irgendetwas zu tun, außer manchmal aus lauter Wohligkeit leise vor mich hin zu lachen …

Ich liege hier einfach und fühle mich wohl …

„Das ist das, worum es hier geht," sagt der alte Mann.

„Vielen Dank, daß ich hier dabei sein darf!"

„Du kannst immer hierher kommen und Dich in die Schwitzhütte setzen – oder in die in dem Dorf, in dem Du wohnst … oder Dich einfach auf die Erde setzen."

„Danke!"

Ich lege die Hände vor der Brust zusammen und verneige mich.

Die anderen lächeln mir zu.

Dann kehre ich zurück.

„Ho!"

VIII 7. Medb, Meduna und Rosmerta

Ich gehe wieder nach Südengland, nach Uffington, dort, wo das „White Horse" ist.

„Medb, bist Du hier?"

„Ich bin überall in diesem Land. Ich bin hier die Erde."

„Bist Du der Met?"

„Der Met ist meine Milch – die Geborgenheit, die Du fühlen kannst, wenn Du bei mir bist."

Ich lege mich auf die Erde und lasse ganz los …

So liege ich da eine ganze Weile.

Ich kann Medb innerlich spüren. Sie ist eine relativ alte Frau ... naja, alte Frau, ich weiß nicht so recht ... Sie ist eigentlich nicht alt ... sie strahlt Weisheit und viel Erfahrung aus – genau. Sie steht rechts vor mir.

„Meduna, bist Du dieselbe Göttin?"

Meduna wirkt jünger, fröhlicher, unternehmungslustiger. Sie steht links vor mir.

Und Rosmerta?

Sie steht direkt vor mir zwischen den beiden anderen. Sie ist im Alter zwischen den beiden. Sie strahlt eine ganz große Wärme aus.

Sie sagt: „Wir sind dieselbe Göttin, die verschieden erscheinen kann."

Ich schaue auf die drei Göttinnen und spüre sie und genieße ihre Gegenwart ...

„Möchtest Du mir etwas sagen oder zeigen, Medb?"

Sie feuchtet den Zeigefinger und den Mittelfinger ihrer rechten Hand mit ihrem Speichel an und streicht damit über mein Drittes Auge, mein Herzchakra und meinen Penis.

„Was machst Du da?"

„Spür' nach!"

Ich spüre ... ein entspannendes Gähnen ... ich spüre weiter ...

Es entsteht Gelassenheit, Freude, Zufriedenheit ... die hat aber überhaupt nichts Oberflächliches – die ist so ... ja, so eine lächelnde Zufriedenheit ... da sein und es ist gut so ...

„Danke, Medb!"

Kurze Pause ...

„Möchtest Du mir etwas sagen oder zeigen, Meduna?"

Sie gibt mir einen Kuß ... das, ja ... äh ... Ich wußte nicht, daß Göttinnen so etwas machen ...

Sie sagt: „Vergiß das nicht!"

„Danke!"

Ich spüre dem eine ganze Weile nach ...

„Und Du, Rosmerta, möchtest Du mir etwas sagen oder zeigen?"

Sie nimmt meine Hand in ihre Hand, dann stellt sie sich neben mich, legt ihren linken Arm und ihre Hand um meine Hüfte. Ich lege meinen rechten Arm um ihre Schulter.

Dann sagt sie: „Schau, so geht Leben."

Ich habe so ein Gefühl von Eigenständigkeit, von Zusammensein ... und das fühlt sich richtig gut an.

Ich genieße das ...

„Wir sind innerlich bei Dir."

„Danke! Vielen Dank!"

Ich wollte mich verneigen, aber ... Umarmen ist einfach passender.

Ich umarme Meduna und dann Rosmerta. Bei Medb ist das irgendwie anders. Ich reiche ihr meine rechte Hand und sie hält sie mit beiden Händen; ich lege meine linke Hand auch noch dazu. So stehen wir da einen Moment und schauen uns an. Dann neige ich kurz meinen Kopf und sie lächelt mir zu und läßt dann meine Hände wieder los.

Dann kehre ich zurück.

„Ho!"

IX   Das Brauen des Göttermets

Der Ritual-Kessel hat insbesondere in der Mythologie der West-Indogermanen eine komplexe Symbolik, wobei zunächst einmal nicht gleich offensichtlich ist, auf welche Weise er konkret im Ritual verwendet wurde.

Die Gebrauchsspuren an den Kesseln zeigen, daß er nicht einfach an einem heiligen Ort stand und verehrt wurde wie z.B. eine Statue. Er muß also eine praktische Rolle im Kult gespielt haben.

Da einige der in keltischen Gräbern gefundenen Kessel mit Met gefüllt waren, sind sie wohl als Metbraukessel anzusehen – zumal sich solche Brau-Szenen mehrfach in den Mythen z.B. der Kelten, Germanen und Inder finden. Dieser Trank wurde -, d.h. vergoren und nicht gekocht, da sich an den Kesseln keine Brandspuren finden – was für Met auch so zutrifft.

Da sich auf den Hörnern von Gallehus sehr ähnliche Szenen wie auf den Bildplatten des Kessels von Gundestrup finden, kann man davon ausgehen, daß Kessel und Hörner in demselben Zusammenhang benutzt wurden – zumal sich neben dem keltischen Kessel von Strettweg auch einige Trinkhörner sowie ein aus Eisen geschmiedetes Trinkhorn fanden.

Für diese Auffassung spricht vor allem, daß der Kessel aus dem Keltengrab von Hochdorf mit 350 Litern Met gefüllt war. Der älteste europäische Met-Fund stammt aus einem germanischen Mädchengrab in Egtved in Dänemark aus der Zeit von 1.100 v.Chr. Ihr wurde ein Gefäß aus Birkenrinde mitgegeben, in dem sich die eingetrockneten Reste von Met aus Lindenblütenhonig mit dem Zusatz von Getreidekörnern und Beeren befanden.

Wenn man sich anschaut, wie der Met bzw. der heilige Trank bei den Indogermanen hergestellt wurde, finden sich verschiedene Hinweise.

- Allgemeines Rezept für das Brauen von Met: Met kann man herstellen, indem man 3,5l Wasser (oder 2,5l Wasser und 1l Fruchtsaft), 1,5kg Honig, reichlich Hefe und 1 Teelöffel Weizenmehl mischt und in einem Gärbottich gären läßt.

- Kelten: Die Herstellung des Lebens- und Weisheitstrankes in der Erzählung über Cerridwen beinhaltete viele Kräuter und ein einjähriges Kochen. In den Kesseln, die in den Fürstengräbern gefunden wurden, und auch in einfacheren Gefäßen von einfacheren Kelten befand sich jedoch Honigmet. Dieser Met wurde aus Wasser, Honig, Getreidekörnern und Beeren hergestellt.

Von dem Namen des Mets leiteten sich auch drei der Namen der keltischen

Muttergöttin ab: Medb, Maeve und Meduna. Die wörtliche Übersetzung von „Medu" (Met) lautet „das Berauschende" und weist auf die Wirkung des Trankes hin. Mit dem Begriff „Rausch" muß nicht ein alkoholischer Rausch gemeint sein, sondern vor allem eine Veränderung des Bewußtseinszustandes – die indischen Schilderungen der Wirkungen des Soma-Trankes und die persischen Darstellungen des Haoma-Trankes beschreiben eine ruhige, heitere und freudevolle Stimmung und keinen alkoholischen Rausch.

- Inder: Der indische Somatrank wurde mindestens von 1.500 v.Chr. bis kurz nach Christi Geburt hergestellt. Er bestand aus Milch, Mehl und dem Saft der Soma-Pflanze.

Der Mond wurde als das Trinkgefäß der Götter für den Somatrank angesehen, der von ihnen während eines Mondzyklus geleert wurde und sich dann wieder von selber füllte.

- Perser: Das von den Persern verwendete Haoma entspricht sowohl vom Rezept als auch vom Namen her dem indischen Soma.

- Germanen: Alle germanischen Götter spien in ein Gefäß und formten daraus das Wesen Kvasir, das daraufhin das klügste aller Wesen wurde. Die Zwerge Falarr und Gjalarr töteten jedoch den Kvasir und brauten aus seinem Blut und Honig den Met, der allen Wesen, die von dem Met tranken, die Gabe der Dichtkunst verlieh.

In den germanischen Sagen ist der Met der Dichtkunst und der Met, der den Göttern Unsterblichkeit verleiht, miteinander identisch. Diese Dualität des Trankes spiegelt die zweifache Funktion der Schamanen wider: Der Met der Wiedergeburt entspricht den Jenseitsreisenden, Schamanen, Druiden, Goden und Yogis und der Dichtermet entspricht den Traditionsbewahrern, Sängern, Barden, Skalden und Brahmanen.

Der Name Kvas bezeichnet in den indogermanischen Sprachen den Brottrunk, also einen Trank, der aus in Wasser milchsauer vergorenem Brot hergestellt wird. Letztlich ist der Kvas mit dem Met identisch, da man in den damaligen Met auch Brot bzw. Getreidekörner mischte, um durch die darin enthaltenen Hefepilze die Gärung in Gang zu setzen. Auch der Speichel diente diesem Zweck.

Auch bei den Germanen war der Met eng mit den Göttern verbunden: Odin trank den Met oder den Trank des weisen Riesen Mimir an der Quelle zwischen den Wurzeln der Weltesche, der auch der Eingang in die Unterwelt war. Odins Name, der „Ekstase" bedeutet, weist u.a. auch auf die Wirkung des Mets hin. Des Weiteren ist Kvasir, der ein anderer Name für den Met ist, aus dem Speichel der Götter entstanden. In einem der Edda-Lieder holt Odin den Met aus der Unterwelt von der Riesentochter Gunnlöd. Schließlich wurden von der Göttin Idun die Äpfel vom Weltenbaum, die von ihrer Wirkung her dem Met entsprechen, den Göttern gebracht.

In den Zaubertränken, die in mit Odin verbundenen Ritualen getrunken worden sind, befand sich auch Schierling und Nieswurz. Diese beiden Pflanzen können eine Astralreise verursachen, aber sie sind tödlich, wenn die Dosierung zu hoch ist. Man sollte die Verwendung dieser Pflanzen daher auf keinen Fall ausprobieren.

- Griechen: Nektar und Ambrosia waren ursprünglich wohl nur zwei verschiedene Namen für dieselbe Substanz. Es wurde manchmal als Getränk und manchmal als Speise beschrieben, aber stets als süß. Diese Beschreibung würde gut auf den Honig passen, der von seiner Konsistenz her zwischen Speise und Getränk liegt und zudem süß und sehr gut wasserlöslich ist (Met).

Das Ambrosia wurde dem jungen Zeus von einem Adler gebracht – was sehr an den Raub des Göttermets durch Odin, der dabei die Gestalt eines Adlers annahm, erinnert. Der Adler als stärkster Vogel ist allgemein der Seelenvogel des Göttervaters.

Das Wort Ambrosia bedeutet wie das indische Amrita „Unsterblichkeit". Man kann also davon ausgehen, daß die frühen Indogermanen den Met „Unsterblichkeitstrank" genannt haben.

Auch bei nicht-indogermanischen Völkern gab es rituelle Tränke, deren Herstellung bekannt ist:

- Mayas: Der rituelle Trank der mittelamerikanischen Indianer hat den Namen Balché und wird aus der kleingehackten Rinde und den Wurzeln des Balché-Baumes (Lonchocarpus violaceus), Wasser und Honig hergestellt, indem man alles zusammen gären läßt.

In den Trank wurde bisweilen noch ein Bergkristall sowie eine Seerosenblüte gelegt. Die Seerose stellt wahrscheinlich wie bei den Ägyptern und Indern die aus der Wasserunterwelt zurückgekehrte Seele dar und ist somit ein Wiedergeburtssymbol. Der Bergkristall ist bei vielen Völkern ein Symbol für den Himmel und daher auch für das Himmelsjenseits, da man sich z.T. vorstellte, daß der Himmel aus Bergkristall besteht.

Die Mayas glauben, daß ihnen der Trank von den Göttern gesandt wurde und daß sie durch das Trinken den Göttern ähnlich werden. Sie trinken ihn in der Regel kurz vor Sonnenaufgang – die aufgehende Sonne stellt symbolisch sowohl die Geburt bzw. die Wiedergeburt der Sonne als auch des Menschen dar.

Diesen Rezepten sind verschiedene Dinge gemeinsam:

- Wasser
- Honig (der Trank ist süß)
- Getreidekörner, Mehl, Brot oder Speichel, die die Gärung durch die enthaltenen Hefepilze in Gang setzten
- Zusätze von psychoaktiven Pflanzenbestandteilen
- Herstellung durch Gärung

Dazu kamen vereinzelt noch weitere Zutaten wie z.B.:

- Milch (symbolisch die Milch der Göttin)
- Bergkristall (Verbindung zum Himmelsjenseits)
- Seerose (Rückkehr aus der Wasserunterwelt)

Auch die Auffassung über die Bedeutung des Trankes ist recht einheitlich:

- Er ist mit der Wiedergeburt verbunden.
- Er trägt den Namen „Unsterblichkeit".
- Er ist mit der Wahrheit/Ordnung/Schönheit verbunden, d.h. diese Qualität wird durch den Trank erlangt (Fhirinne, Ma'at, Rita, Dharma u.a.).
- Er kommt von den Göttern bzw. von Gott.
- Er macht den Trinker gottähnlich.

Dazu kommen noch vereinzelte Symboliken, die die generelle Bedeutung der eben genannten Motive ergänzen:

- Sonnenaufgang (Wiedergeburt der Sonne)
- Mond als „Gefäß" in Indien:
    a) Neumond = Tod
    b) neue Mondsichel = Wiedergeburt
    c) zunehmender Mond = Brauen des Tranks
    d) Vollmond = Trinken des Tranks
    e) abnehmender Mond = leeres Gefäß
- Adler (Seelenvogel des Göttervaters Odin/Zeus/Indra u.a.)
- Heiterkeit (Zustand, der durch das Erreichen der Fhirinne hervorgerufen wird)

Der Götter-Met wurde also nach dem folgenden „allgemeinen Grundrezept" hergestellt: Man löste Honig in Wasser auf, gab dann zum Ingangsetzen der Gärung Getreidekörner, Mehl oder Brot und in seltenen Fällen auch Speichel und schließlich noch zerkleinerte Teile von psychoaktiven Pflanzen hinzu. Nach einigen Tagen war das Getränk dann vergoren und konnte benutzt werden. Es wurden jedoch nicht alle Tränke vergoren – das Soma wurde in Indien anscheinend frisch getrunken.

Der Trank kam symbolisch von den Göttern bzw. Gott – er war ursprünglich die Milch der Göttin, mit der sie die Toten im Jenseits stillte. Dieser Trank machte gottähnlich, d.h. er gab dem Trinker symbolisch die Wiedergeburt, wodurch dieser symbolisch auch eine Verbindung zu den Ahnen im Jenseits hatte, die während der späten Jungsteinzeit allmählich zu Göttern wurden. Daher trug der Trank den Namen „Unsterblichkeit" und war eng mit der Qualität der Fhirinne verbunden, die das wesentliche Merkmal der Seele, der Ahnen und der Götter war – die Ahnen im Jenseits waren nur noch Seelen ohne Körper und die Götter waren sozusagen zu allgemeinen Qualitäten standardisierte Ahnen.

Dadurch, daß der Trank die Wiedergeburt (primär natürlich das Wiederstillen) darstellte, verlieh er im Ritual dem, der ihn trank, auch die Verbindung zum Jenseits und somit zu den Ahnen und den Göttern. Zu der Wiedergeburtssymbolik paßt auch der Sonnenaufgang als Zeit des Trinkens sowie die Seerose, die in dem Trank schwimmt.

Der Mond stellt mit seinen Phasen wie der Jahreslauf die gesamte Folge von Geburt (zunehmender Mond), Leben (Vollmond), Sterben (abnehmender Mond), Aufenthalt in der Unterwelt (Neumond) und Wiedergeburt (zunehmender Mond) dar.

Der Adler ist schließlich der Seelenvogel, um dessen bewußtes Erleben es letzt-endlich geht. Wenn dies gelingt, hat man auch die Fhirinne („Richtigkeit", „Schönheit") erlangt und es entsteht der Zustand der Freude und des Glücks.

Dieser Zustand und der Weg, um ihn zu erreichen, wird von allen spirituellen Lehren beschrieben – man könnte dieses Ziel einen freudevollen Seelenfrieden nennen. Das Erreichen dieses Zustandes ist letztlich die eigentliche Motivation für das Durchführen solcher Rituale gewesen.

X Hymnen an den Göttermet

Die beiden folgenden Lieder sind wie alle diese selbstverfaßten Hymnen in dieser Buchreihe „Gebrauchslyrik", die nach Belieben umgedichtet, erweitert, gekürzt und verändert werden kann. Ihr Zweck ist zum einen die Zusammenfassung der Ergebnisse der vorausgegangenen Betrachtungen und ihre Verwendung in Ritualen, als Konzentrationshilfe vor Meditationen und ähnlichem.

Falls die Texte auch noch das eine oder andere mal eine inspirierende Wirkung haben sollten, haben sie mehr erreicht, als ich zu hoffen gewagt habe.

X 1. Reise in die Vergangenheit

Ein „Kennimadr" ist ein Lehrer und Priester.
Ein „Lärisweinn" ist ein Schüler oder Lehrling.

Kennimadr:
Öffne die Augen und öffne das Tor,
öffne die Pforte auf diesem Pfad!
Schaue und sprich und scheue Dich nicht,
Schnellfüßig, klarsichtig Neues zu suchen!
Was ist der äußerste, weiteste Zweig?
Wohin wächst dieser uralte Baum?
Was kannst Du erkennen, sprich!
Was kannst Du dort sehen, rede!

Lärisweinn:
Eine Kammer im kargen Turm,
ein kalter Boden aus glattem Stein,
Feuer flammt glühend, wärmend
fauchend unter dem Athanor.
Sulfur, der heiße, rege Schwefel
steht neben dem milden Mercurius,
Sonne und Mond strahlen auf sie
schaffen Verbindung in Konjunktion.

Die Ehe dieser Erhabenen
im Ei aus Glas, dem großen Gefäß,
erzeugt die edle Richtigkeit –
einst war sie das wahrhafte Wesen der Welt:
Im wertvollen Glas ist der Stein der Weisen,
weithin bekannt als der Rote Löwe.
Er gibt Kraft und Gesundheit und Gold,
die Gabe des Elixieres des Lebens.

   Kennimadr:
Öffne die Augen und öffne das Tor,
öffne die Pforte auf diesem Pfad!
Schaue und sprich und scheue Dich nicht,
Schnellfüßig, klarsichtig Neues zu suchen!
Was bedeutet der Trank für den Weisen?
Was ist er für den jungen Dichter?
Was kannst Du erkennen, sprich!
Was kannst Du dort sehen, rede!

   Lärisweinn:
Ich sehe den Trank des Sleipnir-Herrn
den Schatz aus Gunnlöds dunkler Kammer;
Der Rabenfürst reicht mir das Horn
randvoll mit Gillings Flüssig-Wergeld.
Ich nehme das Naß der beiden Zwerge,
das notlösende Blut des weisen Kwasir.
Ich trinke den süßen Asen-Trank
ihn trägt Modgud auf Gjallars Brücke.

Die drei Schlucke drängen zum Dichten
denn Reim-erschaffend fließen sie
in meinem Brust-Stein, in meinem Herzen,
in meinem Tempel des Seelenvogels.
Sie quellen in mir singend empor,
steuern mein rotes Ruder des Mundes,
formen fließende, klingende Worte
frisch durch das Tor des Gaumen-Zaunes.

Kennimadr:
Öffne die Augen und öffne das Tor,
öffne die Pforte auf diesem Pfad!
Schaue und sprich und scheue Dich nicht,
Schnellfüßig, klarsichtig Neues zu suchen!
Gehe zurück zu dem, was gewesen ist,
Ergreife das Bild, das Wort, den Sinn!
Was kannst Du erkennen, sprich!
Was kannst Du dort sehen, rede!

Lärisweinn:
Der Rabenherr raubt den Met der Riesin,
ringt auf dem Lager küssend mit ihr;
trinkt dreimal den Trank, der Leben gibt,
den trefflichen, köstlichen Met der Zwerge.
Als Schlange kam er geschlängelt ins Grab,
geschwinde kroch er in den Hügel;
Listig belog er den langen Riesen,
leicht betrog er den Felsen-Bewohner.

Zum Adler wurde Asgards Herrscher,
auf zum Himmel schwang er sich;
den Met im Magen flog er davon,
mit Mühe entfloh er dem eilenden Rächer.
Bragis Vater brachte den Asen
das berühmte Honig-Gebräu,
Siegreich segelte er hoch hinauf
stieg wiedergeboren zur goldenen Halle.

Kennimadr:
Öffne die Augen und öffne das Tor,
öffne die Pforte auf diesem Pfad!
Schaue und sprich und scheue Dich nicht,
Schnellfüßig, klarsichtig Neues zu suchen!
Was siehst Du im Weg-losen Dunkel?
Was hörst Du in schweigender Nacht?
Was kannst Du erkennen, sprich!
Was kannst Du dort sehen, rede!

    Lärisweinn:
Stille erfüllt die Halle aus Stein,
Schweigen durchweht das Haus der Zwerge;
Langsam beginnt Licht zu leuchten,
ein leichter Nebel-Schimmer erwacht.
Ein Schatz, ein Lager, ein Thron und ein Schwert,
ein Schädel, ein Knochen, ein Kelch und ein Hort ...
ein Gesicht blickt mich geisterhaft an,
ganz allmählich erscheint die Gestalt.

Eine Frau – sie lächelt und flüstert,
freundliche Worte spricht sie zu mir:
Wärme erfüllt nun die Wohnung der Geister,
sie wendet sich zu mir und reicht mir die Hand.
Sie hält ein gefülltes Horn voller Met –
hier soll ich es trinken und jetzt genießen:
Es fließt durch mich in großer Fülle,
frei wird mein Herz und warm und weit.

    Kennimadr:
Öffne die Augen und öffne das Tor,
öffne die Pforte auf diesem Pfad!
Schaue und sprich und scheue Dich nicht,
Schnellfüßig, klarsichtig Neues zu suchen!
Was kannst Du sehen von dem, was einst war?
Was kannst Du hören von verklungenen Worten?
Was kannst Du erkennen, sprich!
Was kannst Du dort sehen, rede!

    Lärisweinn:
Die schwarze Sonne mit einem Herzen aus Gold
schwebt leuchtend über den finstern Wassern:
Das Feuer zieht seinen Weg durch die Fluten,
Flammen glühen, glimmen im Dunkel.
Ein goldener Schild, ein goldenes Schwert,
eine goldene Sonne, ein goldener Helm:
Tyr trat ein durch das Totentor,
den Tag verließ er, ging ein in die Nacht.

Die Göttin reicht ihm die kostbare Gabe,
gibt ihm das goldene Horn voller Met:
legt ab das Gewand aus feinem Linnen,
lichtfüßig schreitet sie zu dem Gott,
umarmt ihn und kost ihn, umfängt seinen Hals,
umgibt seine Schultern mit ihrem Haar;
Tyr trinkt den Met und trinkt die Küsse,
in der Tiefe vereinen sich Göttin und Gott.

   Kennimadr:
Öffne die Augen und öffne das Tor,
öffne die Pforte auf diesem Pfad!
Schaue und sprich und scheue Dich nicht,
Schnellfüßig, klarsichtig Neues zu suchen!
Was begegnet Dir auf den Wegen?
Was kannst Du an Wundern berichten?
Was kannst Du erkennen, sprich!
Was kannst Du dort sehen, rede!

   Lärisweinn:
Ich seh' einen Hügel aus sandiger Erde,
sorgsam geformt und gehöhlt und geglättet;
Bretter bedecken die breite Höhlung,
bereit stehen Mörser und Stößel auf ihnen.
Eine Frau schwingt den Stein in der Frühe,
frische Stengel zermahlt sie zu Brei:
goldene Tropfen beginnen zu fließen,
golden erhebt sich die Sonne im Osten.

Milch mischt der Priester zu diesen Tropfen:
mild und süß wird der Trank für die Götter.
Drei Schlucke nimmt jeder von diesem Saft,
drei Schlucke: das ist die Zahl der Sonne.
Der Goldene erwacht sogleich in den Herzen,
gibt Frohsinn und Freude und Gleichmut und Glück:
Der Saft ist stets der Erwecker der Seele,
die See der Göttin gebiert die Sonne.

Kennimadr:
Öffne die Augen und öffne das Tor,
öffne die Pforte auf diesem Pfad!
Schaue und sprich und scheue Dich nicht,
Schnellfüßig, klarsichtig Neues zu suchen!
Was raunt jetzt der Wind in der Ferne?
Was tragen die Wogen von ferne zu Dir?
Was kannst Du erkennen, sprich!
Was kannst Du dort sehen, rede!

   Lärisweinn:
Ein Tempel, ein runder, torlos und dunkel,
geteilt von zwei Säulen in seiner Mitte;
ich sehe Menschen in seinem Kreis,
sie singen, sie rufen, sie bitten die Göttin.
Sie kommt – aufrecht und ohne Kleidung,
klare, dunkle, Augen schauen;
schwarze Haare, schlanke Hüften,
schwingend, fest und warm die Stimme.

In der Hand hält sie den Speer,
hoch und spitz ragt er empor;
ein Panther links, ein Panther rechts
Krallen-Pfoten, leises Knurren ...
Sie hält das Horn vor ihrer Brust,
her zu mir reicht sie es nun:
Ich trinke, spüre Mut und Tat,
die Panther-Kraft der Jägerin.

   Kennimadr:
Öffne die Augen und öffne das Tor,
öffne die Pforte auf diesem Pfad!
Schaue und sprich und scheue Dich nicht,
Schnellfüßig, klarsichtig Neues zu suchen!
Was siehst Du nun im wabernden Nebel?
Was hörst Du durch die Höhle hallen?
Was kannst Du erkennen, sprich!
Was kannst Du dort sehen, rede!

   Lärisweinn:
In der Höhle, tief hinab,
höre ich das Wasser tropfen;
schweigend in dem Schoß der Erde,
schwindet ganz das Tageslicht.
Fackeln leuchten flackernd
finster ist die dunkle Tiefe;
Bilder an den breiten Wänden:
Bären, Panther, die Boten der Kraft.

Hirsche, Pferde, große Herden,
Hindin, Kuh – viele, fruchtbar;
Vögel, die auf Stäben flattern,
fliegen als Seele über dem Leib.
Mutter nährt mit Milch im Horn,
mich und alle anderen hier
am Ahnen-Ort, im Jenseits-Bauch,
am Platz, wo wir uns alle treffen.

   Kennimadr:
Öffne die Augen und öffne das Tor,
öffne die Pforte auf diesem Pfad!
Schaue und sprich und scheue Dich nicht,
Schnellfüßig, klarsichtig Neues zu suchen!
Was findest Du sonst noch hinter der Wand?
Was ahnst Du hinter dem dunklen Tor?
Was kannst Du erkennen, sprich!
Was kannst Du dort sehen, rede!

   Lärisweinn:
Ein rotes Glühen in gänzlichen Dunkel,
gibt es unserer Mitte, im Kreis;
warm ist es, wohlig, geborgen und still,
wohin bin ich diesmal gekommen?
Leise beginnen vertraute Lieder,
lösen die Spannung in meinem Leib,
Haut berührt Haut in dem Dunkel hier,
heilend ist es in diesem Bauch.

Ich bin in der Mutter, ich bin zurück,
bin bei ihr, geborgen, bin warm und bin feucht;
Tiere treten zu uns, die Schlange,
vertraut sind Adler, Bär und Büffel.
Wunden heilen, Angst verweht,
wenn sie sich zu wiegen beginnen;
ihr wogender Tanz erfüllt mich, weitet
wie warme Milch, die mich ernährt.

   Kennimadr:
Öffne die Augen und öffne das Tor,
öffne die Pforte auf diesem Pfad!
Schaue und sprich und scheue Dich nicht,
Schnellfüßig, klarsichtig Neues zu suchen!
Woraus wächst dieser uralte Baum?
Was sind seine tiefsten Wurzeln?
Was kannst Du erkennen, sprich!
Was kannst Du dort sehen, rede!

   Lärisweinn:
Mutter, bist Du es? Meine Mutter?
Mich umgeben schützende Arme ...
Ich trinke an der vertrauten Brust,
Tag für Tag und Nacht für Nacht ...
Ich wuchs heran in des Bauches Wölbung,
wohlig und warm war es, ist es ...
Winzig bin ich gewesen am Anfang,
wohl nicht mehr als ein Sandkorn groß.

In ihr wuchs ich, wurde ich größer,
wandelte ich mehrfach meine Gestalt;
Mir ihr bin ich verbunden gewesen,
in ihrem Bauch – sie war die Welt ...
Nun bin ich geboren, bin in der Weite,
doch geborgen in mir liegt ihre Wärme;
als Große Mutter umgibt sie uns alle,
von ihren Gaben getragen, ernährt ...

Athanor = Alchemisten-Ofen, auf dem die ausgewählten Substanzen in einem Glas-Ei über kleiner Flamme „ausgebrütet" werden.

Sulphur und Mercurius = Sulfur (Schwefel) und Mercurius (Quecksilber) sind die beiden Ursubstanzen, die die Alchemist wieder in ihr ursprüngliches Gleichgewicht zu bringen trachteten.

Sonne und Mond = Sonne und Mond stehen für die beiden astrologischen Haupteinflüsse, die bei der Herstellung des Steins der Weisen beachtet werden.

Konjunktion = Vereinigung von Sulphur und Mercurius
Ehe = Vereinigung
Erhabene = Sulphur und Mercurius
Roter Löwe = Stein der Weisen (nach seiner Farbe benannt)
Gold = mit dem Stein der Weisen konnte man Blei in Gold verwandeln
Sleipnir = Odins Roß; dessen Herr = Odin
Gunnlöds dunkle Kammer = Grabkammer im Hügelgrab
Rabenfürst = Odin
Gilling = Tyr-Riese; dessen flüssiges Wergeld = Skaldenmet
Zwergen-Naß = Skaldenmet
notlösend = Wergeld anstatt Rache
Gjallar = Jenseitsfluß
Modgud = die Walküre auf der Gjallar-Brücke
Brust-Stein = Herz
Tempel des Seelenvogels = Herz, Herzchakra
Ruder des Mundes = Zunge
Gaumen-Zaun = Zähne; deren Tor = Mund
Riesin = Gunnlöd
Felsen-Bewohner = Riese (hier Suttung, der Vater der Gunnlöd)
Asgards Herrscher = Odin
Rächer = Suttung
Bragi = Gott der Dichtkunst; dessen Vater = Odin
Honig-Gebräu = Skaldenmet
Halle aus Stein = Grabkammer im Hügelgrab
Haus der Zwerge = Hügelgrab
Nebelschimmer = hellsichtige Wahrnehmung
Wohnung der Geister = Grabkammer im Hügelgrab
schwarze Sonne = Sonne in der Unterwelt
finstere Wasser = Wasserunterwelt
Feuer, Flammen = Sonne
Totentor = Horizont im Westen

X 2. Der Kelch

Die folgenden Verse sind eine sehr freie Darstellung der Bedeutung des Kessels, der Trinkhörner und des Mets.

Der Kelch der Göttin

Ein Kelch voll süßem Traubensaft
von der goldenen Wärme des Sommers durchflutet
heilend, lindernd wie warme Milch
und süß wie Honig von Maiblüten
Ein Schluck aus diesem Füllhorn
und es durchprickelt meine Adern
wie das Funkeln von Smaragden und Rubinen
wie das Glitzern des hellen Sonnenlichtes
auf den Wellen des stillen Waldsees
wenn der warme Wind seinen Spiegel kräuselt
Der Trank erfüllt mich mit Wärme
öffnet meine Augen, meine Hände, mein Herz
er ist wie eine Quelle zwischen den Wurzeln einer alten Eiche
in der meine Seele badet
Die Quelle kommt aus verborgenen Tiefen
von den Wurzeln der Berge
aus dem Schoß der Erde
in ihm ist das Raunen des Windes
das Rauschen des Meeres
das sanfte Strömen und Wandeln der Wolken
das zärtliche Streicheln einer lieben Hand
Siehst Du das braune Auge des Rehs
Spürst Du die Wildheit des Luchses
die Freiheit des Falken
die Geborgenheit in der Bärenhöhle?
Sie quellen hervor aus dem Kelch
und sie sind in Dir und in mir
Der Trank ist von Mondlicht erfüllt
von milden Träumen
vom Atem heißer Nächte zu zweit
Das Glänzen der Sterne tanzt in ihm
und sieh, in ihm liegt das Dunkel der Nacht verborgen

das die Sonnen gebiert
Willst Du es wagen, Dein Herz, Deine Lippen zu öffnen?
Der Kelch ist stets gefüllt
und seine Fülle ist unerschöpflich
endlos wie die Sterne am Himmel
wie die Wogen des Meeres
sich stets erneuernd
wie das Antlitz des Mondes

XI Der Göttermet heute

Eine Renaissance des Ritual-Trankes ist derzeit nicht abzusehen, aber es gibt doch immerhin einige Ansätze, auch wieder die „nicht-materiellen Qualitäten" von Flüssigkeiten zu benutzen wie z.B. die homöopathischen Medikamente oder die Bachblüten-Elixiere.

Man könnte allerdings Methoden wie das Rebirthing oder die Familienaufstellungen und nicht zuletzt Schwitzhütten-Zeremonien als nichtmaterielle Methoden mit ähnlichen Zielen wie die, die mit dem Ritualtrank verbunden gewesen sind, auffassen.

Die einfachste Möglichkeit, den Göttermet zu trinken und seine Wirkung zu genießen, ist die Traumreise zu dem Göttermet.

Die Geborgenheit und das Urvertrauen, die man durch den Göttermet finden kann, sind auch heute noch immer die Grundlage für ein gutes und erfülltes Leben …

Sieben Schritte

Der Säugling nimmt alles auf und vertraut seiner Mutter – ein rückhaltloses „*Ja*".
In der Altsteinzeit haben die Menschen als Teil der Natur in der Natur gelebt.
Die Milch der Mutter ist die Nahrung für das Kind.

Das Kleinkind lernt „*Nein!*" zu sagen und beginnt seine Kraft zu entdecken.
In der Jungsteinzeit er schufen die Menschen die Kultur im Gegenatz zur Natur.
Der Ritualtrank ist Ausdruck der Richtigkeit und des Rhythmus: die gewollte Form.

Das Kind erkennt sich selber und sagt „*Ich!!!*"
Im Königtum wird alles auf den König zentriert.
Der Trank in den Mysterien verleiht Selbsterkenntnis und inneres Leuchten.

Der Jugendliche erprobt sich und die anderen die Welt und fragt „*Du?*"
Im Materialismus wird alles erforscht und genutzt und gestaltet.
Die Medizin und die Drogen eröffnen neue Wege zu den alten Zielen.

Der Erwachsene gründet seine eigene Welt und sagt „*Wir.*"
Die heutigen Menschen lernen, die Welt als Ganzes zu betrachten und zu erhalten.
Der Trank ist Ausdruck der Vielfalt der Einzelnen, die im Ganzen geborgen sind.

Die reifen Menschen lernen und lehren und blicken nach dem „*Anderes* ... "
In der nahen Zukunft werden die Menschen lernen, Fülle zu gestalten.
Der Trank wird Ausdruck der freude an der Vielfalt sein.

Die alten Menschen erleben die Vielfalt als eine Einheit und sagen „*Alles*".
In der fernen Zukunft werden die Menschen einfach sein.
Der Trank und das Leben und die Welt werden dasselbe sein.

Die sieben Schritte des Lebens, die auch die Entwicklung des Trankes sind:

Ja   Nein!   Ich!!!   Du?   Wir.   Anderes ...   Alles

Verzeichnis der Themen

(die Zahl ist die Nummer des Bandes, in dem sich das Thema findet)

1 47	540 47	Alius 32	Aur 55
2 47	700 47	Alraune 45	Aurboda 35
3 47	800 47	Alsvatr 5	Aurgelmir 5
4 47	900 47	Alswid 34	Aurgrimnir 5
5 47	1.200 47	Althiof 7	Aurnir 34
6 47	10.000 47	Alvor 35	Aurvandil 20
7 47	432.000 47	Alwis 7	Aurwang 7
8 47	1+8=9=8+1 47	Alwit 31	Aurwang 48
9 47	**Adler** 40	Ama 35	Austri 32
10 47	Adler auf dem	Amboß 67	Auzon => Kiste
11 47	Weltenbaum 41	Amgerdr 28	Axt 66
12 47	Adler bei der	Ampfer 45	**Bafur** 32
13 47	Einweihung 40	Andad 34	Bakrauf 35
14 47	Adlergestalt:	Andhrimnir 39	Baldrian 45
15 47	- des Franmar 40	Andvari 7	Baldur 9
16 47	- des Hraesvelgr 40	Angantyr 39	Bara 35
17 47	- des Odin 40	Angeyja 35	Bari 6
18 47	- des Thiazi 40	Angrboda 26	Bari 20
20 47	Adler-Traum der	Ann 32	Baugi 5
22 47	Kostbera 40	Annar 20	Bär 43
23 47	Aelrun 31	Arm-Wunde 63	Bärenfell 62
24 47	Affe 44	Arngrim 6	Barke 49
28 47	Agdai 39	Apfel 45	Bärlapp 45
30 47	Ägir 10	Asen 36	Basilikum 45
32 47	Agnar 39	Asgard 52	Beifuß 45
33 47	Ahnen 36	Ask 39	Beinvidr 34
36 47	Ai 32	Aslaug 31	Bekkhild 31
37 47	Aki 6	Asperan 34	Beleidigungs-
40 47	Aki 16	Astralreise 50	Wettstreit 73
41 47	Alban 32	Asvid 6	Beli 5
46 47	Alberich 7	Atem 64	Beowulf 39
48 47	Albewin 7	Atla 35	Bergdis 28
72 47	Alcis 12	Atli 37	Bergelmir 6
80 47	Alf 6	Atward 20	Bergriese 6
90 47	Alf 32	Auchoff 34	Berg-Zwerge 32
99 47	Alfarin 34	Aud 20	Berling 32
100 47	Alfen 36	Auerhahn 40	Bertha 28
120 47	Alfhild 31	Auge 63	Berserker 62
300 47	Alfrigg 32	Augenbraue 63	Bertram 45

Bertramsgarbe 45
Besen => Stab
besonderer Schrei 64
Bestattung 64
Bestla 35
Betonica 45
Beyla 39
Biber 44
Biene 40
Bifröst 49
Bifur 32
Bikki 16
Bil 29
Bild 7
Billing 5
Billing 7
Bilsenkraut 45
Birkhuhn 40
Biört 29
Björgolfr 6
Björgulfr 34
Blain 33
Blapthvari 34
Blasebalg 67
blau 46
Blau-Menschen 36
Blau-Riesen 36
blau-schwarz 46
Blick 63
Blid 29
Blidur 29
Blind 16
Blindheit 63
Blodughadda 35
Blutsbrüder 55
Bödhild 28
Bogen 66
Bömbur 32
Bölthorn 5
Borr 34
Botewart 7
Both 20

Bragi 19
Bragi-Riesin 35
Brak 16
Brana 35
Brandingi 5
braun 46
Brenner 39
Brezel-Ornament 64
Brimir 33
Brisingamen 60
Brokk 32
Brombeere 45
Brücke 49
Bruderkampf 55
Brüngerd 35
Brünhild 31
Bruni 5
Bruni 32
Brünne 66
Brunnen 49
Buri 34
Bryja 35
Bryla 34
Bryngerd 28
Buri (Zwerg) 32
Buseyra 35
Byggvir 39
Byleist 20
Bylgia 35
Comandion 7
Dag 48
Dagfinnr 32
Dain 32
Dalar 32
Dalr 32
Delling 20
Delling 48
Dellingr 32
Delphin 44
Dietwarta 29
Disen 36
Distel 45

Diurnir 7
Dofri 34
Dolgtrasir 32
Donnerrebe 45
Dori 32
Dorn => Schlafdorn 55
Drachen 41
Drachenblut => Drachen
Drachenschiff 55
Drasian 6
Draupnir (Zwerg) 32
dreifarbiger Stein 67
dreiköpfiger Riese 5
drei Riesinnen 35
drei wahre Worte 64
Drifa 35
dritter Bruder 55
Dröfn 35
Drossel 40
Drudgelmir 5
Duf 32
Dufa 35
Dufr 32
Dulin 32
Dumbr 6
Dunneir 32
Durathor 32
Durin 32
Durnir 32
Durnir 34
Düsterwald 49
Dwalin 32
Eber 42
Eberesche 45
Edda (vollständig) 77
Efeu 45
Egdir 5
Egil 39
Ei 40
Eibe 45

Eiche 53
Eicheln 45
Eichhörnchen 44
Eid 68
Eik 28
Eikinskjaldi 32
Eimer 67
Eimgeitir 35
Eimyria 35
Einäugigkeit 63
Einheer 34
Einweihung 50
Eir 29
Eir 31
Eis 52
Eisa 35
Eisen 55
Eisenkraut 45
Eisriesen 34
Eistla 35
Eisurfala 35
Eiymyria 35
Ekstase-Kieger 62
Elch 42
Eldhrimnir 57
Eldir 39
Eldr 34
Elefant 42
Elendshaut => Hel-Haut
Else 35
Erde 52
Embla 28
Embla 39
Ente 40
Erce 20
Erdbeben 55
Erste Ursache 55
Eschenholzkasten => Kiste 57
Esel 42
Estroval 39

Eugel 7	Fiölvör 35	Frühlingstagund-	Geitla 35
Eule 40	Fiörgyn 20	nachtgleiche 54	Geitir 35
Eyrgjafa 35	Fiörgyn 23	Fulla 29	gelb 46
Faden 55	Fisch 44	Fullas Haarreif 60	Geliebter der Gefion 6
Fafnir (Zwerg) 32	Fjölverkr 34	Fullafle 34	
Fährmann 49	Fjötra 29	Fundin 32	Gerber-Schaber 67
Fala 35	Flachs 45	Fuß 63	Gerdr 28
Falkenkleid:	Flegda 35	Fylgia 50	Geri 43
- der Freya 40	Fleur-de-lys 55	Fynir 6	Gespenst 50
- der Frigg 40	Fleggr 34	Fynir 34	Gestaltwandel => Verwandlung
Falke 40	Fliege 40	**Galar** 32	
Fallar 32	Fluch 68	Galarr 34	Gesang 68
Farbauti 6	Flügel des Wieland 40	Galdr 64	Gestilja 35
Farn 45		Gallapfel 45	Getreide 45
Farseti 6	Flügelschuhe 67	Gandalf 32	Gewöhnlicher Flachbärlapp 45
Faulheit =>	Flugschuhe des Loki 40	Ganglati 34	
Feuersitzen 55		Ganglot 6	Geysa 35
Feima 35	Fluß 49	Gangr 34	Gialar 32
Fenchel 45	Frägr 32	Gangr 33	Gift 70
Fenja 28	Franmar 37	Gans 40	Gifur 43
Fenrir 6	Frar 32	Gänsefuß 45	Gigas 6
Fenrir 43	Freki 43	Garm 43	Gilling 6
Fernhypnose 64	Freya 22	Gautan 39	Gillings Frau 28
Ferse 63	frühe Skaldenlieder 78	Gautrek-Saga => Snotra	Ginnar 32
Fessel 66			Ginnungagap 49
Fessel-Zauber 64	Freyr 15	Geban 20	Gjalp 35
Feuer 55	Fried 29	Geburts-Orakel 64	Glamr 34
Feuersitzen 55	Friedenszauber 6	Gefäße 57	Glatundshundr 43
Feuerzauber 64	Fridr 29	Gefion 20	Glaumar 34
Fialar 32	Frigg 21	Gefion-Geliebter 6	Glaumarr 34
Fid 32	Folde 20	Gefiun 20	Glaumr 6
Fieberkraut 45	Fonn 34	Gefjon 20	Glenr 48
Fili 32	Forat 35	Geist 50	Glitni 5
Fimafeng 39	Forelle 44	Geier 40	Glöd 35
Fimbulwinter 55	Fornjotr 6	Geirahöd 31	Gloi 32
Finger 63	Forseti 19	Geiravör 31	Glück 64
Finnalf 5	Frosti 32	Geirdriful 31	Glückstrank 70
Finnar 32	Frosti 34	Geirönul 31	Glumra 35
Finnmark-Riese 34	Fruchtbarkeit 64	Geirröd 5	Glymra 35
Fiölkald 34	Fuchs 43	Geirrota 31	Gna 29
Fiölmor 39	Frauenhaarfarn 45	Geirskögul 31	Gneip 35
Fiölnir 20	Frühling 54	Geitir 6	Gnepja 35

Goi 34
Gold 55
Goldalter 55
Goldemar 7
golden 46
Goldhelm 66
Goldhörner von
Gallehus 57
Göll 31
Golnir 5
Göndul 31
Gorr 34
Görsemi 29
Götter 36
Götterdämmerung 55
Götterkampf 55
Göttermet 69
Götter-Tiere 44
Gottesurteil 64
Gurgelbiß 55
Grab 49
Grani 6
grau 46
Grendel 5
Grendels Mutter 35
Greppur 34
Grer 32
Grid 28
Grid 35
Grim 5
Grim 39
Grima 35
Grimhild 31
Grimling 5
Grimnir 5
Grim Struppig-Wange 79
Grip 35
Gripir 34
Grissa 35
Groa 28
Grottintanna 35

Grotunagard 52
grün 46
Gryla 35
Gudr 31
Gudrun 31
Gudmund 5
Gullnir 5
Gullveig 29
Guma 35
Gundelrebe 45
Gunn 31
Gunnlöd 28
Gunnthinga 31
Gürtel 60
Gusir 6
Gygr 35
Gylfaginning 77
Gyllir 5
Gyllir 34
Gyma 20
Gymir 5
Haarband 60
Haare 63
Habicht 40
Hafle 34
Hafli 5
Hafthi 39
Hagen 16
Hahn 40
Hala 35
Halfdan 39
Halfdan Brana-Ziehsohn 79
Halfdan Eisteinson 79
Hamdir 39
Hamingja 50
Hammer 66
Hand 63
Handschuhe 60
Hanf 45
Hannar 32
Hantel-Symbol 55

Har 32
Hära 35
Hardbeen 6
Hardgreip 35
Hardgreipir 34
Hardverkr 34
Harek Eisenkopf 6
Harfe 57
Harz 45
Hase 44
Hasel 45
Hastingi 34
Hati 5
Hati 43
Hattatal 77
Haudr 20
Haugspori 32
Haym 34
Hecht 44
Hedin 39
Hedin und Högni 79
Hefring 35
Heid 35
Heiddraupnir 5
Heide 49
Heidrek 39
Heidungi 6
Heilige Hochzeit => Wiederzeugung 55
Heiliger Hain = Weltenbaum 52
Heilung 64
Heilziest 45
Heimdall 8
Heimir 39
Heinir 34
Heith 35
Heithdraupnir 5
Hel 26
Helblindi 20
Helgi 39
Helgi Thorisson 79

Hel-Haut 49
Helidi 27
Hellebarde 66
Helreginn 5
Helm 66
Hengikefta 35
Hengiköpt 6
Hengjankapta 35
Hepti 32
Herbst 54
Herbsttagundnacht-gleiche 54
Herche 20
Herdentiere 42
Herdentierfell 42
Herfjötur 31
Hergrim Halbtroll 5
Hergunnur 35
Heri 32
Herja 31
Herkir 6
Herkja 35
Hermodr 37
Hertha 28
Hervor => Heidrek
Hervor und Heidrek => Heidrek
Herz 63
Hexe 58
Hianka 31
Hidde 34
Hild 31
Hildolf 5
Hildolf 20
Himingläva 35
Himmel 52
Himmelsrichtungs-Mandala 54
Himmelsträger-Zwerge 32
Hirsch 42
Hjaltrimul 31

Hjortrimul 31	Hraudnir 6	Hymir 6	Jenseitsbarke 49
Hjötra 28	Hraudungr 5	Hymnen an die Götter 80	Jenseitsberge 49
Hjuki 29	Hrede 29		Jenseitsbrücke 49
Hläwang 32	Hreidmar 7	Hyndla 26	Jenseitsfährmann 49
Hlebard 6	Hremsa 35	Hypnose 64	Jenseitsfluß 49
Hleidr 35	Hrimgerdr 28	Hyrrokkin 26	Jenseitsgrenzen-Landkarte 49
Hler 10	Hrimgerdr 35	**Idi** 34	
Hlidolf 32	Hrimgrimnir 34	Idun 25	Jenseitshalle 49
Hlif 29	Hrimnir 34	Igel 44	Jenseitsinsel 49
Hlifthursa 29	Hrim-Riesen 34	Illugi Grid-Ziehsohn 79	Jenseitsleiter 49
Hlin 29	Hrimthurs 34		Jenseitsmauer 49
Hlodyn 20	Hringi 5	Ilmr 29	Jenseitsreise 49
Hlödyn 20	Hringvölnir 5	Ima 35	Jenseitstor 49
Hloi 34	Hripstodr 34	Imd 35	Jenseitstor-Gitter 49
Hlöll 31	Hrist 31	Imgerdr 35	Jenseitstor-Hund 49
Hlora 35	Hrist 29	Imr 6	Jenseitswächter 49
Hnoss 29	Hrisungr 6	Imsigul 34	Jenseitswald 49
Hochsitz 57	Hroarr 5	Imth 35	Jenseitswasser => Wasser 49
Hochsitzsäulen 57	Hrod 35	In 20	
Hoddraupnir 5	Hrodwitnir 5	Ingibjörg 29	Jenseitsweg 49
Hoddrofnir 5	Hrodwitnir 43	Ingibiörg 31	Johanniskraut 45
Hödur 19	Hrökkvir 6	Intuition 64	Jokul 34
Hofund 19	Hrönn 35	Inzest 51	Jokul Eisenrücken 34
Höggstari 32	Hrossthjofr 34	Irmin 20	Jörd 23
Högni 16	Hrotti 5	Irpa 29	Jomali 20
Högni 39	Hruga 28	Istwas 20	Jörmungandr 41
höhere Mächte 36	Hrungnir 5	Itrek 5	Jörmunrek 39
Holmgang => Zweikampf 55	Hrungnir-Herz 67	Itreksjod 5	Jorunn 29
	Hryggda 35	Itreksjod 20	Jötunn 6
Holunder 45	Hyria 35	Ividja 35	Jotunbjorn 6
Homöopathie 64	Hrym 34	Iwaldi 5	Julnacht 54
Honig 40	Hrund 31	Iwalt 5	**Käfer** 40
Honigtau 45	Hügelgrab 49	Iwiedie 29	Kaldgrani 34
Hönir 18	Hugin 40	**Jari** 32	Kamille 45
Horn 57	Huhn 40	Jamtaland-Zwerg 7	Kampfmagie 64
Horn (Riesin) 35	Huldar 28	Jarngerdr 28	Kannibalismus 55
Hörn 29	Hund 43	Jarnglumra 35	Kara 31
Hörn 35	Hundalfr 6	Jarnhauss 6	Karabin 34
Horn-Neb 35	Hunding 16	Jarnnef 34	Kari 6
Hornbori 32	Hvalr 6	Jarnsaxa 28	Katze 43
Hraesvelgr 6	Hvedra 35	Jarnvidja 35	Kausalität 55
Hrafnhild 35	Hvedrungr 16	Jenseits 49	Keila 34

Keiler 42	**Lachanfall** 64	Luchs 43	Miötwitnir 32
Kenningar 75	Lachen 55	Lutr 34	Mjoll 34
Kerbel 45	Lachs 44	Lyngheid 35	Modgudr 29
Kessel 57	Landgeister 36	**Magni** 19	Modgudr 31
Keule 66	Lauch 45	Malseron 34	Modi 19
Kiebitz 40	Laufey 26	Mana 35	Modrädnir 32
Kili 32	Laurin 7	Managarm 43	Modsognir 7
Kisi 34	Laus 40	Mannus 20	Mögthrasir 6
Kiste 57	Leber 63	Mardalla 27	Moin 32
Kjallandi 6	Leib 63	Marder 43	Mökkurkjalfi 6
Kjallandi 35	Leidi 34	Margerdr 35	Molda 35
Klaufi 34	Leifi 6	Margerthur 35	Mona 20
Klee 45	Leifnir 6	Mangold 45	Mond 48
Kleima 35	Leikn 35	Mantel 67	Mondul 32
Knochen 67	Leimrute 66	Mantel der Nanna 67	Moosfrau von Saalfeld 32
Knoten 64	Leiter 49	Marnar 29	Moosleute von Arntschgereute 32
Kobolde 36	Leirvör 35	Märzviole 45	
Kol der Bucklige 39	Leopard 43	Maske => Helm	Mörn 35
Kolfrosta 28	Lerche 40	Maus 44	Möwe 40
Kolga 35	Lidskialf 20	Meer 49	Mühle 66
Kopf 63	Liebestrank 70	Meer der Zeit 55	Mundilfari 6
Kormoran 40	Liebeszauber 64	Meer-Menschen 36	Munin 40
Korn 45	Lif 39	Mehlbeere 45	Munnharpa 35
Körperteile 65	Lifthrasir 39	Mehltau 45	Münze 67
Köttr 34	Litr 6	Meili 9	Muspel 6
Kraftgütel => Gürtel	Litr 32	Meise 40	Muspelheim => Feuer 52
Krähe 40	Ljod 29	Menglöd 22	
Kraka 31	Ljota 35	Menja 28	Myrkrida 35
Kranich 40	Lodin 6	Menschenopfer 64	Myrkvid 49
Kräuter 45	Lodinfingra 35	Messer 66	**Nabbi** 32
Kreppvör 35	Lodur 16	Midgard 52	Nacktheit 60
Kriegerin 62	Lofar 7	Midgardschlange 41	Nadel 55
Kreuzblume 45	Lofn 29	Midi 6	Nägel 55
Kreuzkraut 45	Lofnheid 35	Midjungr 34	Naglfar 49
Krönung 64	Logi 34	Midwitnir 6	Nain 32
Kröte 44	Loki 16	Mimir 6	Nali 32
Kuckuck 40	Loni 32	Mist 31	Namensgebung 64
Kuril 6	Lopthoena 28	Mistel 45	Nanna 21
Kult 55	Lori 35	Mistkäfer 40	Nauma (Hel) 35
Kundalini 64	Loricus 6	Mittelpfeiler => Yggdrasil	Nar 32
Kwasir 20	Löwe 43		Narfi 6
Kyrmir 6	Löwenmäulchen 45	Mittsommer 54	

Nari Loki-Sohn 19	Nyi 32	Priester 60	Ringkampf 55
Nati 6	Nyr 32	Priesterin 58	Rist 31
Naudir 36	Nyrad 32	Prolog (Edda) 77	Robbe 44
Nebel 64	**Oddrun** 31	Prophezeiung 71	Rögnir 7
Nefia 35	Odin 13/14	Pukis 36	Rose 45
Nehalennia 29	Odr 20	**Rabe** 40	Röskva 37
Neri 30	Ofoti 5	Rad 67	rot 46
Neris Schwester 30	Öflugbarda 35	Radgrid 31	rota 31
Nerthus 28	Öflugbardi 6	Radvör 35	Rotkehlchen 40
Nepr 20	Ogautan 39	Ragnar Lodenhose 39	Rücken 63
Nessel 45	Ogladnir 6	Ragnarök 55	Rud 35
Netz 67	Ogn 35	Ran 27	Rudent 6
Neuentstehung aus den Knochen 55	Ohr 63	Randalin 31	Rudi 34
	Oin 7	Randgnid 31	Runa 35
neun Heimdall-Mütter 35	Olius 32	Randgrid 31	Runen 72
	Ölwaldi 5	Rangbeinn 5	Runenkästchen von Auzon => Kiste
neun Schwestern 35	Omen 71	Rasereitrank 70	
Niblung 7	Onarr 48	Raswid 32	Runenstein 64
Niblung 39	Öndudr 6	Rätsel 76	Runenstein von Ardre 64
Nicor 34	Onn 32	Raud 34	
Nid 64	Opfer 64	Raugnir 34	Rußland-Riese 6
Nidi 32	Orakel 71	Raum 6	Rütze 35
Nidr 28	Oregano 45	Reck 32	Rygi 35
Nidud 16	Ori 32	Regenbogenbrücke 49	**Saemdill** 6
Nieswurz 45	Örnir 6		Saga 28
Niflheim => Eis 52	Ortnit 34	Regin 7	Sährimnir 42
Niping 32	Ösgrui 5	Reginleif 31	Säkarsmuli 6
Nirdir 10	Öskrudr 34	Reiher 40	Salbei 45
Niola 48	Ostara 29	Rentier 42	Salfangr 6
Njola 48	Osten 54	Riesen auf der West-Insel 6	Sam 34
Njörd 10	Otr 32		Sämingr 39
Njörun 29	Otter 44	Riesen-Baumeister 6	Sanngrid 31
Nölvi 10	Otunfaxe 39	Riesen von Feldkirchen 34	Sati 51
Norden 54	**Penis** 55		Säule => Weltenbaum 52
Nordosten 54	Perchta 28	Riesen von Lichtenberg 35	
Nordri 32	persönliches Glück 64		Saxnot 20
Nordwesten 54	Pfeil 66	Rifingalfa 35	Sceaf 20
Nori 32	Pferd 42	Rifingöflu 35	Schachtelhalm 45
Nornen 30	Pferdezwillinge 12	Rigingöflu 35	Schädelschale 63
Norr 34	Pflug 67	Rind 42	Schadenszauber 64
Norr 48	Phol 9	Rindr 20	Schaf 42
Nott 48	Polygamie 55	Ring 57	Schafgarbe 45

Schaumkraut 45
Schierling 45
Schild 66
Schlafdorn 55
Schlangen 41
Schlangenauge 63
Schlangengrube 49
Schlangenzunge 63
Schleifstein =>
Wetzstein
Schmetterling 40
Schmied 4
Schmied 55
Schnecke 44
Schneeweiß-
Goldschöne 28
Schuh 63
Schutzgeist =>
Fylgja/Hamingja
Schutzzauber 64
Schwalbe 40
Schwan 40
Schwanenkleider der
Walküren 40
Schweden-Riese 6
Schwein 42
Schwert 66
Schwitzhütte 64
sechsköpfiger Riese 6
Seehund 44
Seekuh 44
Seelenvogel 40
Seelenvogel 50
Segen 68
Seher 60
Seherin 58
Seidelbast 45
Seidr 64
Sel 6
seltsamer dritter
Bruder 55
Sense 67

Siar 32
Sichel => Sense
sieben Schwestern 28
Siegfried 38
Sieglind 31
Siegstein 67
Sif 24
Sigdrifa 31
Sigurd 38
Sigi 39
Sigrlami 39
Sigrun 31
Sigyn 28
silbern 46
Simul 31
Sinmara 28
Sindri 32
Sinthgunt 29
Sivör 35
Sjuld 31
Skadi 20
Skafid 32
Skalden 61
Skaldatal 77
Skaldenlieder 78
Skaldinnen 61
Skalli 34
Skalmöld 31
Skadskaparmal 77
Skärir 5
Skeggiöld 31
Skidbladnir 49
Skimsli 5
Skirnir 37
Skirkjar 35
Skirwir 32
Skjalf 29
Skjalv 34
Skjellinefja 29
Skjöldr 39
Skögul 31
Sköll 43

Skorpion 40
Skrati 34
Skrymir 5
Skrimnir 5
Skuld 30
Slagfid 39
Sleggja 35
Snae 34
Snotra 29
Solbiart 5
Sleipnir => Sohn der Freya 19
Sohn des Freyr 19
Solblindi 5
Sölfn 29
Sommer 54
Somr 5
Sonne 48
Sonnengöttin 48
Sonnenhymne 64
sonstige Magie 64
Sörli 39
Spatz 40
Specht 40
Speer 66
Sperber 40
sprechende Tiere 41
Sprichworte 74
Spindel 55
Spinnerin 55
Spiritus familiaris 36
Sprettingr 5
Stab 67
Starkad 6
Starkad 39
Stärketrank 70
Statue 57
Stein 64
Steine und Edelsteine 64
Steinigung 55
Stern 48
Sternbild 48

Sternbild 55
Stigandi 5
Storch 40
Storkvid 34
Stoverkr 34
Strahlen-Breitsame 45
Strudel 49
Struthan 34
Stumi 5
stumm 63
Süden 54
Südosten 54
Sudri 32
Südwesten 54
Surtur 6
Suttung 6
Svada 5
Svadi 5
Svaf 7
Svarangr 5
Svasudr 6
Svatr 6
Sveid 31
Sveipinfalda 35
Svidi 6
Svip 5
Svipul 31
Svivör 31
Swaf 20
Swanhild 31
Swanwit 31
Swawa 31
Swior 32
Swipdag 20
Syn 29
Syr 29
Tafl 57
Tal 52
Tamfana 29
Tarn-Kappe 67
Tarn-Umhang 67

Tasche 60
Tätowierungen 55
Tattoo 60
Tau 52
Taufe 64
Teer 45
Telemark-Riese 5
Telepathie 64
Teller 57
Tempel 56
Teufelsabbiß 45
Thagnar 31
Theck 32
Thialfi 37
Thiazi 5
Thing 73
Thiodwitnir 34
Thistilbardi 34
Thjodrerir 7
Thögn 31
Thökk 35
Thor 17
Thora 28
Thorgerdr Hölgabrudr 29
Thorin 7
Thorir 6
Thorn 5
Thorstein Haus-Macht 79
Thrain 32
Thrasir 6
Thrigeitir 5
Thrivaldi 5
Thröng 29
Thror 7
Thror 20
Thror 32
Thorri 34
Thrud 31
Thrudgelmir 5
Thrudr 29

Thrungva 29
Thrym 6
Thulur 77
Thundr 6
Thundr 29
Thurbiörd 35
Tiere 44
Tiere der Götter 44
Tierfelle 60
Tierfelle bei Hinrichtungen 67
Tor 49
Torfa 35
Tote wiederbeleben 64
Tragestange 67
Trana 35
Traum 71
Traumdeutung 71
Traumfrau 31
Trima 31
Trolle 36
Trona 35
Tuch 57
Tuisto 20
Tuisto 33
Turm 56
Tyr 3
Tyr-Riesen 5
Udr 35
Uffe 39
Ulfhedinn 62
Ulfrun 35
Ullr 11
Umhang => Mantel 60
Uni 20
Unn 35
Unsichtbarkeit 64
Unsichtbarkeits-Stein 67
Urd 30

Uri 20
Utgard 52
Utgardloki 6
Ungeheur 41
Utiseta 50
Vagnhöftdi 34
Valbrandur 5
Vali Loki-Sohn 19
Valthögn 31
Vandil 5
Vandlir 5
Var 29
Vardrun 28
Vardrun 35
Vardruna 35
Vasad 6
Vatermord 55
Velle 5
Venus 48
Verbene 45
Verdandi 30
Vervielfältigung von Körperteilen 65
Vergessenheitstrank 70
Verirren auf der Hirschjagd 55
Verr 34
Verwandlung:
- einer Frau in einen Mann 65
- einer Frau in eine andere Frau 65
- eines Mannes in eine Frau 65
- in Adler 65
- in Bär 65
- in Drache 65
- in Eber 65
- in Falke 65
- in Fliege 65
- in Floh 65

- in Fuchs 65
- in Geier 65
- in Habicht 65
- in Hecht 65
- in Hirsch 65
- in Hund 65
- in Krähe 65
- in Lachs 65
- in Löwe 65
- in Mücke 65
- in Otter 65
- in Pferd 65
- in Rabe 65
- in Rind 65
- in Robbe 65
- in Schlange 65
- in Schwalbe 65
- in Schwan 65
- in Seekuh 65
- in Spinne 65
- in Tier 65
- in Vogel 65
- in Wal 65
- in Walroß 65
- in Widder 65
- in Wolf 65
- in Ziege 65
- in Ziegenbock 65
Vidblindi 5
Viddi 34
Vidgreipr 34
Vidgymir 5
vier Riesen-Ritter 34
vier Stier-Riesen 34
viertüriges Haus 52
Vifflöd 29
Vignir 34
Vikarr 6
Vilja 20
Vindr 34
Vingnir 6
Vingrip 34

Vipar 34	Wegwarte 45	Winter 54	Zwerge 32
Vogel 40	Weig 32	Winteranfang 54	Zwerge:
Vogelsprache 64	Weihung => Segen	Wirwir 32	- im Berg 32
Volkrast 7	Weinen 55	Witr 32	- im Gebirge 32
Vör 29	weiß 46	Witwen-Selbstmord 51	- Kuttenberg 32
Vörnir 34	Weisheiten 74		- Untersberg 32
Vulkan-Riese 34	Weisheitstrank 70	Wolf 43	- Blankenburg 32
Waage 64	Weißstern 39	Wolfsfell 62	- Bonikau 32
Waberlohe 49	Weltenbaum 53	Wortschatz Magie 64	- Dardesheim 32
Wächter 49	Weltesche 53	Wohlstandszauber 64	- Eilenburg 32
Wafthrudnir 6	Wespe 40	Wucherblume 45	- Elbogen 32
Wagen 67	Westen 54	Wurzel 45	- Glaß 32
Wagnhofde 6	Westri 32	Wyrd 30	- Hohenstein 32
Wal 44	Wetter 64	**Yggdrasil** 53	- Heilingsfelsen 32
Wälder =>	Wettlauf 55	Ymir 33	- Nünberg 32
Weltenbaum 52	Wetttrinken 55	Ymis 33	- Osenberg 32
Wald-Riesin 35	Wetzstein 67	Yngvi 32	- Plesse 32
Wali 19	Wichte 36	**Zahlen** 47	- Rosenberg 32
Wali 32	Widar 19	Zähne 63	- Selbitz 32
Walküren 31	Widfinnr 5	Zauberer 59	- Sion 32
Walnuß 45	Wiedergeburt 51	Zauberin 58	Zwerg:
Walroß 44	Wiederholungen 55	Zaubersprüche 68	- Gebirge 32
Waltam 20	Wiederzeugung 51	Zeh 63	- Kyffhäuser 32
Wandteppich => Tempel	Wieland 4	Ziegen 42	- Hohenstein 32
	Wiesel 43	Zisa 29	- Dresden 32
Wanen 36	Wig 32	Zunge 63	- Hoia 32
Warkald 6	Wigrid 55	Zweikampf 73	- Lützen 32
Warr 20	Wili 20	zweiköpfige Riesen 34	- Ralligen 32
Wasser 52	Wili (Zwerg) 32		- Rantzau 32
We 20	Wind (Magie) 64	zwei Zwerge 32	- Scherfenberg 32
Weberin 55	Wind 52	Zwerg auf dem Felsen 32	- Thorgau 32
Wegdrasil 20	Windalf 32		Zwillinge 55
Wegerich 45	Windloni 6	Zwergberg zu Aachen 32	
Wegetritt 45	Windswal 6